国家社会科学基金重大项目"基于知识产权密集型产业的强国战略路径研究"成果

总顾问：雷星晖

知识产权强国之路
基于知识产权密集型产业的研究

单晓光／姜　南／张　莉　著

知识产权出版社

全国百佳图书出版单位

—北京—

图书在版编目（CIP）数据

知识产权强国之路：基于知识产权密集型产业的研究/单晓光，姜南，张莉著. —北京：知识产权出版社，2024.4
ISBN 978 - 7 - 5130 - 9332 - 3

Ⅰ.①知… Ⅱ.①单…②姜…③张… Ⅲ.①知识产权—研究—中国 Ⅳ.①D923.404

中国国家版本馆 CIP 数据核字（2024）第 063976 号

内容提要

本书既是国家社会科学基金重大项目"基于知识产权密集型产业的强国战略路径研究"（项目批准号：17ZDA140）的总结性汇报，也是作者研究团队十多年的持续性研究成果。全书运用法学、经济学和管理学等跨学科的研究方法，以知识产权密集型产业为视角，探讨和揭示了知识产权与经济增长的机制。作者研究团队立足于全球化新一轮科技革命和产业变革的大背景，跟踪美欧等知识产权密集型产业最新研究，参照并改进了国际通行研究方法，构建了我国知识产权密集型产业的数据资料库，首次全面认定了我国知识产权密集型产业，测算和分析了其经济和就业贡献，并以知识产权密集型产业中的专利密集型产业为典型样本，运用相关数理模型，深入解析了知识产权密集型产业演进的立体图景，最后结合新一轮科技革命中我国科技竞争力的时代机遇，提出了以优化知识产权密集型产业为导向的建设知识产权强国路径建议。

责任编辑：卢海鹰　王祝兰	责任校对：潘凤越
封面设计：智兴设计室·任　珊	责任印制：刘译文

知识产权强国之路

——基于知识产权密集型产业的研究

单晓光　姜　南　张　莉　著

出版发行：知识产权出版社有限责任公司	网　　址：http://www.ipph.cn
社　　址：北京市海淀区气象路 50 号院	邮　　编：100081
责编电话：010 - 82000860 转 8555	责编邮箱：wzl_ipph@163.com
发行电话：010 - 82000860 转 8101/8102	发行传真：010 - 82000893/82005070/82000270
印　　刷：三河市国英印务有限公司	经　　销：新华书店、各大网上书店及相关专业书店
开　　本：720mm×1000mm　1/16	印　　张：23.75
版　　次：2024 年 4 月第 1 版	印　　次：2024 年 4 月第 1 次印刷
字　　数：428 千字	定　　价：128.00 元

ISBN 978 - 7 - 5130 - 9332 - 3

总顾问

雷星晖 同济大学管理学教授、博士研究生导师。现任同济大学教育发展基金会副理事长、同济大学校友总会常务副会长、同济大学工商管理博士后流动站站长、同济大学战略与财务研究所所长，兼任第一届全国知识产权专业学位研究生教育指导委员会副主任、第六届全国工商管理专业学位研究生教育指导委员会委员、全国工商管理类专业教学指导委员会委员。曾任同济大学党委常委、副校长。长期从事财务与金融管理、战略管理、创新与知识产权管理等方面的研究和教学工作。

著 者

单晓光 同济大学上海国际知识产权学院教授。中南大学勘探地球物理专业工学学士，中南大学科技哲学专业哲学硕士，德国慕尼黑国防军大学经济学博士（Dr. rer. pol.）。德国慕尼黑马普创新与竞争研究所和美国乔治华盛顿大学法学院访问学者。享受国务院政府特殊津贴专家，上海市文史馆馆员。曾任同济大学法学院院长、上海国际知识产权学院院长等职务。兼任中国知识产权研究会副理事长、中国法学会知识产权法研究会副会长、国家知识产权专家咨询委员会委员等。主持国家社会科学基金重大和重点项目、自然科学基金项目、科技部及国家知识产权局等的科研项目50余项。获国家知识产权局软科学二等奖、高等教育上海市教学成果一等奖等奖励。用中文、英文、德文在国内外发表论文100余篇，出版专著10余部。

姜 南 同济大学上海国际知识产权学院教授、博士研究生导师、副院长。2023年度上海市东方英才（青年），国家知识产权战略实施研究基地副主任，中国知识产权研究会理事，中国知识产权法学研究会理事，中国科技法学会理事，中国科学学与科技政策研究会知识产权政策与管理专业委员会理事，复旦大学知识产权研究中心研究员。主持国家自然科学基金、国家科技支撑计划重大项目子课题等国家级、省部级项目 10 余项，获华夏医学科技奖（国家级）、第八届全国知识产权（专利）优秀调研报告暨优秀软科学研究成果二等奖等奖项，主要从事知识产权与数字经济等研究，在《中国软科学》、《科学学研究》、《科研管理》、Science and Public Policy 等期刊发表 CSSCI/SSCI 论文 50 余篇。

张　莉　同济大学上海国际知识产权学院知识产权（交叉学科）专业博士研究生。2012 年毕业于重庆大学材料化学专业，获得工学学士学位。2015 年毕业于重庆大学化学专业，获得理学硕士学位。目前已取得专利代理师资格证书、法律职业资格证书、专利信息分析中级证书。在 SCI/SSCI/AHCI/CSSCI 收录期刊发表论文 7 篇。

目 录

第一章
问题的提出

第一节 时代的目标

众所周知，自 2008 年《国家知识产权战略纲要》颁布实施以来，我国知识产权事业迅猛发展，为我国打下了迈向知识产权强国的坚实基础，也开启了知识产权强国建设的新征程。2021 年 9 月，中共中央、国务院印发了《知识产权强国建设纲要（2021—2035 年)》（以下简称《纲要》），这是我国知识产权事业未来十五年发展的重大顶层设计，在我国知识产权事业发展史上具有重大里程碑式的意义。《纲要》明确了知识产权强国建设的指导思想、工作原则、目标任务和战略举措，描绘了新时代知识产权强国建设的宏伟蓝图。为统筹推进知识产权强国建设，《纲要》郑重宣示了在新发展阶段下建设中国特色知识产权强国的明确目标：到 2025 年，知识产权强国建设取得明显成效；到 2035 年，我国知识产权综合竞争力跻身世界前列，中国特色、世界水平的知识产权强国基本建成。《纲要》蓝图宏伟，措施科学，催人奋进。

进入新发展阶段，国际国内形势都发生了深刻的变化，带来一系列的新挑战、新机遇。全球化的新一轮科技革命是前所未有的新挑战，更是百年未遇的大好时机。

我们知道，科技革命以一些颠覆性技术创新为标志，不断改变着人类社会生产、商业、消费方式，推动着社会经济的进步，而知识产权制度则为这些颠覆性技术创新的产生和开发，直至整个科技革命发展的生生不息和扩散传播提供了保障，添加了"利益之油"。所谓颠覆性技术创新，源于经济学家熊彼特

（1912）的"创造性破坏"（creative destruction）思想。他指出，依靠"创造性破坏"可淘汰旧的技术和生产体系，并建立起新的生产体系。这是颠覆性创新的思想萌芽。一般认为，颠覆性创新是指一种颠覆了某一行业主流产品和市场格局的技术创新，蕴藏着巨大的科技理论和社会经济价值。颠覆性技术创新引领科技革命的前进方向，而知识产权制度的变革演进则孕育颠覆性技术创新的萌芽，抚育它茁壮成长。

历史的事实表明，科技革命对世界社会经济的发展影响几乎难以估量。第一次科技革命以来的世界科技经济发展史更是一再向世人展示，世界的强国无不是知识产权的强国、科技的强国。世界强国的发展史几乎也都在告诉我们，它们也无不是通过主动设立和积极变革知识产权制度，培育和促进科技革命的发生和发展，积聚科技竞争的实力，进而跻身世界强国之列的。

培根早就说过，"知识就是力量"。现代的经济学研究与事实也证明，技术进步是长期经济增长最重要的推动力。但相关研究发现，与私有的创新知识相比，公开的创新知识更容易传承、扩散和运用，因而其社会经济价值更大。历史的文献记载，早在现代知识产权制度出现之前，人类社会较早保护技术创新的欧洲特权制度就清晰地规定过，任何人只要给创新成果的创造者付出一定的酬金，就可以实施受特权保护的创新成果。[1] 相关研究还发现，专利、著作权等知识产权制度的确立与变革，与走在创新最前沿的科技革命的发生和发展存在相关性。[2]

历史已经并将继续证明，不断优化知识产权制度是持续促进创新、提高知识产权经济贡献、推动社会经济发展的"华山一条路"，亦是人类社会不断迎接新的科技革命挑战的共同担当。事实上，知识产权制度与科学技术的相辅相成的历史发展过程，也呈现出了一幅同样生动的画卷：知识产权制度孕育了科学技术的产生，科学技术的发展促使着知识产权制度的变革；知识产权制度的演进又推动着科学技术的进步，两者的螺旋式上升，不断推动着人类社会走向富裕繁荣的新高度。

以蒸汽动力技术等为颠覆性创新发明的第一次科技革命开创性地推动人类社会迈入了"机器时代"，催生了现代意义上的工厂、商店等生产和消费方

---

[1] 克拉瑟. 专利法：德国专利和实用新型法、欧洲和国际专利法：第6版［M］. 单晓光，张韬略，于馨淼，等译. 北京：知识产权出版社，2016：71.

[2] 寇宗来. 专利制度与工业革命［EB/OL］.（2012–08–07）［2022–11–20］. http：//www.iprchn. com/Index_NewsContent. aspx？newsId=49734.

式。历史的事实还透露，第一次科技革命在科技强国的先驱英国的发生和兴旺，与以排他性独占权利为基础的现代专利、著作权法等制度在英国的首先建立，存在着密切关联关系。由于有专利、著作权法等现代知识产权制度的保护，公开披露并保护技术创新，技术因此而得到积累和传播。历史也为此提供了有力证据：詹姆斯·瓦特（James Watt）并非蒸汽机的第一个发明人，真相是他在纽可门式蒸汽机的基础上改进了蒸汽机的运行效率并取得了专利。由于拥有蒸汽机的专利，瓦特还因此得到了巴洛克、博尔顿等企业家的"风险投资"，从而又助力了蒸汽机技术的市场化和广泛应用传播。❶

几乎与此同步，随着专利、著作权法等现代知识产权制度从英国向欧洲大陆的推扩传播，欧洲各国几乎也都相继建立了相应的专利、著作权法等现代知识产权制度，进一步促进了第一次科技革命从英国到欧洲大陆的扩展，形成了如火如荼的燎原之势，对欧洲乃至世界社会经济产生了深远且巨大的影响。

起源于德国的第二次科技革命，以颠覆性的电器技术创新等发明迭代式超越了机械技术，人类社会从此走进"电气时代"，科技创新活动也开始突破国家的界限。欧美科技强国为了保障其技术创新成果的跨国应用推广，力推了以国民待遇、优先权、最低保护原则等为基础的《保护工业产权巴黎公约》《保护文学和艺术作品伯尔尼公约》等知识产权国际公约的出台，构筑了开放包容的国际知识产权制度的基本框架，使得国际知识产权制度开始兴起和扩张，更为强有力地推动了第二次科技革命在欧洲国家和美国、日本等国家的迅速蔓延。

还有特别值得描述的历史细节是，正是以维尔纳·冯·西门子（Ernst Werner von Siemens）为代表的德国工程师协会、德国化学学会等的不懈努力，力克当时弥漫在德国等欧洲国家的反专利制度的思潮，才成功游说了当时德国的立法者颁布了德国现代意义上的第一部专利法（1877）、实用新型法（1891）等烙上了德国创新特色印记的现代工业产权法律制度，❷ 极大地助推了德国开拓和引领第二次科技革命。1866 年，德国人西门子发明了发电机；1880 年，德国人卡尔·弗里德里希·本茨（Karl Friedrich Benz）等人成功地制造出由内燃机驱动的汽车，使德国后来居上，一跃成为新的世界科技和工业

---

❶ 寇宗来. 专利制度与工业革命 [EB/OL]. （2012 - 08 - 07）[2022 - 11 - 20]. http：//www. iprchn. com/Index_NewsContent. aspx？ newsId = 49734.

❷ 克拉瑟. 专利法：德国专利和实用新型法、欧洲和国际专利法 [M]. 单晓光，张韬略，于馨淼，等译. 北京：知识产权出版社，2016：76 - 83.

强国。第二次科技革命极大地激发了社会生产力的发展，对人类社会的科技、经济、文化、政治、军事等产生了全方位的深远影响。

以电子计算机技术等为颠覆性创新发明的第三次科技革命将世界带进了"信息时代"，极大地推动了全球化的进程，知识产权与国际经济技术贸易联系空前紧密。《专利合作条约》（Patent Cooperation Treaty，PCT）、《与贸易有关的知识产权协议》（Agreement on Trade – Related Aspects of Intellectual Property Rights，TRIPS）等由美欧等发达国家推动的全球化国际条约先后登台亮相，试图推行和掌控一体化的国际知识产权制度，继续维护其科技霸主地位。随着以 TRIPS 为核心的知识产权体系的发展，体现了科技革命创新成果的知识产权对世界经济的影响与日俱增。尤其进入 21 世纪以来，知识产权对科技经济的影响以及知识产权制度的变革优化问题引起了世界各国的高度关注和重视。

第三次科技革命尚方兴未艾，而无人交通工具、人工智能（Artificial Intelligence，AI）等以数字技术颠覆性技术创新为依托的新一轮科技革命却已如火如荼，我们正在迈入"人工智能"时代。近年来，物联网（Internet of Things，IoT）、云计算、5G 和人工智能等新一轮科技革命的标志性技术已经极大地改变了我们的生活、工作和交往方式。通过为数据驱动的经济铺平道路，它们正在颠覆世界的许多产业。❶ 新一轮科技革命引发了社会生产消费方式和国际政治经济形态的更为深刻的变化：一方面，突飞猛进的数字技术、应用广阔的人工智能造就了无物不联的物联网和无处不在的网络平台；另一方面，全球化浪潮和反全球化逆流的交锋不断、国际形势的动荡多变诱发了单边主义和多边主义角力博弈和国际科技经贸规则变革重构。中美经济贸易的冲突、中欧全面合作协议的签署、《区域全面经济伙伴关系协定》（Regional Comprehensive Economic Partnership，RCEP）和《全面与进步跨太平洋伙伴关系协定》（Comprehensive and Progressive Agreement for Trans – Pacific Partnership，CPTPP）的接踵而至，世界贸易组织（World Trade Organization，WTO）的改革启动等，这些前所未有的变化无不对传统知识产权制度构成不能掉以轻心的重大挑战，呼唤着知识产权制度的时代晋阶。因此，我们今天面临的重要任务之一就是要确保

---

❶ European Investment Bank，European Patent Office. Deep tech innovation in smart connected technologies [R/OL]. (2022 – 04 – 25) [2022 – 11 – 20]. https：//www.eib.org/attachments/publications/eib_epo_deep_tech_smes_en.pdf.

当前的知识产权制度在前沿技术时代继续促进创新。❶ 新一轮科技革命来势凶猛，既可能是崛起的机遇，也可能是衰落的威胁。事实表明，科技革命、产业变革和新产品周期总会促使全球价值链不断进行重组，为某些公司提供进入的机会，也可能迫使另一些公司退出。❷ 人类科技和经济发展史上无数个行业的兴衰传奇故事，不断对企业、经济和创新政策制定者们提出一个似乎是永恒的警示：在一代技术创新中取得的成功，并不能保证在下一轮创新竞赛中仍然能够获得成功。改革开放，尤其是我国加入 WTO 以来的实践表明，新一轮科技革命是挑战，但更是崛起的机遇。事实上，以往历次科技革命的颠覆性技术发明都是由单一或极少数国家所主导，且几乎都与我们无关。新一轮科技革命标志性颠覆技术创新的主导国家则呈现出了多元化的特点，显现出了相互依存、优势互补的体系化的结构，我国以 5G、人工智能等领先的技术创新历史性地加入了主导国家的行列。欧洲专利局（European Patent Office，EPO）的数据也佐证，在 2011～2016 年，全球共有 25 家公司在欧洲专利局分享了有关第四次科技革命的专利申请，其中前 10 名是三星集团、LG 集团、索尼公司、诺基亚公司、华为技术公司、高通公司、黑莓有限公司、飞利浦公司、英特尔公司、松下公司。❸ 而且核心技术的创新主要由少数专注于信息和通信技术的大公司领导，应用技术和应用领域的发明集中度较低，这些领域的顶级申请人来自更广泛的行业。因此，如果要把握住这一千载难逢的时代良机，就要特别领会科技自立自强的时代新内涵，田忌赛马，不可不学。既不要妄自菲薄，更不能狂妄自大。勿贪大图全，而要专精特新。要清醒地理解，高水平的科技自立自强的真正底气，是要有契合新一轮科技革命颠覆性技术创新体系结构特征的知识产权自立自强。因此，以全球化的视野构建激励发明创新的产出、推动发明创新的广泛应用传播和扩散的知识产权制度，比以往任何时候都具有了新时代的重要意义。还要强调的是，新一轮科技革命中的中国特色知识产权制度，既要有利于自主创新，更要有助于加大开放合作的力度，要运用全球化开放式

❶　World Intellectual Property Organization. Intellectual property and frontier technologies［R/OL］.（2022 - 07 - 04）［2022 - 11 - 21］. https：//www. wipo. int/export/sites/www/about - ip/en/frontier_technologies/pdf/frontier - tech - 6th - factsheet. pdf.

❷　世界知识产权组织. 2017 年世界知识产权报告：全球价值链中的无形资本［R/OL］.（2018 - 02 - 14）［2022 - 11 - 25］. https：//www. wipo. int/edocs/pubdocs/zh/wipo_pub_944_2017. pdf.

❸　European Patent Office. New patent study confirms growth in fourth industrial revolution technologies［EB/OL］.（2017 - 12 - 11）［2022 - 11 - 21］. https：//www. epo. org/news - issues/press/releases/archive/2017/20171211. html.

创新的资源创造出自主可控的颠覆性技术创新，培育出生机勃勃的高水平科技自立自强的开放式创新生态系统。

有研究揭示，20 世纪 90 年代中期以后，美国对无形资产（如计算机软件和品牌开发）的投资首次超过了对有形资产的投资并延续至今，而知识产权则激励着组织和个人开发和追求与其无形资产相关的商业机会。❶ 特别应该引起注意的是，新一轮科技革命以来的世界社会经济发展实践使得人们日益认识到，虽然技术知识的创新是推动经济发展和创造就业的重要力量，但新经济增长理论和当代世界经济发展趋势揭示，知识产权已日益成为重要生产要素。获得了知识产权保护的技术知识才是市场经济认可的创新，体现为知识产权的创新才是市场经济中真正有意义的创新增量，更是世界各国科技与经济竞争力的核心资源。没有获得或者失去了知识产权的创新则是公有领域的创新，是创新增量的基数和来源。世界经济增长的原动力正在由技术知识让位于体现了市场经济机制认可的创新技术知识，亦即受到法律保驾护航的知识产权。世界经济增长正在进入"资源驱动—资本驱动—技术驱动—知识产权驱动"的升级版模式，知识产权已成为拉动世界经济增长的主导力量。❷

早在 1995 年 TRIPS 生效以来，知识产权对经济增长影响的议题就广受国际社会的关注，涌现出了众多的研究成果，但由于问题的复杂性、分析方法的局限性等原因，始终难有令人信服的研究结论。以知识产权密集型产业为视角的实证研究，开拓了研究的新思路，令人耳目一新。所谓知识产权密集型产业，是指通过市场经济法律制度，创造、保护和运用专利、商标、版权等知识产权客体，形成以一种或多种这种知识产权客体为元素的集中优势，从而获取创新增量集成的高收益产业。它具有知识产权的高密集性、法律保护的高依赖性、经济上的高增值性和高风险性等特征，包括但不限于专利密集型、版权密集型、商标密集型、实用新型密集型、外观设计密集型、地理标志密集型等单项产业及其相关单项组合的产业。❸ 知识产权密集型产业是创新最为活跃的领域，知识产权密集型产业的布局也被认为是新一轮科技革命时代经济结构的反

❶ United States Patent and Trademark Office. Intellectual property and the U. S. economy：third edition ［R/OL］. (2022 – 03 – 17)［2022 – 11 – 21］. https：//www. uspto. gov/sites/default/files/documents/uspto – ip – us – economy – third – edition. pdf.

❷ 单晓光. 中美贸易战中的知识产权问题分析［J］. 人民论坛·学术前沿，2018（17）：20.

❸ 由于在企业或产业层面获取商业秘密的数据受到很大的限制，因此，国际上一般不将商业秘密密集型产业列入研究的范围。据有关资料，在产业界中，商业秘密与其他知识产权的比例，一般为一比一。

映，它的经济贡献日益被认可为表征知识产权经济贡献的可信指标。

新一轮科技革命以来，借助于测度知识产权密集型产业对经济影响的研究，以相对直观和可信的方式，欧美等发达经济体纷纷开展了新科技革命背景下知识产权制度对经济影响的评估，并以此为基础迅速调整和优化其知识产权制度，力图始终引领新的科技革命，引起了各国学术研究和政策决策者的高度重视。2012 年 4 月，美国商务部经济统计局（Economics and Statistics Administration，ESA）联合美国专利商标局（United States Patent and Trademark Office，USPTO）首次官方发布了知识产权与美国经济的实证研究报告《知识产权和美国经济：聚焦产业》[1]（以下简称《美国报告 2012》）。《美国报告 2012》指出，美国 313 个产业中有 75 个产业为知识产权密集型产业，2010 年知识产权密集型产业对美国国内生产总值（GDP）总贡献率为 34.8%，对美国就业率的直接贡献率为 27.7%。《美国报告 2012》还强调指出，美国所有的经济部门都离不开知识产权的运用，知识产权是美国经济保持全球领先的希望所在。虽然《美国报告 2012》及其后续研究并未直接讨论相关法律政策问题，但都特别提醒，政策制定者考虑科学研究的证据是至关重要的。[2] 紧随《美国报告 2012》之后，2013 年 9 月，欧洲专利局和原欧盟内部市场协调局（Office for Harmonization in the Internal Market，OHIM）[3] 也共同发布了《知识产权密集型产业对欧盟经济和就业的贡献》[4]（以下简称《欧盟报告 2013》）。《欧盟报告 2013》也显示，2008 ~ 2010 年，欧盟 321 个知识产权密集型产业对欧盟 GDP 的贡献率为 39.0%，对就业的贡献率为 35.1%。美国和欧盟的报告不仅受到了学术界的关注，而且这些报告中的主要结论已被美欧的相关决策部门所采

---

[1] Economics and Statistics Administration, United States Patent and Trademark Office. Intellectual property and the U. S. economy: industries in focus [R/OL]. (2012 - 02 - 24) [2022 - 11 - 21]. https://www. uspto. gov/sites/default/files/news/publications/IP_Report_March_2012. pdf.

[2] Economics and Statistics Administration, United States Patent and Trademark Office. Intellectual property and the U. S. economy: 2016 update [R/OL]. (2016 - 09 - 26) [2022 - 11 - 21]. https://www. commerce. gov/data - and - reports/reports/2016/09/intellectual - property - and - us - economy - 2016 - update.

[3] 自 2016 年 3 月 23 日起，欧盟内部市场协调局更名为欧盟知识产权局。

[4] European Patent Office, Office for Harmonization in the Internal Market. Intellectual property rights intensive industries: contribution to economic performance and employment in the European Union [R/OL]. (2013 - 09 - 24) [2022 - 11 - 25]. http://www. ipo. gov. tt/downloads/Relevant_Studies/Intellectual_property_rights_intensive_industries_contribution_to_the_economic_performance_and_employment_in_the_European_Union. pdf.

用，作用广泛。受此影响，2016 年、2019 年和 2022 年美国和欧盟又分别相继发布更新了数据的第二版以及第三版的知识产权密集型产业研究报告。这些研究引起了世界范围内知识产权界的极大兴趣，并促使其他机构和组织也开始进行类似的研究。❶ 这些报告都反映出知识产权对美欧的经济贡献率逐年提高，知识产权密集型产业结构动态调整并日益优化。2022 年 10 月，欧洲专利局与欧盟知识产权局（European Union Intellectual Property Office，EUIPO）联合发布了第四版《欧盟知识产权密集型产业及其经济表现》，最新评估了知识产权密集型产业对欧盟经济的贡献。❷ 研究的主要结果显示，知识产权密集型产业创造了近 40% 的工作岗位，并有能力支付更高的工资，与其他行业相比工资溢价达 41%。知识产权密集型产业贡献了欧盟 GDP 的 47% 以上，达到 6.4 万亿欧元。2023 年 3 月，美国专利商标局发布最新经济报告，研究了新型冠状病毒（COVID - 19）感染疫情（以下简称"新冠疫情"）对就业的影响，发现知识产权密集型产业的初始失业率低于非知识产权密集型产业。❸ 在新冠疫情的最初一年内，由于疫情限制措施，关闭了表演场所、画廊和电影院等，表演和创意艺术产业的员工受到的经济冲击最为严重，但在最初的冲击之后，这些员工的就业增长速度超过了其他版权密集型产业以及其他知识产权密集型产业。

从全球价值链的角度来看，世界知识产权组织（World Intellectual Property Organization，WIPO）在 2017 年 11 月发布的《2017 年世界知识产权报告：全球价值链中的无形资本》❹ 中，揭示了无形资本对全球价值链的宏观经济贡献估值。这些估值显示，在 2014 年 19 个制造业中，无形资本贡献了产值的 1/3，

---

❶ UK Intellectual Property Office. Use of intellectual property rights across UK industries ［R/OL］. （2022 - 06 - 09）［2022 - 11 - 20］. https：//www. gov. uk/government/publications/use - of - intellectual - property - rights - across - uk - industries/use - of - intellectual - property - rights - across - uk - industries.

❷ European Patent Office, European Union Intellectual Property Office. IPR - intensive industries and economic performance in the European Union ［R/OL］. （2022 - 10 - 22）［2023 - 04 - 21］. https：//euipo. europa. eu/tunnel - web/secure/webdav/guest/document_library/observatory/documents/reports/IPR - intensive_industries_and_economic_in_EU_2022/2022_IPR_Intensive_Industries_FullR_en. pdf.

❸ United States Patent and Trademark Office, Office of the Chief Economist. Employment in IP - intensive industries during the COVID - 19 pandemic and beyond ［R/OL］. （2023 - 03 - 27）［2023 - 04 - 21］. https：//www. uspto. gov/ip - policy/economic - research? MURL = economics.

❹ World Intellectual Property Organization. World intellectual property report 2017：intangible capital in global value chains ［R/OL］. （2017 - 11 - 21）［2022 - 11 - 21］. https：//www. wipo. int/publications/en/details. jsp? id = 4225.

大约 5.9 万亿美元。换言之，在购买的产品中，1/3 的价值源自知识和品牌等无形资产。这些无形资产通常受到专利、实用新型、外观设计、商标、版权和商业秘密等知识产权的保护。这份报告还强调，无形资产投资是经济增长的重要源泉，深入理解如何在全球化市场上创造和利用这些资产，或许有助于决策者改善有利于这种投资的环境。❶ 这再次充分说明，在科技革命中，尤其是在新一轮科技革命中，知识产权对美欧经济发展有着直接的巨大作用，进一步论证了以获取知识产权为导向的创新才是当代世界经济增长的原动力的观点。据此，与以往的历次科技革命一样，发达国家一直在不断变革完善其知识产权制度，试图建立起适应新一轮科技革命的持续性竞争优势。

事实表明，面对新一轮科技革命的汹涌浪潮，世界各国无不高度重视，无人敢怠慢，各显神通，各尽其能，试图继续抢夺时代竞争的最佳位置。尤其是自美国在 2012 年首次推出以知识产权密集型产业为视角的研究报告之后，世界各国几乎都深切感受到了知识产权对社会经济的重大影响。因此，欧美等传统科技与工业强国比以往任何时候都更为关注全球知识产权的发展状况，更加坚信维护知识产权在全球的领先地位就是继续保持其新一轮科技革命霸主地位的关键所在。为此，它们不遗余力地采取各种应对措施，与时俱进地灵动调整和修订其相关法律政策，以捍卫其知识产权和科技创新的竞争力。

加大打击全球竞争对手，力推所谓的"脱钩"，即是这种重要应对举措之一。比如，中美贸易摩擦的焦点之一是美国指控中国侵犯知识产权，中国近些年快速的技术进步是"盗窃"了美国的技术，中国的技术进步就是受惠于中美经济科技合作。有美国学者直言不讳地宣称，中美贸易摩擦的实质是"谁能主导所谓的第四次工业革命，也就是在 20 世纪 90 年代互联网兴起之后将成为主导的人工智能、机器人、大数据、3D 打印、新材料和生物技术等的发展"；对华贸易战的真实目标"不是消除美国贸易赤字，而是瞄准'中国制造2025'"，阻止中国在未来"关键战略技术"领域取得主导地位。美国外交关系协会的一份研究报告更是赤裸裸地指出，一旦"中国制造 2025"计划取得成功，中国将在微芯片、大型飞机、电动汽车和人工智能等尖端领域实现科技自主，到那时，美国"只能向中国出口大豆、石油和天然气等大宗商品和能源"。❷ 显而

❶　世界知识产权组织. 2017 年世界知识产权报告：全球价值链中的无形资本［R/OL］.（2018 - 02 - 14）［2022 - 11 - 21］. https：//www.wipo.int/edocs/pubdocs/zh/wipo_pub_944_2017.pdf.

❷　岳健勇. 中美贸易战：中国的生死之战［J/OL］. 凤凰周刊, 2018（15）（2018 - 07 - 24）［2024 - 02 - 24］. https：//mp.weixin.qq.com/s/An6QV - 4ckAXmRBwns6KxQ.

易见，他们要"脱钩"的与其说是"中国制造2025"计划，还不如更准确地说是中国参与和分享新一轮科技革命发展的潜力，试图迫使中国继续丧失历史上从未被抓住过的科技革命的机遇，而这已经是人类社会历史上的第四次科技革命了。

新一轮科技革命滚滚而来，国际政治经济形势暗流涌动。我们有十分迫切的理由呼吁，建设中国特色、世界水平的知识产权强国，加快建设科技强国，实现高水平科技自立自强，已是刻不容缓的任务了。

为此，我们应该清晰地看到，今天，随着新一轮科技革命和产业变革的汹涌而至，知识产权对世界社会经济的影响前所未有，知识产权作为国家发展战略性资源和国际竞争力核心要素的作用更加凸显，几乎已成为全球化背景下国家科技经济核心竞争力和强大兴盛的唯一重要标志。换句话说就是，在全球化新一轮科技革命的大趋势中，知识产权强国的一个公认的硬核标准或者说一个鲜明特征是，知识产权密集型产业布局优化，知识产权对国民经济贡献显著，有力保障了科技创新的自立自强，夯实了国家政治经济安全基础，赋予了国家强大科技经济竞争力。

令人倍感鼓舞的是，《纲要》明确提出了知识产权强国的具体目标：到2025年，知识产权强国建设取得明显成效，知识产权保护更加严格，社会满意度达到并保持较高水平，知识产权市场价值进一步凸显，品牌竞争力大幅提升，专利密集型产业增加值占GDP比重达到13%，版权产业增加值占GDP比重达到7.5%，知识产权使用费年进出口总额达到3500亿元，每万人口高价值发明专利拥有量达到12件；到2035年，我国知识产权综合竞争力跻身世界前列，知识产权制度系统完备，知识产权促进创新创业蓬勃发展，全社会知识产权文化自觉基本形成，全方位、多层次参与知识产权全球治理的国际合作格局基本形成，中国特色、世界水平的知识产权强国基本建成。由此可见，《纲要》也充分体现了要以知识产权经济作用贡献最大化为指导思想，并提出了大力优化建设知识产权强国战略路径的目标。

第二节　我们的任务

目标明确，任务艰巨。对此，要清醒地认识到，有效实施知识产权强国建设纲要，高质量完成时代赋予使命的基本出发点，是要深入探索新发展阶段背景下知识产权与社会经济的互动关系、相互作用的机制，客观可靠地评估和科学准确地分析知识产权发展状况及其运行规律，放眼世界，牢牢把握住全球化下的新一轮科技革命这一难逢的机遇，以促进知识产权对社会经济贡献最大化为最终目标，积极主动协调和完善相关法律政策体系，快马加鞭，奔向中国特色、世界水平的知识产权强国。

首先，要以相关理论最新发展为引导，以可靠准确的大数据资源为事实依据，理论与实践相结合，科学地分析和研究我国知识产权密集型产业最新状况与发展趋势，探寻出中国特色知识产权制度促进我国社会经济可持续性发展的路径规律。

近年来 WIPO 发布的世界知识产权指标报告❶显示，源于中国和到中国申请的四种知识产权申请量（发明、实用新型、外观设计和商标）一直名列世界第一。中国已成为全球知识产权数量增长的主要源泉，是一个名副其实的知识产权大国。在 WIPO 2019 年 7 月发布的《2019 年全球创新指数报告》❷ 中，中国排名第 14 位，闯入了全球最具创新性的前 15 个经济体之列。2021 年 10 月 WIPO 发布了《2021 年全球创新指数报告》❸，中国的排名提升至第 12 位；2022 年 9 月 WIPO 发布了《2022 年全球创新指数报告》❹，中国已经进步到全球第 11 位，排名连续十年上升，中国离全球前十只有一步之遥。与此同时，中国知识产权的经济贡献也有了可观的进步。前期相关研究显示，在 2010 ～ 2014 年，我国专利密集型产业增加值合计达到了 26.7 万亿元，占 GDP 的比重为 11%。以专利密集型产业为主的知识产权密集型产业已成为我国国民经济的重要组成部分。❺ 尽管与发达国家相比还存在较大差距，但小荷已露尖尖

---

❶ WIPO 的《世界知识产权指标》提供了发明、实用新型、商标、外观设计、微生物、植物新品种、地理标志和创意经济等领域的年度概览。它采用了约 150 个国家及区域知识产权局和产权组织的统计数据，以及调查数据和行业数据等。参见 https：//www. wipo. int/publications/zh/series/index. jsp？id＝37。

❷ World Intellectual Property Organization. Global innovation index 2019［R/OL］．（2019 - 07 - 31）［2022 - 11 - 21］. https：//www. wipo. int/edocs/pubdocs/en/wipo_pub_gii_2019. pdf.

❸ World Intellectual Property Organization. Global innovation index 2021［R/OL］．（2021 - 09 - 14）［2022 - 11 - 21］. https：//www. wipo. int/edocs/pubdocs/en/wipo_pub_gii_2021. pdf.

❹ World Intellectual Property Organization. Global innovation index 2022［R/OL］．（2022 - 09 - 22）［2022 - 11 - 28］. https：//www. wipo. int/edocs/pubdocs/en/wipo - pub - 2000 - 2022 - section1 - en - gii - 2022 - at - a - glance - global - innovation - index - 2022 - 15th - edition. pdf.

❺ 单晓光，徐晓枫，常旭华，等. 基于行业中类的专利密集型产业测度及其影响因素［J］. 同济大学学报（自然科学版），2018，46（5）：701 - 708，714.

角，我国知识产权密集型产业正在蓬勃发展。

时间飞逝，我们进入了新发展阶段。有关知识产权与经济发展的新的理论研究，新的经验实践，源源不断涌现。那么，时至今日，我国的知识产权与经济增长的关系的研究进展如何，知识产权对经济影响究竟有多大？知识产权密集型产业的布局、分布和社会经济贡献是什么？它们的演进路径又是如何？等等。因此，及时动态地掌握知识产权的发展现状，探索其运行的规律，至关重要。这是建设知识产权强国现实的基础和未来的起点。

其次，更要以全球化的视野，全面分析我们在全球化新一轮科技革命发展格局中的位置，科学地评判我们在新一轮科技革命发展过程中现存的劣势和潜在的优势，从而主动把握新一轮科技革命赋予的时代机遇。这是建设中国特色、世界水平知识产权强国自信的底气和发展的潜力，更是对高水平科技自立自强科技强国的建设意义重大。

历史发展的残酷事实是，前三次科技革命几乎都与我们无缘，我们充其量只是被动的旁观者。第四次科技革命就不同了，它于世界科技发展史是第四次，而于我们也许就是真正意义上的第一次，千万不能再坐失千载良机。经过几十年改革开放，我们在某些高科技研发领域也打下了雄厚的基础，在诸多领域形成了可见的竞争力。建设高水平科技自立自强的科技强国战略，就是我们启航新一轮科技革命征程的行进宣言书，而建设知识产权强国纲要则是实施这个宣言书的保障导引图。

耐人寻味的是，与以往任何时候都不同，几乎所有的发达工业化国家都在密切关注中国在第四次科技革命中的表现和进展。2015 年 11 月，WIPO 发布的《2015 年世界知识产权报告：突破性创新与经济增长》❶ 称，日本、美国、德国、法国、英国和韩国在 3D 打印、纳米技术（1970 ～ 2011 年）和机器人工程学领域中（1960 ～ 2011 年）的专利申请量合计占全球三个领域首次专利申请总数的 75% 及以上。该报告数据显示，2005 ～ 2011 年，全球 3D 打印和机器人技术领域有超过 25% 的首次专利申请来自中国，是第一大专利申请来源国；在纳米技术领域，中国的专利申请占全球总申请量的近 15%，是第三大专利申请来源国。相对于其他创新型国家，中国的专利布局中大学和公共研究机构的作用更为显著。2017 年 12 月，欧洲专利局发布《专利与第四次工业

❶ 世界知识产权组织. 2015 年世界知识产权报告：突破性创新与经济增长［R/OL］.（2016 - 05 - 18）［2022 - 11 - 25］. https：//www. wipo. int/edocs/pubdocs/zh/wipo_pub_944_2015. pdf.

革命：数字化转型背后的发明》❶ 报告。该报告颇有含义地提醒道，欧洲、美国和日本是第四次科技革命的领导者，但中国和韩国是迅速的追赶者。该报告进一步解析道，欧洲、美国和日本早在 20 世纪 90 年代就开始发展第四次科技革命的技术，直至 2016 年仍然是第四次科技革命技术的创新中心；韩国和中国几十年之后才开始第四次科技革命的创新，但发展速度远超其他地区。中国的第四次科技革命技术的专利申请 70% 来自华为公司和中兴公司。2020 年 3 月欧洲专利局发布的《2019 专利指数》❷ 醒目地提示，2019 年中美欧三方几乎均分了第四次科技革命标志性技术创新之一——数字通信技术的专利申请。

虽然第四次科技革命我们开始迎头赶上，不过还要清醒地认识到，正如欧洲专利局 2018 年的年报所表明的，中国与韩国一样，在通信技术领域的创新技术发展特别快速，但也过于集中在这个狭小的领域内。而在同一时期，大多数欧洲专利局成员国以及美国和日本与第四次科技革命相关的技术创新专利申请却表现出了多种样、领域宽广的特点。老牌欧洲强国德国也在密切关注中国在第四次科技革命中的表现。德国著名的马普创新与竞争研究所的专家在一份有关人工智能的智库报告中强调，数据是发展人工智能尤其是在深度学习方面的基础，但在数据的体量上，德国难以与中国和美国竞争，而只能在机器数据、数据质量和"数据依赖弱"的人工智能技术方面发挥优势。并特别呼吁要学习中国、法国和日本将人工智能作为未来关键技术的战略。❸

综上所述，我们要破解的命题呼之欲出：从知识产权密集型产业的大数据、经济指标等实证层面来看，我国知识产权和科技的优势在哪里？弱项又是什么？动态趋势又将会怎样？如何在新一轮科技革命颠覆性技术创新主导国家多元化的难得窗口期中走好高水平的科技自立自强之路？这些都是我们在新发展阶段背景下建设知识产权强国积累的家底和奋斗的愿景。既不能妄自菲薄，更不可狂妄自大，科学理性地迎接新一轮科技革命的挑战，就能扼住历史上科技革命不是远离就是与我们擦肩而过的命运咽喉，迎来期盼已久的知识产权强

---

❶ European Patent Office. Patents and the fourth industrial revolution：the inventions behind digital transformation ［R/OL］.（2018 - 06 - 26）［2020 - 12 - 10］. https：//documents. epo. org/projects/babylon/eponet. nsf/0/17FDB5538E87B4B9C12581 EF0045762F/ $ File/fourth_industrial_revolution_2017_en. pdf.

❷ European Patent Office. Patent Index 2019：digital technologies on the rise ［R/OL］.（2020 - 03 - 12）［2022 - 11 - 21］. https：//www. epo. org/about - us/annual - reports - statistics/statistics/2019. html.

❸ HARHOFF D，HEUMANN S，JENTZSCH N，et al. Eckpunkte einer nationalen strategie für künstliche intelligenz ［R/OL］.（2018 - 06 - 04）［2022 - 11 - 23］. https：//www. stiftung - nv. de/sites/default/files/ki_strategie. pdf.

国、科技强国。此外，绝非多余，更不能忽视的是，回顾我们曾经经历过的知识产权制度建设过程，吃一堑，长一智，唯有科学地总结过去，才能理智和自信地走向未来。这是建设知识产权强国不能忘却的教训和应该传承的经验。

"李约瑟之谜"，一个令人困惑而痛苦的难解问题：为什么第一次科技革命孕育在英国而不是中国？尽管那些被经济学家和历史学家认作 18 世纪末英国科技革命产生的所有主要条件，在 14 世纪的中国也都几乎具备了。对于"李约瑟之谜"的一个颇有价值并值得深思的解答或许是，专利法等知识产权制度的缺失，才是导致近代中国与欧洲和日本在科技、产业和经济增长上的差距越拉越大的重要原因之一。❶

中国现代意义上的专利制度乃至知识产权制度，最早只能追溯到太平天国时期《资政新篇》（1859 年）中的设想，是由洪仁玕在总管朝政之后提出来的。这不但在时间上比英国代表现代专利制度的垄断法案（1624 年）晚了两百多年，而且，由于太平天国的失败，洪仁玕的专利制度主张实际上也并未得到真正实施。这里还要特别一提的是洋务运动，这是中国最早最有可能建立或引进知识产权制度的时期。19 世纪 60～90 年代，晚清洋务派引进了西方军事装备、机器生产和科学技术等带有第一次甚至第二次科技革命某些成果的先进科学技术，促使中国出现了第一批近代企业，客观上对中国当时的经济发展起到了促进作用。但遗憾的是，洋务运动并没有引进或建立与科技革命密切相关的现代知识产权等法律制度。但几乎与此同时，在当时西方资本主义和科技革命的冲击下，日本的明治维新运动在经济上推行"殖产兴业"，学习欧美科学技术，大力引进了包括知识产权制度在内的民商事法律制度，这使得日本成为亚洲第一个走上工业化道路的国家，并逐渐蜕变进化成了亚洲的世界强国。

回顾新中国的现代知识产权制度的发展历程，不难发现，我们经历的是一条从被动应对国际压力，到主动适应建设创新型国家的需要，积极对接国际标准，再到积极主动迎接新科技革命的中国特色知识产权制度的建设和完善之路。与此相对应，我国的科技发展和经济增长也相应在经历着从量上腾飞到质上稳步提升的进程。以知识产权制度中的专利法为例，从首次立法至今，我国进行过主要为应对外部压力的三次修改，主动的第四次修法也已完成并付诸实施。

---

❶ GOLDSTEIN P, STRAUS J. Intellectual property in Asia: law, economics history and politics: MPI studies on intellectual property, competition and tax law: Volume 9 [M]. Berlin Heidelberg: Springer－Verlag, 2009: 17.

1978 年，为了适应改革开放初期急需引进外国科学技术和投资的新形势，我国的现代知识产权制度建设开始真正起步。最初，对以市场经济为基础的知识产权制度，许多受传统观念影响较深的人无法接受，因而阻力重重。随着改革开放的深入，人们逐渐认识到，知识产权制度对于保护创新、引进外国科学技术具有不可或缺的作用。由此，自 1982 年以来，我国陆续颁布了第一部《商标法》（1982 年）、第一部《专利法》（1984 年），等等，几乎是以当时的国际标准高起点地搭建了我国的知识产权制度体系框架，有力地保障和促进了改革开放的顺利实施，为改革开放取得辉煌成就立下了汗马功劳。❶

1992 年，第三次科技革命也对我国间接地产生了影响，知识产权的巨大压力和力量也开始逐渐显现。主要为了准备加入当时的《关税与贸易总协定》（General Agreement on Tariffs and Trade，GATT），我国对《专利法》进行了第一次修改。此次修改扩大了专利法保护范围、延长了保护期、增设进口权、修改了强制许可的条件等，重点在于加强保护。

2000 年，为了加入 WTO，我国对《专利法》进行了第二次修改。此次修改增设许诺销售权、设立诉前禁令制度、完善专利审批和维权程序等。与此同步的是，我国还修改了当时几乎已有的全部知识产权法律法规，使得我国知识产权制度与 TRIPS 全面接轨，满足了 WTO 的要求。

2008 年，中国"入世"已经八年，第三次科技革命的世界影响日益扩大和加深，第四次科技革命的作用也崭露头角。《纲要》颁布，建设创新型国家任务正式提出。为此，《专利法》第三次修改将促进经济社会发展、适应创新型国家建设的需要作为立法宗旨，并遵循了维护专利权人利益与维护公众利益的有机统一、适应国际发展趋势与立足本国国情的有机统一等基本原则：将相对新颖性标准修改为绝对新颖性标准、重申重复授权原则、提高授权条件等，旨在控制专利质量；赋予外观设计权利人许诺销售权、提高行政处罚标准等，旨在继续加大保护力度；规定现有技术抗辩、对构成垄断行为的强制许可等，旨在防止专利权被滥用。这是对《专利法》进行的一次较为全面的主动修改。

第四次修改《专利法》的决定已于 2021 年 6 月 1 日起施行。此次修改当然是为了积极应对新一轮科技革命的挑战以及中美贸易中的知识产权冲突，但更是为了解决实践中专利保护和运用中出现的突出问题，切实维护专利权人的

---

❶ 马宁. 从《专利法》三次修改谈中国专利立法价值趋向的变化［J］. 知识产权，2009，19（5）：69 - 74.

合法权益，增强创新主体对专利保护的信心，充分激发全社会的创新活力。此次修改从提高专利质量、加大执法力度、加强专利保护、促进专利运用等方面对《专利法》进行了更为全面的主动修改，涉及较多条款，为诸多产业的发展带来了积极影响，可以说第四次《专利法》修改的一个重要导向就是促进专利密集型产业的发展。

事实和研究都表明，我国的社会主义经济建设是与知识产权制度的发展协同共进的。我国的 GDP 世界排名从 1980 年的第 12 名❶到 2010 年直至今日的世界第二大经济体❷，中国特色知识产权制度建设功不可没。从改革开放、创新型国家建设到正在进行的社会主义强国建设，不断前进的中国特色的知识产权制度都作出了有目共睹的巨大贡献。

由此可见，迄今为止的我国知识产权制度的发展史，既是一个积极参与科技革命，努力把握时代机遇的奋斗历程，也是一个不断适应国际国内形势发展，不懈推进全球化进程，促进社会经济增长的一幅不断进取的生动画面。我国既有应该深刻吸取的教训，更有要大力发扬光大的经验。

最后是笔者坚持这项研究的初心：扎根中国，放眼世界，基于对知识产权密集型产业的深入研究，与决策的领导者、专家学者以及同行们分享笔者的解读解析和启示建议，以期能为中国特色、世界水平的知识产权强国建设，实现高水平的科技自立自强，早日跻身世界的强国，建点儿有益的言，献点儿有用的策。

第三节　我们的工作

任务艰巨，工作繁重。笔者首先从全方位的视角，以法学、经济学和管理学等多学科的研究方法，回顾考察了国际和国内有关知识产权制度与经济增长关系问题的历史起源、理论探讨与实践经验等方面的内容；进而聚焦于知识产权密集型产业的发展，以此为依托，并在前期相关研究的基础上，全面客观地梳理和分析了知识产权制度与经济增长关系的研究成果、现象事实及其影响评价的最新进展，包括但不限于专家论证，WIPO、美欧等有关知识产权密集型

---

❶　参见：https：//www. kylc. com/stats/global/yearly/g－gdp/1980. html.

❷　参见：https：//www. kylc. com/stats/global/yearly/g－gdp/2010. html.

产业与经济增长关系的实证报告等，以求为紧接着的研究夯实理论和实践的基础。

在借鉴国际相关经验和前述研究的基础上，结合中国国情，本书选择与识别了计算知识产权密集型产业对经济作用的各种变量参数，建立并优化了相应分析的公式、模型等研究框架，依托各种官方统计年鉴、专业数据库等数据资源，配以适当的实地调研数据，对某些特定时间点以及某些时间段内全国范围内的各类知识产权密集型产业及其相关产业组合的地理分布、战略布局、经济贡献等经济指标进行了科学测度与计算分析，试图描绘出我国知识产权密集型产业的地理分布、结构布局与经济特征战略地图，并进行相关解读解析。

封闭导致的是愚昧和狭隘，开放带来的是理智和开阔。当今的世界是全球化竞争的时代，唯有知己知彼，方能百战不殆。为此，笔者还将中国知识产权密集型产业发展的产业组合、战略布局、经济贡献等相关经济指标数据与全球主要经济体进行了相应的横截面比较分析与评价，获得了一幅数字时代的全球科技竞争格局数据图谱。

为了避免局限于现象表面的分析而造成的片面性和肤浅性，更为了全面深入地掌握全国知识产权密集型产业的经济活动规律，笔者还创新性地改造和运用了经济学、管理学等交叉学科的一些研究方法和数学模型，定性与定量相结合地计算分析了知识产权密集型产业中最具代表性的专利密集型产业的创新水平、关联效应、空间集聚等指标及其所蕴含的知识产权意义上的含义与启示。并在此基础上特别选择了医药制造业的发明专利与产业发展的空间耦合协调、医药制造业与计算机通信设备制造业的对比分析等，作为反映我国重点发展或者颇有发展潜力的优势产业发展的代表性典型案例，对它们的相关经济指标更进一步地进行了纵向解剖。我们力求从点到面，由表及里，立足并深入知识产权密集型产业的内部层面，全面客观地绘制出我国知识产权密集型产业演进的三维立体图形，揭示出其动态运行的轨迹。

需要特别强调的是，为了更好地把握新发展阶段下我国科技竞争力的时代特征与发展潜力，笔者还借助国际上相关研究报告中的数据资源，结合对知识产权密集型产业的分析，以及中国国家知识产权局、国家统计局等相关部门数据库资料，专门分析了我国在新一轮科技革命中科学技术发展的优势地位和相对短板，为我国准确判断和把握新一轮科技革命的机遇，构建中国特色、世界水平知识产权强国，保障高水平科技自立自强的科技强国建设的科学决策，提供了更可靠和更理性的实证依据。

最后，结合对知识产权密集型产业发展进行的理论与实践相结合的科学研究结论及其相应的解读解析，在全面梳理总结了迄今为止中央和地方层面有关发展知识产权密集型产业的法律政策的基础上，密切跟踪知识产权强国建设的主要任务，尝试提出了进一步完善以培育和发展知识产权密集型产业为主要抓手的中国特色知识产权法律政策体系的启示与建议。

笔者的研究主要涉及知识产权相关领域，研究方法以法学、经济学和管理学等多学科交叉融合为主，主要包括：

第一，历史考察与现实目标相结合。一方面，在追寻知识产权制度与社会经济发展历史轨迹的基础上，力图探寻出知识产权制度与社会经济发展的互动规律；另一方面，将知识产权密集型产业的实践发展与建设知识产权强国的现实目标相结合，提出有现实意义的思考与建议。

第二，定性分析与定量计算相结合。既采用定性的资料收集与分析的方法，也通过数学模型，运用国民经济、产业与知识产权等不同层面的权威数据进行定量计算分析，深入解析我国知识产权密集型产业在国民经济中的贡献、产业布局与地理分布等社会经济指标。

第三，规范分析与实证检验相结合。一方面，从理论层面对现有制度进行规范分析与阐释；另一方面，基于对实证结果数据的检验与解析，厘清和识别出知识产权密集型产业的发展特征及其主要影响因素。

第四，归纳提炼与演绎推理法相结合。既注重从具体的法律规范、现象效果归纳提炼出一般的规律原理和发展趋向，又注重从一般的规律规范中演绎出符合实际需求的应对政策战略。

第五，扎根中国与放眼世界相结合。一方面，立足建设中国特色、世界水平知识产权强国的新发展阶段，理性评判我国科技发展与知识产权制度建设的现实基础和未来的潜力；另一方面，放眼全球新一轮科技革命的时代背景，努力探索把握时代机遇，探寻建设知识产权强国、科技强国的良策妙方。

第二章

知识产权与经济增长

第一节　知识产权与经济增长的理论与观点

一、知识产权与经济增长的理论

国际上相关研究表明，知识产权不仅有利于知识产权权利人本身，而且有利于权利人所在的国家和整个地区的经济增长。[1] 当前，中国的经济增长模式也已经进入转型期，新的经济发展模式需要通过创新和技术进步来提升生产率。在此过程中，知识产权制度以及受知识产权制度规范的知识产权要素起到越来越重要的作用。笔者通过系统梳理和阐述知识产权与经济增长的相关理论和文献，探讨相关理论，如生产要素理论、比较优势理论、产业升级理论、熊彼特增长理论和竞争优势理论等在知识产权背景下的应用，试图为厘清知识产权与经济增长的关系寻求理论的基础和指导。

（一）生产要素理论

从字面上来看，知识产权密集型产业与劳动密集型产业、资本密集型产业、技术（知识）密集型产业是并列的概念，但知识产权密集型产业与其他生产要素密集型产业究竟存在何种关系，这要从生产要素的内涵和发展历史来进行研究。

---

[1] EPO. Patents paving the way to a more sustainable future [EB/OL]. [2023 – 11 – 20]. https://link. epo. org/web/en – patents – paving – the – way.

生产要素是经济学中的一个基本范畴，指"进行社会生产经营活动所需的各种社会资源，是维系国民经济运行及市场主体生产经营过程中所必须具备的基本因素"。综合来看，生产要素的含义包括两个方面，一方面是指投入生产经营过程中的必需要素，另一方面是指生产要素需要进行市场交换，不仅参与经济活动的生产环节，而且参与流通和分配环节。❶

生产要素理论的发展与社会经济活动的发展密切相关。纵观生产要素理论的发展过程，生产要素从最初的二要素论，发展至三要素论乃至多要素论。威廉·配第认为土地和劳动两种要素投入生产创造价值和财富，因此生产要素是二元的。❷ 亚当·斯密指出商品的价值应该归功于劳动、土地和资本三种要素或其中之一。❸ 让·巴蒂斯特·萨伊提出自然要素（土地）、资本以及人类的劳动共同作用产生价值，因此土地、资本和劳动是生产的三种要素。❹ 生产要素理论由二要素论发展至三要素论。阿弗里德·马歇尔指出，除了土地、资本和劳动三种要素外，组织（或企业家的管理能力）也发挥着重要的作用，因此将其列为第四种要素。❺ 生产要素理论由三要素论发展至四要素论。此后，随着科技的发展、知识产权制度的建立以及知识经济的兴起，技术、知识、信息、数据等能够进行自由的市场交换，在整个社会经济中占据重要地位，逐渐成为相对独立且决定企业成败的关键性生产要素。❻

借鉴已有的理论研究框架，笔者认为知识产权要素已初步具备生产要素的独立形态。❼

第一，知识产权在知识经济中越来越居于中心地位。知识产权已成为一种基础战略资源，很多国家已经发布了支持知识产权发展的国家战略和计划。这

❶ 于刃刚，戴宏伟. 论生产要素的内涵、组合与收入分配：兼论按要素分配与按劳分配相结合 [J]. 河北学刊，1999（5）：27-33.

❷ 配第. 赋税论 [M] //配第. 配第经济著作选集. 陈冬野，马清槐，周锦如，译. 北京：商务印书馆，1981：42-66.

❸ 斯密. 国民财富的性质和原因的研究：上卷 [M]. 郭大力，王亚南，译. 北京：商务印书馆，1974：32-44.

❹ 萨伊. 政治经济学概论 [M]. 陈福生，陈振华，译. 北京：商务印书馆，1963：75-76.

❺ 马歇尔. 经济学原理 [M]. 廉运杰，译. 北京：华夏出版社，2012：63.

❻ 于刃刚，戴宏伟. 论生产要素的内涵、组合与收入分配：兼论按要素分配与按劳分配相结合 [J]. 河北学刊，1999（5）：27-33；徐斌，李燕芳. 生产要素理论的主要学派与最新发展 [J]. 北京交通大学学报（社会科学版），2006，5（3）：20-24；林金忠. 论知识作为独立的生产要素：兼论知识经济的本质内涵 [J]. 中国经济问题，2004（6）：33-39；于立，王建林. 生产要素理论新论：兼论数据要素的共性和特性 [J]. 经济与管理研究，2020，41（4）：62-73.

❼ 李清彬. 推动大数据形成理想的生产要素形态 [J]. 中国发展观察，2018（15）：22-25.

些国家知识产权战略的背后都有产业利益的诉求。例如，美国从 20 世纪 80 年代开始实施国家知识产权发展战略，进行知识产权改革，明确知识产权利益分配机制，推动 TRIPS 的签订，知识产权国际保护拉开序幕，为美国知识产权权利人在全球谋取最大化利益创造了制度条件。2002 年，日本颁布了其知识产权战略大纲，将知识产权战略作为国家战略，设立了知识产权战略本部和知识产权推进事务局。日本知识产权战略本部于 2003 年公布了《有关知识产权创造、保护及其利用的推进计划》，其目的也是激励日本本土的技术创新，以有效应对来自欧美的高技术领域竞争以及来自亚洲其他国家和地区的劳动密集型产业的竞争。

第二，知识产权已融入价值创造过程之中。知识产权是价值创造过程中的重要组成要素，对创新发展和经济增长十分重要。一方面，专利、商标、版权等知识产权不仅是经济活动中的重要投入元素，同时也是要素市场的重要标的，知识产权的转移、转化、运营已经形成了不断完善的产业链和产业集群；另一方面，作为主要的激励创新的政策工具，知识产权已深刻融入企业创新、产业升级和经济增长的各个方面，密集使用知识产权的产业成为经济体系中重要的、不可或缺和不断增长的组成部分。

第三，已有生产要素很难表征知识产权。传统生产要素，如土地、劳动和资本，与知识产权的内涵相差较大，不具备代表知识产权的可能性。知识（技术）虽然与知识产权有近似之处，但也不能完全涵盖知识产权。知识产权赋予创新主体排他性地使用其技术或知识并从中获取收益的权利，以克服技术或知识本身具有的非排他性和外部性。因此，知识产权不仅包括知识或技术本身，还包含法律制度的安排，是两者的有机结合。获得了知识产权保护的知识或技术才是社会所认可的创新。综上所述，以专利、商标和版权为代表的知识产权要素越来越具备了生产要素的特质，与其他生产要素一起被整合到经济价值创造之中，成为经济活动、国际贸易中不可或缺的核心要素。❶ 知识产权密集型产业正是以知识产权要素为核心内容的产业。

（二）比较优势理论

生产要素理论虽然澄清了知识产权要素的特殊性，但未能与产业概念联系

---

❶ 韩秀成，王淇. 知识产权：国际贸易的核心要素：中美经贸摩擦的启示［J］. 中国科学院院刊，2019，34（8）：893–902.

在一起。因此，有必要探讨生产要素与产业概念的结合。生产要素密集型产业起源于国际贸易理论。英国经济学家亚当·斯密首先建立起了绝对优势理论（绝对成本说）。他指出，国际分工的基础是丰富的自然禀赋以及后天有利的生产条件，这两者使得一个国家在生产某一产品时具有成本优势，从而在国际贸易中获利。[❶] 然而，绝对优势理论没有探讨这样一个问题，即当贸易一方生产的各种产品均不具备绝对优势，而另一方生产的各种产品均具有绝对优势时，国际贸易是否能使双方都获利？为此，英国经济学家大卫·李嘉图继承并发展了亚当·斯密的绝对优势理论，提出了比较优势理论（比较成本说）。他认为，不具有绝对优势的国家，可以选择劣势较轻（即相对其他产品来说具有比较优势）的产品进行生产并参与国际贸易；而具有绝对优势的国家，可以选择优势更大（即相对其他产品来说具有比较优势）的产品进行生产从而获取更大的利益。[❷] 但是，绝对优势理论和比较优势理论均认为产品成本差异来源于劳动生产率的差异，这两个理论仅涉及劳动这一生产要素。

在比较优势理论的基础上，瑞典经济学家赫克歇尔和俄林将导致生产成本差异的要素扩展至两种及以上，提出了要素禀赋理论（也称为要素比例理论或 H - O 理论）。他们认为，产品成本存在差异的原因在于不同国家的要素相对稀缺性存在差异，从而导致要素相对价格有所不同。各个国家应该根据自己的要素禀赋参与国际贸易，利用其更丰富的生产要素从事生产活动，从而在国际贸易中获得比较优势并获取贸易利益。[❸] 要素丰裕度和要素密集度是要素禀赋理论的两个核心概念。要素丰裕度指一个国家拥有的各种生产要素之间的相对丰裕关系，以要素存量的比率或要素的相对价格来表征。要素密集度是产品生产过程中各种生产要素的投入比率。根据生产过程中要素密集度的不同可以将不同产品划分为劳动密集型产品、资本密集型产品、技术密集型产品，将不同产业划分为劳动密集型产业、资本密集型产业、技术密集型产业等。[❹] 要素丰裕度和要素密集度均指相对量，而非绝对量。不同国家的要素丰裕度不同，并且不同产品的要素密集度不同，成为国际贸易分工的基础。进一步的研究表

❶ 王永昆. 比较成本论：西方国际贸易理论介评（二）[J]. 国际贸易，1987（2）：46 - 48.

❷ 牛志伟，邹昭晞. 比较优势动态转换与产业升级：基于中国制造业发展指标的国际比较 [J]. 改革，2020（2）：71 - 88.

❸ 朱鸿伟. 当代比较优势理论的发展及其启示 [J]. 暨南学报（哲学社会科学版），2001，23（2）：38 - 42.

❹ 李辉文. 现代比较优势理论的动态性质：兼评"比较优势陷阱"[J]. 经济评论，2004（1）：42 - 47.

明，同一产品在不同生产阶段需要投入的生产要素也有所不同，各个国家应该根据自己的要素禀赋选择生产环节。❶

随着科技的发展以及经济全球化的加强，传统比较优势理论的前提和假设发生了重大变化，动态比较优势理论由此产生。动态比较优势理论主要包括三个方面的内容：一是基于生产要素的变化；二是基于技术进步；三是基于资源配置能力的提升。❷ 从生产要素的变化来看，一方面，生产要素的种类和地位有所变化。生产要素的流动性逐渐增强，种类和外延不断扩大，而且不同生产要素的地位在不同的经济发展阶段也会发生变化。知识经济时代，技术以及知识产权等高级生产要素在创造经济价值的过程中越来越重要，而土地、自然资源等初级生产要素的重要性有所减弱。另一方面，生产要素的变化和积累速度存在较大差异，这将会改变一个国家的要素禀赋结构，从而导致比较优势的变化和发展。从技术进步来看，一方面，生产过程的经验积累以及技术提升将使得产品的要素密集度发生改变，如随着技术的进步和产品生命周期的演进，原本为技术密集型的产品可能转变为资本密集型产品或劳动密集型产品。另一方面，知识和信息的快速扩散和传播，减少了获取先进技术和知识的壁垒，即存在知识溢出效应，后发国家可以通过学习缩小技术差距。从资源配置能力方面来看，通过提升资源动态配置能力可以提升比较优势。一方面，政府部门对创新驱动发展型产业，如专利密集型产业进行鼓励和扶持，就有可能使得该类产业从不具备比较优势转变成具备比较优势。另一方面，加入知识产权等新要素，通过制度安排和法律保障来激励创新，使得社会资源向创新型产业汇集，以实现资源的动态配置优化。总的来说，比较优势是动态变化的，后发国家需要改善其要素禀赋的结构和特征，发展知识、技术以及知识产权等高级生产要素，加快这些要素的积累速度，从而提升其在国际贸易中的竞争地位。

（三）产业升级理论

产业升级是工业化和经济发展的主要内容，主要指产业从低水平、低劳动生产率和低附加值经济状态向高水平、高劳动生产率和高附加值经济状态的发

---

❶　DIXIT A K, GROSSMAN G M. Trade and protection with multistage production [J]. The Review of Economic Studies, 1982, 49 (4): 583 – 594.

❷　牛志伟，邹昭晞. 比较优势动态转换与产业升级：基于中国制造业发展指标的国际比较 [J]. 改革, 2020 (2): 71 – 88.

展变化过程。[1] 尽管产业升级是产业界和经济界研究的重点问题，但对于产业升级的内涵并未形成共识。一方面，早期的产业升级理论基于经济发展理论，与经济增长的研究密切相关，主要是对产业升级必要性的理论阐释。随后逐渐转向实证研究，着眼于对理论假设的检验，关注产业升级的影响因素以及实施路径。比如，张其仔指出，产业升级路径与一个国家的产业比较优势演化有关。[2] 林毅夫认为，产业发展应与要素禀赋相符，遵循比较优势，并通过比较优势积累来培育高级生产要素和提升竞争力。[3] 另一方面，随着全球价值链分工体系的产生和发展，产业升级理论由主要关注产业垂直结构的演变，即从低端产业向高端产业升级（产业结构调整），延伸至关注产业水平结构的升级，即从价值链低端向价值链高端升级（价值链升级）。[4] 价值链升级强调产业不仅是结构上的变迁，而且也应该是价值链上的提升以及价值获取的增加。Humphrey 和 Schmitz 提出了工艺或技术升级—产品升级—功能升级—价值链间升级（跨产业升级）的产业升级路径。[5] Ernst 认为产业升级方式包括产业间升级、要素间升级、需求升级、功能升级及链式升级。[6] 张耀辉指出，创新是产业升级的主要动力，产业升级本质上是高附加值的高科技产业或新兴产业取代低附加值的传统产业的过程。[7] 隆国强认为，后发国家产业升级有产业间升级（从低附加值向高附加值环节提升）、向资本与技术密集以及向信息与管理

[1] 韩江波，李超. 产业演化路径的要素配置效应：国际案例与中国选择 [J]. 经济学家，2013（5）：39 – 49.

[2] 张其仔. 比较优势的演化与中国产业升级路径的选择 [J]. 中国工业经济，2008（9）：58 – 68.

[3] 林毅夫，李永军. 比较优势、竞争优势与发展中国家的经济发展 [J]. 管理世界，2003（7）：21 – 28，66.
林毅夫. 新结构经济学：重构发展经济学的框架 [J]. 经济学（季刊），2010（1）：1 – 32.

[4] 牛志伟，邹昭晞. 比较优势动态转换与产业升级：基于中国制造业发展指标的国际比较 [J]. 改革，2020（2）：71 – 88.

[5] HUMPHREY J, SCHMITZ H. Governance and upgrading：linking industrial cluster and global value chain research [R/OL]. [2022 – 10 – 15]. https：//www. marketlinks. org/sites/default/files/media/file/2020 – 10/Governance%20and%20Upgrading. pdf.

[6] ERNST D. Global production network and industrial upgrading：a knowledge – centered approach [R/OL]. (2001 – 05 – 25) [2022 – 10 – 15]. https：//scholarspace. manoa. hawaii. edu/server/api/core/bitstreams/ab038343 – 2819 – 4017 – b883 – 98fabf15e858/content.

[7] 张耀辉. 产业创新：新经济下的产业升级模式 [J]. 数量经济技术经济研究，2002（1）：14 – 17.

密集的价值环节升级三个方向。❶

　　要素禀赋结构变化是产业升级的基础。❷ 产业升级的内涵从表观的产业结构升级深化到要素禀赋的演变以及要素的配置和效率提升。要素禀赋的变化、要素结构的转变以及要素配置效率的提升有助于更深层次地理解产业升级的路径。张耀辉指出，产业升级必然伴随着要素的重新组合以及要素的升级，要素升级是新兴产业形成和发展的基础。❸ 林毅夫和孙希芳认为，一个国家产业结构或技术结构的升级，归根结底依赖于该国要素禀赋结构的提升。❹ 刘拥军强调，产业升级是产业基于要素禀赋比较优势，在技术进步的条件下，实现要素禀赋转化和要素配置效率提升的动态过程。❺ 朱卫平和陈林指出，要素禀赋的动态演变促使新兴产业产生和发展，并迫使传统产业通过技术创新、产品升级来延缓产业衰退，如此周而复始、由低到高的动态过程即为产业升级。❻ 冯梅认为，要实现产业升级必然需要改善国家的要素禀赋特征，要素禀赋变化促使比较优势变化，进而推动产业不断升级。❼

　　技术、品牌、知识产权等高级生产要素能显著促进产业价值链升级。产业从低层次向高层次演变意味着生产要素从初级向高级的演变。初级生产要素一般指劳动力、土地、自然资源和物质资本，高级生产要素一般指技术、信息、无形资产、知识产权等。❽ 张幼文指出，国家经济发展战略的重点在于改变要素禀赋结构，培育或购买专利、品牌等稀缺要素，形成要素优势，从而提升其在国际贸易中的利益分配地位。❾ 隆国强认为，全球化背景下我国产业升级需

---

❶　隆国强. 全球化背景下的产业升级新战略：基于全球生产价值链的分析 [J]. 国际贸易，2007（7）：27 – 34.

❷　林毅夫，孙希芳. 经济发展的比较优势战略理论：兼评《对中国外贸战略与贸易政策的评论》[J]. 国际经济评论，2003（6）：12 – 18.

❸　张耀辉. 产业创新：新经济下的产业升级模式 [J]. 数量经济技术经济研究，2002（1）：14 – 17.

❹　林毅夫，孙希芳. 经济发展的比较优势战略理论：兼评《对中国外贸战略与贸易政策的评论》[J]. 国际经济评论，2003（6）：12 – 18.

❺　刘拥军. 论比较优势与产业升级 [J]. 财经科学，2005（5）：159 – 164.

❻　朱卫平，陈林. 产业升级的内涵与模式研究：以广东产业升级为例 [J]. 经济学家，2011（2）：60 – 66.

❼　冯梅. 上海制造业比较优势演化与转型升级的路径研究 [J]. 上海经济研究，2013，25（5）：112 – 120.

❽　韩江波，李超. 产业演化路径的要素配置效应：国际案例与中国选择 [J]. 经济学家，2013（5）：39 – 49.

❾　张幼文. 从廉价劳动力优势到稀缺要素优势：论"新开放观"的理论基础 [J]. 南开学报（哲学社会科学版），2005（6）：1 – 8，61.

要加强知识产权保护以推进自主创新，通过发展自主品牌和知识产权提升技术密集型产业的国际竞争力。❶ 陈羽和邝国良指出，产业升级的基本对策是向技术和品牌两端升级，以提高在国际分工中的价值获取。❷ 韩江波和李超认为，生产要素是微观层面研究产业升级的基础，广泛且充分利用技术、信息、知识产权等高级生产要素，实现要素禀赋的升级，有助于产业由劳动、资本密集型产业向技术、知识产权密集型产业的转换，从而实现从低层次产业形态向高层次产业形态的演变。❸ 此外，韩江波和李超将以高级生产要素为主要配置结构的产业升级称为产业高级升级，这类产业升级主要由高级生产要素的投入增加来实现。技术、信息、知识产权等高级生产要素往往具有边际收益递增的特性，利用高级生产要素的扩散效应和溢出效应，在产业内不断形成技术流、知识流和信息流，并通过知识和信息的自我繁殖、增值和升级，使产业不断获得创新优势和竞争优势，促使产业实现高层次升级和获得高端竞争力。❹ 总之，产业升级的本质属性在于生产要素及其配置结构和效率的变化。要素变化是内在动力，产业升级是表观形式。低级产业形态源于初级生产要素，高级产业形态源于高级生产要素。毫无疑问，产业升级需要培育和发展高级生产要素，知识产权密集型产业的产生和发展正好契合了这一规律。

（四）熊彼特增长理论

美籍奥地利经济学家约瑟夫·熊彼特1912年出版的成名作《经济发展理论》是创新理论的开山之作。熊彼特开创性地提出了创新的概念，认为创新是将以前从未出现过的关于生产要素和生产条件的新组合引入到生产体系中，主要包括新产品或产品的新特征、新生产方式、新市场、原材料的新来源、新组织形式五种创新模式。此外，他明确区分了发明与创新的概念，认为发明是知识（技术）的生产活动，而创新本质上是商业活动，需要企业家组合各种资源、技能和能力来实现发明的商业化以获得经济效益。❺

20世纪50年代之后，经济学家关注到了创新或技术进步对经济增长的作用，主要产生了两大理论：新古典增长理论（Neoclassical Growth Theory）和熊

❶ 隆国强. 全球化背景下的产业升级新战略：基于全球生产价值链的分析 [J]. 国际贸易，2007（7）：27 - 34.

❷ 陈羽，邝国良. "产业升级"的理论内核及研究思路述评 [J]. 改革，2009（10）：85 - 89.

❸❹ 韩江波，李超. 产业演化路径的要素配置效应：国际案例与中国选择 [J]. 经济学家，2013（5）：39 - 49.

❺ 朱红恒. 熊彼特的创新理论及启示 [J]. 社会科学家，2005（1）：59 - 61，70.

彼特增长理论（Schumpeterian Growth Theory）。❶ 1956 年，罗伯特·M. 索洛（Robert M. Solow）以柯布－道格拉斯生产函数（C－D 函数）为基础，在新古典经济学的框架内提出了索洛经济增长模型，阐述了技术进步对长期经济增长的重要作用，但他认为技术进步是经济增长的外生变量，因此该模型又被称为外生经济增长模型。❷ 由于该模型将技术进步视为外生变量，因此无法解释影响技术进步的机制和原因。❸ 在外生经济增长模型的基础上，1986 年保罗·M. 罗默（Paul M. Romer）提出了内生经济增长模型，认为技术进步并非外生的、偶然的要素，而是经济活动内生的要素，即将技术进步内生化。❹ 他指出，除劳动和资本外，技术进步或知识也是经济增长的生产要素，并且技术进步和知识能够产生溢出效应，从而实现规模收益递增。1990 年，罗默进一步提出了产品品种增加模型，研究了内在的研发与创新促进经济增长的作用机制。❺ 该模型表明，创新需要成本，因此创新需要专利、商标等知识产权制度的保护，如果模仿容易实现，那么创新的激励必然减小，经济增长将放慢；反之，对创新成果进行知识产权保护，可以防止创新被任意复制和模仿，确保创新主体能够获得垄断利益，使其有动机开展持续的技术创新，从而增加产品种类或提高产品质量，这是长期经济增长的本质。❻ 罗默的内生经济增长模型为熊彼特增长理论奠定了基础。

熊彼特增长理论认为，技术进步是经济增长的内生变量，强调创新、知识生产以及研发是技术进步和经济增长的源泉和核心因素。该理论的经济增长机制在于：为了获得垄断利润，制造商需要不断增加研发投入，这将增加知识存量从而推动技术创新，而技术创新又将进一步推动新产品或新方法的产生，研

---

❶ 柳卸林，高雨辰，丁雪辰. 寻找创新驱动发展的新理论思维：基于新熊彼特增长理论的思考 [J]. 管理世界，2017（12）：8－19；柳卸林，葛爽. 探究 20 年来中国经济增长创新驱动的内在机制：基于新熊彼特增长理论的视角 [J]. 科学学与科学技术管理，2018，39（11）：3－18.

❷ SOLOW R M. A contribution to the theory of economic growth [J]. The Quarterly Journal of Economics, 1956, 70 (1): 65－94; SOLOW R M. Technical change and the aggregate production function [J]. Review of Economics & Statistics, 1957, 39 (3): 554－562.

❸ WITT U. How evolutionary is Schumpeter's theory of economic development? [J]. Industry & Innovation, 2002, 9 (1－2): 7－22.

❹ ROMER P M. Increasing returns and long－run growth [J]. Journal of Political Economy, 1986, 94 (5): 1002－1037.

❺ ROMER P M. Endogenous technical change [J]. Journal of Political Economy, 1990, 98 (5): 71－102.

❻ 何其春. 税收、收入不平等和内生经济增长 [J]. 经济研究，2012（2）：4－14；何其春. 人类持续变富的解密：2018 年诺贝尔经济学奖得主 Paul Romer 的贡献 [J]. 中央财经大学学报，2018（12）：119－125.

发投入、技术创新与经济增长之间形成良性循环，进而促进经济持续增长。❶

熊彼特增长理论为知识产权密集型产业的形成及其对创新与经济增长的影响提供了重要的分析框架。其逻辑符合"企业持续创新—推动知识产权密集型产业形成—知识产权密集型产业促进创新和经济发展—新科技革命和知识产权密集型产业发展的需求促使知识产权制度优化—制度优化形成良好外部环境"的正向循环。既然企业创新的动机在于追逐和获得垄断利润，那么如何保障垄断利益的实现是制度设计需要考虑的重要方面。只有创新成果得到了充分且有效的保护，任意模仿才不易实现，才不会减少对创新的激励，因此营造良好的营商环境至关重要。知识产权制度对于形成良好的外部环境、保障企业的持续创新发挥着不可或缺的作用。如有研究发现，知识产权保护能够促进创新。❷ 另有研究发现，知识产权保护对经济增长有积极影响。❸ 有研究者认为，加强知识产权保护可以降低创新被模仿的概率，增加创新回报，因此企业有更强的动力进行更多的研发投资，从而促进经济增长。❹ 但另有研究者认为知识产权保护具有两面性：一方面，加强知识产权保护可以降低新产品被模仿的可

❶ 严成樑，龚六堂. 熊彼特增长理论：一个文献综述 [J]. 经济学（季刊），2009，8（3）：1163－1196.

❷ CHEN Y, PVTTITANUN T. Intellectual property rights and innovation in developing Countries [J]. Journal of Development Economics, 2005, 78（2）：474－493；KANWAR S. Business enterprise R&D, technological change, and intellectual property protection [J]. Economics Letters, 2007, 96（1）：120－126；ALLRED B B, PARK W G. The influence of patent protection on firm innovation investment in manufacturing industries [J]. Journal of International Management, 2007, 13（2）：91－109；ARORA A, CECCAGNOLI M, COHEN W M. R&D and the patent premium [J]. International Journal of Industrial Organization, 2008, 26（5）：1153－1179；ANG J S, CHENG Y M, WU C P. Does enforcement of intellectual property rights matter in China? evidence from financing and investment choices in the high－tech industry [J]. Review of Economics and Statistics, 2014, 96（2）：332－348；庄子银，贾红静，李汛. 知识产权保护对企业创新的影响研究：基于企业异质性视角 [J]. 南开管理评论，2023，26（5）：61－71.

❸ GOULD D M, GRUDEN W C. The role of intellectual property rights in economic growth [J]. Journal of Development Economics, 1996, 48（2）：323－350；PARK W, GINARTE J C. Intellectual property rights and economic growth [J]. Contemporary Economic Policy, 1997, 15（3）：51－61；KIM T, MASKUS K E, OH K Y. Effects of patents on productivity growth in Korean manufacturing: a panel data analysis [J]. Pacific Economic Review, 2009, 14（2）：137－154；MRAD F. The effects of intellectual property rights protection in the technology transfer context on economic growth [J]. Journal of Innovation Economics & Management, 2017, 23（2）：33－57；龙小宁，易巍，林志帆. 知识产权保护的价值有多大？：来自中国上市公司专利数据的经验证据 [J]. 金融研究，2018（8）：120－136.

❹ KWAN Y K, LAI L C. Intellectual property rights protection and endogenous economic growth [J]. Journal of Economic Dynamics and Control, 2003, 27（5）：853－873；IWASAKO T, FUGATAMI K. Patent policy in an endogenous growth Model [J]. Journal of Economics, 2003, 78（3）：239－258.

能性，提高创新的回报率，从而促进经济增长；另一方面，较强的知识产权保护也可能减少完全竞争的部门，或降低资本的边际回报，从而对创新和经济增长产生负面影响。❶

（五）竞争优势理论

美国哈佛大学商学院教授迈克尔·E. 波特（Michael E. Porter）在 1980 ～ 1990 年出版了其著名的竞争三部曲——《竞争战略》（1980 年）、《竞争优势》（1985 年）、《国家竞争优势》（1990 年），分别从微观、中观和宏观三个层面论述了企业竞争优势、产业竞争优势和国家竞争优势，系统地提出了竞争优势理论。关于企业竞争优势，波特认为，企业盈利能力的基础在于其是否拥有持久性竞争优势，这种竞争优势主要有低成本优势和差异化优势两种基本形式，相应的企业可以采取成本领先、差异化、目标集聚（包括成本集聚和差异化集聚）三种竞争战略。从企业竞争优势上升到国家竞争优势，波特认为，国家竞争优势与四个基本因素及两个辅助因素密切相关。四个基本因素包括：生产要素（特别强调需要经过长期投资和培育创造出来的科技、知识等高级要素的重要作用），本国需求条件（国内市场需求的规模、偏好等），相关产业和支持产业（上下游产业链的发展、相关配套支撑产业的发展），企业的战略、结构和竞争程度（企业的经营策略、组织形式、竞争环境等）；两个辅助因素指机会（科学技术的重大突破、颠覆式创新等）和政府（制定、优化有关制度和政策，培育创新环境等）。这些因素相互联系构成了著名的钻石理论模型。同时，波特认为，国家竞争优势实质上来源于产业竞争优势，如果一个国家在新兴产业、高科技产业等领域处于领先地位，那么这个国家就具有竞争优势。

波特从产业的角度来分析企业的竞争优势，认为企业的竞争优势主要取决于其在产业中的相对位置，因此又被称为竞争优势外生论。该理论过分强调外部产业结构和环境对企业竞争优势的影响，而忽略了企业内部资源、知识和能力等因素对培育竞争优势的重要作用。在这样的背景下，竞争优势内生论应运而生，主要包括企业资源论和企业能力论。企业资源论认为，拥有战略性资源是企业形成和保持竞争优势的关键所在，战略性资源应该具备价值性、稀

---

❶ HORRI H, IWAISAKO T. Economic growth with imperfect protection of intellectual property rights [J]. Journal of Economics, 2007, 90（1）：45 - 85；严成樑，张丽华. 内生的知识产权保护与长期经济增长 [J]. 浙江社会科学，2010（6）：18 - 24.

缺性、难以模仿性和不可替代性四个特征，这样的资源才能帮助企业取得竞争优势。❶ 难以察觉、复制、模仿和替代的知识资源，便是能够产生竞争优势的战略性资源。企业能力理论认为，企业的竞争优势来源于企业内部的核心竞争力，并指出核心竞争力是企业将不同的技能、资源和知识等协调配置和有机结合的积累性学识。❷ 仅仅拥有企业资源不足以形成竞争优势，对资源、技术等的整合配置能力才是企业竞争优势的核心来源。此外，企业的知识以及知识结构，特别是一些难以模仿的隐性知识，决定了其配置资源的能力，因此与知识紧密相关的学习认知能力和创新能力对企业形成竞争优势至关重要。整体来看，企业资源理论关注的是企业的静态资源，而企业能力理论关注的是对资源的动态利用，因此，晏双生和章仁俊认为"企业资源是竞争优势的基础，企业能力是竞争优势的关键"。❸

专利、商标、品牌等知识产权是企业独特的资源，具有价值性、稀缺性、难以模仿性和难以替代性，具备资源异质性优势；同时，知识产权战略能推动企业的技术进步和创新，通过整合各类资源以及其他竞争优势，构建起企业的核心能力，从而帮助企业赢得长期竞争优势。詹映和温博认为，从企业外部环境以及内部资源和能力两个方面来看，知识产权战略都有助于形成产业竞争优势。❹ 魏国平和黄亦鹏认为，一个产业的国际竞争力取决于该产业所控制的知识产权资源、创新能力和标准竞争。战略性新兴产业的竞争力来源于知识产权能力和竞争优势。❺ 孙海荣指出，专利资源具有资源异质性优势、市场垄断性优势和创新能力优势，可以从资源稀缺、市场垄断和能力创新三个方面帮助企业形成竞争优势，从而获取经济租金。❻

竞争优势理论可以从一定程度上解释知识产权密集型产业的先进性。正是依据这一理论，有学者提出了知识产权竞争优势理论，认为知识产权竞争优势

❶ BARNEY J. Firm resources and sustained competitive advantage [J]. Journal of Management, 1991, 17 (1): 99 – 120.

❷ PRAHALAD C K, HAMEL G. The core competence of the corporation [J]. Harvard Business Review, 1990 (3): 79 – 91.

❸ 晏双生，章仁俊. 企业资源基础理论与企业能力基础理论辨析及其逻辑演进 [J]. 科技进步与对策，2005 (5): 125 – 128.

❹ 詹映，温博. 行业知识产权战略与产业竞争优势的获取：以印度软件产业的崛起为例 [J]. 科学学与科学技术管理，2011, 32 (4): 98 – 104.

❺ 魏国平，黄亦鹏. 中国战略性新兴产业知识产权能力与竞争优势培育 [J]. 南京政治学院学报，2015, 31 (6): 42 – 46.

❻ 孙海荣. 专利战略竞争优势：内生论和外生论视角 [J]. 中国科技论坛，2017 (1): 94 – 102.

是以核心技术和自主品牌为主要内容的经济优势和竞争优势。❶ 郭民生和郭铮指出，知识产权优势实质上是将人才、技术、文化和管理等方面的优势转化成以法律手段保驾护航的市场垄断优势。他认为知识产权优势可以分为知识产权制度优势、知识产权规则优势、知识产权资源优势和知识产权运营优势四种具体优势，并且知识产权优势拥有开放性、规则性、垄断性、利益性和长期性五个主要基本特征。❷ 李华威认为，纳入了知识产权的国家竞争优势理论更符合各国发展的实际情况，能够为其国际竞争力的提升和国际经济的发展提供更贴切的理论指导。❸ 韩喜平和周玲玲认为，知识产权优势是相对于比较优势和竞争优势更为核心的国家优势。知识产权优势主要体现在两个方面：其一，知识产权法律制度激励和保护创新，保障权利人的合法权益并优化资源配置；其二，通过对知识产权资源进行使用、许可、运营、管理等，获取垄断利益、促进效率提升和保持有利市场地位。❹ 知识产权竞争优势理论很好地解释了知识产权密集型产业的先进性。

全面梳理和分析知识产权与经济增长的相关理论后笔者发现，知识产权密集型产业研究的视角是揭示知识产权与经济增长关系的有效途径。生产要素理论阐明了知识产权要素已初步具备生产要素的独立形态，逐渐成为经济活动、国际贸易中不可或缺的关键性要素，而知识产权密集型产业正是以知识产权要素为核心内容的产业。比较优势理论显示，一个国家的比较优势是动态变化的，在知识经济时代，知识、技术以及知识产权等高级生产要素在创造经济价值的过程中越来越重要，加快这些要素的发展和积累速度有利于提升其在国际贸易中的地位。知识产权密集型产业是产业的知识产权要素较快发展和积累的重要体现。产业升级理论表明，产业升级的本质在于生产要素及其配置结构和效率的变化。产业升级需要培育和发展技术、品牌、知识产权等高级生产要素，知识产权密集型产业的发展正符合这一路径。熊彼特增长理论认为，创新和研发是技术进步和经济增长的核心因素，企业创新的动机在于追逐和获得垄断利润，知识产权制度作为保护创新成果不被任意复制和模仿的重要制度安

---

❶ 程恩富，丁晓钦. 构建知识产权优势理论与战略：兼论比较优势和竞争优势理论［J］. 当代经济研究，2003（9）：20 – 25.

❷ 郭民生，郭铮. "知识产权优势"理论探析［J］. 知识产权，2006（2）：16 – 23.

❸ 李华威. 知识产权优势的理论与实证研究［D］. 武汉：武汉理工大学，2007：41 – 43.

❹ 韩喜平，周玲玲. "知识产权优势理论"评析及其应用价值［C］//中国经济规律研究会第23届年会暨第2届全国马克思主义经济学论坛论文集. 福州：中国经济规律研究会，2013.

排，对于鼓励和促进企业持续性创新有着至关重要的作用。企业持续创新推动了知识产权密集型产业形成，而知识产权密集型产业的发展又将进一步促进创新和经济增长。竞争优势理论指出，拥有战略性资源以及对资源的整合配置能力是企业形成和保持竞争优势的关键所在。知识产权要素不仅具备资源异质性优势，而且可以通过知识产权运营和管理赢得竞争优势，同时知识产权保护能促进企业持续性创新，提高整合配置各类资源的能力，从而构建起知识产权竞争优势。知识产权密集型产业正是具备知识产权竞争优势的产业。知识产权与经济增长的相关理论阐明了发展知识产权密集型产业的重要性和必要性。笔者的研究即以知识产权密集型产业为依托，科学准确地分析知识产权与我国经济增长的机制，并力求在此基础上为优化中国特色的知识产权制度贡献笔者的智慧和方案。

二、知识产权与经济增长的观点

知识产权与经济增长的关系一直是创新政策以及知识产权研究中的热点和重点问题。学术界一方面认为，经济增长和发展的核心要素是技术与创新，而激励创新的重要制度安排是知识产权保护，[1] 它赋予权利人对其创新成果享有排他权，使得创新主体可以获得垄断收益，从而鼓励创新主体持续创新；另一方面也发现，加大知识产权保护强度会阻碍知识流动和技术学习，扭曲市场竞争和资源分配，加剧创新要素的垄断程度，[2] 使得后续创新者难以跨越技术壁垒，不利于社会整体的创新积累。[3] 因此，整齐划一的知识产权保护标准的普适性受到质疑。[4] 在以往的研究中，学者们主要通过两种方式研究知识产权与经济增长的相关性，其一是直接研究知识产权对经济增长的作用，其二是通过研究知识产权对创新的促进作用间接研究知识产权对经济增长的作用。[5] 然而受限于研究问题的复杂性、分析方法的局限性以及数据资源的有限性，知识

[1] 龙小宁，易巍，林志帆. 知识产权保护的价值有多大?：来自中国上市公司专利数据的经验证据 [J]. 金融研究，2018 (8)：120－136.
[2] 庄子银，贾红静，李汛. 知识产权保护对企业创新的影响研究：基于企业异质性视角 [J]. 南开管理评论，2023，26 (5)：61－71.
[3] 温军，张森. 专利、技术创新与经济增长：一个综述 [J]. 华东经济管理，2019，33 (8)：152－160.
[4] 单晓光，姜南，漆苏. 知识产权强国之路：知识产权密集型产业研究 [M]. 上海：上海人民出版社，2016：6.
[5] 单晓光，姜南，漆苏. 知识产权强国之路：知识产权密集型产业研究 [M]. 上海：上海人民出版社，2016：25.

产权与经济发展的关系问题一直并无定论，而且还存在多种彼此似乎矛盾的说法，这其中主要存在着积极论、消极论与模糊论三种代表性观点。❶

　　积极论认为知识产权对经济增长具有积极的影响。Grosby（2000）❷ 基于澳大利亚 1901～1978 年的专利申请数据，考察了专利申请数对 GDP 和劳动生产率的影响。他的研究发现，澳大利亚本国和外国居民专利申请量的增加均能促进实际 GDP 和劳动生产率的增加。Allred 和 Park（2007）❸ 通过收集来自 29 个国家 10 个制造业的 706 家公司的数据，检验了一个国家的专利权及其变化对企业层面创新投资的影响。研究揭示，即使在控制了企业、行业和国家等因素之后，专利权及其变化对企业创新投资倾向仍有很强的正向影响。Arora 等（2008）❹ 利用美国制造业的调查数据，估算了申请专利对创新价值增量的影响。研究结果发现，研发活动和专利申请相互影响，专利保护刺激了制造业的研发活动，进而促进了经济增长。Kim 等（2009）❺ 以韩国制造业为样本，分析了 1981～1999 年专利对全要素生产率的贡献。结果表明，韩国国内和外国居民的专利申请均对生产力有明显的积极影响，且外国居民的专利申请对提高韩国制造业全要素生产率的影响大于国内专利申请。Hu 和 Png（2013）❻ 对 1981～2000 年 72 个国家 54 个制造业的面板数据（panel data）进行分析后发现，更强的专利保护对工业和经济增长有积极影响。通过提高生产率和要素积累，更强的专利保护促进了工业增长。Ang 等（2014）❼ 利用中国的高科技企业数据作为分析样本，发现在省级层面有效实施知识产权是鼓励研发融资和投资的关键，更好地实施知识产权保护能够促使企业从新产品中获取更多销售收入。

　　❶　单晓光，姜南，漆苏. 知识产权强国之路：知识产权密集型产业研究［M］. 上海：上海人民出版社，2016：6.

　　❷　CROSBY M. Patents, innovation and growth［J］. Economic Record, 2000, 76（234）：255 – 262.

　　❸　ALLRED B B, PARK W G. The influence of patent protection on firm innovation investment in manufacturing industries［J］. Journal of international management, 2007, 13（2）：91 – 109.

　　❹　ARORA A, CECCAGNOLI M, COHEN W M. R&D and the patent premium［J］. International Journal of Industrial Organization, 2008, 26（5）：1153 – 1179.

　　❺　KIM T, MASKUS K E, OH K Y. Effects of patents on productivity growth in Korean manufacturing：a panel data analysis［J］. Pacific Economic Review, 2009, 14（2）：137 – 154.

　　❻　HU A G Z, PNG I P L. Patent rights and economic growth：evidence from cross – country panels of manufacturing industries［J］. Oxford Economic Papers, 2013, 65（3）：675 – 698.

　　❼　ANG J S, CHENG Y M, WU C P. Does enforcement of intellectual property rights matter in China?：evidence from financing and investment choices in the high – tech industry［J］. Review of Economics and Statistics, 2014, 96（2），332 – 348.

Bielig（2015）❶ 分析了德国知识产权与经济发展之间的关系，发现知识产权对德国经济产生了积极影响，但并非所有的知识产权都对德国 GDP 有重大影响，其中专利、商标和外观设计具有积极影响，但实用新型专利却产生了负面影响。原欧盟内部市场协调局（2015）❷ 以来自 12 个欧盟成员国的 13 万多家公司为研究对象，比较了拥有和未拥有知识产权公司的经济表现差异，结果显示拥有知识产权的公司人均营业收入比未拥有知识产权的公司高 28.6%，向员工支付的工资比未拥有知识产权的公司高 19.8%。2021 年，欧盟知识产权局进一步采用更新的数据和优化的方法也得出了类似的结论。❸ Mrad（2017）❹ 的研究结论是，知识产权保护通过吸引体现在资本货物中的外国技术，对发展中国家的经济增长产生积极影响。龙小宁等（2018）❺ 从立法保护、司法保护、行政保护三个维度构造了省级知识产权保护指标，并与 2008～2015 年 1815 家上市公司的专利数据匹配，使用 Griliches "知识资本" 价值评估模型定量测算了知识产权保护的价值。研究结果发现，专利的平均价值约为 685 万元/件，省区知识产权保护强度每提升 1% 将使上市公司发明、实用新型、外观设计的价值分别提升 128 万元、10 万元、15 万元。庄子银等（2023）❻ 基于 2000～2013 年工业企业数据库和企业专利申请数据库的匹配面板数据，实证检验了加强知识产权保护对企业创新的影响，指出知识产权保护对企业总体创新水平具有激励效应。

　　消极论认为知识产权对经济增长具有负面的影响。Falvey 等（2006）❼ 认

❶　BIELIG A. Intellectual property and economic development in Germany：empirical evidence for 1999 – 2009 ［J］. European Journal of Law and Economics，2015，39（3）：607 – 622.

❷　Office for Harmonization in the Internal Market. Intellectual property rights and firm performance in Europe：an economic analysis ［R/OL］.（2015 – 06 – 16）［2022 – 11 – 21］. https：//euipo. europa. eu/ohim-portal/documents/11370/80606/Intellectual + property + rights + and + firm + performance + in + Europe.

❸　European Union Intellectual Property Office. Intellectual property rights and firm performance in the European Union ［R/OL］.（2021 – 02 – 08）［2022 – 11 – 08］. https：//documents. epo. org/projects/babylon/eponet. nsf/0/7120D0280636B3E6C1258673004A8698/ $ File/ipr_performance_study_en. pdf.

❹　MRAD F. The effects of intellectual property rights protection in the technology transfer context on economic growth ［J］. Journal of Innovation Economics & Management，2017，23（2）：33 – 57.

❺　龙小宁，易巍，林志帆. 知识产权保护的价值有多大？：来自中国上市公司专利数据的经验证据 ［J］. 金融研究，2018（8）：120 – 136.

❻　庄子银，贾红静，李汛. 知识产权保护对企业创新的影响研究：基于企业异质性视角 ［J］. 南开管理评论，2023，26（5）：61 – 71.

❼　FALVEY R，FOSTER N，GREENAWAY D. Intellectual property rights and economic growth ［J］. Review of Development Economics，2006，10（4）：700 – 719.

为，知识产权可以鼓励创新，但过度的知识产权保护也会阻碍新思想、新知识的传播，进一步损害创新和增长。Qian（2007）❶ 对 26 个国家在 1978～2002 年期间专利保护对药品创新的影响进行了评价。该研究认为，仅靠国家专利保护并不能刺激国内创新，并且当专利保护水平高于一定水平时，创新活动实际上会减少。Adams（2009）❷ 研究了知识产权对 73 个发展中国家 1985～2003 年经济增长的影响，发现加强知识产权保护对经济增长具有负面影响。Boldrin 和 Levine（2009）❸ 认为，知识产权保护主要涉及限制垄断与鼓励创新之间的平衡，最优知识产权保护政策取决于两者之间的相对强度。有实证结果也表明，随着市场规模的扩大，知识产权保护应该减弱。Lerner（2009）❹ 通过对 60 个国家 177 个主要专利政策的变化对创新影响的研究后发现，对整体专利申请的变化进行调整后，专利保护的增强对居民专利申请的影响实际上是负面的。Yin 和 Mao（2017）❺ 基于 2013 年中国国家专利调查数据，研究了专利保护与企业研发支出的因果关系。研究结论是，与传统市场动机相比，在行政驱动或战略驱动的企业中，较强的专利保护与研发支出无关。Hall 和 Harhoff（2012）❻ 从创新和竞争两个维度考察了专利制度的成本收益框架，参见表 2 – 1。该表中无阴影部分反映了专利制度对市场竞争的负面影响和对创新的正面影响之间的权衡；阴影部分则反映了专利制度可能阻碍创新，但会促进和鼓励竞争。因此，从整体上来看，专利制度除了通过激励效应和扩散效应来促进创新，以及暂时获得垄断而减少竞争之外，还可能存在抵消效应，并且这种抵消效应在近年来变得更加明显。这里的抵消效应主要表现为：一方面，专利保护增加了后续创新者的成本，尤其是当后续创新严重依赖已有的发明专利时；另

❶　QIAN Y. Do national patent laws stimulate domestic innovation in a global patenting environment？：a cross – country analysis of pharmaceutical patent protection, 1978 – 2002 ［J］. Review of Economics and Statistics, 2007, 89（3）：436 – 453.

❷　ADAMS S. Intellectual property rights, political risk and economic growth in developing countries ［J］. Journal of Economics and International Finance, 2009, 1（6）：127 – 134.

❸　BOLDRIN M, LEVINE D K. Market size and intellectual property protection ［J］. International Economic Review, 2009, 50（3）：855 – 881.

❹　LERNER J. The empirical impact of intellectual property rights on innovation：puzzles and clues ［J］. American Economic Review：Papers & Proceedings, 2009, 99（2）：343 – 348.

❺　YIN Z, MAO H. China's patent protection and enterprise R&D expenditure ［C］// SONG L, GARNAUT R, FANG C, et al. China's new sources of economic growth：human capital, innovation and technological change. Canberra：ANU Press, 2017：245 – 262.

❻　HALL B H, HARHOFF D. Recent research on the economics of patents ［J］. Annual Review of Economics, 2012, 4（1）：541 – 565.

一方面，专利保护可以促进知识产权密集型产业的纵向分化，并为新兴企业进入市场提供便利，从而促进竞争。

表 2 - 1　专利制度的成本收益框架

维度	收益	成本
创新	激励研究与试验发展（R&D）投入；促进思想传播	阻碍新思想和发明的结合；提高交易成本
竞争	为资产紧缺的新兴小型企业进入市场提供便利；允许创造性知识和技术的交易	造成短期垄断，也可能造成网络行业的长期垄断

　　模糊论认为知识产权对经济增长的影响不确定，与国家特定的环境、技术发展的阶段、人力资源的禀赋以及经济发展的水平等有关系。Ginarte 和 Park（1997）[1] 基于对 1960 ~ 1990 年 110 个国家的研究表明，更发达的经济体倾向于提供更强有力的专利保护。影响专利保护水平的潜在因素包括，国家的研发活动水平、市场环境和国际一体化程度等，这些因素与国家的发展水平相关。要提高保护力度较弱国家的专利保护水平，就必须在这些国家打造重要的研究基地，从而为保护专利权创造激励条件。Chen 和 Puttitanun（2005）[2] 研究了发展中国家知识产权与创新间的关系，指出发展中国家的知识产权保护水平主要取决于模仿外国技术和鼓励国内创新之间的权衡。其研究通过对 64 个发展中国家的面板数据进行实证分析，得出知识产权对发展中国家创新的积极影响以及知识产权与经济发展之间存在 U 形关系。Falvey 等（2006）[3] 采用门槛回归分析方法，对 79 个国家的知识产权保护对经济增长的影响进行了研究。研究结果表明，知识产权保护对经济增长的影响取决于其经济发展的水平，知识产权保护与低收入和高收入国家的增长均存在显著的正相关关系，但对中等收入国家则不存在这种关系。Kim 等（2012）[4] 基于 70 多个国家的面板数据发现，在发达国家发明专利有助于经济增长，而在发展中国家实用新型专利有助

　　[1]　GINARTE J C, PARK W G. Determinants of patent rights: a cross - national study [J]. Research Policy, 1997, 26（3）: 283 - 301.

　　[2]　CHEN Y M, PUTTITANUN T. Intellectual property rights and innovation in developing countries [J]. Journal of Development Economics, 2005, 78（2）: 474 - 493.

　　[3]　FALVEY R, FOSTER N, GREENAWAY D. Intellectual property rights and economic growth [J]. Review of Development Economics, 2006, 10（4）: 700 - 719.

　　[4]　KIM Y K, LEE K, PARK W G, et al. Appropriate intellectual property protection and economic growth in countries at different levels of development [J]. Research Policy, 2012, 41（2）: 358 - 375.

于经济增长。对韩国企业层面的数据分析显示，在韩国企业技术较为落后的时期，发明专利对企业绩效的影响在统计上并不显著，但当韩国企业研发能力提高时，发明专利显著正向影响企业绩效。Chu 等（2014）[1] 发现，最优的知识产权保护具有阶段性：在发展初期，知识产权保护力度较弱，有利于技术模仿；在后期阶段，强有力的知识产权保护，有助于激励国内创新。随着一个国家的技术水平向世界技术前沿发展，知识产权保护的最优水平也随之提高，这种动态发展格局与中国知识产权保护的实际演进是相一致的。Yang 等（2014）[2] 基于 42 个国家 1997～2006 年的面板数据，采用面板门槛模型，探讨了知识产权保护促进各国创新的作用。研究结果发现，采用传统面板数据模型，更强的知识产权保护增强了创新能力；但在考虑门槛效应后，知识产权保护对高收入国家的创新依然具有显著的积极影响，而对非高收入国家的创新没有明显影响。米晋宏等（2019）[3] 选取 2000～2017 年中国 A 股市场 1636 家上市公司作为分析样本，发现专利数量与企业价值之间存在倒 U 形关系，企业价值随着专利数量的增加先提高后减小。Loukil（2020）[4] 在新兴国家和发展中国家的背景下，基于 1980～2009 年 46 个发展中国家的数据，采用面板门槛回归方法研究了知识产权、人力资本和技术创新之间的关系。结果表明，知识产权与创新之间的非线性关系主要取决于初始人力资本水平，只有在人力资本水平较高的国家，知识产权保护才会对技术创新产生正向影响。Neves 等（2021）[5] 通过文献综述和 Meta 分析发现，知识产权对创新和经济增长整体上具有正向作用，然而，其对发展中国家的影响要弱于对发达国家的影响。同时，他们指出，文献中报道的影响在很大程度上取决于研究所使用的方法和数据。

由此可见，长期以来，知识产权的经济作用与贡献问题一直是理论界和产业界关注的重要议题。事实上，这种研究的动机主要是要探寻经济增长的决定

[1] CHU A C, COZZI G, GALLI S. Stage – dependent intellectual property rights [J]. Journal of Development Economics, 2014 (106)：239 – 249.

[2] YANG C H, HUANG Y J, LIN H Y. Do stronger intellectual property rights induce more innovations?：A cross – country analysis [J]. Hitotsubashi Journal of Economics, 2014, 55 (2)：167 – 188.

[3] 米晋宏, 张书宇, 黄勃. 专利拥有量、市场控制力与企业价值提升：基于上市公司专利数据的研究 [J]. 上海经济研究, 2019 (3)：24 – 37.

[4] LOUKIL K. Intellectual property rights, human capital and innovation in emerging and developing countries [J]. Journal of Social Economics Research, 2020, 7 (1)：35 – 41.

[5] NEVES P C, AFONSO O, SILVA D, et al. The link between intellectual property rights, innovation, and growth：a meta – analysis [J]. Economic Modelling, 2021 (97)：196 – 209.

性因素究竟为何物。经济增长是一个复杂的经济和社会现象，影响经济增长的因素很多，正确地认识和估计这些因素对经济增长的贡献，对于理解和认识一国乃至世界经济增长是至关重要的。一些国际组织的相关研究报告均直接或间接地定性论证了知识产权对经济增长的积极影响。其中代表性的研究成果有世界知识产权组织（WIPO）系列研究报告，比如《变化中的创新格局》❶《品牌——全球市场上的声誉和形象》❷ 《全球价值链中的无形资本》❸。尽管如此，如何科学准确地测算知识产权的经济作用和贡献，却一直是困扰学者和政策制定者的一大难题，甚至成为某种意义上的科学猜想（参见图2-1）。

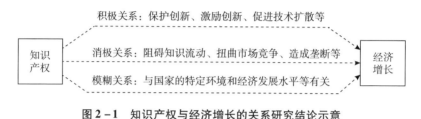

图2-1 知识产权与经济增长的关系研究结论示意

第二节 知识产权与经济增长的事实与产业发展

一、知识产权与产业发展

尽管目前国际上已发表大量相关研究报告，很多报告承认知识产权或无形资产发挥了关键作用，然而，关于其发挥作用的原因、方式和程度，可信可靠的研究却甚为少见。研究者们都在各显神通试图打开这一"黑匣子"，特别是

❶ World Intellectual Property Organization. World intellectual property report 2011：the changing face of innovation［R/OL］．（2011－11－22）［2022－11－04］．https：//www. wipo. int/edocs/pubdocs/en/intproperty/944/wipo_pub_944_2011. pdf.

❷ World Intellectual Property Organization. World intellectual property report 2013：brands－reputation and image in the global marketplace［R/OL］．（2013－11－07）［2022－11－04］．https：//www. wipo. int/edocs/pubdocs/en/intproperty/944/wipo_pub_944_2013. pdf.

❸ World Intellectual Property Organization. World intellectual property report 2017：intangible capital in global value chains［R/OL］．（2017－11－21）［2022－11－04］．https：//www. wipo. int/edocs/pubdocs/en/wipo_pub_944_2017. pdf.

如何恰到好处地将知识产权纳入这一"黑匣子"。❶ 比如，2017 年 WIPO 发布的《全球价值链中的无形资本》研究报告从全球价值链的角度分析考察了知识产权的经济作用。❷ 这些研究表明，知识产权有助于保护无形资产，促进经济增长，尽管其方式难以被观察或测度，但知识产权促进经济增长的事实在产业界却可以得到较为清晰的观察和测度。

　　颇受关注的是，知识产权在不同产业中的重要性存在显著差异，❸ 因此知识产权对经济增长的影响在产业上也存在着差异。国际上关于知识产权保护对产业影响存在差异性的研究较多。Ernst（1995）❹ 认为，专利保护的有效性以及由此而产生的专利倾向在很大程度上取决于产业因素，在有大量研发活动的产业中，专利常常被用来保护技术创新。Hall 等（2005）❺ 认为，在医药等离散性产品产业，专利发挥着重要的排他性作用；在计算机通信等复杂性产品产业，专利对交叉许可谈判十分重要。因此，不同产业中专利拥有量对公司价值的影响存在很大差异，医药产业、计算机通信产业专利产出的影响分别是平均水平的 3 倍和 2 倍。Allred 和 Park（2007）❻ 在研究一个国家的专利权及其变化对企业层面创新投资的影响时发现，专利权对企业层面创新投资的影响在不同的产业中存在差异，其对科学仪器和工业化学品产业的影响最大。Arora 等（2008）❼ 发现，提高专利的溢价（专利发明和非专利发明之间的收益差异）有望增加大多数制造业的研发投入，其中医疗器械产业的增加幅度最大，其次

　　❶　世界知识产权组织. 2017 年世界知识产权报告：全球价值链中的无形资本 ［R/OL］. （2018 – 02 – 14）［2022 – 11 – 04］. https：//www. wipo. int/edocs/pubdocs/zh/wipo_pub_944_2017. pdf.

　　❷　World Intellectual Property Organization. World intellectual property report 2017：intangible capital in global value chains ［R/OL］. （2017 – 11 –21）［2022 – 11 – 21］. https：//www. wipo. int/publications/en/details. jsp？ id =4225.

　　❸　ERNST H. Patenting strategies in the German mechanical engineering industry and their relationship to company performance ［J］. Technovation，1995，15（4）：225 – 240；ARUNDEL A，KABLA I. What percentage of innovations are patented？ empirical estimates for European firms ［J］. Research Policy，1998，27（2）：127 – 141；MANSFIELD E. Patents and innovation：an empirical study ［J］. Management Science，1986，32（2）：173 –181.

　　❹　ERNST H. Patenting strategies in the German mechanical engineering industry and their relationship to company performance ［J］. Technovation，1995，15（4）：225 –240.

　　❺　HALL B H，JAFFE A，TRAJTENBERG M. Market value and patent citations ［J］. The Rand Journal of Economics，2005，36（1）：16 –38.

　　❻　ALLRED B B，PARK W G. The influence of patent protection on firm innovation investment in manufacturing industries ［J］. Journal of International Management，2007，13（2）：91 – 109.

　　❼　ARORA A，CECCAGNOLI M，COHEN W M. R&D and the patent premium ［J］. International Journal of Industrial Organization，2008，26（5）：1153 – 1179.

是生物技术产业和制药产业。Hall 和 Harhoff（2012）❶ 通过对实证文献进行分析后发现，专利对创新的有效激励主要集中在制药、生物技术、医疗器械以及特种化学品等领域；而在其他领域，专利并不是获得适当创新回报的重要手段之一。Hu 和 Png（2013）❷ 指出，与受专利保护作用不那么强的皮革产业相比，极为依赖专利保护的制药业在更强的专利保护下表现出更快的增长。Cho 等（2015）❸ 基于韩国半导体、制药和造船业的企业面板数据，讨论了知识产权保护、创新与经济增长之间的关系。研究结果揭示，从知识产权到研发，再到经济绩效的因果路径因产业和企业规模而异，更强的知识产权保护有利于研发密集型产业的发展，但加强知识产权保护对资源有限的产业和中小型企业不利。因此，普遍强有力的知识产权政策可能会阻碍创新和增长，甚至导致一些产业遭受损失。Woo 等（2015）❹ 基于 12 个国家 3 个产业（化工、电子、机械）的跨国面板数据，采用联立方程估计了知识产权对工业增加值的直接影响以及知识产权通过加强 R&D 投入对工业增加值的间接影响。他们的研究发现，知识产权保护总体上提高了产业增加值，但随着知识产权执法力度的加大，其积极作用有所减弱。知识产权对研发的积极作用主要表现在化学（离散）产业，而在电子和机械（复杂）产业则表现为消极作用。Maskus 等（2019）❺ 的研究显示，在专利密集型产业中，更强的专利保护增加了研发强度，专利保护强度提高了高专利密度产业的研发投入。

　　国内部分学者也关注到了知识产权影响效应的产业差异。李诗等（2012）❻ 发现，高科技公司专利产出的增加所带来的公司价值提升幅度大于传统产业公司，医药生物制品业和石化塑料业的公司表现得尤为突出。任声策（2013）❼

❶ HALL B H, HARHOFF D. Recent research on the economics of patents [J]. Annual Review of Economics, 2012, 4（1）: 541 – 565.

❷ HU A G Z, PNG I P L. Patent rights and economic growth: evidence from cross – country panels of manufacturing industries [J]. Oxford Economic Papers, 2013, 65（3）: 675 – 698.

❸ CHO K, KIM C, SHIN J. Differential effects of intellectual property rights on innovation and economic performance: a cross – industry investigation [J]. Science and Public Policy, 2015, 42（6）: 827 – 840.

❹ WOO S, JANG P, KIM Y. Effects of intellectual property rights and patented knowledge in innovation and industry value added: a multinational empirical analysis of different industries [J]. Technovation, 2015（43）: 49 – 63.

❺ MASKUS K E, MILANI S, NEUMANN R. The impact of patent protection and financial development on industrial R&D [J]. Research Policy, 2019（48）: 355 – 370.

❻ 李诗, 洪涛, 吴超鹏. 上市公司专利对公司价值的影响: 基于知识产权保护视角 [J]. 南开管理评论, 2012, 15（6）: 4 – 13.

❼ 任声策. 中国通信设备与制药产业创新系统比较研究 [J]. 科研管理, 2013, 34（4）: 34 – 42.

认为，知识产权保护的不同强度对医药制造业和通信设备制造业的创新有不同的影响：对医药制造业，较弱的知识产权保护体系有利于其新技术的扩散但可能阻碍创新，因此医药企业倾向于从事药物仿制；通信设备制造业中较弱的知识产权保护体系有利于新技术的扩散以及创新的投入和产出，因此对该行业的创新没有明显阻碍。孟源等（2013）[1] 认为，低科技企业通常采用简单技术，可专利化程度较低，而高科技企业的创新往往更为复杂，对专利保护和运用的重视程度更高。李黎明（2016）[2] 的研究表明，相对非专利密集型产业，专利保护强度变化对专利密集型产业的利润率提升更为显著。龙小宁等（2018）[3] 认为，高科技企业以创新作为主要驱动力，企业能否成功将创新成果转化为经济收益受到知识产权保护的影响，故而高科技行业的专利市场价值对知识产权保护更为敏感。姜南等（2020）[4] 认为技术宽度与知识转移、技术深度与知识转移之间均存在倒 U 形关系，专利密集型产业会弱化这种倒 U 形关系，更有利于较复杂技术的知识转移。贺宁馨和董哲林（2020）[5] 认为专利司法保护强度对专利密集型产业的影响较之对非专利密集型产业的影响更大。数字化及数字经济的发展正在促使中国的知识产权密集型产业发生变化，姜南等（2021）[6] 探讨了知识产权密集型产业与数字经济的相互关系。徐向龙（2022）[7] 认为数字化转型显著提升了制造企业技术创新水平，随之涌现了越来越多的新型高技术企业，这些新型高技术企业的创新方向更加多元化，创新方式也更加灵活，由高技术制造业和高技术服务业为主的专利密集型产业正是在这一背景下迅猛发展的。

　　总体而言，现有的研究发现，知识产权对研发密集型产业的培育和发展至

---

❶ 孟源，张文红，刘新，等. 创新的获利性研究：基于创新的可占有性视角［J］. 管理科学，2013，26（5）：11–18.

❷ 李黎明. 专利司法保护与产业经济发展的倒 U 型关系：测度与事实［J］. 科学学研究，2016，34（6）：841–849.

❸ 龙小宁，易巍，林志帆. 知识产权保护的价值有多大？：来自中国上市公司专利数据的经验证据［J］. 金融研究，2018（8）：120–136.

❹ 姜南，李济宇，顾文君. 技术宽度、技术深度和知识转移［J］. 科学学研究，2020，38（9）：1638–1646.

❺ 贺宁馨，董哲林. 专利司法保护强度的量化模型及实证研究［J］. 科研管理，2020，41（2）：115–122.

❻ 姜南，李鹏媛，欧忠辉. 知识产权保护、数字经济与区域创业活跃度［J］. 中国软科学，2021（10）：171–181.

❼ 徐向龙. 数字化转型与制造企业技术创新［J］. 工业技术经济，2022，41（6）：18–25.

关重要，如战略性新兴产业、高新技术产业、知识产权密集型产业等。这些产业均高度依赖创新活动，并通过创新成果的市场化和产业化赢得市场竞争优势并获得创新投资回报，因而知识产权保护在这些产业中起着十分明显的保驾护航作用。科技创新推动了产业发展，产业发展促使经济增长，❶ 知识产权保护激励创新，进而推动产业创新发展和经济高质量增长。尤其是知识产权密集型产业将知识产权制度与产业经济有机联系，使得知识产权制度对经济发展的作用变得"明了"和"可见"。❷ 因此，毫无疑问，知识产权密集型产业成了研究揭示知识产权、经济增长以及产业发展之间关系的良好媒介。

但要注意的是，知识产权密度这种强度指标往往会夸大那些更经常将专利、商标或版权用于与研发或商业本身密切相关活动以外的产业的作用，这种定义的"知识产权密集型"概念不一定与企业知识产权的价值或目的直接相关。比如就专利而言，在某些产业，一项专利可能带来数十亿美元的收入，而在其他产业，许多专利可能只是为了营销利润微薄的产品。同样的逻辑也适用于商标和版权。此外，有研究显示，不同产业的公司在获取和使用专利的方式上存在显著差异。这是因为，一方面，公司可以采用其他保护措施（如商业秘密）以替代专利保护；另一方面，由于保护期限有限，专利效力可能会因漫长的产品和工艺开发期而降低。还要特别注意的是，不同产业的企业有着各种不同申请专利的动机。比如，寻求许可收入、用于谈判、阻止竞争对手、提高声誉或作为衡量员工绩效的一项措施，等等。研究表明，医药制药公司都使用产品专利来防止复制，97%的公司使用产品专利来阻止竞争对手，69%的公司使用产品专利来提高公司的声誉，61%的公司使用产品专利来帮助谈判；在航空航天产业，57%的公司将产品专利用于许可收入，而只有50%的公司将方法专利用于同样的目的。❸

二、知识产权密集型产业

前面提到，美国商务部经济统计局和美国专利商标局联合发布的《美国

---

❶ 单晓光，姜南，漆苏. 知识产权强国之路：知识产权密集型产业研究 ［M］. 上海：上海人民出版社，2016：10.

❷ 姜南，单晓光，漆苏. 知识产权密集型产业对中国经济的贡献研究 ［J］. 科学学研究，2014，32（8）：1157 - 1165.

❸ Economics and Statistics Administration, United States Patent and Trademark Office. Intellectual property and the U. S. economy: industries in focus ［R/OL］. （2012 - 02 - 24）［2022 - 11 - 21］. https://www. uspto. gov/sites/default/files/news/publications/IP_Report_March_2012. pdf.

报告 2012》，首次依托相关数据库，定量地界定和认定了知识产权密集型产业，并分析了其相关经济指标，为相关法律政策的制定提供了可靠的实证依据。紧随其后，欧盟、英国、中国等也发布了相应的知识产权（专利）密集型产业研究报告（见图 2－2、图 2－3 和图 2－4）。由此，对知识产权密集型产业的研究受到空前广泛的重视，被普遍认可为是分析和评估知识产权与经济增长关系的可靠渠道。这里还要补充说明的是，在美国、欧盟、英国和中国的各种分析报告中，知识产权密集型产业中的专利密集型产业实质上是指发明专利密集型产业，发明专利以发明专利授权量作为统计基准。因此，在本书中，如果没有特别说明，专利密集型产业均指获得授权后的发明专利的密集型产业。

图 2－2　美国发布的主要知识产权（专利）密集型产业相关报告

年份

2022	EPO / EUIPO：《知识产权密集型产业及其在欧盟的经济表现》（第四版）（《欧盟报告2022》）
2021	EUIPO：《知识产权与欧洲企业绩效》 EUIPO：《COVID-19对知识产权密集型产业的经济影响》 EUIPO：《知识产权密集型产业领先指标》
2019	EPO / EUIPO：《知识产权密集型产业及其在欧盟的经济表现》（第三版）（《欧盟报告2019》） EPO / EUIPO：《高增长企业与知识产权》
2017	JRC：《企业市场估值与知识产权资产》
2016	EPO / EUIPO：《知识产权密集型产业及共在欧盟的经济表现》（第二版）（《欧盟报告2016》）
2015	OHIM：《知识产权与欧洲企业绩效：一个经济分析》
2013	EPO / OHIM：《知识产权密集型产业：对欧盟经济和就业的贡献》（《欧盟报告2013》）

图2-3　欧盟发布的主要知识产权（专利）密集型产业相关报告

年份

2023	国家知识产权局战略规划司：《中国专利密集型产业统计监测报告（2022）》
2022	国家统计局 / 国家知识产权局：《2021年全国专利密集型产业增加值数据公告》
2021	国家统计局 / 国家知识产权局：《2020年全国专利密集型产业增加值数据公告》
2020	国家统计局 / 国家知识产权局：《2018年全国专利密集型产业增加值数据公告》 国家统计局 / 国家知识产权局：《2019年全国专利密集型产业增加值数据公告》
2019	国家统计局：《知识产权（专利）密集型产业统计分类（2019）》
2017	江苏省专利信息服务中心：《江苏省知识产权密集型产业统计报告2017》
2016	国家知识产权局：《专利密集型产业目录（2016）》（试行） 国家知识产权局原规划发展司：《中国专利密集型产业主要统计数据报告（2015）》 江苏省专利信息服务中心：《江苏省知识产权密集型产业统计报告》
2013	国家知识产权局原规划发展司：《中国区域产业专利密集度统计报告》

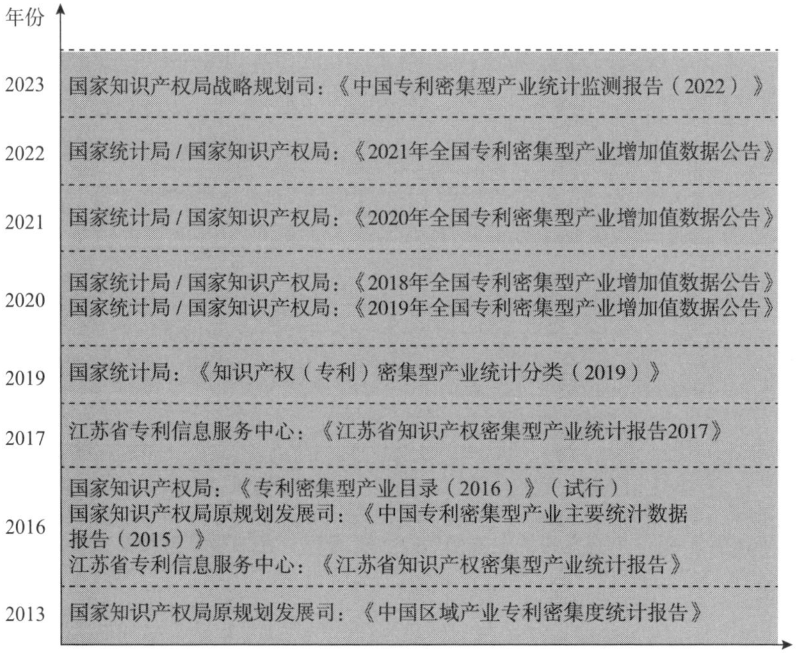

图2-4　中国发布的主要知识产权（专利）密集型产业相关报告

虽然这些方法不能将经济增长仅仅归因于知识产权，但其提供了一个有用的基准，用来描述那些最密集使用知识产权保护的产业的经济重要性。当然，用任何单一的方法评估知识产权对经济的影响都不够科学，还需要多学科的协同，方能科学可靠地分析和测评知识产权对经济的影响。❶ 值得关注的是，近年来，世界各国特别是发达经济体开始把大力发展知识产权密集型产业作为增强产业竞争优势的关键体现和知识产权博弈的重要抓手。

三、美国的知识产权密集型产业

（一）美国的知识产权密集型制造业

美国对知识产权密集型产业的关注和研究起步较早，知识产权密集型制造业（IP‐intensive manufacturing industries）在美国经济中的重要作用也得到了较明显的数据检验。早在 2007 年，美国战略研究机构 NDP Analytics 在其发布的《美国知识产权密集型制造业的经济效应》❷ 报告中就提出了知识产权密集型制造业的概念，并通过大量数据分析了知识产权密集型制造业对美国经济的贡献。随后 NDP Analytics 又陆续发布了《创新的影响和知识产权对美国生产力、竞争力、就业、工资和出口的作用》❸《美国私立学院和大学对知识产权密集型产业的贡献》❹《跨太平洋伙伴关系中知识产权的经济利益》❺《知识产权密集型制造业：促进美国经济增长》❻《知识产权密集型制造业对美国经济

❶ Economics and Statistics Administration, United States Patent and Trademark Office. Intellectual property and the U. S. economy：2016 update [R/OL]. (2016‐09‐26) [2022‐11‐21]. https：//www. commerce. gov/data‐and‐reports/reports/2016/09/intellectual‐property‐and‐us‐economy‐2016‐update.

❷ SHAPIRO R J, PHAM N D. Economic effects of intellectual property‐intensive manufacturing in the United States [R/OL]. (2007‐07‐28) [2022‐11‐01]. https：//ndpanalytics. com/reports/.

❸ PHAM N D. The impact of innovation and the role of intellectual property on U. S. productivity, competitiveness, jobs, wages, and exports [R/OL]. (2010‐04‐28) [2022‐11‐01]. https：//static1. squarespace. com/static/52850a5ce4b068394a270176/t/52d85e2ce4b01b5207ec865d/1389911596028/NDP _ IP _ Jobs_Study_Hi_Res. pdf.

❹ PHAM N D. The contribution of private sector colleges and universities to IP‐intensive industries in the United States [R/OL]. (2013‐11‐19) [2022‐11‐01]. https：//ndpanalytics. com/wp‐content/uploads/Report‐15. pdf.

❺ PHAM N D, PELZMAN J, BADLAM J, et al. The economic benefits of intellectual property rights in the tr‐ans‐pacific partnership [R/OL]. (2014‐02‐12) [2022‐11‐01]. https：//ndpanalytics. com/wp‐content/uploads/Report‐17. pdf.

❻ PHAM N D. IP‐intensive manufacturing industries：Driving U. S. economic growth [R/OL]. (2015‐03‐31) [2022‐11‐01]. https：//ndpanalytics. com/wp‐content/uploads/Report‐23. pdf; PHAM N D. IP‐intensive manufacturing industries：Driving U. S. economic growth [R/OL]. (2017‐09‐12) [2022‐11‐01]. https：//ndpanalytics. com/wp‐content/uploads/Report. pdf.

的重要性》● 等系列研究报告。这些报告采用了人均 R&D 投入（R&D per employee）的方式来测度产业的知识产权密集度，并将人均 R&D 投入高于所有美国制造业平均值的产业认定为知识产权密集型制造业。❷

这些研究发现，美国知识产权密集型制造业的各项经济指标均明显优于非知识产权密集型制造业，表现出高研发投入、高工资、高产出、高生产率、高出口等特点，并且在经济复苏期间创造了更多的就业机会。因此，知识产权密集型制造业在保持经济增长、提升出口竞争力、创造就业机会、抵御经济危机等方面发挥了重要作用，具体数据参见表 2 - 2、表 2 - 3 和附录一。

表 2 - 2   美国知识产权密集型制造业与非知识产权密集型制造业
R&D 投入及主要经济指标对比

经济指标	时间范围	知识产权密集型制造业/美元	非知识产权密集型制造业/美元	差额/美元	倍数/倍
年人均 R&D 投入	2000～2007 年	27 839	2 164	25 675	12.9
	2000～2012 年	30 375	2 480	27 895	12.2
	2008～2015 年	44 799	3 887	40 912	11.5
	2008～2019 年	51 257	4 118	47 139	12.4
人均年工资	2000～2007 年	59 041	37 202	21 839	1.6
	2000～2012 年	58 832	39 775	19 057	1.5
	2008～2015 年	67 378	46 248	21 130	1.5
	2008～2019 年	70 096	48 354	21 742	1.4
年人均 GDP 增加值	2000～2007 年	218 373	115 239	103 134	1.9
	2000～2012 年	248 254	128 594	119 660	1.9
	2008～2015 年	276 316	166 810	109 506	1.7
	2008～2019 年	280 427	171 592	108 835	1.6

● PHAM N D. The importance of IP - intensive manufacturing industries to the U. S. economy [R/OL]. (2021 - 10 - 31) [2022 - 11 - 01]. https://ndpanalytics.com/wp - content/uploads/IP - Intensive - Industries - Report - October - 2021. pdf.

❷ 这里知识产权密集型制造业的定义不直接涉及知识产权，将人均 R&D 投入超过平均值的制造业认定为知识产权密集型制造业，并认为 R&D 投入与创新产出密切相关，R&D 投入能反映产业的知识产权水平。

续表

经济指标	时间范围	知识产权密集型制造业/美元	非知识产权密集型制造业/美元	差额/美元	倍数/倍
年人均总产出	2000～2007 年	485 678	235 438	250 240	2.1
	2000～2012 年	597 317	270 939	326 378	2.2
	2008～2015 年	585 391	425 566	159 825	1.4
	2008～2019 年	594 513	423 795	170 718	1.4
年人均出口额	2000～2007 年	91 607	27 369	64 238	3.4
	2000～2012 年	127 594	36 797	90 797	3.5
	2008～2015 年	164 594	64 325	100 269	2.6
	2008～2019 年	166 281	63 733	102 548	2.6

注：本表的原始数据来源于美国战略研究机构 NDP Analytics 的四个报告：《创新和知识产权对美国生产率、竞争力、就业、工资和出口的影响》❶，研究时间范围为 2000～2007 年；《知识产权密集型制造业：促进美国经济增长》（2015 年版）❷，研究时间范围为 2000～2012 年；《知识产权密集型制造业：促进美国经济增长》（2017 年版）❸，研究时间范围为 2008～2015 年；《知识产权密集型制造业对美国经济的重要性》❹，研究时间范围为 2008～2019 年。笔者根据四个报告的相关数据整理绘制而得。

表 2-3　美国知识产权密集型制造业与非知识产权密集型制造业就业变化

（单位：%）

产业类型	2000～2007 年	2008～2010 年	2010～2015 年	2010～2019 年	2000～2012 年	2008～2019 年
整个制造业	-18.7	-17.1	—	11.5	-32.2	-7.5
知识产权密集型制造业	-17.4	-15.7	7.2	14.7	-30.1	-3.3
非知识产权密集型制造业	-19.2	-17.6	6.7	10.2	-33.0	-9.2

---

❶ PHAM N D. The impact of innovation and the role of intellectual property on U. S. productivity, competitiveness, jobs, wages, and exports [R/OL]. (2010-04-28) [2022-11-11]. https://static1. squarespace. com/static/52850a5ce4b068394a270176/t/52d85e2ce4b01b5207ec865d/1389911596028/NDP_IP_Jobs_Study_Hi_Res. pdf.

❷ PHAM N D. IP-intensive manufacturing industries：Driving U. S. economic growth [R/OL]. (2015-03-31) [2022-11-11]. https://ndpanalytics. com/wp-content/uploads/Report-23. pdf.

❸ PHAM N D. IP-intensive manufacturing industries：Driving U. S. economic growth [R/OL]. (2017-09-12) [2022-11-11]. https://ndpanalytics. com/wp-content/uploads/Report. pdf.

❹ PHAM N D. The importance of IP-intensive manufacturing industries to the U. S. economy [R/OL]. (2021-10-31) [2022-11-11]. https://ndpanalytics. com/wp-content/uploads/IP-Intensive-Industries-Report-October-2021. pdf.

这些研究的发现如下。

（1）从年人均 R&D 投入来看，知识产权密集型制造业的人均 R&D 投入是非知识产权密集型制造业的 11.5 ～ 12.9 倍。在 2000 ～ 2007 年、2000 ～ 2012 年、2008 ～ 2015 年与 2008 ～ 2019 年各期间内，知识产权密集型制造业人均每年的 R&D 投入分别为 27 839 美元、30 375 美元、44 799 美元、51 257 美元，而非知识产权密集型制造业仅分别为 2164 美元、2480 美元、3887 美元、4118 美元。不难发现，两者之间的差距日益拉大：2000 ～ 2007 年，差额为 25 675 美元，到 2008 ～ 2019 年，差额达到 47 139 美元。可见，知识产权密集型制造业有着更高的研发投入。

（2）从人均年工资来看，知识产权密集型制造业的人均年工资是非知识产权密集型制造业的 1.4 ～ 1.6 倍。在 2000 ～ 2007 年、2000 ～ 2012 年、2008 ～ 2015 年与 2008 ～ 2019 年各时间段内，知识产权密集型制造业人均年工资分别为 59 041 美元、58 832 美元、67 378 美元和 70 096 美元，而在相应时间段里非知识产权密集型制造业的人均年工资仅分别为 37 202 美元、39 775 美元、46 248 美元和 48 354 美元。2000 ～ 2019 年，两者之间的差额基本维持在 20 000 美元左右。这是因为，知识产权密集型产业和非知识产权密集型产业的工作类型和劳动力性质往往有所不同，知识产权密集型产业的雇主往往是大公司，支付更高的工资，员工更有可能享受退休和医疗计划等附带福利。

（3）从年人均 GDP 增加值（value – added per employee）来看，知识产权密集型制造业的年人均 GDP 增加值是非知识产权密集型制造业的 1.6 ～ 1.9 倍。在 2000 ～ 2007 年、2000 ～ 2012 年、2008 ～ 2015 年与 2008 ～ 2019 年各期间内，知识产权密集型制造业的年人均 GDP 增加值分别为 218 373 美元、248 254 美元、276 316 美元和 280 427 美元，而非知识产权密集型制造业的年人均 GDP 增加值仅分别为 115 239 美元、128 594 美元、166 810 美元和 171 592 美元。2000 ～ 2019 年，两者之间的差额基本维持在 10 万～ 12 万美元，这表明知识产权密集型制造业的员工有着更高的生产力。

（4）从年人均总产出来看，知识产权密集型制造业的年人均总产出是非知识产权密集型制造业的 1.4 ～ 2.2 倍。在 2000 ～ 2007 年、2000 ～ 2012 年、2008 ～ 2015 年与 2008 ～ 2019 年各期间内，知识产权密集型制造业的年人均总产出分别为 485 678 美元、597 317 美元、585 391 美元和 594 513 美元，而非知识产权密集型制造业仅分别为 235 438 美元、270 939 美元、425 566 美元和 423 795 美元。这从另一个角度显示，知识产权密集型制造业的员工有着更高的价值贡献度。

（5）从年人均出口额来看，知识产权密集型制造业的年人均出口额是非知识产权密集型制造业的 2.6～3.5 倍。在 2000～2007 年、2000～2012 年、2008～2015 年与 2008～2019 年各期间内，知识产权密集型制造业的年人均出口额分别为 91 607 美元、127 594 美元、164 594 美元和 166 281 美元，而非知识产权密集型制造业的年人口出口额仅分别为 27 369 美元、36 797 美元、64 325 美元和 63 733 美元，两者之间的差距也是日益扩大：2000～2007 年，差额为 64 238 美元；而到了 2008～2019 年，差额达到了 102 548 美元。这表明知识产权密集型制造业的高研发投入、高人力成本带来了较高的出口竞争力。

（6）从就业人数的变化来看，在经济复苏期间，知识产权密集型制造业比非知识产权密集型制造业创造了更多的就业机会。在 2000～2007 年，非知识产权密集型制造业失去了近 230 万个工作岗位，降幅达 19.2%；而知识产权密集型制造业的劳动力市场下降幅度相对较小，为 17.4%。互联网泡沫在2000 年 3 月达到顶峰，严重影响了计算机相关行业，导致 2002 年就业岗位减少了近 24%，如果不考虑计算机相关行业，知识产权密集型制造业的就业下降仅为 10.5%。2008～2010 年，美国制造业又减少了 220 万个工作岗位，降幅约为 17%。在经历了 10 年的就业下降之后，2010 年制造业就业开始回升。2010～2015 年，知识产权密集型制造业的就业岗位增长了 7.2%，而非知识产权密集型制造业的就业岗位仅增长 6.7%。截至 2019 年底，制造业就业人数超过 1200 万人，仍比 2008 年低 7.5%，其中知识产权密集型制造业就业比 2008年低 3.3%，非知识产权密集型制造业就业比 2008 年却低了 9.2%。2010 年之后的复苏为制造业增加了 742 663 个工作岗位，其中知识产权密集型制造业增加了 14.7%，非知识产权密集型制造业仅增加了 10.2%。这表明，知识产权密集型制造业相比于非知识产权密集型制造业而言，具有稳定且较高的就业率。

（二）美国的知识产权密集型产业[1]

2012 年，美国商务部经济统计局和美国专利商标局联合发布了《美国报

---

[1] 北美产业分类体系（NAICS）的基本结构分为 5 层，由 6 位阿拉伯数字组成，按社会经济活动划分为部门（Sector，两位代码）、子部门（Subsector，三位代码）、组（Industry Group，四位代码）、NAICS 产业（NAICS Industry，五位代码）和国家产业（National Industry，六位代码），其中，前四层与我国国民经济行业分类的门类、大类、中类和小类相似。下文所述美国各个版本报告中的知识产权密集型产业为四位代码，因此，与中国国民经济行业分类类比而言，美国报告是在行业中类层面开展的，与笔者研究的中国知识产权密集型产业的产业层级基本一致。

告 2012》❶，将那些最依赖专利、商标或版权的产业认定为知识产权密集型产业，并进一步将之具体细化为专利密集型产业、商标密集型产业和版权密集型产业。2016 年，采用同样的方法，美国发布了《知识产权与美国经济：2016 年更新版》❷（以下简称《美国报告 2016》）。2022 年，美国发布了《知识产权与美国经济：第三版》❸（以下简称《美国报告 2022》）。《美国报告 2022》更新了知识产权密集型产业对美国经济重要性的数据，还将外观设计密集型产业也纳入了知识产权密集型产业的范围，并重新审视了测度这些结果的方法。在美国报告的一系列研究中，为了认定一个产业在专利、外观设计或商标方面是否为知识产权密集型产业，研究以 5 年为一个分析时期，统计产业层面已授予的知识产权数量，并测算出知识产权与产业平均从业人员的比率。如果某一产业的该比率高于美国所有产业的总体平均水平，则该产业就被认定为知识产权密集型产业。在这里，认定专利密集型、外观设计密集型和商标密集型产业的方法原则上都是类似的，❹但是版权密集型产业的认定则直接参照 WIPO《版权产业的经济贡献调查指南》❺ 中确定的标准。此外，如果在一个产业中，有任何一种知识产权（专利、外观设计、商标或版权）是密集型的，就将其认定为特定形式的知识产权密集型产业。《美国报告 2022》最新发现，在所研究的 210 个产业中，有 13 个版权密集型产业、70 个专利密集型产业、87 个外

---

❶ Economics and Statistics Administration，United States Patent and Trademark Office. Intellectual property and the U. S. economy：industries in focus［R/OL］.（2012 – 02 – 24）［2022 – 11 – 21］. https：//www. uspto. gov/sites/default/files/news/publications/IP_Report_March_2012. pdf.

❷ Economics and Statistics Administration，United States Patent and Trademark Office. Intellectual property and the U. S. economy：2016 update［R/OL］.（2016 – 09 – 26）［2022 – 11 – 21］. https：//www. USEconomySept2016. pdf.

❸ United States Patent and Trademark Office. Intellectual property and the U. S. economy：third edition［R/OL］.（2022 – 03 – 17）［2022 – 11 – 21］. https：//www. uspto. gov/sites/default/files/documents/uspto – ip – us – economy – third – edition. pdf.

❹ 这里需要说明的是，这里使用的方法仅仅限于认定产业，因此不适用于这些产业中或未列入密集型产业的其他产业中的某些特定公司。比如，如果使用这种方法，拥有相对少量高价值专利但员工数量相对较多的产业是不会被认定为专利密集型产业的，即使该产业的公司可能严重依赖专利保护。航空航天业就是这方面的一个很好的例证。其专利与就业的比率约为总体平均水平的 1/5，但却有其他证据表明，航空航天公司认为专利权很重要。参见：Economics and Statistics Administration，United States Patent and Trademark Office. Intellectual property and the U. S. economy：industries in focus［R/OL］.（2012 – 02 – 24）［2022 – 11 – 21］. https：//www. uspto. gov/sites/default/files/news/publications/IP_Report_March_2012. pdf.

❺ GANTCHEV D. The WIPO guide on surveying the economic contribution of the copyright industries［J］. Review of Economic Research on Copyright Issues，2004，1（1）：5 – 15.

观设计密集型产业以及占据了 210 个产业数量一半以上的 110 个商标密集型产业。需要注意的是，各种形式的知识产权密集型产业之间存在许多重叠现象。例如，70 个专利密集型产业中有 68 个产业在至少一种其他形式的知识产权方面也是密集型的。外观设计密集型产业也有类似的情况，87 个外观设计密集型产业中有 81 个产业在至少一种其他形式的知识产权方面也是密集型的。即使是商标密集型产业，也有近 80%（110 个产业中有 85 个）在一种或多种其他形式的知识产权方面处于密集状态。总体而言，在 210 个产业中，有 127 个产业是知识产权密集型产业。❶ 这说明知识产权密集型产业的发展和配套政策更需要包括专利、外观设计、商标、版权等在内的综合性知识产权战略。

美国的这些研究报告均指出，整个美国经济都依赖于某种形式的知识产权，几乎每个行业都创造或使用知识产权。知识产权密集型产业是美国经济重要的、不可或缺的和不断增长的组成部分，代表着美国经济的领先优势，并且美国经济未来的增长将越来越依赖于国内外对知识产权的有效保护。知识产权是美国经济体一个强劲和不断增长的重要组成部分。相关数据见表 2-4、表 2-5 和图 2-5 至图 2-7。

（1）从对 GDP 的贡献来看，2010 年，美国知识产权密集型产业增加值约为 5.06 万亿美元，占美国 GDP 的 34.8%。2010～2014 年，美国知识产权密集型产业增加值的总量和占 GDP 的比重均有较大增长。2014 年，美国知识产权密集型产业增加值为 6.6 万亿美元，较 2010 年增长了 1.5 万亿美元（增长了约 30%），对美国 GDP 的贡献从 2010 年的 34.8% 增加至 2014 年的 38.2%。2019 年，美国知识产权密集型产业增加值为 7.76 万亿美元，对美国 GDP 的贡献达到 41%。很明显，美国知识产权密集型产业对 GDP 的贡献率日益增加。

至于就某一知识产权密集型产业的知识产权价值贡献的具体比率，则因产业不同而不同。比如，就智能手机来说，苹果公司每卖出一部 iPhone 7，价格大约为 809 美元，其中，科研投入或知识产权贡献了 42% 的收益。虽然三星公司的科研投入或知识产权所获价值份额可与之媲美，但按绝对值计算，苹果公司获取的价值比三星公司获取的更高，这突出显示了该专利密集型产业中无形资本所获得的高收益。总的来说，美国和亚洲的某些提供专有技术的配件供应商获得了巨大利润，高通公司等技术供应商也是如此，而实施最终组装的合约制

---

❶ United States Patent and Trademark Office. Intellectual property and the U.S. economy: third edition [R/OL]. (2022-03-17) [2022-11-21]. https://www.uspto.gov/sites/default/files/documents/uspto-ip-us-economy-third-edition.pdf.

造商所获的利润相对较低，反映了无形资本在这个生产环节上相对次要，❶ 这也符合价值链的"微笑曲线"，即要增加企业的附加价值，必须往价值链两端转移。我国的华为技术有限公司（以下简称"华为"）也是如此，其产品价值链的分布遵循"微笑曲线"，其中基于品牌价值的营销和硬件产品的开发来自华为，而产品零部件的组装以及软件的提供则来自其他要素禀赋丰裕的国家。❷

表 2 - 4　美国知识产权密集型产业的经济贡献率　　（单位：%）

产业类型	GDP 占比		
	2010 年	2014 年	2019 年
专利密集型产业	5.3	5.1	24
外观设计密集型产业	—	—	24
商标密集型产业	30.8	34.9	37
版权密集型产业	4.4	5.5	7
知识产权密集型产业	34.8	38.2	41

注：1. 2010 年、2014 年的知识产权密集型产业包括专利、商标和版权密集型产业，2019 年的知识产权密集型产业包括专利、外观设计、商标和版权密集型产业。

2. 知识产权密集型产业是各单项密集型产业去重后的合集，由于很多产业同时是专利、商标或版权密集型产业，因此总的知识产权密集型产业的 GDP 占比小于专利、商标和版权密集型产业 GDP 占比的累计总和，下同。

3. 表中数据分别来源于《美国报告 2012》《美国报告 2016》《美国报告 2022》，其修约未作统一，本书引用相关数据时保留其原数值修约，亦不作统一。

引人注目的是，在新冠疫情冲击下，美国知识产权密集型产业的产出损失较非知识产权密集型产业更小，而且复苏得更快。❸ 相关研究显示，2020 年第二季度，美国经济经历了企业倒闭、失业和消费者悲观等衰退压力，知识产权密集型产业的实际总产出略高于 2019 年第四季度的 90%，而非知识产权密集型产业的实际总产出约为 2019 年第四季度的 85%。随后，知识产权密集型产业和非知识产权密集型产业的产出逐步复苏。到 2021 年初，知识产权密集型产业的实际总产出达到了与 2019 年第四季度相同的水平，而非知识产权密集

❶ 世界知识产权组织. 2017 年世界知识产权报告：全球价值链中的无形资本［R/OL］.（2018 - 02 - 14）［2022 - 11 - 25］. https：//www. wipo. int/edocs/pubdocs/zh/wipo_pub_944_2017. pdf.

❷ 李怡萱. 从"微笑曲线"到"元宝曲线"：对现代消费性电子产业价值创造模式的研究［J］. 中国商论，2019（4）：226 - 228.

❸ PARK W G，TOOLE A A，TORRES G，et al. Immunity to the COVID - 19 shock？：The case of US innovation［R］//FINK C，MÉNIÈRE Y，TOOLE A A，et al. Resilience and ingenuity：global innovation responses to COVID - 19. Paris：CEPR Press，2022.

型产业要推迟至 2021 年第一季度末才实现这一目标。这其中的缘由是，疫情增加了经济和供应链的不确定性，对知识或研发的无形资产投资比对实物资本的投资表现出更大的稳定性。美国 652 家领先的从事专利活动的公司数据表明，资本投入与销售额之比在 −12.3% ～ 27.6% 波动，而研发投资与销售额之比仅在 7.3% ～ 8.5% 波动。对研发的投资一般是针对长期的竞争目标，而不仅仅是满足即时的客户需求。研发投资的成果往往可以重新利用和收回，因此不一定是损失或沉没成本。❶

　　（2）从对就业的贡献来看，创造就业机会对决策者来说非常重要，而知识产权密集型产业是美国经济的重要就业机会来源。2010 年，知识产权密集型产业直接为美国创造了 2710 万个就业岗位，占美国就业总人数的 18.8%。此外，知识产权密集型产业也间接支持了整个经济中 1290 万个供应链就业岗位（supply chain jobs）❷，即在知识产权密集型产业中，每 2 个就业岗位就会为其他经济领域提供 1 个额外的就业岗位。知识产权密集型产业直接和间接共创造了 4000 万个就业岗位，占全部就业岗位的 27.7%。❸ 2014 年，知识产权密集型产业直接为美国创造了 2790 万个就业岗位，占美国就业总人数的 18.2%，比 2010 年增加了 80 万个就业岗位。同时，2014 年，知识产权密集型产业也间接支持了整个经济中 1760 万个供应链就业岗位，直接和间接提供就业岗位合计为 4550 万个，约占全部就业岗位的 29.8%。2019 年，知识产权密集型产业的直接就业岗位为 4721 万个（占比 33%），间接就业岗位为 1548 万个（占比 11%），直接和间接共提供了约 6300 万个就业岗位，占美国全部就业的 44%。这些数据都表明，美国知识产权密集型产业的就业贡献率逐年提升，占全部就业的比例也在日益扩大。

　　值得一提的是，与商标密集型产业对 GDP 的贡献最大相似，在美国所有的知识产权密集型产业中，商标密集型产业对直接就业的贡献也是最大。比如，2019 年贡了 4160 万个就业岗位（2014 年为 3880 万个），占所有知识产

---

❶　PARK W G, TOOLE A A, TORRES G, et al. Immunity to the COVID – 19 shock?：The case of US innovation [M] //FINK C, MÉNIÈRE Y, TOOLE A A, et al. Resilience and Ingenuity：Global Innovation Responses to Covid –19. London：CEPR Press, 2022.

❷　直接就业指的是知识产权密集型产业的所有就业人数，而间接就业指的是在非知识产权密集型产业工作的员工，这些产业至少部分依赖于知识产权密集型产业的最终销售额。

❸　需要提醒的是，知识产权密集型产业创造的 4000 万个就业岗位实际上还是一种保守估计。参见：Economics and Statistics Administration, United States Patent and Trademark Office. Intellectual property and the U. S. economy：industries in focus [R/OL]. (2012 – 02 – 24) [2022 – 11 – 21]. https：//www. uspto. gov/sites/default/files/news/publications/IP_Report_March_2012. pdf.

权密集型就业岗位的88%。● 此外，知识产权密集型产业对美国 GDP 的贡献份额大于对就业的贡献份额，这表明知识产权密集型产业的劳动生产率较高。

表 2 - 5　美国知识产权密集型产业的就业贡献率　　　　　（单位：%）

产业类型	2010 年（直接）	2010 年（直接 + 间接）	2014 年（直接）	2014 年（直接 + 间接）	2019 年（直接）	2019 年（直接 + 间接）
专利密集型产业	2.7	5.0	2.6	4.9	13	20
外观设计密集型产业	—	—	—	—	15	22
商标密集型产业	15.7	24.8	15.5	26.8	29	39
版权密集型产业	3.5	5.2	3.7	5.5	4	5
知识产权密集型产业	18.8	27.7	18.2	29.8	33	44

（3）从就业人数的变化来看，自 1989 年以来，美国知识产权密集型产业的就业经历了三个增长阶段。首先，在 1989 ~ 2000 年，就业增长了约 14%，2000 年达到了峰值。在接下来的 10 年里，"互联网公司"崩溃以及 2008 年金融危机爆发，知识产权密集型产业的就业率几乎回落到 1989 年的水平。2010 年开始，知识产权密集型产业的就业率再次增长了 14%。在此期间，版权密集型产业的就业增长最为迅速，增长了近 30%，远远超过了非知识产权密集型产业 18% 的增长幅度。●

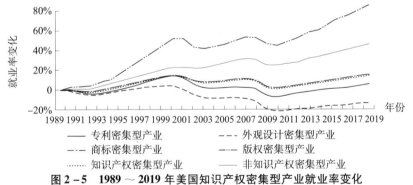

图 2 - 5　1989 ~ 2019 年美国知识产权密集型产业就业率变化

资料来源：《美国报告 2022》。

● United States Patent and Trademark Office. Intellectual property and the U. S. economy：third edition ［R/OL］. （2022 - 03 - 17）［2022 - 11 - 21］. https：//www. uspto. gov/sites/default/files/documents/uspto - ip - us - economy - third - edition. pdf.

● United States Patent and Trademark Office. Intellectual property and the U. S. economy：third edition ［R/OL］. （2022 - 03 - 17）［2022 - 11 - 21］. https：//www. uspto. gov/sites/default/files/documents/uspto - ip - us - economy - third - edition. pdf.

　　报告显示，知识产权密集型产业的就业更能抵御新冠疫情。2020 年 1 月
至 2021 年 12 月美国的就业数据显示，在疫情开始后的几个月里，美国的就业
环境受到严重的打击，但知识产权密集型产业比非知识产权密集型产业遭受更
少的失业。在知识产权密集型产业中，商标密集型产业的失业人数最多，但在
2020 年 6 月之前仍低于非知识产权密集型产业。从 2021 年 1 月起，版权密集
型产业的就业复苏超过了其他所有的产业。由于疫情限制措施，美国关闭了表
演场所、画廊和电影院等，在疫情的最初一年内，表演和创意艺术产业的员工
受到的经济冲击更为严重，但在最初的冲击之后，这些员工的就业增长速度超
过了其他版权密集型产业以及其他知识产权密集型产业。❶

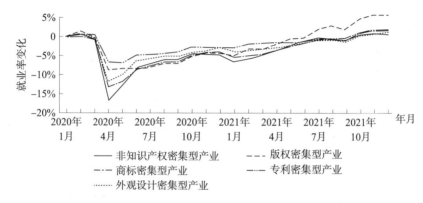

图 2-6　2020～2021 年美国知识产权密集型产业月度就业率变化❷

　　（4）从平均薪酬来看，2010 年，知识产权密集型产业的平均周薪（1156
美元）比非知识产权密集型产业的平均周薪（815 美元）高出 42%。经济学
界将这种差异称为知识产权密集型产业的"工资溢价"（earnings premium）。❸
2014 年，知识产权密集型产业的工资溢价为 46%（1312 美元 vs 896 美元）；
2019 年，这种工资溢价达到 60%（1517 美元 vs 947 美元）。事实上，美国知

---

❶ United States Patent and Trademark Office, Office of the Chief Economist. Employment in IP - inten-
sive industries during the COVID - 19 pandemic and beyond [R/OL]. (2023 - 03 - 27) [2023 - 04 - 21].
https：//www. uspto. gov/ip - policy/economic - research? MURL = economics.

❷ United States Patent and Trademark Office, Office of the Chief Economist. Employment in IP - inten-
sive industries during the COVID - 19 pandemic and beyond [R/OL]. (2023 - 03 - 27) [2023 - 04 - 21].
https：//www. uspto. gov/ip - policy/economic - research? MURL = economics.

❸ United States Patent and Trademark Office. Intellectual property and the U. S. economy：third edition
[R/OL]. (2022 - 03 - 17) [2022 - 11 - 21]. https：//www. uspto. gov/sites/default/files/documents/uspto -
ip - us - economy - third - edition. pdf.

识产权密集型产业的工资溢价随时间推进而大幅增长，从 1990 年的 22%，增长到 2010 年的 42% 和 2014 年的 46%，2019 年达到 60%。其中，专利密集型产业和版权密集型产业的工资增长尤其迅速。专利密集型产业的工资溢价从 2005 年的 66% 增长到 2010 年的 73%，2014 年达到 74%，2019 年达到 97%；版权密集型产业的工资溢价从 2005 年的 65% 增加到 2010 年的 77%，2014 年达到 90%，2019 年达到 122%。此外，知识产权密集型产业相对较高的工资水平也得益于其员工有着更长的受教育年限。2010 年，知识产权密集型产业 25 岁及以上的员工中有 42% 以上受过大学教育，而在非知识产权密集型产业这一比例为 34%。在三个知识产权密集型产业中，版权密集型产业的员工受教育程度最高，61.2% 的员工拥有学士及以上学位，只有 1.7% 的员工是高中以下文凭。❶ 这些数据都说明，知识产权密集型产业具有高研发投入的特性，专利密集型产业和版权密集型产业一般也是科技含量高的产业。

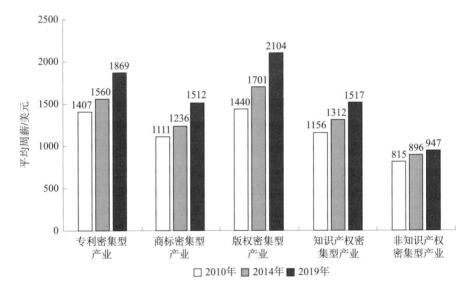

图 2-7   美国知识产权密集型产业与非知识产权密集型产业平均周薪对比

（5）从商品进出口额来看，2010 年，美国知识产权密集型产业的商品出口额为 7750 亿美元，2014 年增加到 8420 亿美元。然而，由于这一时期非知识产权密集型产业的出口增长速度更快，知识产权密集型产业在商品出口总额中

---

❶ Economics and Statistics Administration，United States Patent and Trademark Office. Intellectual property and the U. S. economy：industries in focus［R/OL］.（2012 - 02 - 24）［2022 - 11 - 21］. https：//www. uspto. gov/sites/default/files/news/publications/IP_Report_March_2012. pdf.

的份额由 60.7% 下降到了 52%。2010 年，知识产权密集型产业的商品进口额为 13 360 亿美元，2014 年为 13 910 亿美元，数额基本保持不变，但占美国商品进口总额的份额从 69.9% 下降到了 59.3%。需要注意的是，知识产权密集型产业的商品进口包括位于海外的美资企业和持有美国许可证的外国生产商生产的商品。2009 年，美国人从包括工业流程和商标在内的特许权使用费和许可费中获得了 898 亿美元，而向外国人支付了 252 亿美元。还要注意的是，美国的进口产品往往会降低价格，使更多的美国消费者能够负担得起一些产品。而且，许多进口产品是美国工业的中间产品，有利于其最终成品更具竞争力。❶ 无论如何，美国知识产权密集型产业的商品进出口额占总体进出口额的比重都超过了 50%，这从侧面很好地说明了美国对其国内外知识产权保护高度重视的原因。

（三）美国报告中知识产权密集型产业的认定方法

1. 专利密集型产业的认定方法

《美国报告 2012》和《美国报告 2016》采用美国专利分类体系（USPC）的技术类别与 NAICS 行业代码之间的对照关系来认定专利密集型产业。但这种对照关系最大的局限在于，它只能将专利与一部分产业联系起来（以制造业为主），而忽略了无线电信、数据处理、软件出版和科研开发服务等行业。

具体来说，专利密集型产业的认定方法如下。

（1）利用美国专利分类体系的技术类别与 NAICS 行业代码之间的对照关系，将专利划分到对应产业；对于每一项专利，根据其技术类别，采用分数计数。例如，一项专利涉及 4 个技术类别，每个技术类别分别计数 1/4。

（2）计算产业的专利密度，将其定义为每个 NAICS 类别 5 年内专利授权总数与产业平均就业人数的比率。

（3）将专利密度高于所有产业平均水平的产业认定为专利密集型产业。

针对前两版报告可能存在的方法缺陷，《美国报告 2022》对知识产权密集型产业的认定方法进行了优化，使用统一方法来认定专利密集型产业、外观设计密集型产业和商标密集型产业。自《美国报告 2016》发布以来，美国专利商标局已成功地将授予美国公司的绝大多数专利和商标注册与国民企业时间序

---

❶ Economics and Statistics Administration, United States Patent and Trademark Office. Intellectual property and the U. S. economy：industries in focus［R/OL］.（2012 - 02 - 24）［2022 - 11 - 21］. https：// www. uspto. gov/sites/default/files/news/publications/IP_Report_March_2012. pdf.

列（National Establishment Time Series，NETS）数据库进行了匹配。NETS 数据库涵盖了几乎所有的美国商业机构，包括公共和私人公司以及每个机构的主要 NAICS 行业代码。通过确定专利授予公司所在的产业，利用公司与产业之间的匹配，计算每个四位数 NAICS 行业授予的专利数量，并使用年度产业就业数据测算产业层面的专利密度。具体方法如下。

（1）将专利数据与 NETS 数据库进行匹配，为每一项专利根据其申请人所在的产业分配四位数的 NAICS 行业代码（必要时可能汇总到三位数或两位数 NAICS 行业水平）。

（2）对各公司进行汇总，得出 2012～2016 年每个产业的专利授权数量。

（3）使用来自美国劳工统计局的劳动生产率和成本项目数据，得到 2012～2016 年每个产业的平均员工数量（以千人计）。

（4）计算产业的专利总数与其平均员工数量的比率，得到每个产业的专利密度。

（5）如果一个产业的专利密度高于所有产业的平均水平，则将其认定为专利密集型产业。

2. 商标密集型产业的认定方法

商标密集型产业的认定方法本质上与专利密集型产业的认定方法相同。主要的区别在于，每项商标注册都可能涉及一个或多个尼斯分类，因此，在统计企业的商标数量时，不仅计算商标注册数量，还计算每个商标注册所涵盖的类别总数。例如，如果一家公司注册了一个商标，涵盖了 5 种不同的尼斯分类，则将其视为 5 件独立的商标。

《美国报告 2012》和《美国报告 2016》联合使用了三种不同的方法来认定商标密集型产业，但每种方法都有其局限性。在第一种方法（商标密度法）中，将商标申请人与上市公司的名称进行匹配，匹配到的公司的行业类别和就业数据被用来测算产业的商标密度。与专利密集型产业一致，将商标密度大于全产业平均水平的产业认定为商标密集型产业。这种方法至少有两个缺点：第一，只涵盖了上市公司持有的商标注册数量；第二，就业人数仅考虑了至少拥有一项商标注册的上市公司。因此，用这种方法计算的商标密度没有反映每个产业中所有公司的商标活动。为了弥补这一方法的缺陷，便用第二种方法（商标注册 50 强法）和第三种方法（随机抽样法）作为补充。第二种方法通过美国专利商标局注册商标前 50 强的公司来认定商标密集型产业。收集并统计 5 年来商标注册前 50 强公司的名单，通过 OneSource 数据库分配每个公司所在的产业，将出现次数在 5 次及以上的产业认定为商标密集型产业。这种方法包括上市公司和非上市公司，但注册商标前 50 强反映的是公司的商标注册数量，而不是人均商标注册数量（商标密度）。第三种方法通过在全部商标注册中随机抽取 300 个样本，以扩大私营公司和规模较小的年轻公司的覆盖范围。利用 OneSource 数据库分配每个抽样样本所属的产业，并统计每个产业提取的商标数，将商标数大于均值加两个标准差的产业认定为商标密集型产业。这种方法与第二种方法存在同样的问题，即没有考虑到公司中员工的平均商标注册数量。

针对《美国报告 2012》和《美国报告 2016》中可能存在的方法缺陷，《美国报告 2022》对商标密集型产业的认定方法进行了优化，其本质与专利密集型产业的认定方法一致，即通过确定商标注册公司所在的产业，利用公司与产业之间的匹配，计算每个四位数 NAICS 行业注册的商标数量，并使用年度产业就业数据测算产业层面的商标密度。

3. 版权密集型产业的认定方法

版权密集型产业的认定与专利、外观设计和商标密集型产业的认定存在概念上的差异。就专利、外观设计和商标而言，将密集型产业定义为各种知识产权要素密度较高的产业。然而，就版权而言，则将密集型产业定义为所有传统上与生产受版权保护的客体有关的产业。随着时间的推移，版权密集型产业的列表是相对固定的，而其他类型的知识产权密集型产业可能会发生变化。例如，专利密集型产业是一个相对的概念，这种相对性表现在如下方面。

第一，专利密集型产业的定义是相对的。它指代的是各种生产要素中，知识产权要素投入比例相对较高的产业。它的划分不能仅仅看知识产权要素的变化，还需要结合其他生产要素的投入来衡量。

第二，专利密集型产业的划分是一个动态的概念。随着技术的进步和变迁，专利密集型产业也会动态变化，其划分标准并不存在固定的或人为设定的专利要素比例，不同阶段需要用新的数据进行修正。

第三，专利密集型产业的变化是多方面的：或源于技术因素，比如技术进步、生产工艺的改进使得技术投入比例发生改变；或源于资本因素或劳动因素等动态的要素禀赋发生改变，比如生产主体基于效率提高对资本或劳动进行了替代；或源于一国产业政策调整，规划者对要素密集型产业进行倾斜性发展，从而"扭曲"了专利密集型产业的性质。

与《美国报告 2012》和《美国报告 2016》一致，《美国报告 2022》仍然以 WIPO 发布的《基于版权产业的经济贡献调查指南》为基础，将版权密集型产业定义为主要负责创造或生产受版权保护客体的产业，并排除了与版权材料分销相关的几个产业。例如，没有将图书、期刊和音乐商店（NAICS 4512）或消费品租赁（包括视频租赁）（NAICS 5322）等行业认定为版权密集型产业，尽管它们属于 WIPO 上述指南中认定的核心版权产业。

四、欧盟的知识产权密集型产业❶

（一）欧盟的知识产权密集型产业

如前所述，2013 年，欧洲专利局和原欧盟内部市场协调局联合发布了《欧盟报告 2013》。《欧盟报告 2013》评估了密集使用各类知识产权的产业对整个欧盟和单个成员国经济的综合贡献。知识产权密集型产业的认定方法和标准与美国商务部经济统计局和美国专利商标局的方法和标准基本一致，但欧盟知识产权密集型产业的组合范围更广，包括专利密集型产业、商标密集型产业、外观设计密集型产业、版权密集型产业、地理标志密集型产业。❷ 2016年、2019 年和 2022 年，欧洲专利局和欧盟知识产权局又先后发布了《欧盟知识产权密集型产业和经济表现（第二版）》❸（以下简称《欧盟报告 2016》）、《欧盟知识产权密集型产业和经济表现（第三版）》❹（以下简称《欧盟报告

---

❶　欧盟产业分类体系（NACE）的基本结构包括 5 层，分别为部门（Section，一位字母代码）、子部门（Subsection，两位字母代码）、大类（Division，两位数字代码）、组（Group，三位数字代码）和类（Class，四位数字代码），大类和组之间用点号隔开。欧盟各个版本报告中的知识产权密集型产业为四位数字代码，因此，与中国国民经济行业分类类比而言，欧盟报告是在行业小类层面开展的。

❷　由于在欧洲地理标志有着很大的市场，且主要用于农业、食品和饮料产业。欧盟这份报告仅考虑了农业领域里的地理标志。参见：European Patent Office, Office for Harmonization in the Internal Market. Intellectual property rights intensive industries：contribution to economic performance and employment in the European Union［R/OL］.（2013 - 09 - 24）［2022 - 11 - 25］. http：//www. ipo. gov. tt/downloads/Relevant_Studies/Intellectual_property_rights_intensive_industries_contribution_to_the_economic_performance_and_employment_in_the_European_Union. pdf.

❸　European Patent Office, European Union Intellectual Property Office. Intellectual property rights intensive industries and economic performance in the European Union：second edition［R/OL］.（2016 - 10 - 27）［2022 - 11 - 11］. http：//documents. epo. org/projects/babylon/eponet. nsf/0/419858BEA3CFDD08C12580560035B7B0/ $ File/ipr_intensive_industries_report_en. pdf.

❹　European Patent Office, European Union Intellectual Property Office. Intellectual property rights intensive industries and economic performance in the European Union：third edition［R/OL］.（2019 - 09 - 27）［2022 - 11 - 11］. http：//documents. epo. org/projects/babylon/eponet. nsf/0/9208BDA62793D113C125847A00500CAA/ $ File/IPR - intensive_industries_and_economic_performance_in_the_EU_2019_en. pdf.

2019》）和《欧盟知识产权密集型产业和经济表现（第四版）》❶（以下简称
《欧盟报告 2022》）。值得一提的是，欧盟还根据自身的经济结构特色，将植物
新品种密集型产业也纳入了欧盟整个知识产权密集型产业的测评组合研究范
围，并对它的经济、就业和对外贸易的贡献进行了广泛、可信的评估。欧盟的
研究指出，在经济全球化以及知识经济时代，通过创新、竞争优势等实现从研
发投资到创造就业的良性循环就显得格外重要。知识产权制度由于能够在整个
经济体系中鼓励各种形式的创造和创新，因此有效的知识产权制度是其中最重
要的因素之一。

　　欧盟的这些报告还强调，事实上几乎所有产业都在一定程度上使用知识产
权，但这些研究报告只关注知识产权密集型产业。而且，知识产权还会以其他
方式影响经济，也未包含在这种研究的范围内，例如，技术转让对创新和增长
的长期影响，以及与创造和使用知识产权有关的外部性，而这些外部性不是通
过市场交易实现货币化的。因此，这种研究实际上很有可能低估了知识产权对
欧盟经济的真正贡献。此外，这种研究也没有分析知识产权对个别公司的价
值，而是关注其在产业和国家层面的贡献。实践中，在任何产业中，一些公司
使用知识产权的程度可能高于其他公司，但这些报告未阐述这些变化。同样，
不同的公司会有不同的知识产权策略。例如，一些公司更多地依赖商业秘密而
不是专利，或者依赖未注册的而不是注册的外观设计。因此，有一些重要的知
识产权形式没有注册，也就没有包括在这种研究中。还要注意的是，无论欧
美，在这种研究中，知识产权密度的定义为知识产权数量除以产业从业人员数
量。这就意味着，有些产业可能有着数量相对较少但却非常有价值的知识产
权，但拥有大量的员工，然而根据这种研究方法，这些产业不会被认定为知识
产权密集型产业。❷

　　相关结论数据如表 2 - 6 至表 2 - 10 所示。

---

❶ European Patent Office, European Union Intellectual Property Office. IPR – intensive industries and e-
conomic performance in the European Union: fourth edition [R/OL]. (2022 – 10 – 07) [2022 – 11 – 11].
https: //documents. epo. org/projects/babylon/eponet. nsf/0/33DCE530D888258BC12588D7004539D1/
$ File/ipr – intensive_industries_and_economic_performance_in_the_EU_2022_en. pdf.

❷ European Patent Office, Office for Harmonization in the Internal Market. Intellectual property rights in-
tensive industries: contribution to economic performance and employment in the European Union [R/OL].
(2013 – 09 – 24) [2022 – 11 – 25]. http: //www. ipo. gov. tt/downloads/Relevant_Studies/Intellectual_prop-
erty_rights_intensive_industries_contribution_to_the_economic_performance_and_employment_in_the_European_
Union. pdf.

（1）从对GDP的贡献来看，2008～2010年，欧盟的知识产权密集型产业创造了4.7万亿欧元的GDP增加值，占欧盟总GDP的38.6%。2011～2013年、2014～2016年、2017～2019年，这一占比分别为42.3%、44.8%和47.1%。即使考虑到统计修正的影响，知识产权密集型产业的经济贡献在2008～2010年、2011～2013年、2014～2016年、2017～2019年四个阶段均随着时间有所增加，呈现出与美国知识产权密集型产业几乎相同的现象。

表2-6　欧盟知识产权密集型产业的经济贡献率　　　　（单位：%）

产业类型	GDP占比			
	2008～2010年	2011～2013年	2014～2016年	2017～2019年
商标密集型产业	33.9	35.9	37.3	38.5
外观设计密集型产业	12.8	13.4	16.2	15.5
专利密集型产业	13.9	15.2	16.1	17.4
版权密集型产业	4.2	6.8	6.9	6.9
地理标志密集型产业	0.1	0.1	0.1	0.1
植物新品种密集型产业	—	0.4	1.2	1.4
知识产权密集型产业	38.6	42.3	44.8	47.1

（2）从对就业的贡献来看，在2008～2010年，欧盟知识产权密集型产业就业人数为5650万，占欧盟总就业人数的25.9%。此外，其还向为知识产权密集型产业提供商品和服务的行业提供了2000万人的间接就业机会。因此如果考虑到间接就业岗位，依赖知识产权密集型产业的就业岗位总数达到了近7700万个（占欧盟总就业人数达到了35.1%）。在2011～2013年，知识产权密集型产业创造的就业岗位占欧盟所有就业岗位的27.8%，加上间接就业岗位，知识产权密集型产业就业总占比达到38.1%。2014～2016年，知识产权密集型产业创造的就业岗位占欧盟所有就业岗位的29.2%，加上间接就业岗位，整体知识产权密集型产业就业占比达到了38.9%。2017～2019年，知识产权密集型产业创造的就业岗位占欧盟所有就业岗位的29.7%，加上间接就业岗位，整体知识产权密集型产业就业占比达到了39.4%。与美国一样，欧盟与知识产权密集型产业创造的就业岗位占所有就业岗位的比重同样呈现出逐年递增趋势。

表 2-7 欧盟知识产权密集型产业的就业贡献率　　　　（单位：%）

产业类型	就业占比（直接就业）			
	2008～2010 年	2011～2013 年	2014～2016 年	2017～2019 年
商标密集型产业	20.8	21.2	21.7	21.1
外观设计密集型产业	12.2	11.9	14.2	12.9
专利密集型产业	10.3	10.3	10.9	11.0
版权密集型产业	3.2	5.4	5.5	6.2
地理标志密集型产业	0.2	—	—	—
植物新品种密集型产业	—	0.5	0.8	0.9
知识产权密集型产业	25.9	27.8	29.2	29.7

（3）从就业人数的变化来看，在经济危机期间，知识产权密集型产业的就业状况明显好于整体就业形势。欧盟的总就业人数从 2008～2010 年的 2.196 亿人下降到 2011～2013 年的 2.158 亿人，下降幅度为 1.7%；而知识产权密集型产业的就业人数从 6060 万下降到 6000 万，下降幅度仅为 1%。由此可见，相比较而言，知识产权密集型产业的就业人数下降幅度比整体行业的下降幅度要小很多。在 2014～2016 年经济形势艰难的情况下，知识产权密集型产业的就业情况也明显好于整体就业情况。欧盟的总就业人数从 2011～2013 年的 2.158 亿人小幅下降至 2014～2016 年的 2.155 亿人，下降 0.1%；而知识产权密集型产业的就业人数并没有下降，反而从 6170 万上升至 6300 万，增长了 1%。这就表明，知识产权密集型产业能够更好地抵御严重的经济危机，这些产业更具有良好的经济弹性。

（4）从平均工资来看，知识产权密集型产业的平均周薪明显高于非知识产权密集型产业，即知识产权密集型产业存在工资溢价。2010 年，知识产权密集型产业的工资溢价为 41%（平均周薪 715 欧元 vs 507 欧元）。其中，专利密集型产业的工资溢价达到 64%，版权密集型产业达到 69%。2013 年，知识产权密集型产业的工资溢价达到 46%（776 欧元 vs 530 欧元）。其中，专利密集型产业的工资溢价达到 69%，版权密集型产业达到 64%。2016 年，知识产权密集型产业的工资溢价达到 47%（801 欧元 vs 544 欧元）。其中，专利密集型产业的工资溢价达到 72%，版权密集型产业达到 59%。2019 年，知识产权密集型产业的工资溢价为 41%（840 欧元 vs 597 欧元）。其中，专利密集型产业的工资溢价达到 65%，版权密集型产业达到 49%。2010～2016 年，知识产权密集型产业的工资溢价总体有所上升，从 2010 年的 41% 上升到 2013 年的

46%，到 2016 年增加至 47%。但由于 2014～2016 年至 2017～2019 年期间非知识产权密集型产业的工资增长更强劲以及受英国脱欧等的影响，2019 年知识产权密集型产业的工资溢价有所下降。但是，专利密集型产业和版权密集型产业的工资溢价最高，这种模式依然没变。这些现象表明，与美国一样，欧盟知识产权密集型产业也具有高研发投入的特性，专利密集型产业和版权密集型产业这些科技含量高的产业表现更为明显。

此外，欧盟的报告还分析比较了欧盟中小企业和大型企业在专利、商标和外观设计的所有权和使用方面的绩效。研究表明，尽管与大公司（约 60%）相比，只有一小部分中小企业（约 9%）拥有或使用专利、商标或外观设计，但这些知识产权为中小企业每位员工提供的收入优势（+68%）远大于大公司（+18%）。除了利用专利保护和营销发明，中小企业申请人还利用专利获得更高的利润、技术许可、与合作伙伴签订合作协议并吸引投资者。在中小企业向欧洲专利局提交专利申请的发明中，约有 2/3（67%）被用于商业目的，其中一半是通过与外部合作伙伴的合作、技术转让或合作协议。就第四次科技革命而言，与欧洲相比，美国中小企业在与第四次科技革命相关整体专利活动中所占份额更大，为 16%，而欧洲中小企业仅占欧盟该领域活动的 10%。❶

表 2-8 欧盟知识产权密集型产业与非知识产权
密集型产业的平均周薪对比

产业类型	2010 年		2013 年		2016 年		2019 年	
	平均周薪/欧元	溢价/%	平均周薪/欧元	溢价/%	平均周薪/欧元	溢价/%	平均周薪/欧元	溢价/%
商标密集型产业	719	42	783	48	805	48	838	40
外观设计密集型产业	666	31	732	38	761	40	802	34
专利密集型产业	831	64	895	69	934	72	985	65
版权密集型产业	856	69	871	64	867	59	891	49
地理标志密集型产业	739	46	692	31	705	29	—	
知识产权密集型产业	715	41	776	46	801	47	840	41
非知识产权密集型产业	507	—	530	—	544	—	597	—

注：溢价（premium）指的是知识产权密集型产业平均周薪比非知识产权密集型产业高出的百分比，之所以称之为溢价，体现在知识产权密集型产业的平均周薪更高。以 2010 年为例，商标密集型产业的工资溢价计算方法为：(719-507)/507≈42%。

---

❶ EPO. Patents paving the way to a more sustainable future [EB/OL]. [2023-11-20]. https：//link. epo. org/web/en-patents-paving-the-way.

（5）从对外商品贸易来看，欧盟商品贸易的绝大部分来自知识产权密集型产业。2010 年，欧盟 88.3% 的进口商品来自知识产权密集型产业，2013年、2016 年和 2019 年，这一比例分别为 85.5%、80% 和 80.5%。2010 年，知识产权密集型产业在欧盟出口中所占比例达到了 90.4%；2013 年、2016 年和 2019 年，这一比例分别上升为 93.2%、96% 和 95.3%。此外，知识产权密集型产业在欧盟商品出口中所占份额略高于商品进口，对欧盟的贸易作出了积极贡献。2010 年，欧盟在商标密集型产业和专利密集型产业存在贸易逆差，但在一定程度上被版权密集型产业、外观设计密集型产业和地理标志密集型产业的贸易顺差所抵消，但总体知识产权密集型产业的贸易逆差达到了 1260 亿欧元。[1] 2013 年，欧盟整体贸易逆差约为 420 亿欧元，但知识产权密集型产业的贸易却出现了顺差，达到 960 亿欧元。2016 年，欧盟整体贸易顺差（包括商品和服务贸易）约为 1660 亿欧元，而知识产权密集型产业的贸易顺差达到1820 亿欧元，从而抵消了非知识产权密集型产业的小幅贸易逆差。2019 年，欧盟整体贸易顺差约为 2940 亿欧元，而知识产权密集型产业的贸易顺差达2240 亿欧元，超出欧盟贸易顺差总额的 3/4。这里需要关注的还有，与美国知识产权密集型产业占进出口总额略高于 50% 不同，欧盟商品贸易的绝大部分来自知识产权密集型产业，占比几乎都超过了 90%。这里除了可能统计口径稍有不同的原因，或许也反映了欧盟在国际贸易中对知识产权的依赖程度远高于美国。

表 2-9　欧盟知识产权密集型产业与非知识产权
密集型产业的商品贸易对比（2010 年与 2013 年）

产业类型	2010 年			2013 年		
	出口占比/%	进口占比/%	净出口额/百万欧元	出口占比/%	进口占比/%	净出口额/百万欧元
商标密集型产业	75.5	75.7	-134 879	74.0	71.4	14 470
外观设计密集型产业	53.4	46.0	20 707	54.8	39.8	243 332

[1] European Patent Office, Office for Harmonization in the Internal Market. Intellectual property rights intensive industries: contribution to economic performance and employment in the European Union [R/OL]. (2013-09-24) [2022-11-25]. http://www.ipo.gov.tt/downloads/Relevant_Studies/Intellectual_property_rights_intensive_industries_contribution_to_the_economic_performance_and_employment_in_the_European_Union.pdf.

续表

产业类型	2010 年			2013 年		
	出口占比/%	进口占比/%	净出口额/百万欧元	出口占比/%	进口占比/%	净出口额/百万欧元
专利密集型产业	70.6	68.6	-92 047	71.5	65.6	74 057
版权密集型产业	4.2	2.7	15 325	6.9	5.8	17 165
地理标志密集型产业	0.8	0.1	8 741	0.7	0.1	11 588
植物新品种密集型产业	—	—	—	0.3	0.3	-304
知识产权密集型产业	90.4	88.3	-125 875	93.2	85.5	96 417
非知识产权密集型产业	9.6	11.7	-48 055	6.8	14.5	-138 487

表 2 - 10　欧盟知识产权密集型产业与非知识产权
密集型产业的商品贸易对比（2016 年与 2019 年）

产业类型	2016 年			2019 年		
	出口占比/%	进口占比/%	净出口额/百万欧元	出口占比/%	进口占比/%	净出口额/百万欧元
商标密集型产业	62.3	66.0	12 663	57.3	64.4	-4 348
外观设计密集型产业	48.7	49.3	66 889	45.6	42.1	217 910
专利密集型产业	55.5	53.9	130 267	57.7	55.7	217 947
版权密集型产业	11.4	8.4	92 119	8.5	10.4	-20 258
地理标志密集型产业*	0.5	0.1	11 130	0.5	0.1	11 357
植物新品种密集型产业*	0.3	0.2	3 667	1.6	2.1	-7 495
知识产权密集型产业	81.9	80.0	181 955	80.1	80.5	223 862
非知识产权密集型产业	18.1	20.0	-16 268	6.8	14.5	69 885

注：* 表示只统计了商品贸易。2016 年和 2019 年统计了商品和服务贸易，而 2010 年和 2013 年仅统计了商品贸易。由于知识产权密集型产业的服务贸易份额较商品贸易份额低，因此综合商品和服务贸易，2016 年和 2019 年的知识产权密集型产业进出口贸易占比较之 2010 年和 2013 年低。

值得注意的是，欧洲专利局一直非常关注知识产权与经济增长之间的关系研究。从 2017 开始，欧洲专利局发起了以知识产权尤其是第四次科技革命带来的数字技术中知识产权的经济作用为重点的系列研究项目，❶ 取得和发布了许多研究成果，并以此对相应的法律政策进行动态的调整和修订。这一做法非常值得我们借鉴和学习。

欧洲专利局认为，在无形资产、创新和知识产权已成为经济增长关键因素的背景下，对专利相关知识产权事项进行高质量研究，向决策者提供信息和促进作出合理的商业决策具有重要意义。欧洲专利局早在 2017 年就推出了这项研究计划，特别鼓励研究专利在欧洲经济中的作用，并促进研究成果的传播。主要的相关研究课题还有：

（1）测度专利对创新的影响。

（2）专利在技术转让、商业化和/或投资决策中的作用。

（3）知识产权密集型产品（IP - intensive products）。

与此同时，欧洲专利局也关注到了中小企业知识产权对经济的巨大影响。比如，2019 年 11 月发布《发明的市场成功——专利商业化记分牌：欧洲中小企业》❷，其主要结论有：在欧洲专利局 2018 年收到的所有专利申请中，五分之一是由欧洲中小企业或企业家提交的，中小企业在欧洲创新活动中占有一席之地。高达 2/3 的发明获得了商业化——大约一半由这些中小企业自己实现，另一半则是与合作伙伴（如来自另一欧洲国家）实现。其中约一半的公司还打算将其专利用于交易目的，如订立许可协议和商业合同。通过在多达 44 个不同的国家市场提供专利保护，欧洲专利制度使这一过程变得更加容易。专利没有被商业利用的原因：据被调查的中小企业称，主要是因为这些发明要么只是处于开发阶段（67%），要么仍在探索潜在的商业机会（64%）。欧洲专利局的相关研究还揭示，在价值创造方面，到 21 世纪 20 年代末，第四次科技革命的技术创新预计将为欧盟经济贡献超过 2 万亿欧元。❸

将欧盟的研究结果与美国的研究结果进行比较后可发现，这两个经济体具有相似的结构。考虑到其相似的发展水平，这是可以理解的。然而值得关注的

---

❶　European Patent Office. Patent research grants - call for proposals 2019 ［EB/OL］. （2019 - 04 - 11）［2022 - 11 - 01］. https：//www. epo. org/news - events/news/2019/20190410. html.

❷　European Patent Office. Market success for inventions - Patent commercialisation scoreboard：European SMEs ［R/OL］. （2019 - 11 - 04）［2022 - 11 - 21］. https：//www. iam - media. com/patents/new - report - reveals - why - smes - want - patents - and - the - opportunities - they - bring.

❸　European Investment Bank, European Patent Office. Deep tech innovation in smart connected technologies ［R/OL］. （2022 - 04 - 25）［2022 - 11 - 20］. https：//www. eib. org/attachments/publications/eib_epo_deep_tech_smes_en. pdf.

是，在美欧的各自研究中，商标密集型产业在就业和 GDP 中所占的份额最高，在美国，随后的是专利和版权密集型产业，而在欧盟则是外观设计、专利和版权密集型产业。此外，美欧知识产权密集型产业的工资溢价也相似（以 2019年为例，欧盟为 41%，美国为 60%），并且版权密集型产业和专利密集型产业在欧盟和美国的工资溢价均最高。❶

（二）欧盟报告中知识产权密集型产业的认定方法

《欧盟报告 2013》《欧盟报告 2016》《欧盟报告 2019》《欧盟报告 2022》均采用一致的方法来认定知识产权密集型产业。以《欧盟报告 2022》为例，具体操作如下。

1. 专利密集型产业的认定方法

（1）从 PATSTAT 数据库中收集专利数据，并将专利申请时间限制在 2013 ～ 2017 年，且其中至少有 1 位申请人的注册地属于欧盟成员国，共产生 297 839条数据。

（2）进一步将数据限制为在 2013 ～ 2021 年成功获得授权的专利，数据集中的专利数据减少为 166 358 条。

（3）根据申请人名称，将 PATSTAT 数据库与包含数亿条欧盟企业信息的商业数据库 ORBIS 进行匹配，成功匹配 142 727 条专利数据，占所有专利数量的 86%。对每一项专利申请，根据其申请人的数量，采用分数计数。例如，某项专利有 4 位申请人，则每位申请人拥有的份额为 1/4。此外，如果一项专利拥有 1 个及以上的申请人属于欧盟以外的国家，则该专利的相应部分不纳入统计范围，专利总数减少为 139 644 条。

（4）对各公司的数据进行产业层面的汇总，计算每个产业的专利总数（绝对专利强度）。

（5）根据欧盟统计局的结构性商业统计数据（eurostat's structural business statistics，SBS），将每个产业的专利总数除以该产业平均就业人数，得到该产业的专利密度（相对专利强度）。

---

❶　European Patent Office, Office for Harmonization in the Internal Market. Intellectual property rights intensive industries: contribution to economic performance and employment in the European Union [R/OL]. (2013 - 09 - 24) [2022 - 11 - 25]. http://www.ipo.gov.tt/downloads/Relevant_Studies/Intellectual_property_rights_intensive_industries_contribution_to_the_economic_performance_and_employment_in_the_European_Union.pdf.

（6）计算所有产业专利密度的平均值，将专利密度高于平均值的产业认定为专利密集型产业。

2. 商标密集型产业的认定方法

（1）从欧盟知识产权局数据库中收集商标数据，并将商标申请时间限制在 2013 ～ 2017 年，且其中至少有 1 位申请人的注册地属于欧盟成员国，共产生 444 571 件商标申请，包括 1 300 355 个尼斯分类。

（2）进一步将数据限制为在 2013 ～ 2022 年成功获得授权的商标，数据集中的商标数据减少为 387 917 条，包括 1 146 224 个尼斯分类。

（3）根据申请人名称，将商标申请与 ORBIS 数据库进行匹配，成功匹配 295 363 条商标数据（包括 872 674 个尼斯分类），占所有商标数量的 76.14%。对每一项商标申请，根据其申请人的数量，采用分数计数。例如，某项商标有 4 位申请人，则每位申请人拥有的份额为 1/4。此外，如果一项商标拥有 1 个及以上的申请人属于欧盟以外的国家，则该商标的相应部分不纳入统计范围，商标总数减少为 294 269 条（包括 864 982 个尼斯分类）。

（4）对各公司的数据进行产业层面的汇总，计算每个产业的商标总数（绝对商标强度）。

（5）根据欧盟统计局的结构性商业统计数据，将每个产业的商标总数除以该产业平均就业人数，得到该产业的商标密度（相对商标强度）。

（6）计算所有产业商标密度的平均值，将商标密度高于平均值的产业认定为商标密集型产业。

3. 版权密集型产业的认定方法

与美国研究类似，欧盟也以 WIPO 发布的《基于版权产业的经济贡献调查指南》为基础来认定版权密集型产业。但与美国报告只将主要负责创造或生产受版权保护材料的产业（大部分核心版权产业）认定为版权密集型产业有所不同，除《欧盟报告 2013》外，其他三版欧盟报告将 WIPO 上述指南中的核心版权产业、相互依赖的版权产业以及版权因子大于 20% 的部分版权产业均认定为版权密集型产业，因此欧盟报告的版权密集型产业的范围比美国报告的更大。

五、英国的知识产权密集型产业

2020 年 9 月和 2022 年 6 月，英国知识产权局（UK Intellectual Property Office，UKIPO）参照欧盟知识产权局和欧洲专利局以及美国专利商标局的方法，认定了英国的知识产权密集型产业，包括专利密集型产业、商标密集型产业、外观设计密集型产业及版权密集型产业，并分别评估了2014～2016年和2017～2019年两个阶段知识产权密集型产业对英国经济的贡献（包括产出、就业和商品出口三个方面）。❶ 与美国和欧盟的认定标准一致，英国的知识产权密集型产业指产业每千人拥有的知识产权数量高于全产业平均值的产业。此外，英国知识产权局还认定了知识产权高度密集型产业（industries with a high use of IP rights），即产业的知识产权使用率高于知识产权密集型产业平均水平的产业。相关数据见表2-11至表2-15和图2-8至图2-10。

（1）从对GDP的贡献来看，2014～2016年，英国知识产权密集型产业增加值约为2985亿英镑，占英国非金融增加值（non-financial value-added output）❷的26.9%。2017～2019年，英国知识产权密集型产业增加值的总量和占比均有较大增长（参见表2-11至表2-13和图2-8）。在2017～2019年，英国知识产权密集型产业增加值为4147亿英镑，比2014～2016年增长了1162亿英镑，占英国非金融增加值的比重从26.9%上升到33.2%，增长了6.3%。2014～2016年，英国知识产权高度密集型产业的增加值为1665亿英镑，占英国非金融增加值的比重为15.0%；2017～2019年增加至1855亿英镑，占比约为14.9%，与2014～2016年基本持平。知识产权密集型产业的员工比非知识产权密集型产业的员工生产效率更高，前者的人均产业增加值为7.15万英镑，后者仅为3.42万英镑。

（2）从对就业的贡献来看，2014～2016年，英国知识产权密集型产业就业人数为450万人，占英国总就业人数的15.5%；2017～2019年，英国知识产权密集型产业创造了580万个就业岗位，较2014～2016年增加了130万个，占英国总就业人数的比重由15.5%上升至19.2%。2014～2016年，英国知识产权高度密集型产业的就业人数为150万人，占英国总就业人数的比重为5.1%；2017～2019年增加至230万人，占比上升至7.5%。与美国和欧盟一样，英国知识产权密集型产业和知识产权高度密集型产业的就业同样呈现出逐年递增趋势（参见表2-14和图2-9）。

---

❶ UK Intellectual Property Office. Use of intellectual property rights across UK industries［R/OL］. (2022-06-09)［2022-11-20］. https：//www. gov. uk/government/publications/use-of-intellectual-property-rights-across-uk-industries/use-of-intellectual-property-rights-across-uk-industries.

❷ 英国的非金融商业经济占所有行业的84%，约占英国经济的2/3。

表 2 –11　英国知识产权密集型产业的数量与经济贡献（2014～2016 年）

经济指标		专利	商标	外观设计	版权
至少拥有一项知识产权的产业的数量和占比	数量/个	360	586	388	—
	占比	58.4%	95.1%	63.0%	—
知识产权密集型产业的数量和占比	数量/个	64	116	75	77
	占比	10.4%	18.8%	12.2%	12.5%
知识产权高度密集型产业的数量和占比	数量/个	17	25	18	49
	占比	2.8%	4.1%	2.9%	8.0%
知识产权密集型产业的非金融增加值和占比	增加值/亿英镑	797	1 465	797	1 568
	占比	7.2%	13.2%	7.2%	14.1%
知识产权密集型产业的就业人数和占比	人数/百万人	1.1	2.3	1.1	2.0
	占比	3.9%	7.8%	3.9%	7.0%
知识产权密集型产业的商品出口额和占比	出口额/亿英镑	1 206	529	729	147
	占比	39.3%	17.2%	23.8%	4.8%

注：2014～2016 年英国知识产权密集型产业的数量为 218 个，占英国全部 616 个产业的 35.4%，其中 92 个（14.9%）产业属于高度密集型。

表 2 –12　英国知识产权密集型产业的数量与经济贡献（2017～2019 年）

经济指标		专利	商标	外观设计	版权
至少拥有一项知识产权的产业的数量和占比	数量/个	339	590	370	—
	占比	55.0%	95.8%	60.1%	—
知识产权密集型产业的数量和占比	数量/个	61	123	50	83
	占比	9.9%	20.0%	8.1%	13.5%
知识产权高度密集型产业的数量和占比	数量/个	13	34	15	49
	占比	2.1%	5.5%	2.4%	8.0%
知识产权密集型产业的非金融增加值和占比	增加值/亿英镑	1 019	1 746	704	23 136
	占比	8.2%	14.0%	5.6%	18.7%
知识产权密集型产业的就业人数和占比	人数/百万人	1 416	2 473	1 096	3 100
	占比	4.7%	8.2%	3.6%	10.3%
知识产权密集型产业的商品出口额和占比	出口额/亿英镑	127	647	222	280
	占比	45.1%	22.9%	7.9%	9.9%

注：2017～2019 年英国知识产权密集型产业的数量为 218 个，占英国全部 616 个产业的 35.4%，其中 93 个（15.1%）产业属于高度密集型。

表 2-13　2014～2016 年与 2017～2019 年英国知识产权

密集型产业的增加值变化

产业类型	经济指标	知识产权密集型产业			知识产权高度密集型产业		
		2014～2016 年	2017～2019 年	变化	2014～2016 年	2017～2019 年	变化
专利密集型产业	增加值占比	7.2%	8.2%	1.0%	0.8%	0.7%	-0.1%
	增加值/亿英镑	797	1 019	222	88	82	-6
商标密集型产业	增加值占比	13.2%	14.0%	0.8%	0.9%	1.6%	0.7%
	增加值/亿英镑	1 465	1 746	281	98	200	102
外观设计密集型产业	增加值占比	7.2%	5.6%	-1.6%	0.7%	0.6%	-0.1%
	增加值/亿英镑	797	704	-93	81	70	-9
版权密集型产业	增加值占比	14.1%	18.7%	4.6%	13.4%	13.0%	-0.4%
	增加值/亿英镑	1 568	2 336	768	1 490	1 626	136
合计	增加值占比	26.9%	33.2%	6.3%	15.0%	14.9%	-0.1%
	增加值/亿英镑	2 985	4 147	1 162	1 665	1 855	190

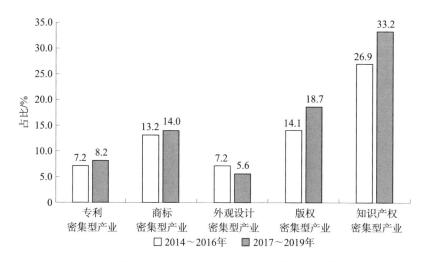

图 2-8　英国知识产权密集型产业占非金融增加值的比重

表 2 – 14　2014～2016 年与 2017～2019 年英国知识产权
密集型产业的就业变化

产业类型	经济指标	知识产权密集型产业			知识产权高度密集型产业		
		2014～2016 年	2017～2019 年	变化	2014～2016 年	2017～2019 年	变化
专利密集型产业	就业人数占比	3.9%	4.7%	0.8%	0.7%	0.7%	0.0%
	就业人数/百万人	1.1	1.4	0.3	0.2	0.2	0
商标密集型产业	就业人数占比	7.8%	8.2%	0.4%	0.4%	0.6%	0.2%
	就业人数/百万人	2.3	2.5	0.2	0.12	0.19	0.07
外观设计密集型产业	就业人数占比	3.9%	3.6%	-0.3%	0.4%	0.4%	0.0%
	就业人数/百万人	1.1	1.1	0	0.11	0.12	0.01
版权密集型产业	就业人数占比	7.0%	10.3%	3.3%	6.3%	6.4%	0.1%
	就业人数/百万人	2.0	3.1	1.1	1.8	1.9	0.1
合计	就业人数占比	15.5%	19.2%	3.7%	5.1%	7.5%	2.4%
	就业人数/百万人	4.5	5.8	1.3	1.5	2.3	0.8

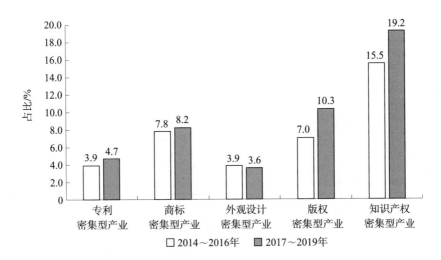

图 2 – 9　英国知识产权密集型产业占总就业人数的比重

（3）从商品出口来看，2014～2016 年，英国知识产权密集型产业的商品出口额为 1597 亿英镑，占英国商品出口总额的 52.1%；2017～2019 年，英国知识产权密集型产业的商品出口额占英国商品出口总额的比重由 52.1% 上升至 58.2%，提高了 6.1%。2014～2016 年，英国知识产权高度密集型产业的商品出口额为 371 亿英镑，占英国商品出口总额的比重为 12.1%；2017～2019 年，占比约为 16.2%，提高了 4.1%（参见表 2 - 15 和图 2 - 10）。英国知识产权密集型产业的人均商品出口额比非知识产权密集型产业高得多，知识产权密集型产业的人均商品出口额为 2800 英镑，而非知识产权密集型产业仅为 500 英镑。

表 2 - 15   2014～2016 年与 2017～2019 年英国知识产权
密集型产业的商品出口变化❶

产业类型	经济指标	知识产权密集型产业			知识产权高度密集型产业		
		2014～2016 年	2017～2019 年	变化	2014～2016 年	2017～2019 年	变化
专利密集型产业	出口额占比	39.3%	45.1%	5.8%	7.4%	7.4%	0.0%
	出口额/亿英镑	1 206	127	—	228	21	—
商标密集型产业	出口额占比	17.2%	22.9%	5.7%	3.4%	7.2%	3.8%
	出口额/亿英镑	529	65	—	105	2	—
外观设计密集型产业	出口额占比	23.8%	7.9%	- 15.9%	3.4%	2.9%	- 0.5%
	出口额/亿英镑	729	22	—	105	8	—
版权密集型产业	出口额占比	4.8%	9.9%	5.1%	2.5%	2.2%	- 0.3%
	出口额/亿英镑	147	28	—	76	6	—
合计	出口额占比	52.1%	58.2%	6.1%	12.1%	16.2%	4.1%
	出口额/亿英镑	1 597	164	—	371	46	—

❶ 2017～2019 年的商品出口数据来源与 2014～2016 年不同。2014～2016 年的商品出口数据使用了英国税务及海关总署（HMRC）的出口价值与发货价值的总和，而 2017～2019 年的数据只使用了出口价值。因此，尽管占比是可比较的，但数值不可比较。

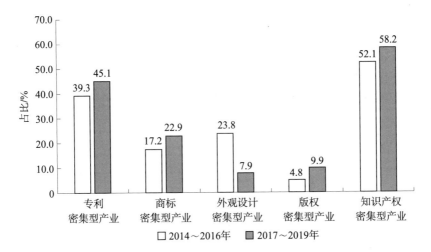

图 2 - 10　英国知识产权密集型产业占商品出口总额的比重

第三章

中国的经济增长与知识产权密集型产业

母容置疑，改革开放以来，尤其是加入 WTO 以后，知识产权制度对中国社会经济发展举足轻重，贡献巨大。可以说，如果不引入和建立现代的知识产权制度，中国的 GDP 就不可能占世界第二的位置。进入发展的新征程，知识产权制度的保驾护航与支撑更有利于新一轮科技革命和科技革命背景下经济的高质量发展。为此，必须与时俱进地掌握和评估现有知识产权制度作用于中国社会经济发展的机制及其经济指标，从而更好地优化具有中国特色的知识产权制度，建设好中国特色、世界水平的知识产权强国。

目前还未见有官方发布的涉及我国知识产权密集型产业整体经济贡献的实证研究报告，不过可以观察到的一个显著现象是，知识产权对中国经济社会影响的比重越来越大并愈发明显。尤其自 2016 年 10 月 28 日国家知识产权局发布《专利密集型产业目录（2016）（试行）》[1]后，研究发现中国专利密集型产业拉动经济的能力较强，具有极大的创新活力与市场竞争优势。2010～2014 年，中国专利密集型产业总产值合计达到 26.7 万亿元，占 GDP 的 11.0%，年均实际增长高达 16.6%，是 GDP 同期年均实际增长速度（8%）的 2 倍以上。尽管专利密集型产业的就业人数只占全社会总量的 3.4%，但是创造了占全国 10% 以上的 GDP。[2] 此外，据中国新闻出版研究院《2016 年中国版权产业的经济贡献》的研究成果显示，2016 年中国版权产业行业增加值达到 54 551.46 亿元，与中国同期 GDP 相比，增速高出 0.4 个百分点，GDP 占比达到 7.33%；

---

[1] 国家知识产权局. 专利密集型产业目录（2016）（试行）[EB/OL]. (2016 – 10 – 28) [2022 – 11 – 25]. https://www.cnipa.gov.cn/transfer/pub/old/tjxx/yjcg/201610/P020161028631676213030.pdf.

[2] 国家知识产权局. 综合运用，知识产权立起"顶梁柱"[EB/OL]. (2017 – 09 – 27) [2022 – 11 – 25]. https://www.cnipa.gov.cn/art/2017/9/27/art_635_99036.html.

版权产业的城镇单位就业人数达到 1672.45 万人，占中国城镇单位就业人口总数的 9.35%；版权产业的商品出口额达 2416.74 亿美元，占中国商品出口总额的 11.52%。❶ 这表明，版权产业为中国经济发展提供了许多就业机会，并且为贸易的扩大等多方面均做出了巨大贡献。

第一节　知识产权密集型产业经济贡献的研究和实践

《美国报告 2012》公布后，自 2013 年起，中国国家知识产权局就开始了有关专利密集型产业的统计与具体工作，先后发布了《中国区域产业专利密集度统计报告》❷《中国专利密集型产业主要统计数据报告（2015）》❸《专利密集型产业目录（2016）（试行）》❹ 等报告或目录。尤其从 2019 年开始，国家统计局以《国民经济行业分类》（GB/T 4754—2017）作为标准，建立出专利密集型产业及国民经济行业小类之间的对应关系，公布了《知识产权（专利）密集型产业统计分类（2019）》❺。在地方层面，2016 年与 2017 年，江苏省专利信息服务中心先后公布了《江苏省知识产权密集型产业统计报告》❻ 与《江苏省知识产权密集型产业统计报告 2017》❼。2020 年 3 月，国家统计局利用第四次全国经济普查数据，首次开展了 2018 年全国专利密集型产业增加值的核算❽，随后连续开展了 2019 年、2020 年与 2021 年专利密集型产业增加值

---

❶　中国新闻出版研究院.2016 年中国版权产业的经济贡献项目报告［R/OL］.［2022 – 11 – 25］. https：//www. ncac. gov. cn/chinacopyright/upload/files/2021/2/92e64c9bd8e20a12. pdf.

❷　国家知识产权局. 中国区域产业专利密集度统计报告［R/OL］.（2014 – 01 – 08）［2022 – 11 – 27］. https：//www. cnipa. gov. cn/module/download/down. jsp?i_ID = 40225&colID = 88.

❸　国家知识产权局. 中国专利密集型产业主要统计数据报告（2015）［R/OL］.（2016 – 10 – 28）［2022 – 11 – 27］. https：//www. cnipa. gov. cn/tjxx/yjcg/201610/P020161028632217319768. pdf.

❹　国家知识产权局. 专利密集型产业目录（2016）（试行）［EB/OL］.（2016 – 10 – 28）［2022 – 11 – 27］. https：//www. cnipa. gov. cn/tjxx/yjcg/201610/P020161028631676213030. pdf.

❺　国家统计局. 知识产权（专利）密集型产业统计分类（2019）［EB/OL］.（2019 – 04 – 09）［2023 – 11 – 27］. http：//www. stats. gov. cn/xw/tjxw/tzgg/202302/t20230202_1894021. html.

❻　王亚利. 我省发布知识产权密集型产业统计报告［EB/OL］.（2019 – 11 – 11）［2022 – 11 – 27］. http：//zscqj. jiangsu. gov. cn/art/2019/11/11/art_75877_8807353. html.

❼　江苏省专利信息服务中心.《江苏省知识产权密集型产业统计报告 2017》发布［EB/OL］.（2017 – 11 – 13）［2022 – 11 – 27］. http：//zscqj. jiangsu. gov. cn/art/2017/11/13/art_75877_8807484. html.

❽　国家统计局，国家知识产权局. 2018 年全国专利密集型产业增加值数据公告［EB/OL］.（2020 – 03 – 13）［2022 – 11 – 27］. http：//www. gov. cn/xinwen/2020 – 03/13/content_5490747. htm.

的核算❶。具体结果如表3-1、表3-2和表3-3所示。

（1）从专利密集型产业对GDP的贡献来看，根据国家知识产权局和国家统计局的核算，2010～2014年，我国专利密集型产业增加值合计为26.7万亿元，对GDP的贡献率为11.0%；❷2018年我国专利密集型产业增加值为10.71万亿元，占GDP的比重为11.6%；❸2019年我国专利密集型产业增加值达到11.46万亿元，比上年增长7.0%，占GDP的比重与2018年持平；❹2020年我国专利密集型产业增加值为12.13万亿元，较2019年增长5.8%，比同期GDP增速高3.1个百分点，占GDP的比重为11.97%，较2019年提高0.35个百分点。❺2021年我国专利密集型产业增加值为14.30万亿元，较2020年增长17.9%，比同期GDP增速高4.5个百分点，占GDP的比重达到12.44%，较2020年提高0.47个百分点。❻尽管这些数据与发达国家相比还有不小的差距，但是都表现出了逐步增大的良好发展趋势。

表3-1　中国专利密集型产业的经济贡献率

时间范围	2010～2014年	2018年	2019年	2020年	2021年
GDP占比/%	11.0	11.6	11.6	11.97	12.44

（2）从知识产权密集型产业对GDP和就业的贡献来看，鉴于目前国家知识产权局或国家统计局尚未发布官方层面的中国知识产权密集型产业整体的经

---

❶　国家统计局，国家知识产权局. 2019年全国专利密集型产业增加值数据公告［EB/OL］.（2020-12-31）［2022-11-27］. http：//www. gov. cn/xinwen/2020-12/31/content_5575773. htm；国家统计局，国家知识产权局. 2020年全国专利密集型产业增加值数据公告［EB/OL］.（2021-12-30）［2022-11-27］. http：//www. gov. cn/xinwen/2021-12/30/content_5665342. htm；国家统计局，国家知识产权局. 2021年全国专利密集型产业增加值占GDP比重为12.44%［EB/OL］.（2023-02-28）［2023-03-27］. https：//www. cnipa. gov. cn/art/2023/2/28/art_1413_182372. html.

❷　国家知识产权局. 中国专利密集型产业主要统计数据报告（2015）［R/OL］.（2016-10-28）［2022-11-27］. http：//www. cnipa. gov. cn/tjxx/yjcg/201610/P020161028632217319768. pdf.

❸　国家统计局，国家知识产权局. 2018年全国专利密集型产业增加值数据公告［EB/OL］.（2020-03-13）［2022-11-27］. http：//www. gov. cn/xinwen/2020-03/13/content_5490747. htm. 相关数据来自公告中公布的数据，误差系因数据进行过舍入修约所致。本书此类情况不再另作说明。

❹　国家统计局，国家知识产权局. 2019年全国专利密集型产业增加值数据公告［EB/OL］.（2020-12-31）［2022-11-27］. http：//www. gov. cn/xinwen/2020-12/31/content_5575773. htm.

❺　国家统计局，国家知识产权局. 2020年全国专利密集型产业增加值数据公告［EB/OL］.（2021-12-30）［2022-11-27］. http：//www. gov. cn/xinwen/2021-12/30/content_5665342. htm.

❻　国家统计局，国家知识产权局. 2021年全国专利密集型产业增加值占GDP比重为12.44%［EB/OL］.（2023-02-28）［2023-03-27］. https：//www. cnipa. gov. cn/art/2023/2/28/art_1413_182372. html.

济贡献报告，笔者通过一些学者或机构的已有研究成果，梳理出了中国知识产权密集型产业对 GDP 和就业贡献的非官方数据。姜南等（2014）的研究显示，2008～2010 年，中国知识产权密集型产业对 GDP 的贡献率分别为 26.87%、26.33% 和 26.67%，对全国城镇就业的贡献率分别为 26.19%、26.15% 和 27.03%。● 江苏省专利信息服务中心的分析显示，2015 年、2016 年江苏省知识产权密集型产业的增加值分别为 22 261.52 亿元和 24 427.07 亿元，占同期江苏省 GDP 的比重分别为 31.75% 和 32.10%；就业人数分别为 687.23 万人和 599.93 万人，占同期江苏省全部就业人数的比重分别为 14.44% 和 12.61%。❷

表 3 - 2　中国知识产权密集型产业的经济和就业贡献率❸

经济指标	2008 年	2009 年	2010 年
GDP 占比/%	26.87	26.33	26.67
就业占比/%	26.19	26.15	27.03

（3）从经济效益方面来看，国家知识产权局的分析数据显示，2010～2014 年，我国专利密集型产业总资产贡献率❹平均为 15.40%，比非专利密集型产业（14.18%）高 1.22 个百分点；成本费用利润率❺平均为 7.94%，比非专利密集型产业（7.55%）高 0.39 个百分点；资产负债率❻平均为 55.95%，比非专利密集型产业（58.36%）低 2.41 个百分点。❼ 2020 年我国专利密集型

● 姜南，单晓光，漆苏. 知识产权密集型产业对中国经济的贡献研究 [J]. 科学学研究，2014，32（8）：1157 - 1165.

❷ 王亚利. 我省发布知识产权密集型产业统计报告 [EB/OL]. (2019 - 11 - 11) [2022 - 11 - 21]. http://zscqj. jiangsu. gov. cn/art/2019/11/11/art_75877_8807353. html；江苏省专利信息服务中心.《江苏省知识产权密集型产业统计报告 2017》发布 [EB/OL]. (2017 - 11 - 13) [2022 - 11 - 21]. http://zscqj. jiangsu. gov. cn/art/2017/11/13/art_75877_8807484. html.

❸ 姜南，单晓光，漆苏. 知识产权密集型产业对中国经济的贡献研究 [J]. 科学学研究，2014，32（8）：1157 - 1165. 知识产权密集型产业包括专利密集型产业、商标密集型产业和版权密集型产业.

❹ 总资产贡献率是反映资产收益能力、评价和考核盈利能力的核心指标，其计算公式为：总资产贡献率 = [（利润总额 + 税金总额 + 利息支出）/平均资产总额] × 100%.

❺ 成本费用利润率是一定时期内的利润总额与成本费用总额的比率，是反映经济效益收益性的核心指标，其计算公式为：成本费用利润率 = （利润总额/成本费用总额）× 100%.

❻ 资产负债率是负债总额与资产总额的比值，是反映经济效益安全性的核心指标，其计算公式为：资产负债率 = （负债总额/资产总额）× 100%.

❼ 国家知识产权局. 中国专利密集型产业主要统计数据报告（2015）[R/OL]. (2016 - 10 - 28) [2022 - 11 - 27]. http://www. cnipa. gov. cn/tjxx/yjcg/201610/P020161028632217319768. pdf.

产业成本费用利润率为 9.8%，比非专利密集型产业高出 2.8 个百分点；❶ 2021 年成本费用利润率达到 11.32%，比非专利密集型产业高出 3.66 个百分点。❷ 江苏省专利信息服务中心的分析数据显示，2016 年江苏省专利商标密集型产业资产负债率为 49.93%，比非专利商标密集型产业（54.85%）低 4.92 个百分点。❸

（4）从平均工资来看，根据国家知识产权局的分析数据，2020 年我国专利密集型产业城镇非私营单位就业人员年平均工资为 11.1 万元，比非专利密集型产业（9.4 万元）高 18.9%；❹ 2021 年专利密集型产业年平均工资达到 11.58 万元，比非专利密集型产业（10.5 万元）高 10.25%。❺ 根据江苏省专利信息服务中心的分析数据，2016 年江苏省专利商标密集型产业年平均工资为 6.49 万元/人，是非专利商标密集型产业（5.86 万元/人）年平均工资的 1.11 倍。❻

（5）从创新投入来看，国家知识产权局的分析数据显示，2010 ～ 2014 年，我国专利密集型产业的 R&D 经费投入强度（R&D 经费内部支出与主营业务收入的比率）为 1.29%，远高于非专利密集型产业（0.52%）；R&D 人员投入强度（R&D 人员数与就业人员数的比率）为 5.71%，明显高于非专利密集型产业（2.00%）。❼ 2020 年我国专利密集型产业 R&D 经费投入强度达到 2.3%，是非专利密集型产业的 2.1 倍；R&D 人员投入强度达到 928 人/万人，

❶ 国家知识产权局战略规划司. 知识产权统计简报：2022 年第 1 期［R/OL］.（2022 - 03 - 14）［2022 - 11 - 21］. https：//www. cnipa. gov. cn/module/download/down. jsp?i_ID = 176008&colID = 88.

❷ 国家知识产权局战略规划司. 中国专利密集型产业统计监测报告（2022）［R/OL］.（2023 - 07 - 21）［2023 - 07 - 25］. https：//www. cnipa. gov. cn/art/2023/7/21/art_88_186476. html.

❸ 王亚利. 我省发布知识产权密集型产业统计报告［EB/OL］.（2019 - 11 - 11）［2022 - 11 - 21］. http：//zscqj. jiangsu. gov. cn/art/2019/11/11/art_75877_8807353. html；江苏省专利信息服务中心.《江苏省知识产权密集型产业统计报告 2017》发布［EB/OL］.（2017 - 11 - 13）［2022 - 11 - 21］. http：//zscqj. jiangsu. gov. cn/art/2017/11/13/art_75877_8807484. html.

❹ 国家知识产权局战略规划司. 知识产权统计简报：2022 年第 1 期［R/OL］.（2022 - 03 - 14）［2022 - 11 - 21］. https：//www. cnipa. gov. cn/module/download/down. jsp?i_ID = 176008&colID = 88.

❺ 国家知识产权局战略规划司. 中国专利密集型产业统计监测报告（2022）［R/OL］.（2023 - 07 - 21）［2023 - 07 - 25］. https：//www. cnipa. gov. cn/art/2023/7/21/art_88_186476. html.

❻ 王亚利. 我省发布知识产权密集型产业统计报告［EB/OL］.（2019 - 11 - 11）［2022 - 11 - 21］. http：//zscqj. jiangsu. gov. cn/art/2019/11/11/art_75877_8807353. html；江苏省专利信息服务中心.《江苏省知识产权密集型产业统计报告 2017》发布［EB/OL］.（2017 - 11 - 13）［2022 - 11 - 21］. http：//zscqj. jiangsu. gov. cn/art/2017/11/13/art_75877_8807484. html.

❼ 国家知识产权局. 中国专利密集型产业主要统计数据报告（2015）［R/OL］.（2016 - 10 - 28）［2022 - 11 - 27］. http：//www. cnipa. gov. cn/tjxx/yjcg/201610/P020161028632217319768. pdf.

较上年提高 65 人/万人，是非专利密集型产业的 1.7 倍。❶ 2021 年我国专利密集型产业 R&D 经费投入强度达到 2.35%，是非专利密集型产业的 2.34 倍；R&D 人员投入强度达到 981 人/万人，较上年提高 53 人/万人，是非专利密集型产业的 1.78 倍。❷ 江苏省专利信息服务中心的分析数据显示，2015 年、2016 年江苏省专利商标密集型产业 R&D 经费投入强度分别为 1.27% 和 1.30%，远高于非专利商标密集型产业（0.75%、0.83%）；专利商标密集型产业的 R&D 人员投入强度分别为 6.29% 和 7.07%，远高于非专利商标密集型产业（3.79%、4.24%）。❸

（6）从创新产出来看，国家知识产权局的数据显示，2010～2014 年，我国专利密集型产业新产品销售收入占全部新产品销售收入的比重达到 48.1%；新产品销售收入占主营业务收入的比重为 20.72%，约为非专利密集型产业（8.35%）的 2.5 倍。❹ 2020 年专利密集型产业新产品销售收入占营业收入比重为 35.7%，比非专利密集型产业高 17.1 个百分点。❺ 2021 年专利密集型产业新产品销售收入占营业收入比重达到 36.13%，比非专利密集型产业高 17.07 个百分点。❻ 此外，根据江苏省专利信息服务中心的分析，2015 年、2016 年江苏省专利商标密集型产业新产品销售收入占全部新产品销售收入的比重分别达到 62.28% 和 58.16%；新产品销售收入占主营业务收入的比重分别为 19.65% 和 21.14%，远高于非专利商标密集型产业（13.46%、14.92%）。❼

（7）从出口竞争力来看，国家知识产权局的报告显示，2010～2014 年，

❶　国家知识产权局战略规划司. 知识产权统计简报 2022 年第 1 期［R/OL］.（2022 - 03 - 14）［2022 - 11 - 21］. https：//www. cnipa. gov. cn/module/download/down. jsp?i_ID = 176008&colID = 88.

❷　国家知识产权局战略规划司. 中国专利密集型产业统计监测报告（2022）［R/OL］.（2023 - 07 - 21）［2023 - 07 - 25］. https：//www. cnipa. gov. cn/art/2023/7/21/art_88_186476. html.

❸　王亚利. 我省发布知识产权密集型产业统计报告［EB/OL］.（2019 - 11 - 11）［2022 - 11 - 21］. http：//zscqj. jiangsu. gov. cn/art/2019/11/11/art_75877_8807353. html；江苏省专利信息服务中心.《江苏省知识产权密集型产业统计报告 2017》发布［EB/OL］.（2017 - 11 - 13）［2022 - 11 - 21］. http：//zscqj. jiangsu. gov. cn/art/2017/11/13/art_75877_8807484. html.

❹　国家知识产权局. 中国专利密集型产业主要统计数据报告（2015）［R/OL］.（2016 - 10 - 28）［2022 - 11 - 27］. http：//www. cnipa. gov. cn/tjxx/yjcg/201610/P020161028632217319768. pdf.

❺　国家知识产权局战略规划司. 知识产权统计简报：2022 年第 1 期［R/OL］.（2022 - 03 - 14）［2022 - 11 - 21］. https：//www. cnipa. gov. cn/module/download/down. jsp?i_ID = 176008&colID = 88.

❻　国家知识产权局战略规划司. 中国专利密集型产业统计监测报告（2022）［R/OL］.（2023 - 07 - 21）［2023 - 07 - 25］. https：//www. cnipa. gov. cn/art/2023/7/21/art_88_186476. html.

❼　王亚利. 我省发布知识产权密集型产业统计报告［EB/OL］.（2019 - 11 - 11）［2022 - 11 - 21］. http：//zscqj. jiangsu. gov. cn/art/2019/11/11/art_75877_8807353. html；江苏省专利信息服务中心.《江苏省知识产权密集型产业统计报告 2017》发布［EB/OL］.（2017 - 11 - 13）［2022 - 11 - 21］. http：//zscqj. jiangsu. gov. cn/art/2017/11/13/art_75877_8807484. html.

我国专利密集型产业出口交货值占总出口交货值的比重达到 45.3%；出口交货值占销售产值的比重为 19.28%，远高于非专利密集型产业（8.79%）。❶ 与此类似，从江苏省专利信息服务中心发布的报告也可以发现，2015 年、2016 年江苏省专利商标密集型产业出口交货值占总出口交货值的比重分别达到 50.1% 和 42.42%。❷

表 3 - 3　中国专利密集型产业与非专利密集型产业主要经济指标对比（2010 ～ 2014 年）

经济指标		专利密集型产业	非专利密集型产业
经济效益	总资产贡献率/%	15.40	14.18
	成本费用利润率/%	7.94	7.55
	资产负债率/%	55.95	58.36
创新投入	R&D 经费投入强度/%	1.29	0.52
	R&D 人员投入强度/%	5.71	2.00
创新产出	新产品销售收入占主营业务收入的比重/%	20.72	8.35
出口竞争力	出口交货值占销售产值的比重/%	19.28	8.79

注：原始数据来自 2016 年国家知识产权局规划发展司公布的《中国专利密集型产业主要统计数据报告（2015）》，此表由本书作者整理绘制而得。

综合现有国内外各个版本的报告对知识产权密集型产业所下的定义，知识产权密集型产业一般包括专利密集型、商标密集型、版权密集型、地理标志密集型、植物新品种密集型等各个单项产业及其相关单项产业的组合产业。欧美的知识产权密集型产业报告都根据自己的社会经济结构特征选择了各自的单项构成与组合。因此，下面的研究笔者将结合中国知识产权发展的国情实践，选择专利、商标和版权密集型产业进行单项研究，并对它们所组合的我国知识产权密集型产业进行整体分析。选择专利、商标和版权三种类型的知识产权来分

❶ 国家知识产权局. 中国专利密集型产业主要统计数据报告（2015）［R/OL］.（2016 - 10 - 28）［2022 - 11 - 27］. http：//www.cnipa.gov.cn/tjxx/yjcg/201610/P020161028632217319768.pdf.

❷ 王亚. 我省发布知识产权密集型产业统计报告［EB/OL］.（2019 - 11 - 11）［2022 - 11 - 21］. http：//zscqj.jiangsu.gov.cn/art/2019/11/11/art_75877_8807353.html；江苏省专利信息服务中心.《江苏省知识产权密集型产业统计报告 2017》发布［EB/OL］.（2017 - 11 - 13）［2022 - 11 - 21］. http：//zscqj.jiangsu.gov.cn/art/2017/11/13/art_75877_8807484.html.

析，主要原因在于：①这三种知识产权目前是我国最主要的知识产权类型，使用范围较广和频率较高，涵盖技术、商务、创意等绝大多数领域，分析这三种知识产权密集型产业能够较为全面地反映中国知识产权的经济贡献；②地理标志、植物新品种等其他类型的知识产权密集型产业尽管也十分重要且值得研究，但鉴于目前相关基础数据还需完善，并且也较难和国民经济行业部门建立映射关系，因此暂时未纳入笔者的研究范围。后续研究将逐步纳入更多的知识产权类型，以充实和完善中国知识产权密集型产业的研究体系。

第二节　专利密集型产业的认定标准

科学合理的产业认定是开展专利密集型产业经济贡献等后续研究的基础，[1] 因此，笔者首先对中、美、欧官方报告中专利密集型产业的认定方法进行分析和比较，以明晰专利密集型产业的认定方法和标准。如表 3 - 4 所示，中国、美国、欧盟官方报告均采用"专利密度"（或"专利强度"）作为主要认定标准来筛选专利密集型产业，且认定方法基本相同，即以产业专利数量与产业平均就业人数的比值来反映产业的专利密集程度。

表 3 - 4　中国、美国、欧盟官方报告中专利密集型产业的认定标准与方法

报告	发布机构	发布时间	认定标准	认定方法
中国报告	国家知识产权局	2014 年	专利密度高于平均水平	专利密度 = 产业 5 年的发明专利授权量/产业 5 年平均就业人数
		2016 年	专利规模和密度均高于全国平均水平，同时考虑政策引导性因素	专利密度 = 产业 5 年的发明专利授权量/产业 5 年平均就业人数 专利规模：产业 5 年发明专利授权量之和

---

❶ 毛昊. 专利密集型产业发展的本土路径 [J]. 电子知识产权，2017（7）：65 - 75.

报告	发布机构	发布时间	认定标准	认定方法
中国报告	国家统计局	2019 年	至少具备下列条件之一：①专利规模和专利密度均高于全国平均水平；②专利规模和 R&D 经费投入强度高于全国平均水平，且属于战略性新兴产业、高技术制造业和高技术服务业；③专利密度和 R&D 经费投入强度均超过全国的平均水平，并属于战略性新兴产业、高技术制造业和高技术服务业	专利密度 = 产业 5 年的发明专利授权量/产业 5 年平均就业人数 专利规模：产业 5 年发明专利授权量之和 R&D 投入强度 = R&D 经费支出/主营业务收入
美国报告	美国经济统计局与美国专利商标局	2012 年 2016 年 2022 年	专利密度高于平均水平	专利密度 = 产业 5 年的发明专利授权量/产业 5 年平均就业人数
欧盟报告	欧洲专利局与原欧盟内部市场协调局/欧盟知识产权局	2013 年 2016 年 2019 年 2022 年	专利强度高于平均水平	专利强度 = 产业 5 年的发明专利申请授权量/产业 5 年平均就业人数

各国家/地区对专利密集型产业认定的不同之处在于，在专利数量的选取上，美国报告和中国报告采用的是发明专利授权量，而欧盟报告采用的是在考察时间范围内申请并且最终成功获权的发明专利数据。二者相似之处在于均聚焦于"专利授权量"。值得注意的是，中国先后三次发布的专利密集型产业报告在筛选方法上前后略有变化。国家知识产权局 2014 年公布的《中国区域产业专利密集度统计报告》中采用的是发明专利密度单一评价标准，即发明专利密度超过平均水平的产业被称为"高发明专利密集度产业"，低于平均水平的则被称为"低发明专利密集度产业"。国家知识产权局 2016 年发布的《专利密集型产业目录（2016）（试行）》，采取的是"发明专利密度 + 专利规模"双标准，同时还考虑了政策引导性因素，即产业的发明专利密度与发明专利的授权规模都需在全国的平均水平之上，产业的成长性较好，并且还应为与创新

发展相关政策导向高度契合的产业，满足如上条件的是专利密集型产业。2019年国家统计局公布的《知识产权（专利）密集型产业统计分类（2019）》沿用了发明专利密度和专利规模的标准，将 R&D 经费投入强度高的行业纳入测度范围，同时参考《战略性新兴产业分类（2018）》《高技术产业（制造业）分类（2017）》《高技术产业（服务业）分类（2018）》等来认定专利密集型产业。其中 R&D 经费投入强度指标与美国战略研究机构 NDP Analytics 系列研究报告中采用人均 R&D 投入来测度知识产权密度和认定产业，具有一定的相似性。

第三节　商标密集型产业的认定标准

本节的主要研究目的，是对中国、美国、欧盟官方报告中的商标密集型产业的认定方法进行分析和比较，以明晰商标密集型产业的认定方法和标准。鉴于迄今中国官方并未发布国家层面的商标密集型产业报告，仅有江苏省专利信息服务中心以江苏省的相关数据为基础作过这方面的尝试，因此这里选取江苏省数据作为中国的官方报告进行分析和比较。如表 3－5 所示，中国、美国、欧盟官方报告均采用"商标密度"作为主要认定标准来筛选商标密集型产业，且认定方法基本相同，即以产业商标注册数量与产业平均就业人数的比值来反映产业的商标密集程度。此外，考虑到商标与专利功能上的区别，为了弥补仅以商标密度来判定商标密集型产业的缺陷，《美国报告 2012》和《美国报告 2016》还增加了商标注册 50 强、随机抽样两种方法。值得一提的是，《美国报告 2022》则直接采用商标密度来认定商标密集型产业。可见，"商标密度"作为筛选商标密集型产业的主要标准和方法在国际上得到了广泛认可。

表 3－5　中国、美国、欧盟官方报告中商标密集型产业的认定

发布机构	发布时间	认定方法
中国江苏省专利 信息服务中心	2016 年 2017 年	商标密度和商标规模均达到平均水平以上的行业认定为商标密集型产业： 1. 商标密度 产业商标密度＝产业商标注册数/产业就业人数 2. 商标规模 商标规模指产业拥有的注册商标数

续表

发布机构	发布时间	认定方法
美国经济统计局与专利商标局	2012 年 2016 年	满足其中之一则为商标密集型产业： 1. 商标密度 产业商标密度 = 产业商标注册数/产业就业人数，高于平均水平的认定为商标密集型产业 2. 商标注册 50 强 给每一家商标注册 50 强企业匹配相对应的产业代码，统计每个产业出现的次数，若一个产业出现次数在 5 次以上，认定为商标密集型产业 3. 随机抽样 从全部注册商标中随机提取出 300 个样本，剔除样本内其他国家的企业或个人登记的商标；给样本企业匹配上产业代码，整理每个产业提取的商标数；计算各个产业商标数的均值及标准差；将商标数大于均值加两个标准差的产业认定为商标密集型产业
美国专利商标局	2022 年	商标密度 产业商标密度 = 产业商标注册数/产业就业人数
欧洲专利局与原欧盟内部市场协调局/欧盟知识产权局	2013 年 2016 年 2019 年 2022 年	商标密度 产业商标密度 = 产业商标注册数/产业就业人数

第四节　版权密集型产业的认定标准

2003 年，WIPO 通过对版权产业经济贡献测算经验进行总结，出版了《版权产业的经济贡献调查指南》[1]（以下简称《WIPO 指南 2003》）。该指南提出了一个统一的研究框架并建立了衡量版权产业经济贡献的指标和方法，其应用十分广泛，极大地规范和便利了各个国家或地区开展相关工作并进行横向比较。此外，2015 年 WIPO 根据版权产业的最新发展动态与趋势，对该指南进行

[1]　GANTCHEV D. The WIPO guide on surveying the economic contribution of the copyright industries [J]. Review of Economic Research on Copyright Issues，2004，1（1）：5 – 15.

了更新❶（以下简称《WIPO 指南 2015》）。在 WIPO 的大力推动下，目前已有美国、澳大利亚、韩国、中国、泰国、菲律宾等 40 多个不同发展水平的国家或地区在该框架内对版权产业的经济贡献进行了定量评估。

关于版权产业的分类，尽管各国的分类方法有所差异，但主要都是根据产业活动对版权制度的依赖程度进行划分的，将完全或主要基于版权的产业和对版权依赖程度较小的产业区分开来。❷ 美国国际知识产权联盟（International Intellectual Property Alliance，IIPA）在 1990 ～ 2003 年发布的《美国经济中的版权产业》系列研究报告中，将版权产业划分为核心版权产业（core copyright industries）、部分版权产业（partial copyright industries）、发行业（distribution）和版权相关产业（copyright – related industries）。❸《WIPO 指南 2003》和《WIPO 指南 2015》均将版权产业划分为核心版权产业（core copyright industries）、相互依赖的版权产业（interdependent copyright industries）、部分版权产业（partial copyright industries）和非专用支持产业（non – dedicated support industries）四个类别。❹ 2003 年，Picard 等研究者在开展 European Commission's Internal Market Directorate – General 委托的研究中，将版权产业划分为核心版权产业（core copyright industries）、依赖性版权产业（copyright – dependent industries）和版权相关产业（copyright – related industries）三个类别，其划分方法和类别与《WIPO 指南 2003》中建议的方法和类别基本一致。❺ 此外，为了符合国际标准，从 2004 年开始，IIPA 采用了《WIPO 指南 2003》中的四种分类

---

❶ World Intellectual Property Organization. Guide on surveying the economic contribution of the copyright industries：2015 revised edition［R/OL］.（2015 – 12 – 31）［2022 – 11 – 21］. https：//www. wipo. int/edocs/pubdocs/en/copyright/893/wipo_pub_893. pdf.

❷ 宋慧献. "版权产业"实证研究的基础框架：WIPO《版权产业的经济贡献调查指南》解读［J］. 中国版权，2006（3）：34 – 38.

❸ SIWEK S E. Copyright industries in the U. S. economy：the 2002 report［R/OL］.（2002 – 04 – 28）［2022 – 11 – 21］. https：//www. iipa. org/reports/copyright – industries – us – economy/.

❹ GANTCHEV D. The WIPO guide on surveying the economic contribution of the copyright industries［J］. Review of Economic Research on Copyright Issues，2004，1（1）：5 – 15；World Intellectual Property Organization. Guide on surveying the economic contribution of the copyright industries：2015 revised edition［R/OL］.（2015 – 12 – 31）［2022 – 11 – 21］. https：//www. wipo. int/edocs/pubdocs/en/copyright/893/wipo_pub_893. pdf.

❺ PICARD R G，TOIVONEN T E，GRÖNLUND M. The contribution of copyright and related rights to the European economy：based on data from the year 2000：final report［R/OL］.（2003 – 10 – 20）［2022 – 11 – 21］. http：//ec. europa. eu/internal_market/copyright/docs/studies/etd2002b53001e34_en. pdf.

标准。❶ 中国自 2007 年起开展版权产业经济贡献测算工作，亦采取了《WIPO 指南 2003》中的四种分类标准。❷ 由此可知，WIPO 对版权产业的分类方法已得到了普遍认同。各地区/组织采取的版权产业分类方法如图 3-1 所示。

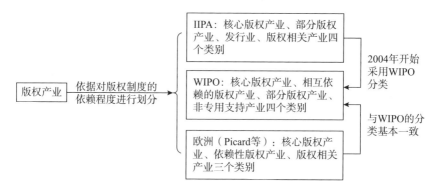

图 3-1 版权产业的分类方法

版权密集型产业最早是在 2012 年美国商务部经济统计局和美国专利商标局联合发布的《美国报告 2012》中出现的概念，主要借鉴了《WIPO 指南 2003》中对核心版权产业的定义，但版权密集型产业的界定更为严格和狭窄。❸ WIPO 认为核心版权产业是"完全从事创造、生产与制造、表演、广播、传播与展出、发行与销售作品以及其他版权保护内容"的产业，❹ 不仅包含创作和生产版权作品的行业，也包括将版权作品推向市场的分销行业。而《美国报告 2012》中的版权密集型产业只包括那些主要负责创作或生产受版权保护的作品的行业，排除了那些主要目的是向企业或消费者分销版权作品的行业，比如，不包括图书、期刊、音乐店铺（NAICS 4512），消费品租赁业

❶ SIWEK S E. The economic contribution of copyright - based industries in USA: the 2004 report ［R/OL］. （2008 - 03 - 04）［2022 - 11 - 21］. https：//www. wipo. int/export/sites/www/copyright/en/performance/pdf/econ_contribution_cr_us_2004. pdf.

❷ 中国版权产业经济贡献调研课题组，赵冰，杨昆. 2011 年中国版权产业的经济贡献 ［J］. 出版发行研究，2014 （7）：14 - 18.

❸ Economics and Statistics Administration, United States Patent and Trademark Office. Intellectual property and the U. S. economy: industries in focus ［R/OL］. （2012 - 02 - 24）［2022 - 11 - 21］. https：//www. uspto. gov/sites/default/files/news/publications/IP_Report_March_2012. pdf.

❹ 宋慧献. "版权产业"实证研究的基础框架：WIPO《版权产业的经济贡献调查指南》解读 ［J］. 中国版权，2006 （3）：34 - 38；World Intellectual Property Organization. Guide on surveying the economic contribution of the copyright industries: 2015 revised edition ［R/OL］. （2015 - 12 - 31）［2022 - 11 - 18］. https：//www. wipo. int/edocs/pubdocs/en/copyright/893/wipo_pub_893. pdf.

（NAICS 5322），印刷及其相关支持活动（NAICS 3231）等产业。❶

需要说明的是，欧洲专利局和原欧盟内部市场协调局2013年联合发布的《欧盟报告2013》，也采用了与《美国报告2012》几乎完全一致的方法来界定版权密集型产业。❷但在《欧盟报告2016》《欧盟报告2019》《欧盟报告2022》中扩大了版权密集型产业包括的范围，将其扩展为包括核心版权产业、互相依赖的版权产业以及版权因子在20%以上的部分版权产业。❸其中版权因子是表示某一特定产业中能够归因于版权的具体份额或者对版权依赖程度的权重，❹即每个部门与版权有关的产业活动的百分比。欧盟报告指出，核心版权产业的所有产值和就业都属于版权产业对经济的贡献，因此其版权因子达到100%。相互依赖的版权产业、部分版权产业、非专用支持产业的版权因子出自荷兰与芬兰的版权产业经济贡献研究报告。❺其中，相互依赖的版权产业的版权因子在19%和35%之间，平均为28%；部分版权产业的版权因子在

❶ Economics and Statistics Administration, United States Patent and Trademark Office. Intellectual property and the U. S. economy: industries in focus [R/OL]. (2012 – 02 – 24) [2022 – 11 – 21]. https://www. uspto. gov/sites/default/files/news/publications/IP_Report_March_2012. pdf.

❷ European Patent Office, Office for Harmonization in the Internal Market. Intellectual property rights intensive industries: contribution to economic performance and employment in the European Union [R/OL]. (2013 – 09 – 27) [2022 – 11 – 18]. http://documents. epo. org/projects/babylon/eponet. nsf/0/8E1E34349D4546C3C1257BF300343D8B/ $ File/ip_intensive_industries_en. pdf.

❸ European Patent Office, European Union Intellectual Property Office. Intellectual property rights intensive industries and economic performance in the European Union: second edition [R/OL]. (2016 – 10 – 27) [2022 – 11 – 18]. http://documents. epo. org/projects/babylon/eponet. nsf/0/419858BEA3CFDD08C12580560035B7B0/ $ File/ipr_intensive_industries_report_en. pdf; European Patent Office, European Union Intellectual Property Office. IPR – intensive industries and economic performance in the European Union: third edition [R/OL]. (2019 – 09 – 27) [2022 – 11 – 18]. http://documents. epo. org/projects/babylon/eponet. nsf/0/9208BDA62793D113C125847A00500CAA/ $ File/IPR – intensive_industries_and_economic_performance_in_the_EU_2019_en. pdf; European Patent Office, European Union Intellectual Property Office. IPR – intensive industries and economic performance in the European Union: fourth edition [R/OL]. (2022 – 10 – 07) [2022 – 11 – 11]. https://documents. epo. org/projects/babylon/eponet. nsf/0/33DCE530D888258BC12588D7004539D1/ $ File/ipr – intensive_industries_and_economic_performance_in_the_EU_2022_en. pdf.

❹ World Intellectual Property Organization. Guide on surveying the economic contribution of the copyright industries: 2015 revised edition [R/OL]. (2015 – 12 – 31) [2022 – 11 – 18]. https://www. wipo. int/edocs/pubdocs/en/copyright/893/wipo_pub_893. pdf.

❺ LEENHEER J, BREMER S, THEEUWES J. The economic contribution of copyright – based industries in the Netherlands [EB/OL]. (2014 – 05 – 21) [2021 – 08 – 20]. https://www. wipo. int/export/sites/www/copyright/en/performance/pdf/econ_contribution_of_cr_ind_nl_2014. pdf; The Finnish Ministry of Education and Culture, The Finnish Copyright Society. Economic contribution of copyright – based industries in Finland 2005 – 2008 [EB/OL]. (2010 – 12 – 31) [2021 – 08 – 20]. https://www. wipo. int/export/sites/www/copyright/en/performance/pdf/econ_contribution_cr_fi. pdf.

0.55%和50%之间；非专用支持产业的版权因子均为6%，因此非专用支持产业不应当划入版权密集型产业范围。

目前中国还未公布官方层面的版权密集型产业报告，仅有部分学者对此进行了研究，且以 WIPO 对版权产业的分类标准为借鉴，把核心版权产业视为版权密集型产业。❶ 整体来看，当前版权密集型产业认定主要围绕核心版权产业展开，美国报告显示的版权密集型产业的范围比 WIPO 分类中核心版权产业的范围更窄，《欧盟报告2016》《欧盟报告2019》《欧盟报告2022》中版权密集型产业的范围比核心版权产业的范围更宽，而我国学术界认定的版权密集型产业与核心版权产业的认定范围基本一致。

笔者经研究也认为，将 WIPO 分类中的核心版权产业认定为版权密集型产业是合理且恰当的，理由如下。其一，核心版权产业对版权保护的依赖程度最高，其创造的所有价值均可归因于版权的贡献。根据 WIPO 对版权产业的分类可知，不同版权产业对版权制度的依赖程度并不相同，并非所有版权产业的所有价值都与版权有关，在分析各类版权产业时，应首先对该产业中的版权因子进行确认，以版权因子作为权重计算某一产业中版权的经济贡献。❷ 由于核心版权产业如果没有版权制度可能将不存在，因此其产生的所有附加值和就业都应该被认为是版权对经济的贡献，即核心版权产业的版权因子为100%。❸ Picard 等研究者也认为，尽管很多行业都生产版权材料或产品，但不同行业依赖版权来创造价值的程度不同。核心版权产业几乎只经营受版权保护的作品，这些行业的所有活动都与受版权保护的作品有关，因此核心版权产业的所有活

❶ 姜南，单晓光，漆苏. 知识产权密集型产业对中国经济的贡献研究 [J]. 科学学研究，2014，32（8）：1157-1165；李黎明. 知识产权密集型产业测算：欧美经验与中国路径 [J]. 科技进步与对策，2016，33（14）：55-62.

❷ World Intellectual Property Organization. Guide on surveying the economic contribution of the copyright industries：2015 revised edition [R/OL]. （2015-12-31）[2022-11-18]. https：//www.wipo.int/edocs/pubdocs/en/copyright/893/wipo_pub_893.pdf.

❸ World Intellectual Property Organization. Guide on surveying the economic contribution of the copyright industries：2015 revised edition [R/OL]. （2015-12-31）[2022-11-18]. https：//www.wipo.int/edocs/pubdocs/en/copyright/893/wipo_pub_893.pdf；European Patent Office, European Union Intellectual Property Office. Intellectual property rights intensive industries and economic performance in the European Union [R/OL]. （2016-10-27）[2022-11-18]. http：//documents.epo.org/projects/babylon/eponet.nsf/0/419858BEA3CFDD08C12580560035B7B0/\$File/ipr_intensive_industries_report_en.pdf.

动都应该包括在版权的经济重要性测算中。❶ 其二，尽管 WIPO 将版权产业分
为四个类别，但现有文献大都倾向于将互相依赖的版权产业、部分版权产业与
非专用支持产业合并称之为非核心版权产业（non - core copyright industries），❷
这从侧面也说明核心版权产业与版权制度的关系最为紧密。核心版权产业的版
权因子数值为 100%，非核心版权产业的版权因子则需要依据具体产业对版权
制度的依赖程度大小来确定，这说明核心版权产业与非核心版权产业在统计上
有明显区别。❸ 因此，若依据核心版权产业和非核心版权产业将版权产业划分
为版权密集型产业和非版权密集型产业，便可以与 WIPO 版权产业分类进行良
好的衔接，避免了因分类方法存在差异而导致的结果不可比。比如，现有的美
国报告与欧盟报告中版权密集型产业的分类范围存在较大差异，导致其结果很
难具有可比性。其三，核心版权产业是版权产业中最重要的部分，版权产业对
GDP 和就业的贡献有一半以上来自核心版权产业。根据 WIPO 的统计数据，核
心版权产业对 GDP 的贡献约为 53.6%，对就业的贡献约为 51.7%，均在半数
以上。❹

❶ PICARD R G, TOIVONEN T E, GRÖNLUND M. The contribution of copyright and related rights to
the European economy：based on data from the year 2000：final report［R/OL］. (2003 - 10 - 20)［2022 -
11 - 18］. http：//ec. europa. eu/internal_market/copyright/docs/studies/etd2002b53001e34_en. pdf.

❷ World Intellectual Property Organization. 2014 WIPO studies on the economic contribution of the copy-
right industries：overview［R/OL］. (2014 - 12 - 31)［2022 - 11 - 20］. https：//www. wipo. int/export/
sites/www/copyright/en/performance/pdf/economic_contribution_analysis_2014. pdf；STONER R, DUTRA J.
Copyright industries in the U. S. economy：the 2020 report［R/OL］. (2020 - 12 - 14)［2022 - 11 - 20］.
https：//www. iipa. org/files/uploads/2020/12/2020 - IIPA - Report - FINAL - web. pdf；郝振省，辛广伟，
魏玉山，等. 中国版权相关产业的经济贡献研究［J］. 出版发行研究，2010 (6)：5 - 11.

❸ 郝振省，辛广伟，魏玉山，等. 中国版权相关产业的经济贡献研究［J］. 出版发行研究，
2010 (6)：5 - 11.

❹ World Intellectual Property Organization. 2014 WIPO studies on the economic contribution of the copy-
right industries：overview［R/OL］. (2014 - 12 - 31)［2022 - 11 - 20］. https：//www. wipo. int/export/
sites/www/copyright/en/performance/pdf/economic_contribution_analysis_2014. pdf.

第四章

中国知识产权密集型产业的经济贡献及其国际比较

　　创新是经济增长的主要驱动力，知识产权作为保护创新的重要工具，对促进创新至关重要。专利、商标和版权等知识产权制度确立了各种形式的发明或创意的所有权，为创新主体从创新中获得经济收益奠定了法律基础。知识产权在经济体系中无处不在，对产业发展和经济增长起着保驾护航的作用。美国、欧盟以及英国等发达经济体的研究团队，通过分析知识产权密集型产业的经济贡献，阐明了整个经济体系中知识产权所起到的重要作用，从产业层面衡量了知识产权所带来的经济影响。相比而言，尽管国家知识产权局分析了中国专利密集型产业的经济贡献，但目前尚未有全面研究知识产权密集型产业经济贡献的研究报告。有鉴于此，本章借鉴和改进了国际通行的研究方法，考虑专利、商标和版权三种形式的知识产权，对密集使用各种类型知识产权的产业在我国整体国民经济中的综合贡献进行了评估，继而探讨了知识产权在整个经济体系中的重要作用与价值。

　　如前所述，国家知识产权局也先后发布了系列专利密集型产业研究报告。与之相比，笔者的研究有着如下几个方面的不同和改进：一是在研究方法方面，借鉴和改进了《美国报告 2012》和《美国报告 2016》中的研究方法，基于国际专利分类（IPC）与国民经济行业分类之间的对照关系，采用已得到普遍认可的分数计数进行产业层面的专利统计，继而测算了产业的专利密度，并通过替换计数方法和替换研究样本进行了稳健性检验，以确保研究方法的科学性和可靠性；二是在产业范围上，纳入了专利、商标和版权三种类型的知识产权密集型产业，相较于单一的专利密集型产业而言，能够更加全面地掌握中国知识产权密集型产业对整体国民经济的贡献；三是在数据分析方面，分析了中国知识产权密集型产业的结构和分布及其与美欧知识产权密集型产业在结构和分布上的差异，以清晰地掌握中国知识产权密集型产业的特征、构成、优势和劣势。由此可以说，笔者的研究是一份以国际通行的研究方法对专利、商标和版权三种类型的知识产权密集型产业及其所组成的整体产业进行科学全面的分析研究。

笔者以2017～2021年为分析时段，使用incoPat数据库以及国家知识产权局商标局的数据库来统计各个产业拥有的专利和商标数量。在版权方面，根据WIPO对版权产业的分类，将核心版权产业认定为主要负责版权材料创作和生产的产业。然后，使用标准的统计方法来分析哪些产业是密集使用专利、商标和版权的产业，并将这些产业认定为知识产权密集型产业。最后，利用国家统计局公布的权威数据，进一步分析知识产权密集型产业的经济特征，以及它们对整个国民经济的重要贡献。

几个重要的结论和发现是：

（1）知识产权密集型产业指人均知识产权拥有量高于所有产业平均值的产业。笔者从中国473个产业中筛选出了213个产业作为知识产权密集型产业，占比为45%。应该强调的是，同世界其他经济体一样，中国的所有产业也都在一定程度上使用知识产权，本研究仅统计密集使用知识产权的产业的经济贡献，可能会低估知识产权在中国经济体系中的广泛影响。

（2）知识产权密集型产业对就业的贡献度达到35.7%。其中，商标密集型产业为25.9%，专利密集型产业为9.7%，版权密集型产业为5.6%。知识产权密集型产业的经济贡献为37.5%。其中，商标密集型产业为26.6%，专利密集型产业为13.0%，版权密集型产业为4.2%。

（3）知识产权密集型产业主要分布在制造业（约46.76%），批发和零售业（约18.08%），租赁和商务服务业（约8.76%），科学研究和技术服务业（约7.25%）以及信息传输、软件和信息技术服务业（约6.53%）等五个行业门类，这五个行业门类的就业人数占所有知识产权密集型产业就业人数的87.4%。

表4-1总结了专利密集型产业、商标密集型产业、版权密集型产业以及整体知识产权密集型产业对经济与就业两个主要经济指标的贡献。表4-2总结了知识产权密集型产业在各个产业部门的就业分布。

表 4 - 1　我国知识产权密集型产业对就业与经济的贡献（2017 ～ 2021 年）

（单位：%）

产业类型	就业贡献	经济贡献
专利密集型产业	9.7	13.0
商标密集型产业	25.9	26.6
版权密集型产业	5.6	4.2
知识产权密集型产业	35.7	37.5

表 4 - 2　我国按产业部门划分的知识产权密集型产业的就业分布（2017 ～ 2021 年）

（单位：%）

产业部门	专利密集型产业	商标密集型产业	版权密集型产业	知识产权密集型产业
采矿业	0.31	0.06	0.00	0.08
制造业	89.49	36.21	7.87	46.76
电力、热力、燃气及水生产和供应业	0.54	0.43	0.00	0.46
建筑业	0.01	6.03	0.00	4.38
批发和零售业	0.00	24.92	3.75	18.08
交通运输、仓储和邮政业	0.00	1.11	0.00	0.81
住宿和餐饮业	0.00	0.00	0.00	0.00
信息传输、软件和信息技术服务业	6.37	7.17	37.44	6.53
金融业	0.00	0.00	0.00	0.00
房地产业	0.00	3.96	0.00	2.87
租赁和商务服务业	0.00	12.08	10.05	8.76
科学研究和技术服务业	0.00	5.68	26.78	7.25
水利、环境和公共设施管理业	0.00	0.69	0.00	0.50
居民服务、修理和其他服务业	3.28	0.29	0.59	1.19
教育	0.00	0.00	0.00	0.00
卫生和社会工作	0.00	0.00	0.00	0.00
文化、体育和娱乐业	0.00	1.43	13.53	2.33

　　本章的主要目的是分析中国知识产权密集型产业的经济贡献，研究方法参考了《美国报告 2012》《欧盟报告 2013》《美国报告 2016》等中应用的方法，以实现具有中国特色研究的国际可对比性。但是要特别强调的是，中国知识产

权密集型产业的发展和研究有着自身的特点与难点。一是中国的专利数据并未与国民经济行业分类建立直接联系，导致不能直接以专利分类为入口获取指向产业的专利数据。正因为如此，现阶段学术界一般将专利密集型产业限制在工业产业中，并且以国家统计局公布的产业专利申请数据作为主要数据来源，这与国际通行的采用专利授权数据有所差异，也无法进行稳健性检验。二是中国的商标数据可得性较差，且商标数据与国民经济行业分类之间的对照存在较大困难，导致商标密集型产业的研究基本上是缺失的。商标数据采用尼斯分类，标明的是注册商标所涉及的商品或服务的类型，而国民经济行业分类按照经济活动的性质进行划分，两种分类存在概念上的差异，因此要获得分产业的商标数据存在诸多困难。三是版权产业的分类与国民经济行业的分类存在差异。国际上版权产业的分类标准大都遵循 WIPO 的界定准则，根据相关产业活动对版权的依赖程度分为核心版权产业、相互依赖的版权产业、部分版权产业和非专用支持产业，与国民经济行业分类按照经济活动的性质进行划分有所不同。四是由于数据的存储和管理分散，在以往的研究中知识产权密集型产业的研究数据并未进行整合，研究方法也并未统一，因此并不能窥见中国知识产权密集型产业的全貌。为克服这些困难，以取得科学可靠的结论，笔者采用的研究方法和原理在与美国和欧盟报告基本一致的基础上，还进行了适度的调整：首先，通过将专利、商标和版权数据进行整合，构建出完整的知识产权密集型产业基础数据库；其次，根据产业知识产权密度（人均知识产权量）认定哪些产业是知识产权密集型产业；再次，利用产业层面的经济统计数据分析这些产业创造的就业岗位和产业增加值；最后，将产业层面的经济总量与整体经济总量进行比较，分析知识产权密集型产业在整体经济中的权重。

　　这里分析研究的知识产权包括专利、商标和版权，分析时段为 2017～2021 年。选择 5 年作为一个分析周期，一是与美国和欧盟相关研究的方法保持一致，二是有助于最大限度地减少某一特定年份带来的数据偏差对分析结果的影响。

第一节　专利密集型产业的认定

　　《专利法》规定的发明创造包括发明、实用新型和外观设计。发明，是指对产品、方法或者其改进所提出的新的技术方案。实用新型，是指对产品的形状、构造或者其结合所提出的适于实用的新的技术方案。外观设计，是指对产品的整体或者局部的形状、图案或者其结合以及色彩与形状、图案的结合所作出的富有美感并适于工业应用的新设计。[1] 笔者的研究以发明专利授权量作为专利数量的来源，一方面在于发明专利需要经过初步审查和实质审查方能授权，相较而言，比实用新型和外观设计专利的质量更高；另一方面在于，如前所述，美欧的相关报告在专利数量的选取上亦采用发明专利授权量，笔者的分析与之保持一致，以实现各自研究结果的最大可比性。

从 2015 年开始，国家知识产权局建立了专利分类与产业分类之间的对照表，发布了《国际专利分类与国民经济行业分类参照关系表（试用版）》和《国际专利分类与国民经济行业分类参照关系表（2018）》，在国民经济行业小类层面建立起了与国际专利分类之间的对照关系（参见表 4-3），使得有可能以专利分类为入口获取指向产业的专利数据。incoPat 数据库根据《国际专利分类与国民经济行业分类参照关系表（2018）》，将国际专利分类与国民经济行业分类形成对照，对专利进行了产业类别编码。笔者利用 incoPat 数据库，获得 2017～2021 年基于国民经济行业分类的专利授权数据，并据此开展专利密集型产业的认定。

表 4-3　国际专利分类与国民经济行业分类的对照关系（示例）

国民经济行业代码	国民经济行业名称	国际专利分类号（说明：标记 * 的对照关系是完全对应）
A	农、林、牧、渔业	
01	农业	
011	谷物种植	
0111	稻谷种植	A01C 1 or A01C 21 * or A01D 91 or A01G 16 or A01G 22/22 * or A01G 25 or A01G 31 or A01H 1 * or A01H 4 * or A01H 5 or A01H 6/46 or C12N 15/05 or C12N 15/29 or C12N 15/82 or C12N 15/83 or C12N 15/84 or C12N 15/87 or C12N 15/89 or C12N 15/90
0112	小麦种植	A01C 1 or A01C 21 * or A01D 91 or A01G 1/00 or A01G 1/06 or A01G 2/00 or A01G 2/10 or A01G 2/20 or A01G 2/30 or A01G 2/32 or A01G 2/35 or A01G 2/38 or A01G 22/00 or A01G 22/20 or A01G 24 or A01G 25 or A01G 31 or A01H 1 * or A01H 4 * or A01H 5 or A01H 6/00 or A01H 6/46 or C12N 15/05 or C12N 15/29 or C12N 15/82 or C12N 15/83 or C12N 15/84 or C12N 15/87 or C12N 15/89 or C12N 15/90

[1] 《中华人民共和国专利法》（2020 年修正）第 2 条。

续表

国民经济 行业代码	国民经济行业名称	国际专利分类号（说明：标记 * 的对照关系是完全对应）
0113	玉米种植	A01C 1 or A01C 21 * or A01D 91 or A01G 1/00 or A01G 1/06 or A01G 2/00 or A01G 2/10 or A01G 2/20 or A01G 2/30 or A01G 2/32 or A01G 2/35 or A01G 2/38 or A01G 22/00 or A01G 22/20 or A01G 24 or A01G 25 or A01G 31 or A01H 1 * or A01H 4 * or A01H 5 or A01H 6/00 or A01H 6/46 or C12N 15/05 or C12N 15/29 or C12N 15/82 or C12N 15/83 or C12N 15/84 or C12N 15/87 or C12N 15/89 or C12N 15/90
0119	其他谷物种植	A01C 1 or A01C 21 * or A01D 91 or A01G 1/00 or A01G 1/06 or A01G 2/00 or A01G 2/10 or A01G 2/20 or A01G 2/30 or A01G 2/32 or A01G 2/35 or A01G 2/38 or A01G 22/00 or A01G 22/20 or A01G 24 or A01G 25 or A01G 31 or A01H 1 * or A01H 4 * or A01H 5 or A01H 6/00 or C12N 15/05 or C12N 15/29 or C12N 15/82 or C12N 15/83 or C12N 15/84 or C12N 15/87 or C12N 15/89 or C12N 15/90

　　由于一项发明专利可以被分配给多个技术类别，因此它也可以与多个产业相关联。统计产业的专利数量有两种方法（参见表4-4）。第一种方法为整数计数：将与某项专利相关的每个产业分别进行完全计数，如一项专利涉及4个产业，每个产业分别计数1，则该项专利将产生4个专利计数。因此通过整数计数的方法将所有产业的专利计数加和将超过实际的专利数量，存在专利多重计数的弊端。第二种方法为分数计数：将每项专利按与之相关的产业数量进行分数计数，如一项专利涉及4个产业，每个产业分别计数1/4，则该项专利只产生1个专利计数。因此通过分数计数的方法将所有产业的专利计数加和等于实际的专利数量，消除了专利多重计数的缺点。参照美欧的研究，跨行业分析通常使用分数计数，以避免过度计算。❶ 与之相一致，笔者的研究采用分数计数。

---

❶ Economics and Statistics Administration, United States Patent and Trademark Office. Intellectual property and the U. S. economy: industries in focus [R/OL]. (2012-02-24) [2022-11-21]. https://www.uspto.gov/sites/default/files/news/publications/IP_Report_March_2012.pdf; Economics and Statistics Administration, United States Patent and Trademark Office. Intellectual property and the U. S. economy: 2016 update [R/OL]. (2016-09-26) [2022-11-21]. https://www.commerce.gov/data-and-reports/reports/2016/09/intellectual-property-and-us-economy-2016-u-pdate.

表 4-4　整数计数与分数计数的比较（示例）

国际专利分类号	国民经济行业分类	整数计数		分数计数	
F21V 21/30 F21V 14/02	C3879 C4350 C3874 C4090	C3879	1	C3879	1/4
		C4350	1	C4350	1/4
		C3874	1	C3874	1/4
		C4090	1	C4090	1/4
		合计	4	合计	1

一、研究方法

专利密集型产业的认定主要是通过产业的专利密度来实现。产业的专利密度指 2017～2021 年每个产业的发明专利总数与其就业人数的比率，即人均发明专利数量。就业人数是衡量产业规模的标准，用就业人数来划分专利数量，将专利活动与产业规模相统一。因此，专利密度最高的产业不是指专利数量最多的产业，而是人均专利数量最多的产业。

产业的专利密度通过两个步骤来计算，分别如下：（1）通过分数计数方法计算每个产业的中国发明专利总数（绝对数量）；（2）将每个产业的发明专利总数除以该产业的就业人数，得到产业的专利密度（相对数量）。将专利密度高于全产业平均值的产业认定为专利密集型产业。具体方法如下。

（1）计算每个产业的中国发明专利总数（绝对数量）。

利用 incoPat 数据库，检索 2017～2021 年授权的中国发明专利，共产生 2 531 283 条记录。首先，筛选申请人中至少有一位为企业申请人的发明专利，共产生 1 774 964 条记录；然后，筛选申请人中至少包含一名中国申请人的发明专利，共产生 1 352 709 条记录；最后，删除没有国民经济行业分类信息的记录，进而对剩下的 1 352 116 条记录进行下一步分析。

以上述 1 352 116 条发明专利授权记录为分析样本，按照分数计数方法，将每项专利按与之关联的产业数量进行分数赋值。对数据集中的每个产业的专利分数计数进行求和，统计出每个产业的中国发明专利总数。

（2）计算每个产业的专利密度（相对数量）。

中国国家统计局发布的第四次全国经济普查报告公布了 2018 年国民经济各产业的就业人数数据，将其与第（1）步中各产业的发明专利总数数据相匹配，进而可以计算出每个产业的专利密度。

二、产业大类层面的认定

（一）产业认定

如表 4 - 5 所示，分析的数据集中有 54 个产业大类在 2017 ~ 2021 年获得了发明专利授权。其中，19 个产业属于专利密集型产业，即每 1000 名员工拥有的发明专利数量超过了 7.26 件这一总体平均水平。

表 4 - 5　产业（大类）的发明专利密度（2017 ~ 2021 年）

序号	行业代码	行业名称	专利数量/件	就业人数/人	专利密度/（件/千人）
1	C43	金属制品、机械和设备修理业	186 933	484 293	385.99
2	A04	渔业	593	1 897	312.60
3	C40	仪器仪表制造业	176 791	1 269 564	139.25
4	B12	其他采矿业	1 703	17 535	97.12
5	O81	机动车、电子产品和日用产品修理业	79 823	1 151 891	69.30
6	I64	互联网和相关服务	93 138	1 451 459	64.17
7	A03	畜牧业	1 404	34 154	41.11
8	C35	专用设备制造业	120 445	5 323 550	22.62
9	C34	通用设备制造业	103 709	7 075 702	14.66
10	C26	化学原料和化学制品制造业	67 050	4 696 527	14.28
11	C39	计算机、通信和其他电子设备制造业	136 097	10 072 701	13.51
12	C37	铁路、船舶、航空航天和其他运输设备制造业	15 753	1 525 809	10.32
13	C42	废弃资源综合利用业	2 512	264 707	9.49
14	C28	化学纤维制造业	4 661	493 273	9.45
15	C38	电气机械和器材制造业	69 002	7 335 071	9.41
16	A01	农业	5 249	577 908	9.08
17	C27	医药制造业	20 785	2 320 129	8.96
18	I65	软件和信息技术服务业	54 090	6 783 894	7.97
19	D46	水的生产和供应业	6 777	854 379	7.93
20	I63	电信、广播电视和卫星传输服务	10 456	1 837 845	5.69
21	B09	有色金属矿采选业	2 243	408 554	5.49

续表

序号	行业代码	行业名称	专利数量/件	就业人数/人	专利密度/（件/千人）
22	C16	烟草制品业	836	164 919	5.07
23	A02	林业	891	190 731	4.67
24	C32	有色金属冶炼和压延加工业	8 872	2 015 276	4.40
25	C33	金属制品业	26 973	6 446 088	4.18
26	C30	非金属矿物制品业	29 874	7 267 368	4.11
27	C41	其他制造业	2 564	643 500	3.98
28	B07	石油和天然气开采业	2 464	626 155	3.94
29	C25	石油、煤炭及其他燃料加工业	3 604	924 901	3.90
30	C29	橡胶和塑料制品业	17 666	4 716 423	3.75
31	D44	电力、热力生产和供应业	9 081	3 402 349	2.67
32	C20	木材加工和木、竹、藤、棕、草制品业	5 357	2 127 366	2.52
33	C36	汽车制造业	12 958	5 527 557	2.34
34	C24	文教、工美、体育和娱乐用品制造业	7 181	3 150 103	2.28
35	A05	农、林、牧、渔专业及辅助性活动	3 316	1 529 066	2.17
36	C22	造纸和纸制品业	3 662	1 717 396	2.13
37	C15	酒、饮料和精制茶制造业	3 326	1 756 149	1.89
38	C17	纺织业	8 380	4 717 348	1.78
39	C23	印刷和记录媒介复制业	2 697	1 595 147	1.69
40	D45	燃气生产和供应业	660	4 11 667	1.60
41	C13	农副食品加工业	6 781	4 267 781	1.59
42	C14	食品制造业	3 571	2 518 344	1.42
43	E48	土木工程建筑业	13 912	10 952 509	1.27
44	C21	家具制造业	2 433	1 984 168	1.23
45	C31	黑色金属冶炼和压延加工业	2 822	2 478 471	1.14
46	B08	黑色金属矿采选业	336	396 745	0.85
47	E50	建筑装饰、装修和其他建筑业	4 872	7 390 375	0.66
48	C19	皮革、毛皮、羽毛及其制品和制鞋业	1 790	3 183 347	0.56
49	E49	建筑安装业	1 886	3 834 029	0.49
50	B10	非金属矿采选业	266	647 943	0.41
51	C18	纺织服装、服饰业	887	5 821 517	0.15
52	B06	煤炭开采和洗选业	337	3 472 558	0.10
53	B11	开采专业及辅助性活动	36	388 631	0.09
54	E47	房屋建筑业	2 612	35 912 511	0.07

专利密集型产业主要以第二产业部门（制造业、采矿业、热力、建筑业、电力、燃气及水生产和供应业）为主，在 19 个专利密集型产业中有 13 个产业属于第二产业部门，其中 11 个产业属于制造业，可见专利密集型产业主要集中在制造业部门中。榜单上有 3 个产业属于第一产业部门（农、林、牧、渔业），3 个产业属于第三产业部门（交通运输、住宿和餐饮业、仓储和邮政业、批发和零售业等），其中有 2 个与软件和信息技术服务有关的产业。

（二）稳健性检验

1. 替换分析方法

作为稳健性检验，笔者进一步使用整数计数的方法重复了上述分析，结果如表 4 - 6 所示。比较表 4 - 6 和表 4 - 5 可知，两种方法认定的专利密集型产业列表差别较小。两种方法认定的专利密集型产业均为 19 个，且仅有 2 个产业不同。具体阐释如下：分数计数方法下医药制造业，铁路、船舶、航空航天和其他运输设备制造业为专利密集型产业，而这两个产业在整数计数方法下不是专利密集型产业，但这两个产业在整数计数方法下的专利密度分别为 67.15 件/千人和 57.39 件/千人，与全产业平均值 67.73 件/千人相差并不大。整数计数方法下有色金属矿采选业，电信、广播电视和卫星传输服务产业为专利密集型产业，而这两个产业在分数计数方法下不是专利密集型产业，但这两个产业在分数计数方法下的专利密度分别为 5.49 件/千人和 5.69 件/千人，与全产业平均值 7.26 件/千人相差也并不大。

表 4 - 6　专利密集型产业列表（产业大类，整数计数方法，2017 ～ 2021 年）

序号	行业代码	行业名称	专利数量/件	就业人数/人	专利密度/（件/千人）
1	C43	金属制品、机械和设备修理业	1 426 600	484 293	2 945.74
2	A04	渔业	4 670	1 897	2 461.21
3	I64	互联网和相关服务	1 518 619	1 451 459	1 046.27
4	C40	仪器仪表制造业	1 153 529	1 269 564	908.60
5	A03	畜牧业	30 019	34 154	878.94
6	O81	机动车、电子产品和日用产品修理业	937 166	1 151 891	813.59
7	B12	其他采矿业	11 959	17 535	682.01
8	A01	农业	144 503	577 908	250.05

序号	行业代码	行业名称	专利数量/件	就业人数/人	专利密度/（件/千人）
9	C39	计算机、通信和其他电子设备制造业	1 703 933	10 072 701	169.16
10	C35	专用设备制造业	792 560	5 323 550	148.88
11	C28	化学纤维制造业	72 163	493 273	146.29
12	B09	有色金属矿采选业	55 883	408 554	136.78
13	C42	废弃资源综合利用业	31 428	264 707	118.73
14	I65	软件和信息技术服务业	778 283	6 783 894	114.73
15	C26	化学原料和化学制品制造业	445 454	4 696 527	94.85
16	C34	通用设备制造业	594 142	7 075 702	83.97
17	C38	电气机械和器材制造业	586 858	7 335 071	80.01
18	D46	水的生产和供应业	62 500	854 379	73.15
19	I63	电信、广播电视和卫星传输服务	128 458	1 837 845	69.90

2. 替换分析样本

作为进一步的稳健性检验，笔者使用 2013～2017 年申请并最终获得授权的中国发明专利作为分析样本，采用分数计数的方法重复了上述分析，结果如表 4-7 所示。比较表 4-7 和表 4-5 可知，两个分析样本认定的专利密集型产业均为 19 个，且产业类别并无差异，仅仅是排序上略有不同。如电气机械和器材制造业在两个分析样本中均属于专利密集型产业，但在 2017～2021 年的样本中其专利密度排序为第 15 位，而在 2013～2017 年的分析样本中其专利密度排序为第 18 位。

表 4-7　专利密集型产业列表（产业大类，分数计数方法，2013～2017 年）

序号	行业代码	行业名称	专利数量/件	就业人数/人	专利密度/（件/千人）
1	C43	金属制品、机械和设备修理业	142 630	484 293	294.51
2	A04	渔业	521	1 897	274.58
3	C40	仪器仪表制造业	135 521	1 269 564	106.75
4	B12	其他采矿业	1 411	17 535	80.46
5	O81	机动车、电子产品和日用产品修理业	57 672	1 151 891	50.07

续表

序号	行业代码	行业名称	专利数量/件	就业人数/人	专利密度/（件/千人）
6	I64	互联网和相关服务	65 695	1 451 459	45.26
7	A03	畜牧业	1 044	34 154	30.58
8	C35	专用设备制造业	94 880	5 323 550	17.82
9	C26	化学原料和化学制品制造业	66 710	4 696 527	14.20
10	C34	通用设备制造业	78 092	7 075 702	11.04
11	C39	计算机、通信和其他电子设备制造业	101 657	10 072 701	10.09
12	C27	医药制造业	20 606	2 320 129	8.88
13	C28	化学纤维制造业	4 008	493 273	8.13
14	A01	农业	4 628	577 908	8.01
15	C42	废弃资源综合利用业	2 025	264 707	7.65
16	C37	铁路、船舶、航空航天和其他运输设备制造业	11 208	1 525 809	7.35
17	D46	水的生产和供应业	6 094	854 379	7.13
18	C38	电气机械和器材制造业	52 226	7 335 071	7.12
19	I65	软件和信息技术服务业	43 495	6 783 894	6.41

综合两种稳健性检验的结果可以看出，笔者所认定的专利密集型产业类别具有稳健性，所采用的方法是科学且可靠的。

三、产业中类层面的认定

（一）产业认定

如表4-8所示，分析的数据集中有268个产业中类在2017～2021年获得了发明专利授权，但由于"A018-草种植及割草"和"A033-狩猎和捕捉动物"这两个产业的就业人数数据缺失，故删除这两个产业，以其余266个产业作为分析对象。其中，116个产业属于专利密集型产业，即每1000名员工拥有的发明专利数量超过了7.32件这一总体平均水平。

表 4 - 8　产业（中类）的发明专利密度（2017 ～ 2021 年）

序号	行业代码	行业名称	专利数量/件	就业人数/人	专利密度/（件/千人）
1	D463	海水淡化处理	1 633	535	3 052.19
2	C436	仪器仪表修理	13 422	5 017	2 675.25
3	C409	其他仪器仪表制造业	98 957	42 609	2 322.44
4	C431	金属制品修理	18 908	8 707	2 171.56
5	C432	通用设备修理	51 217	60 851	841.68
6	C253	核燃料加工	220	290	758.14
7	C433	专用设备修理	48 221	63 747	756.45
8	I644	互联网安全服务	10 469	15 810	662.16
9	C435	电气设备修理	27 616	42 739	646.17
10	O819	其他日用产品修理业	14 460	30 182	479.09
11	A017	中药材种植	304	859	354.32
12	O812	计算机和办公设备维修	39 188	124 521	314.71
13	C233	记录媒介复制	1 713	5 483	312.45
14	D469	其他水的处理、利用与分配	1 633	6 278	260.10
15	A041	水产养殖	572	2 580	221.82
16	C402	专用仪器仪表制造	38 763	205 147	188.95
17	C394	雷达及配套设备制造	4 798	26 318	182.32
18	I643	互联网平台	52 343	292 809	178.76
19	C439	其他机械和设备修理业	17 799	108 215	164.47
20	A039	其他畜牧业	320	2 012	159.22
21	O813	家用电器修理	18 854	119 626	157.61
22	E483	海洋工程建筑	700	4 560	153.50
23	I633	卫星传输服务	1 643	10 944	150.10
24	A016	坚果、含油果、香料和饮料作物种植	809	5 696	142.05
25	I645	互联网数据服务	10 469	75 802	138.11
26	B120	其他采矿业	1 703	17 535	97.12
27	A021	林木育种和育苗	498	5 446	91.51
28	I657	数字内容服务	12 234	139 264	87.84
29	C356	电子和电工机械专用设备制造	18 660	286 133	65.21

序号	行业代码	行业名称	专利数量/件	就业人数/人	专利密度/ (件/千人)
30	C365	电车制造	1 322	21 817	60.61
31	C393	广播电视设备制造	12 123	200 846	60.36
32	I649	其他互联网服务	10 469	179 839	58.21
33	C354	印刷、制药、日化及日用品生产专用设备制造	11 349	205 129	55.32
34	C434	铁路、船舶、航空航天等运输设备修理	9 750	195 017	50.00
35	A032	家禽饲养	427	8 596	49.69
36	C372	城市轨道交通设备制造	1 225	24 864	49.26
37	C374	航空、航天器及设备制造	4 619	98 908	46.70
38	C364	低速汽车制造	535	11 498	46.54
39	C396	智能消费设备制造	17 079	378 558	45.12
40	C401	通用仪器仪表制造	32 641	733 663	44.49
41	C337	搪瓷制品制造	1 940	44 888	43.21
42	C221	纸浆制造	581	13 964	41.60
43	A019	其他农业	420	10 315	40.67
44	C404	光学仪器制造	4 901	123 018	39.84
45	C347	文化、办公用机械制造	8 527	218 348	39.05
46	D452	生物质燃气生产和供应业	243	6 376	38.04
47	A014	蔬菜、食用菌及园艺作物种植	692	18 198	38.01
48	I653	信息系统集成和物联网技术服务	20 212	537 475	37.61
49	C278	药用辅料及包装材料	1 110	29 695	37.39
50	C276	生物药品制品制造	9 217	247 507	37.24
51	C353	食品、饮料、烟草及饲料生产专用设备制造	5 260	155 077	33.92
52	C349	其他通用设备制造业	13 583	401 095	33.87
53	C283	生物基材料制造	540	15 997	33.73
54	A015	水果种植	870	26 324	33.06
55	C169	其他烟草制品制造	288	9 040	31.88
56	C346	烘炉、风机、包装等设备制造	27 451	890 617	30.82

序号	行业代码	行业名称	专利数量/件	就业人数/人	专利密度/（件/千人）
57	C266	专用化学产品制造	26 744	897 228	29.81
58	I655	信息处理和存储支持服务	2 691	97 652	27.55
59	A031	牲畜饲养	641	23 569	27.19
60	C275	兽用药品制造	2 274	100 023	22.74
61	C391	计算机制造	28 349	1 285 220	22.06
62	C379	潜水救捞及其他未列明运输设备制造	654	30 158	21.68
63	C358	医疗仪器设备及器械制造	15 645	723 834	21.61
64	B072	天然气开采	625	30 413	20.56
65	C357	农、林、牧、渔专用机械制造	6 994	342 445	20.42
66	C342	金属加工机械制造	18 788	953 818	19.70
67	C268	日用化学产品制造	8 598	442 271	19.44
68	A042	水产捕捞	21	1 067	19.43
69	C265	合成材料制造	11 371	591 792	19.21
70	C214	塑料家具制造	455	24 120	18.85
71	C352	化工、木材、非金属加工专用设备制造	23 226	1 248 297	18.61
72	C343	物料搬运设备制造	10 472	575 628	18.19
73	C395	非专业视听设备制造	10 752	608 321	17.67
74	C389	其他电气机械及器材制造	3 223	182 424	17.67
75	C386	非电力家用器具制造	2 326	132 125	17.61
76	C212	竹、藤家具制造	483	27 806	17.38
77	C351	采矿、冶金、建筑专用设备制造	18 496	1 067 525	17.33
78	C341	锅炉及原动设备制造	7 609	445 933	17.06
79	C359	环保、邮政、社会公共服务及其他专用设备制造	17 161	1 034 059	16.60
80	C397	电子器件制造	33 919	2 071 277	16.38
81	C371	铁路运输设备制造	5 555	350 304	15.86
82	C254	生物质燃料加工	460	31 156	14.76
83	C355	纺织、服装和皮革加工专用设备制造	3 654	261 051	14.00

续表

序号	行业代码	行业名称	专利数量/件	就业人数/人	专利密度/（件/千人）
84	C263	农药制造	2 295	174 907	13.12
85	C306	玻璃纤维和玻璃纤维增强塑料制品制造	2 922	228 637	12.78
86	C384	电池制造	8 803	697 790	12.62
87	A012	豆类、油料和薯类种植	490	39 227	12.49
88	C421	金属废料和碎屑加工处理	1 712	145 141	11.80
89	C282	合成纤维制造	3 954	344 585	11.47
90	C264	涂料、油墨、颜料及类似产品制造	6 068	532 591	11.39
91	C382	输配电及控制设备制造	25 275	2 241 544	11.28
92	C405	衡器制造	358	32 350	11.07
93	I642	互联网信息服务	8 104	749 208	10.82
94	C392	通信设备制造	21 525	1 994 682	10.79
95	C387	照明器具制造	8 863	831 656	10.66
96	C336	金属表面处理及热处理加工	4 361	415 544	10.49
97	C174	丝绢纺织及印染精加工	1 419	136 699	10.38
98	C362	汽车用发动机制造	789	80 089	9.85
99	C323	稀有稀土金属冶炼	618	66 155	9.34
100	I641	互联网接入及相关服务	1 284	137 991	9.31
101	D462	污水处理及其再生利用	1 633	176 585	9.25
102	C403	钟表与计时仪器制造	1 171	132 777	8.82
103	C246	游艺器材及娱乐用品制造	897	102 010	8.79
104	C261	基础化学原料制造	9 691	1 110 881	8.72
105	C161	烟叶复烤	172	19 815	8.70
106	C173	麻纺织及染整精加工	585	67 369	8.68
107	C385	家用电力器具制造	12 222	1 422 667	8.59
108	C344	泵、阀门、压缩机及类似机械制造	9 424	1 114 265	8.46
109	O811	汽车、摩托车等修理与维护	7 321	877 562	8.34
110	C322	贵金属冶炼	657	78 836	8.33
111	B093	稀有稀土金属矿采选	495	60 277	8.21
112	C378	非公路休闲车及零配件制造	281	35 232	7.98

序号	行业代码	行业名称	专利数量/件	就业人数/人	专利密度/（件/千人）
113	C204	竹、藤、棕、草等制品制造	1 525	204 921	7.44
114	C131	谷物磨制	4 311	579 566	7.44
115	C314	铁合金冶炼	1 548	210 619	7.35
116	C376	自行车和残疾人座车制造	901	122 708	7.34
117	C271	化学药品原料药制造	2 751	377 442	7.29
118	E502	建筑物拆除和场地准备活动	3 266	477 891	6.83
119	C307	陶瓷制品制造	8 335	1 240 739	6.72
120	C422	非金属废料和碎屑加工处理	800	119 566	6.69
121	C338	金属制日用品制造	3 245	488 687	6.64
122	A023	森林经营、管护和改培	339	51 518	6.58
123	C381	电机制造	5 281	805 468	6.56
124	C411	日用杂品制造	2 553	402 584	6.34
125	C324	有色金属合金制造	1 421	225 002	6.32
126	C335	建筑、安全用金属制品制造	5 426	873 319	6.21
127	B082	锰矿、铬矿采选	159	26 794	5.93
128	I631	电信	8 814	1 492 761	5.90
129	B091	常用有色金属矿采选	1 271	219 986	5.78
130	A052	林业专业及辅助性活动	682	118 354	5.76
131	C345	轴承、齿轮和传动部件制造	3 635	653 617	5.56
132	C244	体育用品制造	2 063	373 437	5.53
133	C412	核辐射加工	10	1 797	5.43
134	C305	玻璃制品制造	3 270	609 053	5.37
135	C291	橡胶制品业	5 481	1 049 922	5.22
136	D441	电力生产	7 021	1 394 834	5.03
137	C325	有色金属压延加工	4 439	897 171	4.95
138	C363	改装汽车制造	672	136 146	4.93
139	C203	木质制品制造	2 528	528 647	4.78
140	E485	架线和管道工程建筑	4 722	1 013 164	4.66
141	C241	文教办公用品制造	1 185	258 437	4.58
142	C152	饮料制造	2 558	565 167	4.53

序号	行业代码	行业名称	专利数量/件	就业人数/人	专利密度/（件/千人）
143	C333	集装箱及金属包装容器制造	1 361	307 160	4.43
144	C274	中成药生产	2 351	537 684	4.37
145	I651	软件开发	18 288	4 267 684	4.29
146	C273	中药饮片加工	839	203 625	4.12
147	C373	船舶及相关装置制造	1 691	416 461	4.06
148	C232	装订及印刷相关服务	377	93 003	4.05
149	C172	毛纺织及染整精加工	970	242 459	4.00
150	C251	精炼石油产品制造	2 062	520 084	3.96
151	C304	玻璃制造	1 006	254 142	3.96
152	A022	造林和更新	46	11 623	3.95
153	C308	耐火材料制品制造	1 389	359 501	3.86
154	C302	石膏、水泥制品及类似制品制造	5 848	1 524 007	3.84
155	C366	汽车车身、挂车制造	504	131 796	3.83
156	C334	金属丝绳及其制品制造	976	261 723	3.73
157	B092	贵金属矿采选	477	128 291	3.72
158	B119	其他开采专业及辅助性活动	17	4 609	3.70
159	C277	卫生材料及医药用品制造	845	231 542	3.65
160	C149	其他食品制造	2 206	612 937	3.60
161	C309	石墨及其他非金属矿物制品制造	1 904	530 435	3.59
162	A013	棉、麻、糖、烟草种植	616	180 362	3.41
163	C178	产业用纺织制成品制造	1 641	491 776	3.34
164	C292	塑料制品业	12 186	3 666 501	3.32
165	C377	助动车制造	362	109 665	3.30
166	E484	工矿工程建筑	2 062	641 173	3.22
167	C332	金属工具制造	1 530	494 266	3.09
168	B071	石油开采	1 839	595 742	3.09
169	B089	其他黑色金属矿采选	18	5 857	3.06
170	C383	电线、电缆、光缆及电工器材制造	3 007	1 021 397	2.94
171	C242	乐器制造	239	83 520	2.86
172	C303	砖瓦、石材等建筑材料制造	4 978	1 773 136	2.81

续表

序号	行业代码	行业名称	专利数量/件	就业人数/人	专利密度/（件/千人）
173	D461	自来水生产和供应	1 879	670 981	2.80
174	C162	卷烟制造	375	136 064	2.76
175	E486	节能环保工程施工	254	96 193	2.64
176	C177	家用纺织制成品制造	1 417	543 821	2.61
177	I652	集成电路设计	217	86 328	2.51
178	C339	铸造及其他金属制品制造	3 986	1 622 277	2.46
179	C194	羽毛（绒）加工及制品制造	220	89 456	2.46
180	A054	渔业专业及辅助性活动	158	64 606	2.45
181	C267	炸药、火工及焰火产品制造	921	377 760	2.44
182	C399	其他电子设备制造	1 230	504 767	2.44
183	C262	肥料制造	1 361	569 097	2.39
184	C272	化学药品制剂制造	1 398	592 611	2.36
185	C321	常用有色金属冶炼	1 737	748 112	2.32
186	C348	通用零部件制造	4 220	1 822 381	2.32
187	C252	煤炭加工	862	373 371	2.31
188	I654	运行维护服务	293	127 091	2.30
189	C331	结构性金属制品制造	4 150	1 938 224	2.14
190	C398	电子元件及电子专用材料制造	6 322	3 002 712	2.11
191	D443	热力生产和供应	836	397 593	2.10
192	A053	畜牧专业及辅助性活动	250	119 357	2.09
193	C193	毛皮鞣制及制品加工	246	118 412	2.08
194	C175	化纤织造及印染精加工	703	341 311	2.06
195	A011	谷物种植	603	296 926	2.03
196	C191	皮革鞣制加工	330	170 390	1.94
197	C222	造纸	1 244	645 568	1.93
198	C367	汽车零部件及配件制造	7 655	3 987 362	1.92
199	A051	农业专业及辅助性活动	2 225	1 226 749	1.81
200	C213	金属家具制造	498	277 348	1.80
201	C223	纸制品制造	1 837	1 057 864	1.74
202	C311	炼铁	117	68 004	1.72

续表

序号	行业代码	行业名称	专利数量/件	就业人数/人	专利密度/（件/千人）
203	C312	炼钢	421	246 535	1.71
204	C245	玩具制造	1 193	732 653	1.63
205	E487	电力工程施工	508	315 060	1.61
206	C146	调味品、发酵制品制造	471	293 270	1.60
207	B062	褐煤开采洗选	159	99 624	1.60
208	B103	采盐	74	48 554	1.52
209	C201	木材加工	925	630 641	1.47
210	E492	管道和设备安装	1 293	924 847	1.40
211	C375	摩托车制造	465	337 509	1.38
212	C219	其他家具制造	469	342 549	1.37
213	C176	针织或钩针编织物及其制品制造	616	476 566	1.29
214	C361	汽车整车制造	1 481	1 158 849	1.28
215	C281	纤维素纤维原料及纤维制造	168	132 691	1.26
216	B109	石棉及其他非金属矿采选	72	61 273	1.17
217	C136	水产品加工	519	454 069	1.14
218	B069	其他煤炭采选	19	17 014	1.11
219	C145	罐头食品制造	219	199 871	1.10
220	E503	提供施工设备服务	405	387 717	1.04
221	C133	植物油加工	296	285 795	1.04
222	D451	燃气生产和供应业	417	405 291	1.03
223	C243	工艺美术及礼仪用品制造	1 605	1 600 046	1.00
224	E472	体育场馆建筑	159	165 393	0.96
225	E482	水利和水运工程建筑	1 078	1 144 727	0.94
226	E489	其他土木工程建筑	1 255	1 639 001	0.77
227	C192	皮革制品制造	559	735 262	0.76
228	D442	电力供应	1 224	1 609 922	0.76
229	C139	其他农副食品加工	468	619 219	0.76
230	C137	蔬菜、菌类、水果和坚果加工	425	584 077	0.73
231	C144	乳制品制造	172	239 461	0.72
232	C151	酒的制造	571	801 563	0.71

序号	行业代码	行业名称	专利数量/件	就业人数/人	专利密度/（件/千人）
233	E479	其他房屋建筑业	1 998	2 907 296	0.69
234	C143	方便食品制造	293	437 384	0.67
235	E481	铁路、道路、隧道和桥梁工程建筑	3 333	6 098 631	0.55
236	C142	糖果、巧克力及蜜饯制造	112	205 698	0.55
237	C132	饲料加工	298	551 316	0.54
238	C153	精制茶加工	197	389 419	0.50
239	C202	人造板制造	379	763 157	0.50
240	B081	铁矿采选	159	364 094	0.44
241	C171	棉纺织及印染精加工	1 030	2 417 347	0.43
242	C135	屠宰及肉类加工	443	1 069 140	0.41
243	C231	印刷	607	1 496 661	0.41
244	C211	木质家具制造	527	1 312 345	0.40
245	B102	化学矿开采	18	47 291	0.38
246	C313	钢压延加工	735	1 953 313	0.38
247	I659	其他信息技术服务业	156	416 555	0.37
248	B111	煤炭开采和洗选专业及辅助性活动	17	51 418	0.33
249	C301	水泥、石灰和石膏制造	221	747 718	0.30
250	C183	服饰制造	408	1 462 801	0.28
251	C182	针织或钩针编织服装制造	306	1 123 889	0.27
252	E499	其他建筑安装业	378	1 612 337	0.23
253	A025	林产品采集	7	32 892	0.21
254	C195	制鞋业	435	2 069 827	0.21
255	B101	土砂石开采	103	490 825	0.21
256	E501	建筑装饰和装修业	785	4 052 501	0.19
257	C141	焙烤食品制造	97	529 723	0.18
258	E509	其他未列明建筑业	416	2 472 266	0.17
259	C134	制糖业	21	124 599	0.17
260	E491	电气安装	215	1 296 845	0.17
261	C181	机织服装制造	173	3 234 827	0.05
262	B061	烟煤和无烟煤开采洗选	159	3 355 920	0.05
263	A024	木材和竹材采运	1	89 252	0.01
264	E471	住宅房屋建筑	455	32 839 822	0.01
265	B112	石油和天然气开采专业及辅助性活动	2	332 604	0.01
266	C419	其他未列明制造业	1	239 119	0.01

专利密集型产业主要由第二产业部门主导，在 116 个专利密集型产业中有 90 个产业属于第二产业部门，其中 82 个产业集中在制造业，因此制造业是专利密集型产业的主要来源。榜单上有 12 个产业属于第一产业部门，14 个产业属于第三产业部门，其中包括 10 个与软件及信息技术服务相关的产业。

（二）稳健性检验

1. 替换分析方法

作为稳健性检验，笔者首先使用整数计数的方法重复上述分析，结果如表 4-9 所示。比较表 4-9 和表 4-8 可知，两种方法认定的专利密集型产业列表差别较小。具体表现在：一是专利密集型产业的数量基本一致，分数计数方法认定的专利密集型产业为 116 个，而整数计数方法认定的专利密集型产业为 115 个；二是产业列表并未有较大差异，在 116 个专利密集型产业中，有 101 个产业均通过两种方法被认定出来，仅有 15 个产业存在差别。

表 4-9　专利密集型产业列表（产业中类，整数计数方法，2017～2021 年）

序号	行业代码	行业名称	专利数量/件	就业人数/人	专利密度/（件/千人）
1	C436	仪器仪表修理	162 399	5 017	32 369.74
2	D463	海水淡化处理	15 353	535	28 697.20
3	C409	其他仪器仪表制造业	623 348	42 609	14 629.49
4	C431	金属制品修理	124 883	8 707	14 342.83
5	A017	中药材种植	10 072	859	11 725.49
6	I644	互联网安全服务	164 453	15 810	10 401.83
7	C435	电气设备修理	277 655	42 739	6 496.53
8	C233	记录媒介复制	27 636	5 483	5 040.31
9	C432	通用设备修理	286 991	60 851	4 716.29
10	C433	专用设备修理	285 411	63 747	4 477.25
11	A016	坚果、含油果、香料和饮料作物种植	25 258	5 696	4 434.32
12	O812	计算机和办公设备维修	548 740	124 521	4 406.81
13	O819	其他日用产品修理业	118 058	30 182	3 911.54
14	A039	其他畜牧业	6 915	2 012	3 436.75
15	I643	互联网平台	822 265	292 809	2 808.20
16	D469	其他水的处理、利用与分配	15 353	6 278	2 445.52

序号	行业代码	行业名称	专利数量/件	就业人数/人	专利密度/（件/千人）
17	I645	互联网数据服务	164 453	75 802	2 169.51
18	C439	其他机械和设备修理业	200 574	108 215	1 853.48
19	A041	水产养殖	4 556	2 580	1 766.21
20	O813	家用电器修理	193 602	119 626	1 618.39
21	C253	核燃料加工	437	290	1 506.90
22	C402	专用仪器仪表制造	306 714	205 147	1 495.09
23	I633	卫星传输服务	14 484	10 944	1 323.46
24	A032	家禽饲养	9 220	8 596	1 072.64
25	A015	水果种植	24 970	26 324	948.57
26	A014	蔬菜、食用菌及园艺作物种植	17 166	18 198	943.31
27	C394	雷达及配套设备制造	24 758	26 318	940.72
28	C356	电子和电工机械专用设备制造	263 023	286 133	919.23
29	I649	其他互联网服务	164 453	179 839	914.45
30	A021	林木育种和育苗	4 737	5 446	869.81
31	C393	广播电视设备制造	164 823	200 846	820.64
32	B120	其他采矿业	11 959	17 535	682.01
33	E483	海洋工程建筑	2 801	4 560	614.25
34	A019	其他农业	6 266	10 315	607.45
35	A031	牲畜饲养	13 830	23 569	586.78
36	C396	智能消费设备制造	211 269	378 558	558.09
37	I657	数字内容服务	75 095	139 264	539.23
38	I653	信息系统集成和物联网技术服务	278 401	537 475	517.98
39	C434	铁路、船舶、航空航天等运输设备修理	88 687	195 017	454.77
40	I655	信息处理和存储支持服务	44 331	97 652	453.97
41	C337	搪瓷制品制造	19 595	44 888	436.53
42	C283	生物基材料制造	6 928	15 997	433.08
43	C221	纸浆制造	5 770	13 964	413.21
44	A012	豆类、油料和薯类种植	15 235	39 227	388.38
45	C365	电车制造	7 975	21 817	365.54
46	C347	文化、办公用机械制造	76 279	218 348	349.35

序号	行业代码	行业名称	专利数量/件	就业人数/人	专利密度/ (件/千人)
47	C391	计算机制造	439 591	1 285 220	342.04
48	C354	印刷、制药、日化及日用品生产专用设备制造	68 804	205 129	335.42
49	C372	城市轨道交通设备制造	7 442	24 864	299.31
50	C278	药用辅料及包装材料	8 760	29 695	295.00
51	C374	航空、航天器及设备制造	28 547	98 908	288.62
52	C401	通用仪器仪表制造	185 747	733 663	253.18
53	C364	低速汽车制造	2 909	11 498	253.00
54	C349	其他通用设备制造业	98 687	401 095	246.04
55	C276	生物药品制品制造	58 700	247 507	237.17
56	I642	互联网信息服务	171 897	749 208	229.44
57	B072	天然气开采	6 948	30 413	228.45
58	C384	电池制造	159 158	697 790	228.09
59	C404	光学仪器制造	28 006	123 018	227.66
60	I641	互联网接入及相关服务	31 098	137 991	225.36
61	C395	非专业视听设备制造	134 768	608 321	221.54
62	D452	生物质燃气生产和供应业	1 378	6 376	216.12
63	C306	玻璃纤维和玻璃纤维增强塑料制品制造	48 094	228 637	210.35
64	C266	专用化学产品制造	187 657	897 228	209.15
65	B093	稀有稀土金属矿采选	12 466	60 277	206.81
66	C275	兽用药品制造	20 099	100 023	200.94
67	C397	电子器件制造	402 066	2 071 277	194.12
68	C282	合成纤维制造	62 721	344 585	182.02
69	C174	丝绢纺织及印染精加工	24 765	136 699	181.16
70	C169	其他烟草制品制造	1 589	9 040	175.77
71	C421	金属废料和碎屑加工处理	25 467	145 141	175.46
72	C214	塑料家具制造	4 132	24 120	171.31
73	C265	合成材料制造	100 040	591 792	169.05
74	C173	麻纺织及染整精加工	10 558	67 369	156.72

续表

序号	行业代码	行业名称	专利数量/件	就业人数/人	专利密度/（件/千人）
75	C323	稀有稀土金属冶炼	10 245	66 155	154.86
76	C353	食品、饮料、烟草及饲料生产专用设备制造	24 001	155 077	154.77
77	C342	金属加工机械制造	146 596	953 818	153.69
78	C212	竹、藤家具制造	4 250	27 806	152.84
79	B082	锰矿、铬矿采选	3 947	26 794	147.31
80	B091	常用有色金属矿采选	31 576	219 986	143.54
81	C322	贵金属冶炼	10 686	78 836	135.55
82	C268	日用化学产品制造	58 863	442 271	133.09
83	B119	其他开采专业及辅助性活动	595	4 609	129.10
84	C392	通信设备制造	254 943	1 994 682	127.81
85	C346	烘炉、风机、包装等设备制造	104 231	890 617	117.03
86	A013	棉、麻、糖、烟草种植	20 178	180 362	111.87
87	C382	输配电及控制设备制造	243 202	2 241 544	108.50
88	C358	医疗仪器设备及器械制造	78 524	723 834	108.48
89	A023	森林经营、管护和改培	5 532	51 518	107.38
90	A042	水产捕捞	114	1 067	106.85
91	B089	其他黑色金属矿采选	625	5 857	106.71
92	C352	化工、木材、非金属加工专用设备制造	130 665	1 248 297	104.67
93	C307	陶瓷制品制造	121 097	1 240 739	97.60
94	C379	潜水救捞及其他未列明运输设备制造	2 920	30 158	96.82
95	C291	橡胶制品业	101 230	1 049 922	96.42
96	C254	生物质燃料加工	2 996	31 156	96.16
97	C351	采矿、冶金、建筑专用设备制造	101 447	1 067 525	95.03
98	B092	贵金属矿采选	11 841	128 291	92.30
99	C131	谷物磨制	53 325	579 566	92.01
100	C357	农、林、牧、渔专用机械制造	30 915	342 445	90.28
101	O811	汽车、摩托车等修理与维护	76 766	877 562	87.48

序号	行业代码	行业名称	专利数量/件	就业人数/人	专利密度/ (件/千人)
102	D462	污水处理及其再生利用	15 353	176 585	86. 94
103	I651	软件开发	368 936	4 267 684	86. 45
104	C387	照明器具制造	68 718	831 656	82. 63
105	C308	耐火材料制品制造	29 114	359 501	80. 98
106	I631	电信	113 974	1 492 761	76. 35
107	C343	物料搬运设备制造	43 585	575 628	75. 72
108	C355	纺织、服装和皮革加工专用设备制造	19 231	261 051	73. 67
109	C359	环保、邮政、社会公共服务及其他专用设备制造	75 950	1 034 059	73. 45
110	C389	其他电气机械及器材制造	13 339	182 424	73. 12
111	C172	毛纺织及染整精加工	17 565	242 459	72. 45
112	C204	竹、藤、棕、草等制品制造	14 838	204 921	72. 41
113	C336	金属表面处理及热处理加工	29 253	415 544	70. 40
114	C314	铁合金冶炼	14 432	210 619	68. 52
115	C305	玻璃制品制造	41 719	609 053	68. 50

2. 替换分析样本

作为进一步的稳健性检验，笔者使用在 2013 ～ 2017 年申请并最终获得授权的中国发明专利作为分析样本，采用分数计数的方法重复了上述分析，结果如表 4 – 10 所示。比较表 4 – 10 和表 4 – 8 可知，两个分析样本认定的专利密集型产业均为 116 个，且产业列表基本无差异，仅有 3 个产业存在不同，即 113 个产业在两个分析样本中均被认定为专利密集型产业。

表 4 – 10　专利密集型产业列表（产业中类，分数计数方法，2013 ～ 2017 年）

序号	行业代码	行业名称	专利数量/件	就业人数/人	专利密度/ (件/千人)
1	D463	海水淡化处理	1 486. 92	535	2 779. 29
2	C436	仪器仪表修理	10 252. 30	5 017	2 043. 51
3	C409	其他仪器仪表制造业	74 855. 64	42 609	1 756. 80

序号	行业代码	行业名称	专利数量/件	就业人数/人	专利密度/（件/千人）
4	C431	金属制品修理	14 436. 27	8 707	1 658. 01
5	C432	通用设备修理	39 241. 02	60 851	644. 87
6	C253	核燃料加工	182. 59	290	629. 63
7	C433	专用设备修理	38 437. 82	63 747	602. 97
8	C435	电气设备修理	20 698. 65	42 739	484. 30
9	I644	互联网安全服务	7 026. 04	15 810	444. 40
10	A017	中药材种植	299. 21	859	348. 32
11	O819	其他日用产品修理业	10 197. 81	30 182	337. 88
12	D469	其他水的处理、利用与分配	1 486. 92	6 278	236. 85
13	O812	计算机和办公设备维修	28 478. 37	124 521	228. 70
14	A041	水产养殖	512. 83	2 580	198. 81
15	C233	记录媒介复制	921. 63	5 483	168. 09
16	C402	专用仪器仪表制造	30 268. 73	205 147	147. 55
17	E483	海洋工程建筑	618. 44	4 560	135. 62
18	A016	坚果、含油果、香料和饮料作物种植	750. 19	5 696	131. 70
19	C394	雷达及配套设备制造	3 269. 45	26 318	124. 23
20	I643	互联网平台	35 130. 20	292 809	119. 98
21	A039	其他畜牧业	237. 01	2 012	117. 79
22	O813	家用电器修理	13 980. 18	119 626	116. 87
23	C439	其他机械和设备修理业	12 303. 30	108 215	113. 69
24	I633	卫星传输服务	1 237. 83	10 944	113. 11
25	I645	互联网数据服务	7 026. 04	75 802	92. 69
26	B120	其他采矿业	1 410. 85	17 535	80. 46
27	A021	林木育种和育苗	379. 83	5 446	69. 74
28	I657	数字内容服务	8 148. 48	139 264	58. 51
29	C356	电子和电工机械专用设备制造	15 013. 76	286 133	52. 47
30	C354	印刷、制药、日化及日用品生产专用设备制造	9 074. 53	20 5129	44. 24
31	C393	广播电视设备制造	8 151. 96	200 846	40. 59
32	C169	其他烟草制品制造	355. 41	9 040	39. 31
33	I649	其他互联网服务	7 026. 04	179 839	39. 07

续表

序号	行业代码	行业名称	专利数量/件	就业人数/人	专利密度/（件/千人）
34	C221	纸浆制造	533.10	13 964	38.18
35	C278	药用辅料及包装材料	1 116.74	29 695	37.61
36	C434	铁路、船舶、航空航天等运输设备修理	7 260.32	195 017	37.23
37	D452	生物质燃气生产和供应业	236.52	6 376	37.10
38	A032	家禽饲养	316.01	8 596	36.76
39	C364	低速汽车制造	422.55	11 498	36.75
40	A014	蔬菜、食用菌及园艺作物种植	648.62	18 198	35.64
41	C374	航空、航天器及设备制造	3 445.28	98 908	34.83
42	C365	电车制造	756.04	21 817	34.65
43	C401	通用仪器仪表制造	25 177.54	733 663	34.32
44	C276	生物药品制品制造	8 342.83	247 507	33.71
45	C396	智能消费设备制造	12 159.13	378 558	32.12
46	C404	光学仪器制造	3 903.55	123 018	31.73
47	C337	搪瓷制品制造	1 400.73	44 888	31.20
48	C353	食品、饮料、烟草及饲料生产专用设备制造	4 808.81	155 077	31.01
49	A019	其他农业	310.60	10 315	30.11
50	C283	生物基材料制造	469.63	15 997	29.36
51	C347	文化、办公用机械制造	6 356.93	218 348	29.11
52	C266	专用化学产品制造	25 958.07	897 228	28.93
53	C372	城市轨道交通设备制造	687.04	24 864	27.63
54	I655	信息处理和存储支持服务	2 652.82	97 652	27.17
55	I653	信息系统集成和物联网技术服务	14 542.99	537 475	27.06
56	A015	水果种植	696.88	26 324	26.47
57	C275	兽用药品制造	2 440.16	100 023	24.40
58	C346	烘炉、风机、包装等设备制造	20 592.00	890 617	23.12
59	C349	其他通用设备制造业	9 263.98	401 095	23.10
60	A031	牲畜饲养	474.02	23 569	20.11
61	C265	合成材料制造	10 821.49	591 792	18.29

序号	行业代码	行业名称	专利数量/件	就业人数/人	专利密度/（件/千人）
62	C268	日用化学产品制造	8 039.57	442 271	18.18
63	B072	天然气开采	529.98	30 413	17.43
64	C254	生物质燃料加工	532.29	31 156	17.08
65	C358	医疗仪器设备及器械制造	11 983.39	723 834	16.56
66	C263	农药制造	2 884.84	174 907	16.49
67	C391	计算机制造	20 934.70	1 285 220	16.29
68	C352	化工、木材、非金属加工专用设备制造	19 875.90	1 248 297	15.92
69	C342	金属加工机械制造	13 503.14	953 818	14.16
70	C341	锅炉及原动设备制造	6 184.19	445 933	13.87
71	C386	非电力家用器具制造	1 806.03	132 125	13.67
72	C343	物料搬运设备制造	7 857.33	575 628	13.65
73	C357	农、林、牧、渔专用机械制造	4 567.05	342 445	13.34
74	C351	采矿、冶金、建筑专用设备制造	14 205.50	1 067 525	13.31
75	C397	电子器件制造	27 000.10	2 071 277	13.04
76	C395	非专业视听设备制造	7 919.91	608 321	13.02
77	C379	潜水救捞及其他未列明运输设备制造	384.32	30 158	12.74
78	C389	其他电气机械及器材制造	2 313.07	182 424	12.68
80	C359	环保、邮政、社会公共服务及其他专用设备制造	12 225.98	1 034 059	11.82
81	A012	豆类、油料和薯类种植	450.38	39 227	11.48
82	I642	互联网信息服务	8 472.93	749 208	11.31
83	C214	塑料家具制造	266.12	24 120	11.03
84	C264	涂料、油墨、颜料及类似产品制造	5 867.32	532 591	11.02
85	C371	铁路运输设备制造	3 824.45	350 304	10.92
86	C306	玻璃纤维和玻璃纤维增强塑料制品制造	2 416.15	228 637	10.57
87	C212	竹、藤家具制造	286.49	27 806	10.30
88	C161	烟叶复烤	198.80	19 815	10.03

续表

序号	行业代码	行业名称	专利数量/件	就业人数/人	专利密度/（件/千人）
89	C282	合成纤维制造	3 390.96	344 585	9.84
90	C384	电池制造	6 469.54	697 790	9.27
91	C174	丝绢纺织及印染精加工	1 266.27	136 699	9.26
92	C405	衡器制造	291.58	32 350	9.01
93	C421	金属废料和碎屑加工处理	1 289.42	145 141	8.88
94	C261	基础化学原料制造	9 838.26	1 110 881	8.86
95	C387	照明器具制造	7 149.06	831 656	8.60
96	C382	输配电及控制设备制造	19 127.21	2 241 544	8.53
97	D462	污水处理及其再生利用	1 486.92	176 585	8.42
98	C392	通信设备制造	16 681.22	1 994 682	8.36
99	C323	稀有稀土金属冶炼	539.88	66 155	8.16
100	C362	汽车用发动机制造	651.51	80 089	8.13
101	C173	麻纺织及染整精加工	527.98	67 369	7.84
102	C403	钟表与计时仪器制造	1 023.71	132 777	7.71
103	C336	金属表面处理及热处理加工	3 188.87	415 544	7.67
104	A042	水产捕捞	8.17	1 067	7.65
105	C271	化学药品原料药制造	2 844.77	377 442	7.54
106	I641	互联网接入及相关服务	1 013.29	137 991	7.34
107	C322	贵金属冶炼	571.43	78 836	7.25
108	C344	泵、阀门、压缩机及类似机械制造	7 943.22	1 114 265	7.13
109	C378	非公路休闲车及零配件制造	248.37	35 232	7.05
110	C385	家用电力器具制造	9 263.13	1 422 667	6.51
111	C314	铁合金冶炼	1 316.44	210 619	6.25
112	C376	自行车和残疾人座车制造	757.87	122 708	6.18
113	C422	非金属废料和碎屑加工处理	735.99	119 566	6.16
114	C307	陶瓷制品制造	7 269.68	1 240 739	5.86
115	B093	稀有稀土金属矿采选	350.69	60 277	5.82
116	O811	汽车、摩托车等修理与维护	5 016.01	877 562	5.72

由此可见，综合两种稳健性检验的结果可以看出，笔者认定的专利密集型产业列表具有稳健性，所采用的方法十分可靠。

第二节 商标密集型产业的认定

《商标法》所指的商标包括商品商标、服务商标和集体商标、证明商标。集体商标，是指以团体、协会或者其他组织名义注册，供该组织成员在商事活动中使用，以表明使用者在该组织中的成员资格的标志。证明商标，是指由对某种商品或者服务具有监督能力的组织所控制，而由该组织以外的单位或者个人使用于其商品或者服务，用以证明该商品或者服务的原产地、原料、制造方法、质量或者其他特定品质的标志。❶ 任何能够将自然人、法人或者其他组织的商品与他人的商品区别开的标志，包括文字、图形、字母、数字、三维标志、颜色组合和声音等，以及上述要素的组合，均可以作为商标申请注册。❷ 笔者的研究中所采用的商标数据仅包括商品商标和服务商标。

与专利密集型产业相比，国内外均很少有研究对商标密集型产业进行分析。2012 年美国商务部经济统计局联合美国专利商标局发布的知识产权密集型产业报告（即《美国报告 2012》）提供了第一份基于数据分析的美国商标密集型产业列表，在产业层面对商标的使用情况进行了分析。2013 年，欧洲专利局和欧盟知识产权局参照美国报告的思路，分析了欧盟商标密集型产业的情况，形成《欧盟报告 2013》。由于商标注册是按商标类别而非按产业类别划分的，因此商标数据与国民经济行业分类之间难以建立联系。笔者的研究借鉴和改进了《美国报告 2012》和《美国报告 2016》中的分析方法，构建了类似的方法来认定商标密集型产业。

第一种方法是与认定专利密集型产业的原理一致的，根据商标注册数量与就业人数之比来衡量一个产业的商标密度，并将商标密度超过平均值的产业认定为商标密集型产业。第二种方法是收集 2017 ～ 2021 年商标注册前 100 强企业的名单，通过企查查数据库分配每个企业所在的产业，统计每个产业出现的次数，将出现 5 次及以上的产业认定为商标密集型产业。第三种方法是从 2017 ～ 2021 年注册的所有商标中随机抽取 720 个样本，利用企查查数据库分配每个抽样样本所属的产业，统计每个产业提取的商标数，将商标数大于均值

---

❶ 《中华人民共和国商标法》（2019 年修正）第 3 条。
❷ 《中华人民共和国商标法》（2019 年修正）第 8 条。

加一个标准差的产业认定为商标密集型产业。最后，将三种方法所认定的产业取并集，形成商标密集型产业最终名单，即任何一种方法认定为商标密集型产业的产业均为商标密集型产业。

一、研究方法

（一）商标密度法

这种方法就是基于产业的商标密度来认定商标密集型产业。产业的商标密度是指，在 2017～2021 年每个产业的商标注册数量与其平均就业人数的比率。就业人数是衡量产业规模的标准，用就业人数来划分商标数量，将商标活动与产业规模相统一。因此，商标密度最高的产业并不必然是商标数量最多的产业，而是人均商标数量最多的产业。笔者将商标密度高于平均值的产业认定为商标密集型产业，这与认定专利密集型产业的方法在本质上是一致的。

数据匹配示意如图 4-1 所示。产业的商标密度通过如下五个步骤来计算。

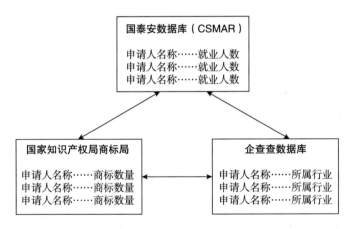

图 4-1 上市公司商标数据、就业人数以及所属行业的匹配示意

（1）通过国泰安数据库获得上市公司的名单和就业人数数据。

（2）在中国国家知识产权局商标局检索上市公司的商标数据。

（3）将上市公司的企业名称与企查查数据库中企业的行业信息进行匹配。

（4）获得产业层面的商标注册量和就业人数。

（5）计算出每个产业的商标密度。

与《美国报告 2012》的研究相类似，笔者的研究也设定了一个最低样本量，即每一个行业中类有 3 家不同的公司和在 5 年期间注册商标 50 件。这些极小值能避免本研究错误地选择那些商标密度高但匹配样本中公司很少或商标注册活动非常低的产业为商标密集型产业。满足这一条件的共有195个行业中类，包括4027家上市公司，占目前所有上市公司的比重约为83%。通过测算，所有产业的平均商标密度为10.08件/千人。笔者将商标密度高于平均值的95个产业认定为商标密集型产业，占比为48.7%。

如表4-11所示，这95个产业跨越绝大多数的国民经济行业部门，主要集中在制造业以及服务业部门。5个产业因商标密度高而脱颖而出：食品、饮料及烟草制品专门零售（132.65件/千人），自行车和残疾人座车制造（121.00件/千人），生态保护（117.56件/千人），乳制品制造（100.13件/千人）和其他文化艺术业（99.98件/千人）。

表4-11　基于商标密度法的商标密集型产业（2017～2021年）

序号	行业代码	行业名称	商标密度/(件/千人)
1	F522	食品、饮料及烟草制品专门零售	132.65
2	C376	自行车和残疾人座车制造	121.00
3	N771	生态保护	117.56
4	C144	乳制品制造	100.13
5	R889	其他文化艺术业	99.98
6	C137	蔬菜、菌类、水果和坚果加工	91.88
7	C139	其他农副食品加工	77.27
8	O809	其他居民服务业	76.03
9	C143	方便食品制造	70.10
10	C211	木质家具制造	69.79
11	R873	影视节目制作	69.55
12	I656	信息技术咨询服务	60.81
13	C151	酒的制造	60.68
14	C177	家用纺织制成品制造	59.53
15	C268	日用化学产品制造	54.32
16	A014	蔬菜、食用菌及园艺作物种植	53.57
17	C273	中药饮片加工	51.71
18	I655	信息处理和存储支持服务	49.41
19	F514	文化、体育用品及器材批发	48.99
20	C149	其他食品制造	47.85

序号	行业代码	行业名称	商标密度/(件/千人)
21	R872	电视	45.00
22	C358	医疗仪器设备及器械制造	42.89
23	C146	调味品、发酵制品制造	41.71
24	R862	出版业	41.15
25	C245	玩具制造	39.33
26	C375	摩托车制造	38.76
27	C176	针织或钩针编织物及其制品制造	36.70
28	C362	汽车用发动机制造	36.34
29	C141	焙烤食品制造	35.26
30	M734	医学研究和试验发展	34.55
31	C263	农药制造	33.23
32	C271	化学药品原料药制造	32.57
33	C181	机织服装制造	31.41
34	C386	非电力家用器具制造	28.83
35	C192	皮革制品制造	28.60
36	M732	工程和技术研究和试验发展	28.25
37	F523	纺织、服装及日用品专门零售	27.62
38	C222	造纸	27.48
39	F512	食品、饮料及烟草制品批发	26.50
40	C385	家用电力器具制造	26.45
41	C338	金属制日用品制造	26.22
42	L729	其他商务服务业	26.12
43	C274	中成药生产	26.08
44	C152	饮料制造	25.72
45	M751	技术推广服务	24.29
46	C332	金属工具制造	23.22
47	G544	道路运输辅助活动	22.98
48	C272	化学药品制剂制造	22.28
49	C219	其他家具制造	21.75
50	C241	文教办公用品制造	21.33
51	I659	其他信息技术服务业	20.59

续表

序号	行业代码	行业名称	商标密度/(件/千人)
52	C306	玻璃纤维和玻璃纤维增强塑料制品制造	20.15
53	C136	水产品加工	19.80
54	L724	咨询与调查	19.76
55	C135	屠宰及肉类加工	19.60
56	C264	涂料、油墨、颜料及类似产品制造	18.70
57	C203	木质制品制造	18.57
58	C213	金属家具制造	18.50
59	F513	纺织、服装及家庭用品批发	17.38
60	C393	广播电视设备制造	16.67
61	I651	软件开发	16.56
62	N784	绿化管理	16.51
63	F515	医药及医疗器材批发	16.08
64	F519	其他批发业	15.87
65	C303	砖瓦、石材等建筑材料制造	15.49
66	M749	工业与专业设计及其他专业技术服务	15.44
67	C361	汽车整车制造	14.99
68	C419	其他未列明制造业	14.02
69	C389	其他电气机械及器材制造	13.92
70	C404	光学仪器制造	13.84
71	A041	水产养殖	13.75
72	C244	体育用品制造	13.74
73	C323	稀有稀土金属冶炼	13.72
74	I642	互联网信息服务	13.47
75	F529	货摊、无店铺及其他零售业	12.98
76	F527	家用电器及电子产品专门零售	12.88
77	F518	贸易经纪与代理	12.81
78	C277	卫生材料及医药用品制造	12.54
79	M759	其他科技推广服务业	12.48
80	A019	其他农业	11.88
81	E499	其他建筑安装业	11.83
82	D45	燃气生产和供应业	11.75

续表

序号	行业代码	行业名称	商标密度/(件/千人)
83	C266	专用化学产品制造	11.73
84	F511	农、林、牧、渔产品批发	11.66
85	E501	建筑装饰和装修业	11.66
86	C262	肥料制造	11.52
87	F521	综合零售	11.51
88	C265	合成材料制造	11.32
89	A032	家禽饲养	11.21
90	I652	集成电路设计	10.81
91	C292	塑料制品业	10.38
92	C373	船舶及相关装置制造	10.34
93	C343	物料搬运设备制造	10.33
94	F524	文化、体育用品及器材专门零售	10.27
95	C172	毛纺织及染整精加工	10.15
所有产业平均值			10.08

（二）商标注册 100 强法

借鉴美国报告中商标注册 50 强的方法，根据 2017～2021 年 IPRdaily 与国方商标软件联合发布的商标申请人申请量 TOP100 名单，统计每个中国企业申请人所在的产业，将出现 5 次及以上的产业认定为商标密集型产业。IPRdaily 与国方商标软件联合发布的商标申请人申请量 TOP100 名单中存在个人申请人以及国外企业或港澳台企业，但由于难以确定个人申请人所属企业，也无法确定国外或港澳台企业所属产业，因此删除个人申请人以及国外企业或港澳台企业。最终，2017～2021 年商标申请人申请量 TOP100 名单中包括 396 家中国企业。

由于这些名单没有提供相关企业的国民经济行业分类，笔者探索性地使用企查查数据库来匹配和确定名单中每一家企业所属的产业。企查查数据库是全国企业信息查询系统和官方备案企业征信机构，作为全球首个移动端一站式企业信用信息查询平台，该数据库为国内外用户提供快速查询企业信息服务，2021 年平台总用户数已达到 3 亿。笔者在查询的基础上，进一步统计每个产业出现的次数，并将出现 5 次及以上的产业认定为商标密集型产业。

由数据统计可以得知，2017～2021 年商标 100 强企业分布在 77 个行业中类中，其中，23 个产业出现的次数在 5 次及以上，如表 4－12 所示。"其他科技推广服务业"出现 32 次而位居榜首，出现 10 次以上的产业还包括"组织管理服务""技术推广服务""软件开发""综合零售""其他批发业""其他商务服务业""货摊、无店铺及其他零售业""其他信息技术服务业"。采用商标注册 100 强法认定的 23 个产业中有 18 个产业也属于基于商标密度法认定的商标密集型产业，因此这种方法验证了商标密度法的可靠性。

表 4－12　基于商标注册 100 强法的商标密集型产业（2017 ～ 2021 年）

序号	行业代码	行业名称	出现次数/次
1	M759	其他科技推广服务业	32
2	L721	组织管理服务	25
3	M751	技术推广服务	25
4	I651	软件开发	24
5	F521	综合零售	13
6	F519	其他批发业	12
7	L729	其他商务服务业	12
8	F529	货摊、无店铺及其他零售业	10
9	I659	其他信息技术服务业	10
10	F522	食品、饮料及烟草制品专门零售	7
11	C361	汽车整车制造	6
12	F512	食品、饮料及烟草制品批发	6
13	F513	纺织、服装及家庭用品批发	6
14	I642	互联网信息服务	6
15	M749	工业与专业设计及其他专业技术服务	6
16	C144	乳制品制造	5
17	C151	酒的制造	5
18	C399	其他电子设备制造	5
19	K701	房地产开发经营	5
20	L724	咨询与调查	5
21	L725	广告业	5
22	M732	工程和技术研究和试验发展	5
23	R881	文艺创作与表演	5

（三）随机取样法

根据商标密度法和商标注册 100 强法认定商标密集型产业的缺点在于，这两种方法均选择了注册商标数量较大的大型公司作为分析样本，忽略了由较小或成立时间较短的公司组成的产业，因此可能存在选择偏差。为克服这一缺点，笔者从 2017～2021 年注册的所有商标中随机抽取部分样本，作为分析的补充。具体方法如下。

从国家知识产权局商标局查询可知，2017～2021 年注册的所有商标在第 1534～1677 期商标公告上进行发布，笔者从每一期中随机抽取 5 件注册商标，共抽取 720 件注册商标。在这 720 件商标注册中，有 569 件商标注册属于中国企业，约占 80%。然后，与商标注册 100 强法类似，通过企查查数据库匹配每个抽样样本所属的产业，统计每个产业提取的商标数，将商标数大于均值加一个标准差的产业认定为商标密集型产业。尽管样本的总规模有限，但随机抽样覆盖了 2017～2021 年注册商标公布的所有 144 期，样本的取样范围足够大，能够保障取样的随机性与结果的准确性。同时样本的产业分布加强了前述两种方法所呈现出的商标使用的广度和深度。

从这些数据统计结果发现，随机抽取的企业分布在 124 个行业中类中，表 4-13 列出了出现次数大于 10 次的 13 个产业的名单及其所占份额。设置出现次数为 10 次是因为它比所有产业出现次数的平均值高出一个标准差，该设置方法与《美国报告 2012》相类似。整体来看，入选的 13 个产业中分别有 12 个产业出现在前两种方法入选的名单中，全部 13 个产业均包括在前两种方法认定的名单中。因此，随机取样法进一步验证了前述方法的准确性、可靠性和有效性。

表 4-13 基于随机取样法的商标密集型产业（2017～2021 年）

序号	行业代码	行业名称	出现百分比
1	M759	其他科技推广服务业	7.3%
2	L721	组织管理服务	6.0%
3	F529	货摊、无店铺及其他零售业	5.6%
4	M751	技术推广服务	4.5%
5	F519	其他批发业	4.1%
6	F513	纺织、服装及家庭用品批发	3.8%
7	L729	其他商务服务业	3.8%
8	F521	综合零售	3.6%
9	F512	食品、饮料及烟草制品批发	3.2%
10	I659	其他信息技术服务业	2.6%

续表

序号	行业代码	行业名称	出现百分比
11	I651	软件开发	2.4%
12	M732	工程和技术研究和试验发展	2.4%
13	R889	其他文化艺术业	2.1%

二、商标密集型产业列表

商标密度法是数据最密集的方法，它逐一检索了 2017～2021 年中国 4027 家上市公司的商标注册数据，并与国泰安数据库中公司的就业数据以及企查查数据库中公司的行业信息进行了匹配，从而得到了产业的商标密度。然而，它仍有局限性，因为它忽略了大部分没有上市的较小或成立时间不长的公司。❶第二种和第三种方法弥补了第一种方法的这些缺点，因此能很好地作为第一种方法的补充。有趣的是，三种方法的结果存在显著的一致性，后两种方法筛选出的大多数产业也出现在使用第一种方法筛选出来的产业列表中。尽管如此，由于每一种方法都存在局限性，为弥补这一不足，笔者将三种方法互补，并将三种方法中的任何一种认定的产业都认定为商标密集型产业。❷

表 4-14 显示了 100 件商标密集型产业的完整列表。在该表列出的所有产业中，有 95 个产业是基于商标密度高于平均值而筛选出来的，有 5 个产业是根据商标注册 100 强法和随机抽样法作为补充而得到的。与专利密集型产业类似，第二产业部门在商标密集型产业中占据着重要地位，100 个商标密集型产业中有 58 个产业属于第二产业部门，占比为 58%，其中 55 个产业集中在制造业中。列表中其余的 42 个产业有 4 个产业属于第一产业部门，有 38 个产业属于第三产业部门。与专利密集型产业相比，商标密集型产业中服务业（第三产业部门）的比重明显更高。商标密集型产业的分布多样性反映了商标使用的广度和强度。

---

❶ Economics and Statistics Administration, United States Patent and Trademark Office. Intellectual property and the U. S. economy: industries in focus [R/OL]. (2012 – 02 – 24) [2022 – 11 – 21]. https://www. uspto. gov/sites/default/files/news/publications/IP_Report_March_2012. pdf.

❷ Economics and Statistics Administration, United States Patent and Trademark Office. Intellectual property and the U. S. economy: industries in focus [R/OL]. (2012 – 02 – 24) [2022 – 11 – 21]. https://www. uspto. gov/sites/default/files/news/publications/IP_Report_March_2012. pdf; Economics and Statistics Administration, United States Patent and Trademark Office. Intellectual property and the U. S. economy: 2016 update [R/OL]. (2016 – 09 – 26) [2022 – 11 – 21]. https://www. commerce. gov/data – and – reports/reports/2016/09/intellectual – property – and – us – economy – 2016 – u – pdate.

表 4 – 14　商标密集型产业与筛选标准（2017 ～ 2021 年）

序号	行业代码	行业名称	筛选标准		
			商标密度法	商标注册100 强法	随机抽样法
1	A014	蔬菜、食用菌及园艺作物种植	√		
2	A019	其他农业	√		
3	A032	家禽饲养	√		
4	A041	水产养殖	√		
5	C135	屠宰及肉类加工	√		
6	C136	水产品加工	√		
7	C137	蔬菜、菌类、水果和坚果加工	√		
8	C139	其他农副食品加工	√		
9	C141	焙烤食品制造	√		
10	C143	方便食品制造	√		
11	C144	乳制品制造	√	√	
12	C146	调味品、发酵制品制造	√		
13	C149	其他食品制造	√		
14	C151	酒的制造	√	√	
15	C152	饮料制造	√		
16	C172	毛纺织及染整精加工	√		
17	C176	针织或钩针编织物及其制品制造	√		
18	C177	家用纺织制成品制造	√		
19	C181	机织服装制造	√		
20	C192	皮革制品制造	√		
21	C203	木质制品制造	√		
22	C211	木质家具制造	√		
23	C213	金属家具制造	√		
24	C219	其他家具制造	√		
25	C222	造纸	√		
26	C241	文教办公用品制造	√		
27	C244	体育用品制造	√		
28	C245	玩具制造	√		
29	C262	肥料制造	√		
30	C263	农药制造	√		
31	C264	涂料、油墨、颜料及类似产品制造	√		

续表

序号	行业代码	行业名称	筛选标准		
			商标密度法	商标注册100强法	随机抽样法
32	C265	合成材料制造	√		
33	C266	专用化学产品制造	√		
34	C268	日用化学产品制造	√		
35	C271	化学药品原料药制造	√		
36	C272	化学药品制剂制造	√		
37	C273	中药饮片加工	√		
38	C274	中成药生产	√		
39	C277	卫生材料及医药用品制造	√		
40	C292	塑料制品业	√		
41	C303	砖瓦、石材等建筑材料制造	√		
42	C306	玻璃纤维和玻璃纤维增强塑料制品制造	√		
43	C323	稀有稀土金属冶炼	√		
44	C332	金属工具制造	√		
45	C338	金属制日用品制造	√		
46	C343	物料搬运设备制造	√		
47	C358	医疗仪器设备及器械制造	√		
48	C361	汽车整车制造	√	√	
49	C362	汽车用发动机制造	√		
50	C373	船舶及相关装置制造	√		
51	C375	摩托车制造	√		
52	C376	自行车和残疾人座车制造	√		
53	C385	家用电力器具制造	√		
54	C386	非电力家用器具制造	√		
55	C389	其他电气机械及器材制造	√		
56	C393	广播电视设备制造	√		
57	C399	其他电子设备制造		√	
58	C404	光学仪器制造	√		
59	C419	其他未列明制造业	√		
60	D451	燃气生产和供应业	√		

序号	行业代码	行业名称	筛选标准		
			商标密度法	商标注册100强法	随机抽样法
61	E499	其他建筑安装业	√		
62	E501	建筑装饰和装修业	√		
63	F511	农、林、牧、渔产品批发	√		
64	F512	食品、饮料及烟草制品批发	√	√	√
65	F513	纺织、服装及家庭用品批发	√	√	√
66	F514	文化、体育用品及器材批发	√		
67	F515	医药及医疗器材批发	√		
68	F518	贸易经纪与代理	√		
69	F519	其他批发业	√	√	√
70	F521	综合零售	√	√	√
71	F522	食品、饮料及烟草制品专门零售	√	√	
72	F523	纺织、服装及日用品专门零售	√		
73	F524	文化、体育用品及器材专门零售	√		
74	F527	家用电器及电子产品专门零售	√		
75	F529	货摊、无店铺及其他零售业	√	√	√
76	G544	道路运输辅助活动	√		
77	I642	互联网信息服务	√	√	
78	I651	软件开发	√	√	√
79	I652	集成电路设计	√		
80	I655	信息处理和存储支持服务	√		
81	I656	信息技术咨询服务	√		
82	I659	其他信息技术服务业	√	√	√
83	K701	房地产开发经营		√	
84	L721	组织管理服务			√
85	L724	咨询与调查	√	√	
86	L725	广告业		√	
87	L729	其他商务服务业	√	√	√
88	M732	工程和技术研究和试验发展	√	√	√
89	M734	医学研究和试验发展	√		
90	M749	工业与专业设计及其他专业技术服务	√	√	

续表

序号	行业代码	行业名称	筛选标准		
			商标密度法	商标注册 100 强法	随机抽样法
91	M751	技术推广服务	√	√	√
92	M759	其他科技推广服务业	√	√	√
93	N771	生态保护	√		
94	N784	绿化管理	√		
95	O809	其他居民服务业	√		
96	R862	出版业	√		
97	R872	电视	√		
98	R873	影视节目制作	√		
99	R881	文艺创作与表演		√	
100	R889	其他文化艺术业	√		√
合计			95	23	13

三、稳健性检验

由于商标尼斯分类和国民经济行业分类存在概念上的差异，因此商标分类和产业分类之间没有直接的对应关系。国民经济行业分类是根据企业的主要经济活动来定义的，即每一个行业类别按照同一种经济活动的性质划分。根据《国民经济行业分类》（GB/T 4754—2017），我国国民经济行业分类包括 20 个门类，97 个大类，473 个中类和 1381 个小类。而商标尼斯分类标明的是注册商标所涉及的商品或服务的类型，包括 45 个类别。尽管很难精确地将商标尼斯分类与国民经济行业分类联系起来，但根据商标尼斯分类分析商标注册的分布情况与商标密集型产业之间的相关性，能够提供稳健性检验方法。表 4 - 15 列出了 2020 ~ 2021 年按商标尼斯分类划分的注册总数量，并按商标数量进行了排序。这些数据提供了最常使用商标进行保护的商品或服务的类别。

如表 4 - 15 所示，前 10 个类别的注册量占所有注册量的 50% 以上。其中三个类别——广告和商业等服务、教育和娱乐、科学技术服务，涵盖了从批发零售贸易到商业服务，教育、艺术和娱乐产业，专业技术服务和科学技术推广等；植物类食品、调味佐料，肉类和加工食品主要涉及农、林、牧、渔业，食品制造业和农副产品制造业；电气和科研仪器及器械主要涉及电气机械和器材制造业，计算机、通信和其他电子设备制造业，仪器仪表制造业；服装、鞋、帽主要涉及纺织业，服饰业、纺织服装，工美、文教、体育和娱乐用品制造业等；清洁制剂和化妆品、药品和其他医用制剂主要涉及化学原料和化学制品制造业、医药制造业等。可以发现，大部分商标密集型产业与前 10 个类别相对应。

表 4 - 15　2020 ～ 2021 年按商标注册类别及注册数量排名的商标注册量

类别	类别名称	商标注册量/件	占比/%	累计占比/%
第 35 类	广告和商业等服务	1 549 998	12.1	12.1
第 30 类	植物类食品、调味佐料	820 046	6.4	18.5
第 9 类	电气和科研仪器及器械	711 582	5.5	24.0
第 25 类	服装、鞋、帽	660 084	5.1	29.2
第 29 类	肉类和加工食品	606 434	4.7	33.9
第 43 类	住宿与餐饮	552 621	4.3	38.2
第 3 类	清洁制剂和化妆品	492 197	3.8	42.0
第 5 类	药品和其他医用制剂	468 754	3.7	45.7
第 41 类	教育和娱乐	452 731	3.5	49.2
第 42 类	科学技术服务	392 386	3.1	52.3
第 31 类	未加工的农作物	366 181	2.9	55.1
第 21 类	家用或厨房用具和容器	357 348	2.8	57.9
第 16 类	纸制品和办公用品	322 245	2.5	60.4
第 33 类	含酒精的饮料	321 666	2.5	62.9
第 20 类	家具及其部件	312 224	2.4	65.3
第 11 类	照明、加热等装置	311 747	2.4	67.8
第 10 类	医疗仪器、器械及用品	283 183	2.2	70.0
第 7 类	机器、机床、马达和引擎	282 678	2.2	72.2
第 32 类	不含酒精的饮料及啤酒	272 331	2.1	74.3
第 28 类	游戏器具和玩具	229 558	1.8	76.1
第 44 类	医疗服务	221 948	1.7	77.8
第 24 类	纺织品和布料	192 628	1.5	79.3
第 6 类	金属制品	188 054	1.5	80.8
第 1 类	化学制品	183 884	1.4	82.2
第 14 类	贵重金属制品	181 595	1.4	83.6

续表

类别	类别名称	商标注册量/件	占比/%	累计占比/%
第18类	皮革和人造皮革	175 838	1.4	85.0
第37类	房屋建筑	170 649	1.3	86.3
第12类	运载工具	156 034	1.2	87.6
第19类	非金属建筑材料	153 217	1.2	88.8
第39类	运输	151 614	1.2	89.9
第40类	材料处理	147 906	1.2	91.1
第38类	电信	144 282	1.1	92.2
第36类	保险和金融	139 944	1.1	93.3
第45类	法律服务	126 390	1.0	94.3
第8类	手动器具	108 273	0.8	95.1
第17类	橡胶塑料制品	90 406	0.7	95.8
第27类	地板和墙壁制品	84 129	0.7	96.5
第26类	缝纫用品	79 225	0.6	97.1
第2类	颜料、染料和防腐制品	78 450	0.6	97.7
第4类	油脂与燃料	67 734	0.5	98.2
第22类	绳缆及帆篷制品	58 636	0.5	98.7
第34类	烟草及其制品	55 198	0.4	99.1
第15类	乐器	47 285	0.4	99.5
第23类	纺织用纱和线	36 629	0.3	99.8
第13类	火器、军火及弹药	27 511	0.2	100.0
合计		12 833 453	100.0	—

第三节　版权密集型产业的认定

版权亦称为"著作权"，是指作者对其作品所享有的合法性权利。《著作权法》所称的作品，是指文学、艺术和科学领域内具有独创性并能以一定形式表现的智力成果，包括：

（1）文字作品；

（2）口述作品；

（3）音乐、戏剧、曲艺、舞蹈、杂技艺术作品；

（4）美术、建筑作品；

（5）摄影作品；

（6）视听作品；

（7）工程设计图、产品设计图、地图、示意图等图形作品和模型作品；

（8）计算机软件；

（9）符合作品特征的其他智力成果。❶

根据《著作权法》的有关规定，中国公民、法人或者非法人组织的作品，不论是否发表，依法享有著作权；外国人、无国籍人的作品首先在中国境内出版的，依法享有著作权。❷ 作者等著作权人可以向国家著作权主管部门认定的登记机构办理作品登记。❸

一、研究方法

同专利和商标相比，作品完成就自动取得版权，因此几乎无法获得准确的版权数据，也就很难通过测算产业的版权密度来认定版权密集型产业，这使得版权密集型产业的认定方法与专利密集型产业和商标密集型产业的认定方法截然不同。与美国和欧盟的研究类似，笔者认定版权密集型产业的方法重点参考了 WIPO 所发布的《WIPO 指南 2015》内关于版权产业的具体分类。

二、产业认定

根据本书第三章的分析，笔者将版权产业中的核心版权产业直接认定为版权密集型产业。基于国家版权局公布的版权产业与国民经济行业代码的对应关系，笔者认定的版权密集型产业（核心版权产业）包含音乐、戏剧制作、曲艺、文字作品，电影和影带，以及舞蹈和杂技等 9 个类型，详细目录及与国民经济行业分类的对应如表 4-16 所示。

---

❶ 《中华人民共和国著作权法》（2020 年修正）第 3 条。

❷ 《中华人民共和国著作权法》（2020 年修正）第 2 条。

❸ 《中华人民共和国著作权法》（2020 年修正）第 12 条。

表 4-16 核心版权产业与国民经济行业分类的对应关系

序号	产业组	与《国民经济行业分类》（GB/T 4754—2002）的对应	与《国民经济行业分类》（GB/T 4754—2011）的对应	与《国民经济行业分类》（GB/T 4754—2017）的对应
1	文字作品	9010——文艺创作与表演	8710——文艺创作与表演	8810——文艺创作与表演
		7494——办公服务	7294——办公服务	7293——办公服务
				7294——翻译服务
		8822——报纸出版	8522——报纸出版	8622——报纸出版
		8810——新闻业	8510——新闻业	8610——新闻业
		8823——期刊出版	8523——期刊出版	8623——期刊出版
		8821——图书出版	8521——图书出版	8621——图书出版
		8829——其他出版	8529——其他出版	8629——其他出版
		2311——书、报刊印刷	2311——书、报刊印刷	2311——书、报刊印刷
		2312——本册印刷	2312——本册印刷	2312——本册印刷
		2319——包装装潢及其他印刷	2319——包装装潢及其他印刷	2319——包装装潢及其他印刷
		2320——装订及其他印刷服务	2320——装订及其他印刷服务	2320——装订及其他印刷服务
		6343——图书批发	5143——图书批发	5143——图书批发
		6344——报刊批发	5144——报刊批发	5144——报刊批发
		6543——图书零售	5243——图书、报刊零售	5243——图书、报刊零售
		6544——报刊零售		
		9031——图书馆	8731——图书馆	8831——图书馆
2	音乐、戏剧制作、曲艺、舞蹈和杂技	9010——文艺创作与表演	8710——文艺创作与表演	8810——文艺创作与表演
		9070——群众文化活动	8770——群众文化活动	8870——群众文体活动
		9080——文化艺术经纪代理	8941——文化娱乐经纪人	9053——文化娱乐经纪人
		9210——室内娱乐活动	8911——歌舞厅娱乐活动	9011——歌舞厅娱乐活动
			8912——电子游戏厅娱乐活动	9012——电子游戏厅娱乐活动
			8913——网吧活动	9013——网吧活动
			8919——其他室内娱乐活动	9019——其他室内娱乐活动
		9290——其他娱乐活动	8990——其他娱乐活动	9090——其他娱乐活动
				9030——休闲观光活动
			8930——彩票活动	9041——体育彩票服务

续表

序号	产业组	与《国民经济行业分类》（GB/T 4754—2002）的对应	与《国民经济行业分类》（GB/T 4754—2011）的对应	与《国民经济行业分类》（GB/T 4754—2017）的对应
2	音乐、戏剧制作、曲艺、舞蹈和杂技			9042——福利彩票服务
				9049——其他彩票服务
		8824——音像制品出版	8524——音像制品出版	8624——音像制品出版
		8825——电子出版物出版	8525——电子出版物出版	8625——电子出版物出版
		8940——音像制作	8630——电影和影视节目制作	8730——影视节目制作
			8660——录音制作	8770——录音制作
		2330——记录媒介的复制	2330——记录媒介的复制	2330——记录媒介的复制
		6345——音像制品及电子出版物批发	5145——音像制品及电子出版物批发	5145——音像制品及电子出版物批发
		6545——音像制品及电子出版物零售	5244——音像制品及电子出版物零售	5244——音像制品及电子出版物零售
		7321——图书及音像制品出租	7122——图书出租	7124——图书出租
			7123——音像制品出租	7125——音像制品出租
		9020——艺术表演场所	8720——艺术表演场所	8820——艺术表演场所
3	电影和影带	9010——文艺创作与表演	8710——文艺创作与表演	8810——文艺创作与表演
		8931——电影制作与发行	8630——电影和影视节目制作	8730——影视节目制作
			8640——电影和影视节目发行	8750——电影和广播电视节目发行
		8932——电影放映	8650——电影放映	8760——电影放映
		7321——图书及音像制品出租	7122——图书出租	7124——图书出租
			7123——音像制品出租	7125——音像制品出租
		2330——记录媒介的复制	2330——记录媒介的复制	2330——记录媒介的复制
4	广播电视	8910——广播	8610——广播	8710——广播
		8920——电视	8620——电视	8720——电视
				8740——广播电视集成播控
			8630——电影和影视节目制作	8730——影视节目制作

序号	产业组	与《国民经济行业分类》（GB/T 4754—2002）的对应	与《国民经济行业分类》（GB/T 4754—2011）的对应	与《国民经济行业分类》（GB/T 4754—2017）的对应
4	广播电视	6031——有线广播电视传输服务	6321——有线广播电视传输服务	6321——有线广播电视传输服务
		6040——卫星传输服务	6330——卫星传输服务	6331——广播电视卫星传输服务
				6339——其他卫星传输服务
		6032——无线广播电视传输服务	6322——无线广播电视传输服务	6322——无线广播电视传输服务
5	摄影	8280——摄影扩印服务	7492——摄影扩印服务	8060——摄影扩印服务
6	软件和数据库	6211——基础软件服务	6510——软件开发	6511——基础软件开发
		6212——应用软件服务		6512——支撑软件开发
		6290——其他软件服务		6513——应用软件开发
				6519——其他软件开发
		6375——计算机、软件及辅助设备批发	5177——计算机、软件及辅助设备批发	5176——计算机、软件及辅助设备批发
		6572——计算机、软件及辅助设备零售	5273——计算机、软件及辅助设备零售	5273——计算机、软件及辅助设备零售
		6020——互联网信息服务	6420——互联网信息服务	6421——互联网搜索服务
				6422——互联网游戏服务
				6429——互联网其他信息服务
		6190——其他计算机服务	6530——信息技术咨询服务	6560——信息技术咨询服务
			6599——其他未列明信息技术服务业	6599——其他未列明信息技术服务业
			8913——网吧活动	9013——网吧活动
		6019——其他电信服务	6319——其他电信服务	6319——其他电信服务
			6410——互联网接入及相关服务	6410——互联网接入及相关服务
			6490——其他互联网服务	6490——其他互联网服务
		6120——数据处理	6540——数据处理和存储服务	6431——互联网生产服务平台

序号	产业组	与《国民经济行业分类》（GB/T 4754—2002）的对应	与《国民经济行业分类》（GB/T 4754—2011）的对应	与《国民经济行业分类》（GB/T 4754—2017）的对应
6	软件和数据库			6432——互联网生活服务平台
				6433——互联网科技创新平台
				6434——互联网公共服务平台
				6439——其他互联网平台
				6440——互联网安全服务
				6450——互联网数据服务
7	美术与建筑设计、图形和模型作品	9010——文艺创作与表演	8710——文艺创作与表演	8810——文艺创作与表演
		3133——建筑用石加工	3033——建筑用石加工	3032——建筑用石加工
		6346——首饰、工艺品及收藏品批发	5146——首饰、工艺品及收藏品批发	5146——首饰、工艺品及收藏品批发
		6547——工艺美术品及收藏品零售	5246——工艺美术品及收藏品零售	5246——工艺美术品及收藏品零售
		7672——工程勘察设计	7482——工程勘察设计	7483——工程勘察活动
				7484——工程设计活动
		7640——测绘服务	7440——测绘服务	7441——遥感测绘服务
				7449——其他测绘地理信息服务
		7673——规划管理	7483——规划管理	7485——规划设计管理
				7486——土地规划管理
		7690——其他专业技术服务	7491——专业化设计服务	7491——外观设计服务
				7492——专业设计服务
			7499——其他未列明专业技术服务业	7499——其他未列明专业技术服务业
8	广告服务	7440——广告业	7240——广告业	7251——互联网广告服务
				7259——其他广告服务
9	版权集体管理与服务	—	—	—

　　在这里还要特别强调的是，鉴于国家版权局公布的版权核心产业是在行业小类层面认定的，而专利密集型产业和商标密集型产业是在行业中类层面认定的，为使行业类别层级相统一，将版权密集型产业整合到行业中类层面，并将行业小类中有50%及以上为核心版权产业的行业中类认定为中类层面的版权密集型产业。如印刷（C231）包括书、报刊印刷（C2311），本册印刷（C2312）和包装装潢及其他印刷（C2319）三个小类，这三个小类全部为行业小类层面的核心版权产业，占比超过50%，因此将印刷（C231）认定为行业中类层面的版权密集型产业；而砖瓦、石材等建筑材料制造（C303）包括黏土砖瓦及建筑砌块制造（C3031）、建筑用石加工（C3032）、防水建筑材料制造隔热（C3033）、隔音材料制造（C3034）和其他建筑材料制造（C3039）五个小类，仅建筑用石加工（C3032）为小类层面的核心版权产业，占比小于50%，因此不将砖瓦、石材等建筑材料制造（C303）认定为行业中类层面的版权密集型产业。笔者的研究总共认定37个行业中类层面的版权密集型产业，具体如表4-17所示。

表4-17　版权密集型产业列表

序号	行业代码	行业名称	核心版权产业〔与《国民经济行业分类》（GB/T 4754—2017）的对应〕
1	C231	印刷	2311——书、报刊印刷
			2312——本册印刷
			2319——包装装潢及其他印刷
2	232	装订及印刷相关服务	2320——装订及其他印刷服务
3	233	记录媒介复制	2330——记录媒介的复制
4	514	文化、体育用品及器材批发	5143——图书批发
			5144——报刊批发
			5145——音像制品及电子出版物批发
			5146——首饰、工艺品及收藏品批发
5	632	广播电视传输服务	6321——有线广播电视传输服务
			6322——无线广播电视传输服务
6	633	卫星传输服务	6331——广播电视卫星传输服务
			6339——其他卫星传输服务
7	641	互联网接入及相关服务	6410——互联网接入及相关服务
8	642	互联网信息服务	6421——互联网搜索服务
			6422——互联网游戏服务
			6429——互联网其他信息服务

序号	行业代码	行业名称	核心版权产业［与《国民经济行业分类》 （GB/T 4754—2017）的对应］
9	643	互联网平台	6431——互联网生产服务平台
			6432——互联网生活服务平台
			6433——互联网科技创新平台
			6434——互联网公共服务平台
			6439——其他互联网平台
10	644	互联网安全服务	6440——互联网安全服务
11	645	互联网数据服务	6450——互联网数据服务
12	649	其他互联网服务	6490——其他互联网服务
13	651	软件开发	6511——基础软件开发
			6512——支撑软件开发
			6513——应用软件开发
			6519——其他软件开发
14	656	信息技术咨询服务	6560——信息技术咨询服务
15	659	其他信息技术服务业	6599——其他未列明信息技术服务业
16	725	广告业	7251——互联网广告服务
			7259——其他广告服务
17	744	测绘地理信息服务	7441——遥感测绘服务
			7449——其他测绘地理信息服务
18	748	工程技术与设计服务	7483——工程勘察活动
			7484——工程设计活动
			7485——规划设计管理
			7486——土地规划管理
19	749	工业与专业设计及其他专业技术服务	7491——外观设计服务
			7492——专业设计服务
			7499——其他未列明专业技术服务业
20	806	摄影扩印服务	8060——摄影扩印服务
21	861	新闻业	8610——新闻业
22	862	出版业	8621——图书出版
			8622——报纸出版
			8623——期刊出版
			8624——音像制品出版

序号	行业代码	行业名称	核心版权产业［与《国民经济行业分类》（GB/T 4754—2017）的对应］
22	862	出版业	8625——电子出版物出版
			8626——电子出版
			8629——其他出版
23	871	广播	8710——广播
24	872	电视	8720——电视
25	873	影视节目制作	8730——影视节目制作
26	874	广播电视集成播控	8740——广播电视集成播控
27	875	电影和广播电视节目发行	8750——电影和广播电视节目发行
28	876	电影放映	8760——电影放映
29	877	录音制作	8770——录音制作
30	881	文艺创作与表演	8810——文艺创作与表演
31	882	艺术表演场馆	8820——艺术表演场所
32	883	图书馆与档案馆	8831——图书馆
33	887	群众文体活动	8870——群众文体活动
34	901	室内娱乐活动	9011——歌舞厅娱乐活动
			9012——电子游戏厅娱乐活动
			9013——网吧活动
			9019——其他室内娱乐活动
35	903	休闲观光活动	9030——休闲观光活动
36	904	彩票活动	9041——体育彩票服务
			9042——福利彩票服务
			9049——其他彩票服务
37	909	其他娱乐业	9090——其他娱乐活动

第四节　知识产权密集型产业列表

笔者对专利密集型产业、商标密集型产业和版权密集型产业的列表进行梳理分析后，得到了213个知识产权密集型产业，结果如表4-18所示。从表中可以发现，专利往往在第二产业部门中被更密集地使用，116个专利密集型产业中有 90 个产业集中在第二产业部门，主要包括化工、医药、设备、电气、计算机和仪器仪表等制造业；商标密集型产业主要分布在第二产业和第三产业部门中，100 个商标密集型产业中有 58 个产业分布在第二产业部门，38 个产业分布在第三产业部门；版权往往在第三产业部门中被更密集地使用，37 个版权密集型产业中有 34 个产业集中在第三产业部门，主要包括互联网、软件、新闻出版、广播电视、文化艺术与娱乐等服务业。

知识产权密集型产业之间往往存在一些重叠现象：116 个专利密集型产业中有 24 个产业属于商标密集型产业，37 个版权密集型产业中有 11 个产业属于商标密集型产业，专利密集型产业和版权密集型产业之间有 8 个产业重叠。鉴于知识产权密集型产业中存在的重叠，因此这 213 个产业的总数小于各部分的累计总和。在 213 个知识产权密集型产业中，12 个产业属于第一产业部门，占比为 5.6%；134 个产业属于第二产业部门，占比为 62.9%；其余 67 个产业属于第三产业部门，占比为 31.5%。表 4 – 18 列出了所有的 213 个知识产权密集型产业，并指出了每个产业密集使用知识产权的类型。

表 4 – 18　知识产权密集型产业列表及筛选标准（2017～2021 年）

序号	行业代码	行业名称	筛选标准		
			专利密集	商标密集	版权密集
1	A012	豆类、油料和薯类种植	√		
2	A014	蔬菜、食用菌及园艺作物种植	√	√	
3	A015	水果种植	√		
4	A016	坚果、含油果、香料和饮料作物种植	√		
5	A017	中药材种植	√		
6	A019	其他农业	√	√	
7	A021	林木育种和育苗	√		
8	A031	牲畜饲养	√		
9	A032	家禽饲养	√	√	
10	A039	其他畜牧业	√		
11	A041	水产养殖	√	√	
12	A042	水产捕捞	√		
13	B072	天然气开采	√		
14	B093	稀有稀土金属矿采选	√		
15	B120	其他采矿业	√		

续表

序号	行业代码	行业名称	筛选标准		
			专利密集	商标密集	版权密集
16	C131	谷物磨制	√		
17	C135	屠宰及肉类加工		√	
18	C136	水产品加工		√	
19	C137	蔬菜、菌类、水果和坚果加工		√	
20	C139	其他农副食品加工		√	
21	C141	焙烤食品制造		√	
22	C143	方便食品制造		√	
23	C144	乳制品制造		√	
24	C146	调味品、发酵制品制造		√	
25	C149	其他食品制造		√	
26	C151	酒的制造		√	
27	C152	饮料制造		√	
28	C161	烟叶复烤	√		
29	C169	其他烟草制品制造	√		
30	C172	毛纺织及染整精加工		√	
31	C173	麻纺织及染整精加工	√		
32	C174	丝绢纺织及印染精加工	√		
33	C176	针织或钩针编织物及其制品制造		√	
34	C177	家用纺织制成品制造		√	
35	C181	机织服装制造		√	
36	C192	皮革制品制造		√	
37	C203	木质制品制造		√	
38	C204	竹、藤、棕、草等制品制造	√		
39	C211	木质家具制造		√	
40	C212	竹、藤家具制造	√		
41	C213	金属家具制造		√	
42	C214	塑料家具制造	√		
43	C219	其他家具制造		√	
44	C221	纸浆制造	√		
45	C222	造纸		√	

续表

序号	行业代码	行业名称	筛选标准		
			专利密集	商标密集	版权密集
46	C231	印刷			√
47	C232	装订及印刷相关服务			√
48	C233	记录媒介复制	√		√
49	C241	文教办公用品制造		√	
50	C244	体育用品制造		√	
51	C245	玩具制造		√	
52	C246	游艺器材及娱乐用品制造	√		
53	C253	核燃料加工	√		
54	C254	生物质燃料加工	√		
55	C261	基础化学原料制造	√		
56	C262	肥料制造		√	
57	C263	农药制造	√	√	
58	C264	涂料、油墨、颜料及类似产品制造	√	√	
59	C265	合成材料制造	√	√	
60	C266	专用化学产品制造	√	√	
61	C268	日用化学产品制造	√	√	
62	C271	化学药品原料药制造		√	
63	C272	化学药品制剂制造		√	
64	C273	中药饮片加工		√	
65	C274	中成药生产		√	
66	C275	兽用药品制造	√		
67	C276	生物药品制品制造	√		
68	C277	卫生材料及医药用品制造		√	
69	C278	药用辅料及包装材料	√		
70	C282	合成纤维制造	√		
71	C283	生物基材料制造	√		
72	C292	塑料制品业		√	
73	C303	砖瓦、石材等建筑材料制造		√	
74	C306	玻璃纤维和玻璃纤维增强塑料制品制造	√	√	
75	C314	铁合金冶炼	√		

序号	行业代码	行业名称	筛选标准		
			专利密集	商标密集	版权密集
76	C322	贵金属冶炼	√		
77	C323	稀有稀土金属冶炼	√	√	
78	C332	金属工具制造		√	
79	C336	金属表面处理及热处理加工	√		
80	C337	搪瓷制品制造	√		
81	C338	金属制日用品制造		√	
82	C341	锅炉及原动设备制造	√		
83	C342	金属加工机械制造	√		
84	C343	物料搬运设备制造	√	√	
85	C344	泵、阀门、压缩机及类似机械制造	√		
86	C346	烘炉、风机、包装等设备制造	√		
87	C347	文化、办公用机械制造	√		
88	C349	其他通用设备制造业	√		
89	C351	采矿、冶金、建筑专用设备制造	√		
90	C352	化工、木材、非金属加工专用设备制造	√		
91	C353	食品、饮料、烟草及饲料生产专用设备制造	√		
92	C354	印刷、制药、日化及日用品生产专用设备制造	√		
93	C355	纺织、服装和皮革加工专用设备制造	√		
94	C356	电子和电工机械专用设备制造	√		
95	C357	农、林、牧、渔专用机械制造	√		
96	C358	医疗仪器设备及器械制造	√	√	
97	C359	环保、邮政、社会公共服务及其他专用设备制造	√	√	
98	C361	汽车整车制造			
99	C362	汽车用发动机制造	√	√	
100	C364	低速汽车制造	√		
101	C365	电车制造	√		

续表

序号	行业代码	行业名称	筛选标准		
			专利密集	商标密集	版权密集
102	C371	铁路运输设备制造	√		
103	C372	城市轨道交通设备制造	√		
104	C373	船舶及相关装置制造		√	
105	C374	航空、航天器及设备制造	√		
106	C375	摩托车制造		√	
107	C376	自行车和残疾人座车制造	√	√	
108	C378	非公路休闲车及零配件制造	√		
109	C379	潜水救捞及其他未列明运输设备制造	√		
110	C382	输配电及控制设备制造	√		
111	C384	电池制造	√		
112	C385	家用电力器具制造	√	√	
113	C386	非电力家用器具制造	√	√	
114	C387	照明器具制造	√		
115	C389	其他电气机械及器材制造	√	√	
116	C391	计算机制造	√		
117	C392	通信设备制造	√		
118	C393	广播电视设备制造	√	√	
119	C394	雷达及配套设备制造	√		
120	C395	非专业视听设备制造	√		
121	C396	智能消费设备制造	√		
122	C397	电子器件制造	√		
123	C399	其他电子设备制造		√	
124	C401	通用仪器仪表制造	√		
125	C402	专用仪器仪表制造	√		
126	C403	钟表与计时仪器制造	√		
127	C404	光学仪器制造	√	√	
128	C405	衡器制造	√		
129	C409	其他仪器仪表制造业	√		
130	C419	其他未列明制造业		√	
131	C421	金属废料和碎屑加工处理	√		

续表

序号	行业代码	行业名称	筛选标准		
			专利密集	商标密集	版权密集
132	C431	金属制品修理	√		
133	C432	通用设备修理	√		
134	C433	专用设备修理	√		
135	C434	铁路、船舶、航空航天等运输设备修理	√		
136	C435	电气设备修理	√		
137	C436	仪器仪表修理	√		
138	C439	其他机械和设备修理业	√	√	
139	D451	燃气生产和供应业			
140	D452	生物质燃气生产和供应业	√		
141	D462	污水处理及其再生利用	√		
142	D463	海水淡化处理	√		
143	D469	其他水的处理、利用与分配	√		
144	E483	海洋工程建筑	√		
145	E499	其他建筑安装业		√	
146	E501	建筑装饰和装修业		√	
147	F511	农、林、牧、渔产品批发		√	
148	F512	食品、饮料及烟草制品批发		√	
149	F513	纺织、服装及家庭用品批发		√	
150	F514	文化、体育用品及器材批发		√	√
151	F515	医药及医疗器材批发		√	
152	F518	贸易经纪与代理		√	
153	F519	其他批发业		√	
154	F521	综合零售		√	
155	F522	食品、饮料及烟草制品专门零售		√	
156	F523	纺织、服装及日用品专门零售		√	
157	F524	文化、体育用品及器材专门零售		√	
158	F527	家用电器及电子产品专门零售		√	
159	F529	货摊、无店铺及其他零售业		√	
160	G544	道路运输辅助活动		√	
161	I632	广播电视传输服务			√

续表

序号	行业代码	行业名称	筛选标准		
			专利密集	商标密集	版权密集
162	I633	卫星传输服务	√		√
163	I641	互联网接入及相关服务	√		√
164	I642	互联网信息服务	√	√	√
165	I643	互联网平台	√		√
166	I644	互联网安全服务	√		√
167	I645	互联网数据服务	√		√
168	I649	其他互联网服务	√		√
169	I651	软件开发		√	√
170	I652	集成电路设计		√	
171	I653	信息系统集成和物联网技术服务	√		
172	I655	信息处理和存储支持服务	√	√	
173	I656	信息技术咨询服务		√	√
174	I657	数字内容服务	√		
175	I659	其他信息技术服务业		√	√
176	K701	房地产开发经营		√	
177	L721	组织管理服务		√	
178	L724	咨询与调查		√	
179	L725	广告业		√	√
180	L729	其他商务服务业		√	
181	M732	工程和技术研究和试验发展		√	
182	M734	医学研究和试验发展		√	
183	M744	测绘地理信息服务			√
184	M748	工程技术与设计服务			√
185	M749	工业与专业设计及其他专业技术服务		√	√
186	M751	技术推广服务		√	
187	M759	其他科技推广服务业		√	
188	N771	生态保护		√	
189	N784	绿化管理		√	
190	O806	摄影扩印服务			√
191	O809	其他居民服务业		√	
192	O811	汽车、摩托车等修理与维护	√		

续表

序号	行业代码	行业名称	筛选标准		
			专利密集	商标密集	版权密集
193	O812	计算机和办公设备维修	√		
194	O813	家用电器修理	√		
195	O819	其他日用产品修理业	√		
196	R861	新闻业			√
197	R862	出版业		√	√
198	R871	广播			√
199	R872	电视		√	√
200	R873	影视节目制作		√	√
201	R874	广播电视集成播控			√
202	R875	电影和广播电视节目发行			√
203	R876	电影放映			√
204	R877	录音制作			√
205	R881	文艺创作与表演		√	√
206	R882	艺术表演场馆			√
207	R883	图书馆与档案馆			√
208	R887	群众文体活动			√
209	R889	其他文化艺术业		√	
210	R901	室内娱乐活动			√
211	R903	休闲观光活动			√
212	R904	彩票活动			√
213	R909	其他娱乐业			√
		合计	116	100	37

第五节　中国知识产权密集型产业的经济贡献

为测算知识产权密集型产业对我国整个国民经济的贡献，❶ 笔者将知识产

---

❶　需要说明的是，美国和欧盟的研究对知识产权密集型产业的经济、就业、对外贸易、平均工资等指标进行了测算和分析，但笔者的研究目前仅重点分析经济和就业这两个最主要的指标，其原因在于分行业的经济社会数据的获取来源目前还存在较大困难。未来随着数据资源的丰富以及数据可得性的提高，笔者的后续研究将逐步纳入对外贸易、平均工资、员工教育水平等更多的经济社会指标，以全方位量化中国知识产权密集型产业对整体国民经济的贡献和影响。

权密集型产业列表与中国国家统计局的数据进行了对应耦合。产业的就业人数和经济数据主要来源于国家统计局 2018 年的经济普查数据系列，该数据系列统计了 2018 年国民经济各产业的就业人数和营业收入数据。但是，由于该经济普查数据不包括农、林、牧、渔业的营业收入和就业人数数据，因此在测算经济和就业贡献时并未将农、林、牧、渔业中的 12 个知识产权密集型产业纳入其中。

一、就业贡献

如图 4 - 2 所示，2018 年知识产权密集型产业提供的就业岗位占全国总就业岗位的 35.7%。该图显示了三种知识产权密集型产业在全国总就业人数中所占的比例。其中，商标密集型产业的就业占比最高，为 25.9%；其次为专利密集型产业，就业占比为 9.7%；版权密集型产业的就业占比为 5.6%。如上所述，许多产业同时密集使用多种知识产权，为避免重复计算，在测算知识产权密集型产业的就业占比时，每个产业只计算一次，即使该产业密集使用多种知识产权。因此，所有知识产权密集型产业的就业人数总和小于单项知识产权密集型产业的就业人数之和。

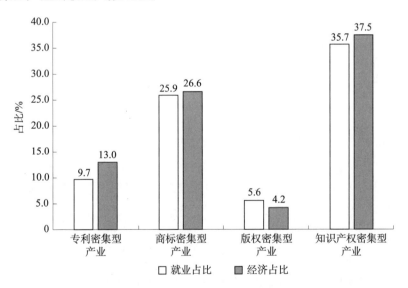

图 4 - 2　2018 年我国知识产权密集型产业的经济和就业贡献

笔者测算的专利密集型产业的就业贡献为 9.7%，与一些国内学者的相关研究基本一致，比如姜南等测算的 2008 ~ 2010 年专利密集型产业平均就业占比为 9.8%❶；但是，笔者的数据与国家知识产权局 2018 年的核算数据 6.18%❷有一定出入。仔细分析后笔者发现，国家知识产权局在测算专利密集型产业的就业贡献时，以全社会就业人员作为衡量基数，而笔者的分析是以单位就业人员作为衡量基数。根据国家统计局的指标解释，就业人员指在一定年龄以上，有劳动能力，为取得劳动报酬或经济收入而从事一定社会劳动的人员。单位就业人员指报告期末最后一日在本单位工作，并取得工资或其他形式劳动报酬的人员。笔者选择单位就业人员作为衡量基数的原因是，2018 年的经济普查数据系列仅有按行业分组的单位就业人员数据，笔者统计的是各个专利密集型产业的单位从业人员数，因此，以单位就业总数作为衡量基数来测算专利密集型产业的就业占比，应该更为科学。

笔者测算的版权密集型产业的就业贡献为 5.6%，与国家版权局 2018 年的核算数据 5.35%❸并无较大差别。由此可以看出，尽管笔者为了产业层级的一致性，将行业小类层面的版权密集型产业整合到了行业中类层面，但测算的结果与国家版权局的结果并没有明显偏差，从另一个角度也验证了这些测算数据的可靠性。

二、经济贡献

需要说明的是，由于《中国经济普查年鉴 2018》没有公布产业增加值数据，因此，笔者用产业主营业务收入代替产业增加值来计算知识产权密集型产业的经济贡献，结果见图 4 - 2。2018 年知识产权密集型产业创造了 35.7% 的就业岗位，同年这些产业的经济贡献达到 37.5%；商标密集型产业的经济贡献达到 26.6%；专利密集型产业和版权密集型产业的经济贡献分别为 13.0% 和 4.2%。与计算就业贡献的原则相一致，在测算知识产权密集型产业的经济贡献时，即使某个产业密集使用了多种知识产权，每个产业也只计算一次。值得注意的是，知识产权密集型产业的经济贡献高于其就业贡献，反映出了知识产权密集型产业具有高附加值的特性。这种特性在专利密集型产业和商标密集

---

❶ 姜南，单晓光，漆苏. 知识产权密集型产业对中国经济的贡献研究 [J]. 科学学研究，2014，32 (8)：1157 - 1165.

❷ 国家知识产权局战略规划司. 中国专利密集型产业统计监测报告 (2022) [R/OL]. (2023 - 07 - 21) [2023 - 07 - 25]. https：//www. cnipa. gov. cn/art/2023/7/21/art_88_186476. html.

❸ 范军，赵冰，杨昆. 十八大以来我国版权产业发展的三大贡献 [J]. 出版参考，2020 (2)：28 - 31.

型产业中表现明显：专利密集型产业雇佣了9.7%的劳动力，贡献了13.0%的经济份额；商标密集型产业雇佣了25.9%的劳动力，贡献了26.6%的经济份额。但版权密集型产业却表现出相反的特性，表明我国版权密集型产业仍然呈现出劳动密集型产业的特点，这与国家版权局的研究数据呈现出的结果相类似。[1]

笔者测算的专利密集型产业的经济贡献为13%，与国家统计局和国家知识产权局2018年的核算数据11.6%[2]相差约1.4个百分点。一方面，由于《中国经济普查年鉴2018》没有公布产业增加值数据，笔者以主营业务收入代替产业增加值进行经济贡献测算，可能导致一定的误差；另一方面，由于数据统计上的困难以及为了保证专利密集型产业、商标密集型产业和版权密集型产业分析层级的一致性，笔者的研究是在行业中类层面进行的，而国家知识产权局的专利密集型产业测算是在行业小类层面开展的。尽管数据来源和统计层级有所不同，但两者的结论并没有明显差异，这些误差也可以说明两种研究结论在一定程度上的一致性。

笔者测算的版权密集型产业的经济贡献为4.2%，与国家版权局2018年的核算数据4.63%[3]无较大差别。由于计算方法、数据来源等不同，两者的测算结果略有差异，但该误差在科学允许的范围。通过上述与国家统计局、国家知识产权局和国家版权局的数据对比分析可以看出，笔者的研究方法是科学可靠的，测算的结果是准确可信的，更具有国际可比性。

三、主要的知识产权密集型产业

前述分析主要讨论了知识产权密集型产业整体的就业和经济贡献。在本小节中，笔者将对所有知识产权密集型产业的就业和经济贡献进行排序。表4－19列出了对就业贡献最大的20个知识产权密集型产业。这20个产业的就业人数占所有213个知识产权密集型产业就业人数的45.1%。该榜单以商标密集型产业为主，前20个产业中有16个是商标密集型产业。由此可见，商标密集型产

---

[1]　范军，赵冰，杨昆. 十八大以来我国版权产业发展的三大贡献［J］. 出版参考，2020（2）：28－31；范军. 中国版权产业经济贡献调研十年［J］. 出版参考，2017（3）：20－23.

[2]　国家统计局，国家知识产权局. 2018年全国专利密集型产业增加值数据公告［EB/OL］.（2020－03－13）［2022－11－27］. http：//www. gov. cn/xinwen/2020－03/13/content_5490747. htm.

[3]　范军，赵冰，杨昆. 十八大以来我国版权产业发展的三大贡献［J］. 出版参考，2020（2）：28－31.

业对知识产权密集型产业的就业贡献发挥了巨大作用。同时，版权密集型产业
也有着重要作用，前 20 个产业中有 4 个是版权密集型产业。

表 4-19 我国对就业贡献最大的 20 个知识产权密集型产业（2018 年）

行业代码	行业名称	就业人数/人	知识产权密集型产业的类型
I651	软件开发	4 267 684	TM，CR
E501	建筑装饰和装修业	4 052 501	TM
L724	咨询与调查	3 929 136	TM
M748	工程技术与设计服务	3 858 843	CR
K701	房地产开发经营	3 714 856	TM
C292	塑料制品业	3 666 501	TM
L721	组织管理服务	3 555 407	TM
F521	综合零售	3 481 091	TM
F513	纺织、服装及家庭用品批发	3 264 386	TM
C181	机织服装制造	3 234 827	TM
F512	食品、饮料及烟草制品批发	3 197 723	TM
M751	技术推广服务	2 511 106	TM
C382	输配电及控制设备制造	2 241 544	PAT
C397	电子器件制造	2 071 277	PAT
L725	广告业	2 037 691	TM，CR
C392	通信设备制造	1 994 682	PAT
F527	家用电器及电子产品专门零售	1 874 760	TM，CR
F523	纺织、服装及日用品专门零售	1 828 347	TM
L729	其他商务服务业	1 819 896	TM
C303	砖瓦、石材等建筑材料制造	1 773 136	TM

注：PAT 指专利密集型产业，TM 指商标密集型产业，CR 指版权密集型产业。下同。

表 4-20 列出了对经济贡献最大的 20 个知识产权密集型产业。这 20 个产
业合计占 213 个知识产权密集型产业营业收入的 52.3%。该榜单仍以商标密集
型产业为主，前 20 个产业中有 14 个是商标密集型产业。同时专利密集型产业
也发挥了重要作用，前 20 个产业中有 7 个是专利密集型产业。此外，对就业
和对经济贡献最大的 20 个产业存在很多重叠，有 11 个产业同时属于两份榜
单，但排序有所不同。

表 4－20　中国对经济贡献最大的 20 个知识产权密集型产业（2018 年）

行业代码	行业名称	营业收入/亿元	知识产权密集型产业的类型
F513	纺织、服装及家庭用品批发	62 520.09	TM
F512	食品、饮料及烟草制品批发	56 807.82	TM
C361	汽车整车制造	420 61.16	TM
C392	通信设备制造	37 707.14	PAT
F515	医药及医疗器材批发	33 881.16	TM
F521	综合零售	25 222.82	TM
L721	组织管理服务	22 207.40	TM
C261	基础化学原料制造	21 876.73	PAT
I651	软件开发	20 364.85	TM，CR
M748	工程技术与设计服务	20 223.60	CR
C397	电子器件制造	19 433.63	PAT
C391	计算机制造	19 156.13	PAT
C292	塑料制品业	18 885.27	TM
F511	农、林、牧、渔产品批发	18 297.64	TM
F519	其他批发业	18 103.42	TM
C382	输配电及控制设备制造	17 575.32	PAT
F529	货摊、无店铺及其他零售业	17 231.55	TM
C265	合成材料制造	16 360.23	PAT，TM
C385	家用电力器具制造	15 839.01	PAT，TM
F527	家用电器及电子产品专门零售	14 910.79	TM

四、按产业部门划分的就业分布情况

从产业部门层面进行分析，可以了解知识产权密集型产业在整个国民经济中的就业分布情况。如表 4－21 所示，制造业部门是为知识产权密集型产业提供就业岗位的重要来源，其中以专利密集型产业表现得最为明显，制造业部门提供的就业岗位占专利密集型产业所有就业岗位的比重接近 90%；此外，信息传输、软件和信息技术服务业为专利密集型产业提供了约 6% 的就业岗位。制造业部门同时也是商标密集型产业就业岗位的主要来源，其就业岗位占商标密集型产业所有就业岗位的约 36%；批发和零售部门、租赁和商务服务业是商标密集型产业就业岗位的第二和第三大来源（占比分别约为 25% 和 12%）。比较而言，版权密集型产业的就业分布与专利密集型产业和商标密集型产业明显不同，其就业主要分布在信息传输、软件和信息技术服务业（约 37.4%），科学研究和技术服务业（约 26.8%），文化、体育和娱乐业（约 13.5%），租赁和商务服务业（约 10.1%）。综合来看，知识产权密集型产业的就业主要分布在制造业（约 46.76%），批发和零售业（约 18.08%），租赁和商务服务业（约 8.76%），科学研究和技术服务业（约 7.25%）以及信息传输、软件和信息技术服务业（约 6.53%）五个产业门类中，这五个产业门类的就业人数占所有知识产权密集型产业就业人数的 87.4%。

表 4–21 中国按产业部门划分的知识产权密集型产业的就业分布（2018 年）

产业部门	专利密集型产业	商标密集型产业	版权密集型产业	知识产权密集型产业
采矿业	0.31%	0.06%	0.00%	0.08%
制造业	89.49%	36.21%	7.87%	46.76%
电力、热力、燃气及水生产和供应业	0.54%	0.43%	0.00%	0.46%
建筑业	0.01%	6.03%	0.00%	4.38%
批发和零售	0.00%	24.92%	3.75%	18.08%
交通运输、仓储和邮政业	0.00%	1.11%	0.00%	0.81%
住宿和餐饮业	0.00%	0.00%	0.00%	0.00%
信息传输、软件和信息技术服务业	6.37%	7.17%	37.44%	6.53%
金融业	0.00%	0.00%	0.00%	0.00%
房地产业	0.00%	3.96%	0.00%	2.87%
租赁和商务服务业	0.00%	12.08%	10.05%	8.76%
科学研究和技术服务业	0.00%	5.68%	26.78%	7.25%
水利、环境和公共设施管理业	0.00%	0.69%	0.00%	0.50%
居民服务、修理和其他服务业	3.28%	0.29%	0.59%	1.19%
教育	0.00%	0.00%	0.00%	0.00%
卫生和社会工作	0.00%	0.00%	0.00%	0.00%
文化、体育和娱乐业	0.00%	1.43%	13.53%	2.33%

第六节　中国知识产权密集型产业的国际比较

特别要说明的是，这里所指的知识产权密集型产业主要由专利密集型产业、商标密集型产业和版权密集型产业这三类产业构成。其中，专利密集型产业实际上仅指发明专利密集型产业。而《美国报告 2022》还将专利密集型产业具体细分为发明专利密集型产业和外观设计密集型产业，《欧盟报告 2013》《欧盟报告 2016》《欧盟报告 2019》《欧盟报告 2022》中的知识产权密集型产业除了包括专利密集型产业、商标密集型产业和版权密集型产业外，还包含外观设计密集型产业、地理标志密集型产业和植物新品种密集型产业。因此，中国知识产权密集型产业的类型和范围，与美国和欧盟的报告并不完全一致。鉴于此，一方面，笔者需要比较中国知识产权密集型产业及其经济就业贡献与美国和欧盟的差异；另一方面，也应该注意到由于产业筛选范围不同而存在的差别。

一、中国与美国知识产权密集型产业的比较

如图 4-3 所示，2019 年美国知识产权密集型产业对经济的贡献率为 41%，对就业的贡献率为 33%；2018 年中国知识产权密集型产业对经济的贡献率为 37.5%，对就业的贡献率为 35.7%。对比可知，我国知识产权密集型产业对经济的贡献率比美国知识产权密集型产业对经济的贡献率低 3.5 个百分

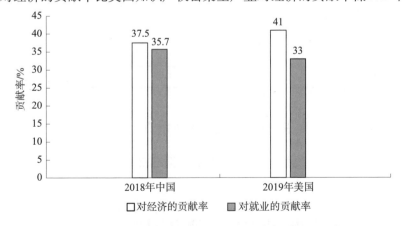

图 4-3　中美知识产权密集型产业的经济和就业贡献对比

点，而就业贡献率比美国高 2.7 个百分点。这表明我国知识产权密集型产业的劳动生产率较美国偏低，中国知识产权密集型产业的人均经济贡献（对经济的贡献/对就业的贡献）约为 1.05，而美国知识产权密集型产业的人均经济贡献约为 1.24，可见中国知识产权密集型产业的人均经济贡献较之美国还存在一定差距，专利、商标等知识产权的附加值并未完全体现出来。

如表 4 - 22 所示，具体而言，2019 年专利密集型产业对美国经济的贡献率为 24%，对美国就业的贡献为 13%；2018 年，专利密集型产业对中国经济的贡献为 13%，对中国就业的贡献率为 9.7%。2019 年商标密集型产业对美国经济的贡献率为 37%，对就业的贡献率为 29%；而 2018 年商标密集型产业对中国经济的贡献率为 26.6%，对就业的贡献率为 25.9%。中国专利密集型产业和商标密集型产业对经济和就业的贡献率均小于美国。2019 年美国版权密集型产业对经济的贡献率为 7%，对就业的贡献率为 4%；2018 年，中国版权密集型产业对经济的贡献率为 4.2%，对就业的贡献率为 5.6%。中国版权密集型产业对经济的贡献率低于美国版权密集型产业对经济贡献率约 2.8 个百分点，但就业贡献率却超过美国版权密集型产业对就业的贡献率约 1.6 个百分点。这表明，中国版权密集型产业在解决就业方面作出了较大贡献，但人均经济贡献较美国低。

表 4 - 22　中美知识产权密集型产业的经济和就业贡献对比❶　　　（单位：%）

产业类型	经济贡献占比		就业贡献占比	
	2019 年美国	2018 年中国	2019 年美国	2018 年中国
专利密集型产业	24	13.0	13	9.7
外观设计密集型产业	24	——	15	——
商标密集型产业	37	26.6	29	25.9
版权密集型产业	7	4.2	4	5.6
知识产权密集型产业	41	37.5	33	35.7

二、中国与欧盟知识产权密集型产业的比较

如图 4 - 4 所示，2017 ～ 2019 年欧盟知识产权密集型产业对经济的贡献率

---

❶　美国 2019 年的数据来自《美国报告 2022》，该报告通过将专利数据与企业信息进行链接和匹配进而界定专利密集型产业。而本章通过 IPC 分类号与国民经济行业分类的对照表来界定专利密集型产业，该方法与《美国报告 2012》和《美国报告 2016》所用的方法基本一致。

为 47.1%，对就业的贡献率为 29.7%；2018 年中国知识产权密集型产业对经济的贡献率为 37.5%，对就业的贡献率为 35.7%。对比可知，中国知识产权密集型产业对经济的贡献率比欧盟知识产权密集型产业对经济的贡献率低 9.6 个百分点，而就业贡献率比欧盟高 6.0 个百分点。与中美对比相类似，我国知识产权密集型产业在解决就业方面的贡献较大，但人均经济贡献较欧盟偏低。

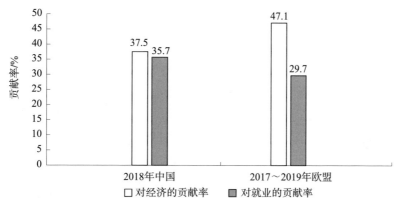

图 4 - 4 中欧知识产权密集型产业的经济和就业贡献对比

如表 4 - 23 所示，具体而言，2017 ～ 2019 年专利密集型产业对欧盟经济的贡献率为 17.4%，对欧盟就业的贡献率为 11%；2018 年专利密集型产业对中国经济的贡献率为 13.0%，对中国就业的贡献率为 9.7%。2017 ～ 2019 年商标密集型产业对欧盟经济的贡献率为 38.5%，对就业的贡献率为 21.1%；而 2018 年商标密集型产业对中国经济的贡献率为 26.6%，对就业的贡献率为 25.9%。2017 ～ 2019 年版权密集型产业对欧盟经济的贡献率为 6.9%，对欧盟就业的贡献率为 6.2%；2018 年版权密集型产业对中国经济的贡献率为 4.2%，对中国就业的贡献率为 5.6%。

表 4 - 23 中欧知识产权密集型产业的经济和就业贡献对比 （单位：%）

产业类型	经济贡献占比		就业贡献占比	
	2017 ～ 2019 年欧盟	2018 年中国	2017 ～ 2019 年欧盟	2018 年中国
专利密集型产业	17.4	13.0	11.0	9.7
商标密集型产业	38.5	26.6	21.1	25.9
版权密集型产业	6.9	4.2	6.2	5.6
外观设计密集型产业	15.5	—	12.9	—

续表

产业类型	经济贡献占比		就业贡献占比	
	2017～2019年欧盟	2018年中国	2017～2019年欧盟	2018年中国
地理标志密集型产业	0.1	—	—	—
植物新品种密集型产业	1.4	—	0.9	—
知识产权密集型产业	47.1	37.5	29.7	35.7

综合来看，中国的专利密集型产业、商标密集型产业和版权密集型产业的经济贡献与美国和欧盟相比均存在一定的差距，而在就业贡献上的差异相对较小。这说明，中国知识产权密集型产业发展很快，但与世界知识产权强国相比仍有提高的空间。中国知识产权密集型产业在吸纳就业方面发挥着重要作用，知识产权密集型产业的就业贡献率甚至略高于美欧。笔者认为，中国知识产权密集型产业的就业贡献率略高于美欧有如下几个原因。一是从产业发展阶段来看，尽管近年来中国的研发投资和创新能力有明显的提高，知识产权密集型产业由于创新水平和知识产权密集程度较高，表现出了一定的高劳动生产率、高附加值的特性，但与美欧相比，中国产业仍然有劳动密集型产业的特点，发展潜力和成长空间巨大，产业转型升级还需进一步加强。二是在研究方法上仍存在差异，尽管笔者力图以国际通行的研究方法实现各自研究的最大可比性，但囿于统计体系方面的差异、知识产权密集型产业数据库的不成熟，以及中国产业自身的发展特点，在方法上仍难以完全一致，方法上的差异可能会引入一些误差。三是美欧各种类型的知识产权密集型产业存在很强的重叠现象，而中国知识产权密集型产业之间的重叠现象相对较弱，由于在测算知识产权密集型产业的经济或就业贡献时，为避免重复计算，每个产业仅计算一次，即使该产业密集使用两种及以上的知识产权，这在一定程度上能够解释为何中国知识产权密集型产业的就业贡献率会略高于美欧。❶ 此外，从这个层面来看，由于中国

---

❶ 2019年美国专利密集型产业的就业贡献率为13%，比2018年中国高3.3个百分点；2019年美国商标密集型产业的就业贡献率为29%，比2018年中国高3.1个百分点；2019年美国版权密集型产业的就业贡献率为4%，比2018年中国低1.6个百分点。如果知识产权密集型产业之间没有重叠现象，则美国知识产权密集型产业的就业贡献至少比中国高4.8个百分点，但中国整体知识产权密集型产业的就业贡献率为35.7%，比美国（33%）略高，实质上是因为美国的知识产权密集型产业大都密集使用两种及以上的知识产权，重叠现象十分突出，具体参见附录二。与欧盟的比较以此类推。欧盟知识产权密集型产业之间的重叠现象参见附录三。对中国、美国、欧盟知识产权密集型产业重叠现象的详细分析请参见本节第三部分"中美欧知识产权密集型产业结构与分布比较"。

知识产权密集型产业之间的重叠现象明显低于美欧，因此，中国知识产权密集型产业的经济贡献率与美欧知识产权密集型产业的经济贡献率之间的实际差距可能会比笔者测算的还要大一些。❶

三、中美欧知识产权密集型产业结构与分布比较

由上述分析可以知道，商标密集型产业在美国和欧盟的知识产权密集型产业中占据着重要位置。根据《美国报告2022》，并参见附录二，2019年，在美国127个知识产权密集型产业中，110个产业为商标密集型产业，其占比达到约87%，其中商标密集型产业中约80%的产业（85个产业）同时也属于其他一种或多种密集型产业。2019年，所有知识产权密集型产业创造的GDP为7.76万亿美元，其中商标密集型产业为6.91万亿美元，占所有知识产权密集型产业GDP贡献的89%。商标密集型产业对直接就业的贡献最大，占所有知识产权密集型产业工作岗位的88%。与美国类似，商标密集型产业对欧盟经济也有十分突出的贡献。根据《欧盟报告2022》，并参见附录三，2017～2019年，欧盟357个知识产权密集型产业包括275个商标密集型产业，占比为77%，而商标密集型产业中约79%的产业（217个产业）同时也属于其他一种或多种密集型产业。2017～2019年，知识产权密集型产业创造了欧盟47.1%的GDP和29.7%的工作岗位，其中商标密集型产业对应的占比分别为38.5%和21.1%，分别占所有知识产权密集型产业GDP贡献和就业贡献的82%和71%。由此可见，商标密集型产业在美国和欧盟的经济中都具有十分重要的地位。

此外，从欧盟与美国的知识产权密集型产业的构成来看，专利密集型产业、外观设计密集型产业以及版权密集型产业，几乎同时都是商标密集型产业（如表4-24和表4-25所示）。这表明欧美的知识产权在世界范围内受到了良

---

❶ 2019年美国专利密集型产业的经济贡献率为24%，比2018年中国高11个百分点；2019年美国商标密集型产业的经济贡献率为37%，比2018年中国高10.4个百分点；2019年美国版权密集型产业的经济贡献率为7%，比2018年中国高2.8个百分点，如果知识产权密集型产业之间没有重叠现象，则美国知识产权密集型产业的经济贡献率至少比中国高24.2个百分点，但中国整体知识产权密集型产业的经济贡献为37.5%，比美国（41%）低3.5个百分点，实质上是因为美国的知识产权密集型产业大都密集使用两种及以上的知识产权，重叠现象十分突出，具体参见附录二。因此，若中国与美国知识产权密集型产业的重叠程度相当，则两者之间的实际差距会比笔者测算的结果更大。与欧盟的比较以此类推。欧盟知识产权密集型产业之间的重叠现象参见附录三。对中国、美国、欧盟知识产权密集型产业重叠现象的详细分析请参见本节第三部分"中美欧知识产权密集型产业结构与分布比较"。

好的保护与广泛的应用传播，经济贡献较为显著。专利、外观设计以及版权与商标的结合使用表明技术或创意等已经开始进入实施和商业化过程，市场化潜力显著。反观中国，2018 年，中国 213 个知识产权密集产业中，有 100 个产业属于商标密集型产业，占比为 47%，这一比例明显低于美国的 87% 以及欧盟的 77%。如表 4 – 26 所示，在 116 个专利密集型产业中，有 24 个产业同时属于商标密集型产业，占比约为 20.69%，这一比例明显小于美国的 82.86% 与欧盟的 76.67%。在 37 个版权密集型产业内，共有 11 个产业同时又属于商标密集型产业，占比约为 32.76%，这一比例也明显小于美国的 92.31% 和欧盟的 63.29%。这种现象表明，中国的大部分产业中使用知识产权的种类仍然比较单一，大部分产业仅密集使用一种知识产权，专利、版权与商标并没有很好地结合使用，部分技术或创意仍处在研究或开发中，市场化能力相对偏弱，而美国和欧盟的产业充分利用多种知识产权来实现创新的多重保护和全方位的应用，并将技术或创意与商标和品牌有机结合，从而将知识产权转化为经济收益，特别值得我们关注。

表 4 – 24　美国专利、外观设计、版权密集型产业与商标密集型产业的重合

产业类型	总数量/个	同时是商标密集型产业的数量/个	占比/%
专利密集型产业	70	58	82.86
外观设计密集型产业	87	72	82.76
版权密集型产业	13	12	92.31

表 4 – 25　欧盟专利、外观设计、版权密集型产业等与商标密集型产业的重合

产业类型	总数量/个	同时是商标密集型产业的数量/个	占比/%
专利密集型产业	150	115	76.67
外观设计密集型产业	177	149	84.18
版权密集型产业	79	50	63.29
地理标志密集型产业	4	4	100.00
植物新品种密集型产业	11	9	81.82

表 4 – 26　2018 年中国专利、版权密集型产业与商标密集型产业的重合

产业类型	总数量/个	同时是商标密集型产业的数量/个	占比/%
专利密集型产业	116	24	20.69
版权密集型产业	37	11	29.73

　　另外，在产业分布上，中国、美国、欧盟知识产权密集型产业也存在明显差异。对于美国而言，如表 4 - 27 可知，尽管美国的制造业仍然是为知识产权密集型产业提供工作岗位的重要来源，其中以专利密集型产业表现得最为明显，2019 年制造业提供的就业岗位约占专利密集型产业所有就业岗位的 44%；但与此同时，其他产业部门也十分重要。事实上，对知识产权密集型产业的就业贡献最大的行业是商标密集型产业中的批发和零售业，其提供了 1130 万个工作岗位，约占商标密集型产业所有就业岗位（4163 万个）的 27%。除了制造业和批发零售业，专业技术服务业也为知识产权密集型产业提供了大量就业机会，这三大产业合计占所有知识产权密集型产业就业的 68%；而非知识产权密集型产业中仅有 28% 的就业分布在这三大产业中。由此可知，美国知识产权密集型产业的分布十分广泛，产业结构较为平衡和稳定，主要涉及制造业、批发零售业、信息服务业、金融保险业、专业技术服务业、教育和健康服务业、艺术和娱乐业等行业。

表 4 - 27　2019 年美国知识产权密集型产业的就业在各产业部门的分布　（单位：%）

产业部门	PAT	DES	TM	CR	IP	Non - IP
农业、林业、渔业和狩猎（agriculture，forestry，fishing and hunting）	0.0	0.0	0.1	0.0	0.1	4.7
采矿、公用事业和建筑业（mining，utilities，and construction）	1.9	0.0	0.0	0.0	0.7	10.5
制造业（manufacturing）	44.1	46.0	18.4	0.0	22.6	2.6
批发零售业（wholesale and retail trade）	7.1	36.1	27.2	0.0	24.0	11.5
运输和仓储业（transportation and warehousing）	0.0	0.0	0.0	0.0	0.0	7.1
信息服务业（information）	11.9	4.4	6.4	29.6	6.4	0.0
金融、保险、房地产和租赁（finance，insurance，real estate，and leasing）	5.2	3.7	10.6	0.0	9.4	5.3
专业、技术、管理和行政服务业（professional，technical，management，and administrative services）	19.0	9.1	24.3	63.0	21.4	13.9
教育和健康服务业（education and health care services）	10.2	0.0	5.5	0.0	8.7	22.1

产业部门	PAT	DES	TM	CR	IP	Non‒IP
艺术和娱乐业（arts, entertainment and rec-reation）	0.7	0.0	2.9	7.4	2.6	1.8
住宿及食物服务业（accommodation and food services）	0.0	0.0	0.0	0.0	0.0	15.0
其他服务业（other services）	0.0	0.6	4.6	0.0	4.1	5.5
合计	100	100	100	100	100	100

注：DES 指外观设计密集型产业，IP 指知识产权密集型产业，Non‒IP 指非知识产权密集型产业。下同。

中国专利密集型产业的就业主要集中在制造业，制造业部门提供的就业岗位占专利密集型产业所有就业岗位的比例接近90%，明显高于美国的44%。除制造业外，美国专利密集型产业的就业还主要分布在专业、技术、管理和行政服务业（19.0%），信息服务业（11.9%）及教育和健康服务业（10.2%）等产业中。而中国专利密集型产业的就业除了集中于制造业，仅仅分布在信息传输、软件和信息技术服务业（6%）中。一方面，方法上的差异❶导致中国的专利密集型产业主要集中在偏技术的领域（制造业）；另一方面，这也说明美国的专利有着更广泛的应用范围。

制造业部门也是中国商标密集型产业就业岗位的主要来源，其就业岗位约占商标密集型产业所有就业岗位的36%，这一比例明显高于美国的约18%。除制造业外，批发和零售部门、租赁和商务服务业是中国商标密集型产业就业岗位的第二和第三大来源（占比分别约为25%和12%）。比较而言，批发零售业（27.2%），专业、技术、管理和行政服务业（24.3%）是美国商标密集型产业就业岗位的第一和第二大来源。因此，美国的商标密集型产业更多的集中在服务业部门，而非制造业。

中国版权密集型产业的就业主要分布在信息传输、软件和信息技术服务业（占比为37.4%），科学研究和技术服务业（26.8%），文化、体育和娱乐业（13.5%）和租赁和商务服务业（10.1%）。而美国版权密集型产业的就业主

❶　《美国报告 2022》通过将专利数据与企业信息进行链接和匹配来界定专利密集型产业。而本章通过 IPC 的技术分类与国民经济行业分类的对照表来界定专利密集型产业，该方法与《美国报告 2012》和《美国报告 2016》所用的方法基本一致，但与《美国报告 2022》存在较大差异。

要分布在专业、技术、管理和行政服务业（63.0%），信息服务业（29.6%）及艺术和娱乐业（7.4%）。中国在专业技术、技术服务等领域的就业仍有待提升。

综合来看，中国知识产权密集型产业的就业主要分布在制造业（46.76%），批发和零售（18.08%），租赁和商务服务业（8.76%），科学研究和技术服务业（7.3%）以及信息传输、软件和信息技术服务业（6.53%）五个产业门类中。而美国知识产权密集型产业的就业主要分布在批发零售业（24.0%），制造业（22.6%），专业、技术、管理和行政服务业（21.4%），金融、保险、房地产和租赁（9.4%）以及教育和健康服务业（8.7%）五个产业门类中。

欧盟的知识产权密集型产业主要集中在制造业、技术和商业服务业中。欧盟前20个知识产权密集型产业占357个知识产权密集型产业总GDP的51.8%，占总就业人数的34.3%。如表4-28和表4-29所示，欧盟位列前20的知识产权密集型产业以商标密集型产业、专利密集型产业和外观设计密集型产业为主。此外，还可以发现，位列前20的知识产权密集型产业中包括汽车制造、制药制剂制造等制造业，还包括商业咨询、工程活动咨询、计算机咨询、金融服务等专业、技术服务业，药品批发、其他机械设备批发等批发零售业以及房地产业、体育娱乐业等。与美国的知识产权密集型产业分布与结构相似，欧盟的知识产权密集型产业分布也十分广泛，产业构成呈现出多样化的特征。

表4-28　2017～2019年欧盟知识产权密集型产业GDP前20强

序号	NACE 代码	NACE 产业描述	产业增加值/百万欧元	知识产权密集型产业类别
1	68.20	出租和经营拥有或租赁的房地产业（rental and operating of own or leased real estate）	1 483 636	TM
2	29.10	汽车制造（manufacture of motor vehicles）	165 821	DES, PAT
3	70.22	商业和其他管理咨询活动（business and other management consultancy activities）	138 198	TM
4	62.01	计算机编程活动（computer programming activities）	133 535	TM, CR
5	71.12	工程活动及相关技术咨询（engineering activities and related technical consultancy）	126 736	PAT

续表

序号	NACE 代码	NACE 产业描述	产业增加值/百万欧元	知识产权密集型产业类别
6	62.02	计算机咨询活动（computer consultancy activities）	122 707	TM, CR
7	35.11	电力生产（production of electricity）	114 190	TM, PAT
8	21.20	制药制剂制造（manufacture of pharmaceutical preparations）	104 870	TM, PAT
9	72.19	其他自然科学和工程方面的研究和实验开发（other research and experimental development on natural sciences and engineering）	103 430	TM, PAT, DES, PVR
10	66.00	辅助金融服务活动和保险活动（activities auxiliary to financial services and insurance activities）	103 394	TM
11	41.10	建筑项目的发展（development of building projects）	101 970	TM
12	61.10	有线通信活动（wired telecommunications activities）	88 668	CR
13	46.46	药品批发（wholesale of pharmaceutical goods）	83 874	TM, PAT
14	93.00	体育活动和娱乐和娱乐活动，不包括9329 – 其他娱乐和娱乐（sports activities and amusement and recreation activities excluding 9329 – other amusement and recreation activities）	78 949	TM
15	29.32	汽车其他零部件制造（manufacture of other parts and accessories for motor vehicles）	73 919	DES, PAT
16	46.69	其他机械设备批发（wholesale of other machinery and equipment）	72 415	TM, DES, PAT
17	92.00	赌博及博彩活动（gambling and betting activities）	60 219	TM
18	68.10	自有房地产买卖（buying and selling of own real estate）	50 392	TM, DES, PAT
19	61.20	无线通信活动（wireless telecommunications activities）	48 943	TM, CR
20	20.14	其他有机基础化学品的制造（manufacture of other organic basic chemicals）	47 862	PAT

注：PVR 指植物新品种密集型产业。下同。

表 4 - 29　2017～2019 年欧盟知识产权密集型产业就业人数前 20 强

序号	NACE 代码	NACE 产业描述	就业人数/人	知识产权密集型产业类别
1	71.12	工程活动及相关技术咨询（engineering activities and related technical consultancy）	1 890 489	PAT
2	94.12	专业会员组织的活动（activities of professional membership organisations）	1 838 871	CR
3	62.01	计算机编程活动（computer programming activities）	1 594 888	TM, CR
4	70.22	商业和其他管理咨询活动（business and other management consultancy activities）	1 505 971	TM
5	93.00	体育活动和娱乐活动（sports activities and amusement and recreation activities）	1 351 118	TM
6	68.20	出租和经营拥有或租赁的房地产（rental and operating of own or leased real estate）	1 322 944	TM
7	66.00	辅助金融服务活动和保险活动（activities auxiliary to financial services and insurance activities）	1 297 020	TM
8	62.02	计算机咨询活动（computer consultancy activities）	1 203 294	TM, CR
9	29.10	汽车制造（manufacture of motor vehicles）	1 120 228	DES, PAT
10	29.32	汽车其他零部件制造（manufacture of other parts and accessories for motor vehicles）	1 036 106	DES, PAT
11	01.00（p）	园艺（horticulture）	929 969	PVR
12	46.69	其他机械设备批发（wholesale of other machinery and equipment）	777 034	TM, DES, PAT
13	73.11	广告业（advertising agencies）	754 872	TM, CR
14	46.73	木材、建筑材料和卫生设备的批发（wholesale of wood, construction materials and sanitary equipment）	743 263	TM, DES
15	47.59	家具、照明设备和其他家居用品零售（retail sale of furniture, lighting equipment and other household articles in specialised stores）	715 424	DES
16	47.78	其他新货品的零售（other retail sale of new goods in specialised stores）	663 564	TM, DES
17	31.09	其他家具制造（manufacture of other furniture）	612 952	DES
18	46.46	药品批发（wholesale of pharmaceutical goods）	602 374	TM, PAT
19	47.91	通过邮购或互联网的零售（retail sale via mail order houses or via Internet）	567 878	TM, DES
20	21.20	制药制剂的制造（manufacture of pharmaceutical preparations）	557 959	TM, PAT

第五章
专利密集型产业的创新能力与空间布局研究

　　前面的研究遵循"理论论证""纵横比较""定量分析"的研究逻辑，从知识产权与经济增长和产业发展的关系入手，论证了知识产权密集型产业对知识产权强国建设的重要性；继而详细分析了美国和欧盟知识产权密集型产业的发展现状、主要经验以及经济贡献，明晰了知识产权密集型产业在主要知识产权强国经济中的突出作用；在此基础上，借鉴国外经验并结合我国产业发展情况，对我国专利密集型产业、商标密集型产业和版权密集型产业的经济贡献进行了全面分析，并进行了国际比较，摸清了我国知识产权密集型产业的优势与不足。

　　本章笔者选取知识产权密集型产业中的专利密集型产业为典型样本，借鉴运用管理学、经济学等交叉学科的一些研究方法和数学模型，定性与定量相结合地对专利密集型产业的创新能力和空间布局等特征进行更深入的实证分析。如果说知识产权是保护创新的重要工具，那么知识产权密集型产业就是创新驱动发展的先导产业。为此笔者首先从创新水平、经济效益和关联效应三个维度分析专利密集型产业的创新能力和经济效应，检验专利密集型产业的创新先进性和经济先进性，为论证发展专利等知识产权密集型产业是我国知识产权强国建设的必由之路提供实证数据支撑。

　　我国地域辽阔，各地区的经济水平、资源禀赋和产业发展存在较大差异，准确掌握我国知识产权密集型产业的空间分布特征，可以为产业合理布局和产业政策优化提供可靠依据。因此笔者从地理分布、空间集聚和空间溢出三个维度深入研究了专利密集型产业的空间分布和空间溢出等特征，旨在描绘知识产权密集型产业的空间布局及其优化路径的实际样本。只有知识产权与产业经济深度融合和协调发展才能实现知识产权对产业发展的有效支撑，从而有助于促进产业转型升级和经济高质量增长。因此，笔者最后以专利密集型产业中的医药制造业作为典型案例，从空间耦合、合作网络和产业对比等角度探讨了专利密集型产业的协调发展以及合作趋势，以便全面深入地掌握中国知识产权密集型产业的经济活动规律，为后续知识产权密集型产业的培育以及相关法律政策的制定夯实多角度的基础。

本章第一节通过数据统计和统计检验，从研发活动、研发经费、研发人员和创新产出等角度，分析我国专利密集型产业的创新水平，以检验专利密集型产业创新驱动发展的特征。第二节通过均值比较 t 检验，考察专利密集型产业与非专利密集型产业的经济效益是否存在统计上显著的差异，并构建专利密集强度指标，分析专利密集强度与产业经济效益之间的关系，探究专利密集型产业经济效益的优化空间。第三节基于最新的投入产出表，从前后向关联效应、经济波及效应等角度探究专利密集型产业与国民经济各产业部门的关联关系，从产业关联角度阐释专利密集型产业对国民经济的重要影响。第四节利用显性比较优势指数，分析专利密集型产业的地理分布，明晰我国专利密集型产业在各地区的分布情况。第五节通过泰尔熵、地区集中度以及标准差椭圆等方法，研究专利密集型产业的空间集聚特征及演变趋势，进一步明确我国专利密集型产业的空间分布与集聚状态。第六节基于 31 个省份的面板数据，采用纳入了空间效应的空间面板计量模型，综合考虑专利数量和专利质量，检验了专利对经济增长的空间溢出效应。并以 2008 年国家实施知识产权战略和进行《专利法》第三次修改作为时间分界点，分时段讨论了专利数量和专利质量与经济增长影响关系的变化。第七节以医药制造业为典型代表，研究发明专利与产业发展的空间耦合关系，为专利与产业的空间协调发展提供数据基础。第八节通过对我国防治新冠病毒化学药物的专利合作网络的研究，拓展了对我国抗病毒化学药物创新主体、药物发展和省市合作的知识流动和创新演化规律的认知。第九节采用灰色关联模型，通过对医药制造业和计算机、通信及其他电子设备制造业的对比研究，进一步明确了专利对产业空间协调发展的重要意义。

第一节　专利密集型产业的创新水平

关于专利密集型产业的创新水平，现有研究一致认为其极具创新活力。Pham 直接将人均 R&D 投入高于所有制造业平均值的产业认定为专利密集型制造业，并发现：2000 ～ 2012 年，美国专利密集型制造业的人均 R&D 投入是非专利密集型制造业的 12 倍 (30 000 美元 vs 2500 美元);❶ 2008 ～ 2019 年，美国专利密集型制造业的人均 R&D 投入是非专利密集型制造业的 12.4 倍 (51 257 美元 vs 4118 美元)。❷《中国专利密集型产业主要统计数据报告 (2015)》表明，2010 ～ 2014 年中国专利密集型产业内的 R&D 人员投入强度、R&D 经费投入强度、新产品销售收入占比约是非专利密集型产业的 2 ～ 3 倍。❸ 然而，上述分析主要对专利密集型产业整体与非专利密集型产业整体的创新能力差异进行考察，有可能由于个别产业表现突出而使结果不具有普遍性。为此，本节将通过统计检验，探究专利密集型产业与非专利密集型产业的创新水平差异是否具有普遍性。

一、行业大类层面的创新水平

笔者首先试图从研发活动、研发经费、研发人员和创新产出等角度对行业大类层面专利密集型产业的创新水平进行评估。图 5 - 1 显示了行业大类层面专利密集型产业整体与非专利密集型产业整体的创新差距。从图 5 - 1 可以发现：①从研发活动来看，专利密集型产业的企业单位数占比仅为 25.0%，而有 R&D 活动的企业数、有研发机构的企业数占比分别达到 41.7%、43.1%；R&D 项目数、企业办研发机构数、新产品开发项目数的占比分别达到 47.2%、44.2%、50.3%。②从研发经费来看，专利密集型产业的营业收入占比为 25.8%，而 R&D 经费内部支出、R&D 经费外部支出占比分别高达 44.6%、50.2%。③从研发人员来看，专利密集型产业的就业人数占比为 29.2%，而 R&D 人员、研究人员占比分别高达 46.7% 和 51.6%。④从创新产出来看，专利密集型产业的营业收入占比为 25.8%，而新产品销售收入、新产品出口收入占比分别高达 45.4% 和 70.6%。因此，与非专利密集型产业相比，专利密集型产业创新活力明显更强、创新水平明显更高，该结果与现有研究结论基本一致。

---

❶ PHAM N D. IP – intensive manufacturing industries: driving U. S. economic growth [R/OL]. (2015 – 03 – 31) [2022 – 11 – 20]. https://ndpanalytics.com/wp – content/uploads/Report – 23. pdf.

❷ PHAM N D. The importance of IP – intensive manufacturing industries to the U. S. economy [R/OL]. (2021 – 10 – 31) [2022 – 11 – 20]. https://ndpanalytics.com/wp – content/uploads/IP – Intensive – Industries – Report – October – 2021. pdf.

❸ 国家知识产权局规划发展司. 中国专利密集型产业主要统计数据报告 (2015) [R/OL]. (2016 – 10 – 28) [2022 – 11 – 20]. http://www.cnipa.gov.cn/tjxx/yjcg/201610/P020161028632217319768. pdf.

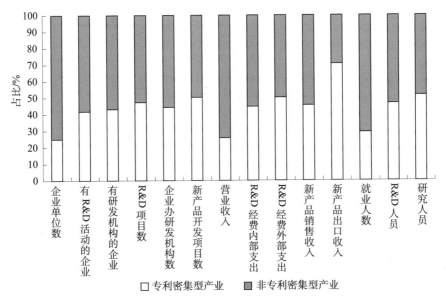

图 5 - 1　行业大类层面专利密集型产业与非专利密集型产业整体创新差距

产业整体层面的比较可能由于个别产业表现突出，而使得专利密集型产业与非专利密集型产业之间的这种差异不具备普遍性。为此，笔者将数据样本分为专利密集型产业组与非专利密集型产业组，依次从研发活动、研发经费、研发人员、创新产出四个维度分别计算两个产业组 14 个指标的均值，并通过 t 检验分析两组数据是否存在统计上的显著差异，结果如表 5 - 1 所示。

表 5 - 1　行业大类层面专利密集型产业与非专利密集型产业创新状况的统计检验

维度	指标	专利密集型产业		非专利密集型产业		t 检验	
		均值	标准差	均值	标准差	均值差	t 值
研发活动	有 R&D 活动的企业占比/%	46.004	8.004	20.210	10.855	25.800	12.388***
	有研发机构的企业占比/%	32.504	6.227	13.416	7.710	19.100	12.792***
	人均 R&D 项目数/（项/万人）	98.816	39.071	35.738	23.601	63.078	11.928***
	人均企业办研发机构数/（个/万人）	15.916	4.977	6.276	4.061	9.640	11.495***
	人均新产品开发项目数/（项/万人）	115.956	48.050	35.711	27.127	80.245	12.894***

维度	指标	专利密集型产业		非专利密集型产业		t 检验	
		均值	标准差	均值	标准差	均值差	t 值
研发经费	R&D 经费内部支出占比/%	1.968	0.412	0.778	0.527	1.200	11.697 ***
	R&D 经费外部支出占比/%	0.129	0.109	0.044	0.087	0.100	4.707 ***
研发人员	R&D 人员占比/%	7.950	1.400	3.302	1.945	4.600	12.485 ***
	研究人员占比/%	2.008	0.486	0.693	0.525	1.300	12.732 ***
	研究人员在 R&D 人员中的占比/%	25.116	2.976	20.192	5.249	4.900	4.983 ***
创新产出	新产品销售收入占比/%	26.651	7.053	11.057	9.009	15.600	8.972 ***
	新产品出口收入占比/%	5.665	5.178	1.546	2.019	4.100	7.517 ***
	人均新产品销售收入/（万元/人）	28.992	9.562	16.353	18.239	12.639	3.696 ***
	人均新产品出口收入/（万元/人）	6.305	6.179	1.579	1.849	4.726	8.016 ***

注：*** 表示在 1% 的水平上显著。下同。

从研发活动来看，专利密集型产业有 R&D 活动的企业、有研发机构的企业占其企业单位数比重的均值分别为 46.004%、32.504%，分别是非专利密集型产业的 2.28 倍、2.42 倍；专利密集型产业人均 R&D 项目数、人均企业办研发机构数、人均新产品开发项目数的均值分别为 98.816 项/万人、15.916 个/万人和 115.956 项/万人，分别是非专利密集型产业的 2.77 倍、2.54 倍、3.25 倍。从研发经费来看，专利密集型产业 R&D 经费内部支出、R&D 经费外部支出占其主营业务收入比重的均值分别为 1.968%、0.129%，分别是非专利密集型产业的 2.53 倍、2.93 倍。从研发人员来看，专利密集型产业 R&D 人员、研究人员占其就业人数的比重分别为 7.950% 和 2.008%，分别是非专利密集型产业的 2.41 倍和 2.90 倍；研究人员占其 R&D 人员的比重为 25.116%，达到了非专利密集型产业的 1.24 倍。从创新产出方面来看，专利密集型产业的新产品销售收入、新产品出口收入占其主营业务收入的比重分别为 26.651% 和 5.665%，分别是非专利密集型产业的 2.41 倍和 3.66 倍；专利密集型产业人均新产品销售收入、人均新产品出口收入的均值分别为 28.992 万元/人和 6.305 万元/人，分别是非专利密集型产业的 1.77 倍和 3.99 倍。

t 检验结果显示，专利密集型产业组和非专利密集型产业组的所有指标均在

1%的水平上存在显著差异。由此可见，专利密集型产业的研发活动、研发经费、研发人员与创新产出均显著高于非专利密集型产业。与非专利密集型产业相比，专利密集型产业更高的创新水平具有普遍性，是我国创新驱动发展的先导产业。

二、行业中类层面的创新水平

为更细致地比较专利密集型产业与非专利密集型产业的创新水平差异，笔者进一步在行业中类层面检验了两组产业的创新状况。图 5－2 显示了专利密集型产业整体与非专利密集型产业整体的创新差距：①从研发活动来看，专利密集型产业的企业单位数占比仅为 38.7%，而有 R&D 活动的企业数、有研发机构的企业数、有新产品销售的企业数占比分别达到 55.7%、56.8%、56.4%；R&D 项目数、企业办研发机构数、新产品开发项目数的占比分别达到 62.8%、58.1%、64.2%。②从研发经费来看，专利密集型产业的营业收入占比为 41.6%，而 R&D 经费内部支出、R&D 经费外部支出占比分别高达 59.6%、74.4%。③从研发人员来看，专利密集型产业的就业人数占比为 43.7%，而 R&D 人员、研究人员占比分别高达 61.6% 和 67.0%。④从创新产出来看，专利密集型产业的营业收入占比为 41.6%，而新产品销售收入、新产品出口收入占比分别高达 57.4% 和 71.5%。因此，与非专利密集型产业相比，专利密集型产业具有更高的创新水平。

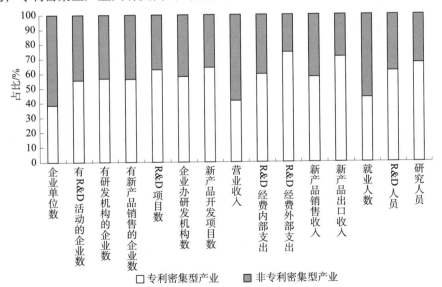

图 5－2 行业中类层面专利密集型产业与非专利密集型产业整体创新差距

进一步将数据样本分为专利密集型产业组和非专利密集型产业组，从研发活动、研发经费、研发人员、创新产出四个维度分别计算两个产业组 18 个指标的均值和标准差，并通过 t 检验分析两组数据是否存在统计上的显著差异，结果如表 5 - 2 所示。

表 5 - 2 行业中类层面专利密集型产业与非专利密集型产业创新状况的统计检验

维度	指标	专利密集型产业		非专利密集型产业		t 检验	
		均值	标准差	均值	标准差	均值差	t 值
研发活动	有 R&D 活动的企业占比/%	45.107	10.558	25.718	11.366	19.389	10.986***
	有研发机构的企业占比/%	31.566	8.275	16.962	9.139	14.603	10.370***
	有新产品销售的企业占比/%	40.709	9.952	22.316	11.411	18.393	10.575***
	人均 R&D 项目数/(项/万人)	104.065	40.783	49.374	30.220	54.69	10.065***
	人均企业办研发机构数/(个/万人)	16.896	6.539	9.318	5.299	7.579	8.289***
	人均新产品开发项目数/(项/万人)	126.549	50.086	57.759	41.187	68.79	9.742***
研发经费	R&D 经费内部支出占比/%	2.093	0.765	1.038	0.631	1.054	9.766***
	R&D 经费外部支出占比/%	0.137	0.218	0.026	0.039	0.111	5.319***
	外部技术支出经费占比/%	0.412	0.365	0.238	0.335	0.174	3.158***
研发人员	R&D 人员占比/%	5.343	1.607	2.862	2.321	2.481	8.606***
	研究人员占比/%	2.709	1.172	1.112	0.930	1.597	9.864***
	研究人员在 R&D 人员中的占比/%	32.314	6.959	25.483	7.117	6.832	6.082***
创新产出	新产品销售收入占比/%	26.858	8.159	13.962	8.877	12.896	9.386***
	新产品出口收入占比/%	4.868	4.563	2.831	3.560	2.038	3.262***
	人均新产品销售收入/(万元/人)	30.547	15.259	17.010	19.260	13.537	4.728***
	人均新产品出口收入/(万元/人)	5.295	6.174	2.426	3.044	2.869	4.134***
	每万人发明专利申请量/(件/万人)	74.573	34.420	29.829	35.481	44.744	8.011***
	每万人有效发明专利拥有量/(件/万人)	234.783	121.388	84.976	82.220	149.807	9.684***

注：外部技术支出经费指技术引进支出经费、技术改造支出经费、技术消化吸收支出经费和购买国内技术支出经费之和。

从研发活动来看，专利密集型产业中，有 R&D 活动的企业、有研发机构的企业、有新产品销售的企业占其企业单位数比重的均值分别为 45.107%、31.566% 和 40.709%，分别是非专利密集型产业的 1.75 倍、1.86 倍和 1.82 倍；专利密集型产业人均 R&D 项目数、人均企业办研发机构数、人均新产品开发项目数的均值分别为 104.065 项/万人、16.896 个/万人和 126.549 项/万人，分别是非专利密集型产业的 2.11 倍、1.81 倍和 2.19 倍。从研发经费来看，专利密集型产业 R&D 经费内部支出、R&D 经费外部支出、外部技术支出经费占其主营业务收入比重的均值分别为 2.093%、0.137% 和 0.412%，分别是非专利密集型产业的 2.02 倍、5.27 倍和 1.73 倍。从研发人员来看，专利密集型产业 R&D 人员、研究人员占其就业人数的比重分别为 5.343% 和 2.709%，是非专利密集型产业的 1.87 倍和 2.44 倍；研究人员占其 R&D 人员的比重为 32.314%，达到非专利密集型产业的 1.27 倍。从创新产出方面看，专利密集型产业的新产品销售收入、新产品出口收入占其主营业务收入的比重分别为 26.858% 和 4.868%，分别是非专利密集型产业的 1.92 倍和 1.72 倍；专利密集型产业人均新产品销售收入、人均新产品出口收入的均值分别为 30.547 万元/人和 5.295 万元/人，分别是非专利密集型产业的 1.80 倍和 2.18 倍；专利密集型产业每万人发明专利申请量、每万人有效发明专利拥有量的均值分别为 74.573 件和 234.783 件，分别是非专利密集型产业的 2.50 倍和 2.76 倍。

t 检验结果显示，专利密集型产业组和非专利密集型产业组的所有指标均在 1% 的水平上存在显著差异。因此，专利密集型产业的研发活动、研发经费、研发人员与创新产出均显著高于非专利密集型产业，创新水平和创新能力十分突出。

三、基本结论

行业大类和行业中类层面的统计分析与统计检验均表明，专利密集型产业的研发活动、研发经费、研发人员和创新产出等指标明显高于非专利密集型产业，并且这种差异在 1% 的水平上显著。由此可见，相较于非专利密集型产业，专利密集型产业的创新水平普遍更高，是我国创新驱动发展的先导产业。

以行业大类层面的分析结果为例，从研发活动的 5 个指标来看，如图 5-3 所示，专利密集型产业中有 R&D 活动的企业占比、有研发机构的企业占比、人均 R&D 项目数、人均企业办研发机构数、人均新产品开发项目数分别为

46.004%、32.504%、98.816 项/万人、15.916 个/万人和 115.956 项/万人，分别是非专利密集型产业的 2.28 倍、2.42 倍、2.77 倍、2.54 倍、3.25 倍。

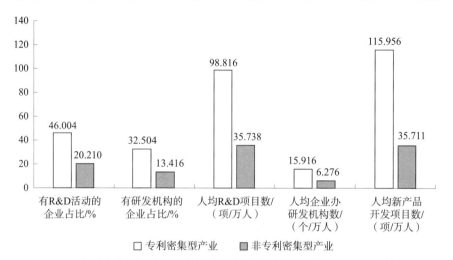

图 5 - 3   行业大类层面专利密集型产业与非专利密集型产业研发活动的差异

从研发经费的两个指标来看，如图 5 - 4 所示，专利密集型产业的 R&D 经费内部支出占比、R&D 经费外部支出占比分别为 1.968%、0.129%，分别是非专利密集型产业的 2.53 倍、2.93 倍。

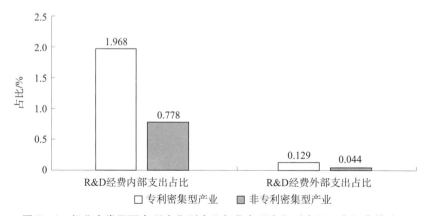

图 5 - 4   行业大类层面专利密集型产业与非专利密集型产业研发经费的差异

从研发人员的三个指标来看，如图 5 - 5 所示，专利密集型产业的 R&D 人员占比、研究人员占比分别为 7.950% 和 2.008%，是非专利密集型产业的 2.41 倍和 2.90 倍；研究人员占 R&D 人员的比重为 25.116%，是非专利密集型产业的 1.24 倍。

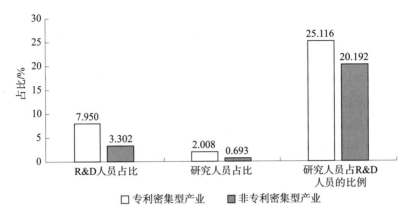

图 5 - 5　行业大类层面专利密集型产业与非专利密集型产业研发人员的差异

从创新产出的四个指标来看，如图 5 - 6 所示，专利密集型产业的新产品销售收入占比、新产品出口收入占比、人均新产品销售收入、人均新产品出口收入分别为 26.651%、5.665%、28.992 万元/人和 6.305 万元/人，分别是非专利密集型产业的 2.41 倍、3.66 倍、1.77 倍和 3.99 倍。

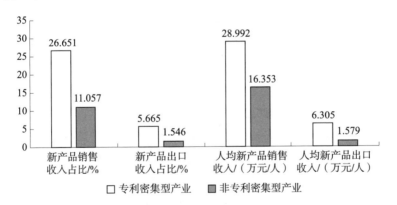

图 5 - 6　行业大类层面专利密集型产业与非专利密集型产业创新产出的差异

第二节　专利密集型产业的经济效益

关于专利密集型产业的经济效益，我国的现有相关研究结论并不完全一致。根据《中国专利密集型产业主要统计数据报告（2015）》，我国专利密集型产业的总资产贡献率、成本费用利润率均高于非专利密集型产业，资产负债

率低于非专利密集型产业，表明专利密集型产业具有明显的经济效益优势。❶
江苏省专利信息服务中心的研究也表明，2016 年江苏省专利商标密集型产业
资产负债率为 49.93%，优于非专利商标密集型产业 4.92 个百分点。❷ 但是，
同时也有研究发现，与非专利密集型产业相比，专利密集型产业的经济效益并
没有明显优势。单晓光等的研究指出，行业中类层面专利密集型产业各产业的
经济表现差异较大，大部分专利密集型产业的人均主营业务收入、人均出口交
货值和人均工业总产值并不突出，部分产业甚至未达到全产业平均值。❸ 李黎
明采用总资产贡献率和成本费用率两个指标考察了专利密集型产业的经济效
益，发现 2008 年前全国专利密集型产业的整体经济效益低于非专利密集型产
业，2013 年后专利密集型产业开始具有比较优势，但比较优势较小。❹

如何解释专利密集型产业的经济效益，现有文献少有涉及。单晓光等认
为，专利密集型产业的经济贡献呈现出"单点突出"的特征，部分产业人均
主营业务收入、人均出口交货值或人均工业总产值特别突出，拉动了均值上
升，掩盖了专利密集型产业内部各产业经济发展极不均衡这一属性。❺ 李黎明
认为，在某些年份专利密集型产业的经济效益低于非专利密集型产业，其原因
在于专利质量水平并未提高，这导致专利数量优势并没有转化为经济竞争优
势；此外专利数量急剧增长还可能引致产业资源配置效率降低，对产业发展产
生不利影响。❻ 为了检视现有研究的科学性和可靠性，笔者运用了统计学方
法，在行业小类层面检验专利密集型产业与非专利密集型产业的经济效益是否
存在显著差异，并尝试阐释现有研究存在矛盾之处的原因；进一步，构建专利
密集强度指标，采用计量模型分析专利密集强度与产业经济效益之间的相关关
系与影响程度，探讨专利密集型产业经济效益的优化空间，为促进专利密集型

---

❶　国家知识产权局. 中国专利密集型产业主要统计数据报告（2015）［R/OL］.（2016－10－28）
［2022－11－27］. http：//www. cnipa. gov. cn/transfer/pub/old/tjxx/yjcg/201610/P020161028632217319768. pdf.

❷　王亚利. 我省发布知识产权密集型产业统计报告［EB/OL］.（2019－11－11）［2022－11－
27］. http：//zscqj. jiangsu. gov. cn/art/2019/11/11/art_75877_8807353. html.

❸　单晓光，徐骁枫，常旭华，等. 基于行业中类的专利密集型产业测度及其影响因素［J］. 同
济大学学报（自然科学版），2018，46（5）：701－708，714.

❹　李黎明. 专利密集型产业再认识：一个新分析框架［J］. 科技进步与对策，2020，37（16）：
72－80.

❺　单晓光，徐骁枫，常旭华，等. 基于行业中类的专利密集型产业测度及其影响因素［J］. 同
济大学学报（自然科学版），2018，46（5）：701－708，714.

❻　李黎明. 专利密集型产业再认识：一个新分析框架［J］. 科技进步与对策，2020，37（16）：
72－80.

产业高质量发展提供参考建议。

一、研究方法

这个研究分两阶段展开：第一阶段，进行统计分析和统计检验，考察专利密集型产业与非专利密集型产业的经济效益是否存在统计上的显著差异，并通过对比分析厘清现有研究存在不一致的原因；第二阶段，基于专利密集强度视角，构建计量模型，分析专利密集强度与产业经济效益之间的关系，探究专利密集型产业经济效益的优化空间。具体研究思路如图 5 – 7 所示。

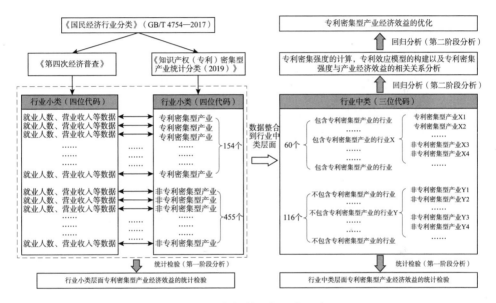

图 5 – 7 数据整理与研究思路

（一）均值比较 t 检验

t 检验是用 t 分布理论来推断差异发生的概率，从而判断均值之间的差异是否显著。[1] 本书利用均值比较 t 检验统计方法，以产业是否为专利密集型产业作为分类变量，检验两组产业的经济效益指标是否具有显著差异。[2]

---

[1] 张宁，赵镇岳，李江. 科研人员流动中的性别差异研究 [J]. 图书情报知识, 2020 (2): 24 – 31.

[2] 陈宁，常鹤. 企业合作创新策略与资源配置模式研究 [J]. 科学学研究, 2012, 30 (12): 1910 – 1918.

（二）专利密集强度的测算

参考国际商标协会（International Trademark Association，INTA）对商标密集强度的定义，❶ 专利密集强度指产业（行业中类，三位代码）中专利密集型产业（行业小类，四位代码）所占的就业份额或经济份额。具体而言，如果产业 X_i 包括专利密集型产业 X_{i1}，X_{i2}，$\cdots$，X_{in}（就业人数分别为 x_{i1}，x_{i2}，$\cdots$，x_{in}）和非专利密集型产业 X_{in+1}，X_{in+2}，$\cdots$，X_{im}（就业人数分别为 x_{in+1}，x_{in+2}，$\cdots$，x_{im}），那么产业 X_i 基于就业人数的专利密集强度（$patent\_intensity_i$）为：

$$patent\_intensity_i = \frac{x_{i1} + x_{i2} + \cdots + x_{in}}{x_{i1} + x_{i2} + \cdots + x_{in} + x_{in+1} + x_{in+2} + \cdots + x_{im}} \quad (5-1)$$

同理可计算产业 X_i 基于经济指标（营业收入）的专利密集强度。为表述方便，若产业 X_i 中的所有小类行业均为专利密集型产业，即 X_i 中专利密集型产业所占的就业或经济份额为 100%，则称为"完全专利密集型产业"；若产业 X_i 中的所有小类行业均为非专利密集型产业，即 X_i 中专利密集型产业所占的就业或经济份额为 0，则称为"完全非专利密集型产业"。

在行业小类层面一个产业只能是专利密集型产业或非专利密集型产业中的一种，专利密集强度为 1 或 0。为此，将行业小类（四位代码）专利密集型产业的生产经营数据整合归属到对应的行业中类（三位代码），以此计算出包含专利密集型产业的行业中类的专利密集强度。

（三）专利效应模型

下面构建计量模型研究专利密集强度与产业经济效益之间的相关性及相关程度。具体而言，探讨一个产业从完全非专利密集型产业（专利密集强度 = 0）升级为完全专利密集型产业（专利密集强度 = 1）时，产业的经济效益是否会发生改变，有多大的提升空间。借鉴 INTA 的表述，称之为"专利效应"❷。计

---

❶ International Trademark Association. The economic contribution of trademark – intensive industries in Indonesia，Malaysia，the Philippines，Singapore，and Thailand ［R/OL］. （2017 – 08 – 14）［2022 – 12 – 15］. https：//www. inta. org/wp – content/uploads/public – files/perspectives/industry – research/INTA _ ASEAN_Economic_Impact_Study_082717. pdf.

❷ International Trademark Association. The economic contribution of trademark – intensive industries in Indonesia，Malaysia，the Philippines，Singapore，and Thailand ［R/OL］. （2017 – 08 – 14）［2022 – 12 – 15］. https：//www. inta. org/wp – content/uploads/public – files/perspectives/industry – research/INTA _ ASEAN_Economic_Impact_Study_082717. pdf.

量模型如下：

$$\ln(y_i) = Constant + b_1 patent\_intensity_i + \mu_i \qquad (5-2)$$

其中，$patent\_intensity_i$ 表示产业 X_i 的专利密集强度，$Constant$ 为常数项，b_1 为 $patent\_intensity_i$ 的估计系数，μ_i 为随机误差项。y_i 表示产业 X_i 的经济效益，参考吴新娣、郑飞、李黎明等的研究❶以及国家知识产权局发布的《中国专利密集型产业主要统计数据报告（2015）》❷，结合数据的可得性，选取人均利润总额、成本费用利润率和资产负债率三项指标来衡量。其中，人均利润总额＝利润总额/就业总人数，表示在一定时期内平均每个员工创造的利润额，是从劳动力利用的角度评价产业经济效益收益性的指标，为正向指标。成本费用利润率＝（利润总额/成本费用总额）×100%，体现了每付出 1 元成本费用可获得的利润，是反映经济效益收益性的指标，为正向指标。成本费用总额包括主营业务成本、营业费用、管理费用和财务费用。资产负债率＝（负债总额/资产总额）×100%，是评价公司负债水平、反映经济效益安全性的指标，为逆向指标。

二、专利密集型产业经济效益的统计检验

均值比较 t 检验分析可以比较专利密集型产业和非专利密集型产业的经济效益是否存在显著差异。表 5 - 3 列明了行业小类层面的 t 检验结果，如表 5 - 3 所示，在行业小类层面，专利密集型产业的人均利润总额、成本费用利润率和资产负债率三项指标均优于非专利密集型产业，且人均利润总额和成本费用利润率两项指标分别通过了 5% 和 1% 的显著性水平检验。因此，在行业小类层面，专利密集型产业的经济收益性显著高于非专利密集型产业。但是，两组产业资产负债率的差异并未通过显著性检验，这说明专利密集型产业和非专利密集型产业在经济安全性方面并没有统计上显著的优劣。

---

❶ 吴新娣. 对内蒙古高新技术产业经济效益的分析 [J]. 科学管理研究，2007，25（2）：44 - 46；郑飞. 产业生命周期、市场集中与经济绩效：基于中国 493 个工业子行业的实证研究 [J]. 经济经纬，2019，36（3）：81 - 87；李黎明. 专利密集型产业再认识：一个新分析框架 [J]. 科技进步与对策，2020，37（16）：72 - 80.

❷ 国家知识产权局. 中国专利密集型产业主要统计数据报告（2015）[R/OL].（2016 - 10 - 28）[2022 - 11 - 27]. http：//www.cnipa.gov.cn/transfer/pub/old/tjxx/yjcg/201610/P020161028632217319768.pdf.

表 5 - 3　专利密集型产业经济效益的统计检验（行业小类层面）

指标	专利密集型产业		非专利密集型产业		t 检验		
	均值	标准差	均值	标准差	均值差	均值比	t 值
人均利润总额/（万元/人）	8.763	5.380	7.381	6.775	1.382	1.187	2.297 **
成本费用利润率/%	8.956	4.733	7.342	4.289	1.614	1.220	3.931 ***
资产负债率/%	50.863	9.141	51.928	10.762	-1.065	0.979	1.101

注：** 和 *** 分别表示 5% 和 1% 的水平上显著。

　　为比较分类粒度对结果是否有影响，笔者进一步在行业中类层面对专利密集型产业与非专利密集型产业的经济效益差异进行了 t 检验，结果如表 5 - 4 所示。由表 5 - 4 可知，在行业中类层面，专利密集型产业的人均利润总额、成本费用利润率两项指标均高于非专利密集型产业，但均不具备统计上的显著性，与行业小类的结果有偏差；专利密集型产业的资产负债率高于非专利密集型产业，与行业小类的结果相反。更进一步，从人均利润总额和成本费用利润率两项指标来看，行业中类层面两组产业的均值差（分别为 0.067 和 0.559）均低于行业小类层面的均值差（分别为 1.382 和 1.614），即行业中类层面的分析可能低估了专利密集型产业的经济效益优势。由此可见，行业中类层面的研究由于分析粒度较为粗糙，结论存在一定偏差。

表 5 - 4　专利密集型产业经济效益的统计检验（行业中类层面）

指标	专利密集型产业		非专利密集型产业		t 检验		
	均值	标准差	均值	标准差	均值差	均值比	t 值
人均利润总额/（万元/人）	8.437	4.367	8.370	8.257	0.067	1.008	0.058
成本费用利润率/%	8.229	3.569	7.670	4.195	0.559	1.073	0.880
资产负债率/%	52.698	8.239	52.488	9.550	0.211	1.004	0.145

　　为比较产业加总对结果是否有影响，笔者进一步计算了专利密集型产业整体与非专利密集型产业整体的三项经济效益指标，结果如表 5 - 5 所示。在产业整体层面，专利密集型产业与非专利密集型产业的成本费用利润率比值为 1.137，与李黎明得出的 1.1 的研究结果❶基本一致，优势并不明显；而行业小

❶ 李黎明. 专利密集型产业再认识：一个新分析框架［J］. 科技进步与对策，2020，37（16）：72 - 80.

类层面的测算表明，专利密集型产业的成本费用利润率比较优势达到 1.220（8.956/7.342），优势较为明显。此外，产业整体层面两组产业的人均利润总额之差为 0.820，之比为 1.103，均低于行业小类层面两者之差和之比（分别为 1.382 和 1.187），即产业整体层面的分析可能低估了专利密集型产业的经济效益优势。在产业整体层面，专利密集型产业的资产负债率低于非专利密集型产业，与已有分析结果一致；❶ 但根据统计检验，在行业小类层面，专利密集型产业的资产负债率虽然低于非专利密集型产业，但并不具有统计上的显著性。可见，专利密集型产业整体呈现出更低的资产负债率主要是部分产业表现突出所致，并不具备统计意义。因此，综合来看，若行业分类较为粗糙或通过产业加总进行整体研究，均有可能掩盖和忽视专利密集型产业内部的差异与不均衡，导致研究结论存在一定偏差或不够准确。

表 5–5　专利密集型产业的经济效益（产业整体层面）

指标	专利密集型产业整体	非专利密集型产业整体	两者之差	两者之比
人均利润总额/（万元/人）	8.740	7.920	0.820	1.103
成本费用利润率/%	7.839	6.897	0.943	1.137
资产负债率/%	53.64	56.37	−2.732	0.952

三、专利密集型产业经济效益的提升与优化

为进一步分析专利密集强度与产业经济效益的相关性，笔者构建了如式（5–2）所示的计量模型，回归结果如表 5–6 所示。

表 5–6　专利密集强度影响产业经济效益的回归结果

指标		*patent_ intensity*	*constant*
因变量：ln（人均利润总额）	基于就业人数的专利密集强度	0.605 *** (3.36)	1.586 *** (11.30)
	基于营业收入的专利密集强度	0.574 *** (3.22)	1.611 *** (11.59)

❶ 国家知识产权局. 中国专利密集型产业主要统计数据报告（2015）［R/OL］.（2016–10–28）［2022–11–27］. http：//www.cnipa.gov.cn/transfer/pub/old/tjxx/yjcg/201610/P020161028632217319768.pdf.

续表

指标		*patent_ intensity*	*constant*
因变量: ln（成本费用利润率）	基于就业人数的专利密集强度	0.585 *** (3.18)	−2.849 *** (−19.83)
	基于营业收入的专利密集强度	0.594 *** (3.30)	−2.853 *** (−20.32)
因变量: ln（资产负债率）	基于就业人数的专利密集强度	−0.111 * (−1.77)	−0.574 *** (−11.08)
	基于营业收入的专利密集强度	−0.122 * (−1.88)	−0.566 *** (−11.19)

注: 括号内为 t 统计量，* 和 *** 分别表示 10% 和 1% 的水平上显著。

结果显示，当因变量分别为人均利润总额、成本费用利润率和资产负债率时，均存在统计上显著的"专利效应"，表明专利密集强度能够显著提升专利密集型产业的经济效益。具体而言，当因变量为人均利润总额时，两类专利密集强度指标的回归系数分别为 0.605 和 0.574，且均在 1% 的水平上显著。对于对数因变量，人均利润总额的变化计算如下❶:

$$\exp\ (0.605 * 1) - 1 = 83.1\%$$
$$\exp\ (0.574 * 1) - 1 = 77.5\%$$

即从完全非专利密集型产业升级为完全专利密集型产业，人均利润总额将增加 77.5% ～ 83.1%。当因变量为成本费用利润率时，两类专利密集强度指标的回归系数分别为 0.585 和 0.594，且均在 1% 的水平上显著，表明由完全非专利密集型产业转变为完全专利密集型产业时，成本费用利润率将提高 79.5% ～ 81.1%。当因变量为资产负债率时，两类专利密集强度指标的回归系数分别为 −0.111 和 −0.122，且均在 10% 的水平上显著，表明由完全非专利密集型产业转变为完全专利密集型产业时，资产负债率将降低 10.5% ～ 11.5%。以上结果表明，当专利密集强度提高时，产业的三项经济效益指标均有很大提升幅度。

四、基本结论

本节采用均值比较 t 检验统计方法，在行业小类层面检验了专利密集型产

❶ International Trademark Association. The economic contribution of trademark – intensive industries in Indonesia, Malaysia, the Philippines, Singapore, and Thailand［R/OL］. (2017 – 08 – 14)［2022 – 12 – 15］. https: //www. inta. org/wp – content/uploads/public – files/perspectives/industry – research/INTA _ ASEAN_Economic_Impact_Study_082717. pdf.

业与非专利密集型产业的经济效益差异，并通过引入专利密集强度指标，构建计量模型分析专利密集强度对产业经济效益的影响效应。

（1）在行业小类层面，与非专利密集型产业相比，专利密集型产业具有明显的经济效益优势。由于分析粒度较大，因此已有研究结果可能存在偏差。研究结论证明了专利等知识产权要素能够有效提升产业经济效益，专利密集型产业是产业转型升级的有力支撑。大力扶持专利密集型产业发展，是实现经济高质量增长的有效途径。

（2）回归结果表明，专利密集强度能够显著提升专利密集型产业的经济效益。当一个产业升级为完全专利密集型产业时，人均利润总额将增加77.5%～83.1%，成本费用利润率将提高79.5%～81.1%，资产负债率将下降10.5%～11.5%。未来，我国政府部门一方面应该筛选专利密集强度更高的产业作为试点培育产业，另一方面应该引导同一产业活动内部各细分行业进行结构优化，提高专利密集型产业的数量和份额，促进整个产业活动提质增效和转型升级。

第三节　专利密集型产业的关联效应

探究专利密集型产业与国民经济各产业部门的关联关系，对清楚认识专利密集型产业的宏观经济效应具有重要参考意义。投入产出模型基于经济系统各产业部门投入和产出之间的相互连接，运用一般均衡理论和代数联立方程，从总量和结构上系统地反映国民经济各产业部门从生产到最终使用的相互联系和平衡关系，❶ 是研究产业关联效应的重要方法。因此，笔者利用投入产出模型，基于产业价值链之间的互动关系，对专利密集型产业的关联效应进行分析，阐释专利密集型产业对国民经济的重要影响。其中后向关联效应是从需求角度反映某产业部门在生产中直接或间接需要其他产业部门提供投入要素所形成的联系和依存关系；❷ 前向关联是从供给角度反映某部门的产品直接或间接

---

❶　支燕，白雪洁. 中国汽车产业的协同演进特征及协同度提升策略：基于四时点投入产出表的实证分析［J］. 中国工业经济，2011（7）：76－85；贺正楚，吴艳，蒋佳林，等. 生产服务业与战略性新兴产业互动与融合关系的推演、评价及测度［J］. 中国软科学，2013（5）：129－143.

❷　冯居易，魏修建. 数字经济时代下中国信息服务业的投入产出效应研究［J］. 情报科学，2020，38（5）：112－119.

分配给其他部门使用所形成的联系或依存关系;[1] 影响力系数表示某产业部门增加一单位最终产品对一国国民经济各个部门所造成的需求拉动力;[2] 感应度系数则表示一国国民经济各个产业部门分别增加一单位最终产品,某产业部门因此所承受的需求感应力。[3]

一、研究方法

(一)后向关联效应

使用直接消耗系数 a_{ij} 和完全消耗系数 B 来表示后向关联效应。直接消耗系数 a_{ij} 的计算如公式(5-3),其中 x_{ij} 表示 j 部门对 i 部门产品的直接消耗量,x_j 表示 j 部门的总投入。完全消耗系数 B 的计算如公式(5-4),其中 A 是由直接消耗系数 a_{ij} 所组成的矩阵,I 为单位矩阵,$(I-A)^{-1}$ 为 Leontief 逆矩阵。

$$a_{ij} = \frac{x_{ij}}{x_j} \tag{5-3}$$

$$B = (I-A)^{-1} - I \tag{5-4}$$

(二)前向关联效应

使用直接分配系数(h_{ij})和完全分配系数(D)来表示前向关联效应。直接分配系数(h_{ij})的计算如公式(5-5),其中 x_{ij} 表示 i 部门产品分配给 j 部门作为中间产品使用的数量,x_i 表示 i 部门的总产出。完全分配系数 D 的计算如公式(5-6),其中 H 是由直接分配系数 h_{ij} 所组成的矩阵,$(I-H)^{-1}$ 为 Ghosh 逆矩阵。

$$h_{ij} = \frac{x_{ij}}{x_i} \tag{5-5}$$

$$D = (I-H)^{-1} - I \tag{5-6}$$

---

[1] 冯居易,魏修建. 基于投入产出法的中国互联网行业经济效应分析 [J]. 统计与决策,2021,37(15):123-127.

[2] 魏卫,陈雪钧. 旅游产业经济贡献综合评析:以湖北省为例 [J]. 经济地理,2006(2):331-334.

[3] 赵晓雷,严剑峰,张祥建. 中国航天产业后向关联效应及前向关联效应研究:以上海数据为例 [J]. 财经研究,2009,35(1):74-85;魏卫,陈雪钧. 旅游产业经济贡献综合评析:以湖北省为例 [J]. 经济地理,2006(2):331-334.

（三）经济波及效应

经济波及效应一般用影响力系数（F_j）和感应度系数（G_j）表示。[1] 影响力系数（F_j）的计算如公式（5-7），其中，$\sum_{i=1}^{n} l_{ij}$ 是 Leontief 逆矩阵 $(I-A)^{-1}$ 的第 j 列之和，$\frac{1}{n}\sum_{i=1}^{n}\sum_{j=1}^{n} l_{ij}$ 为 $(I-A)^{-1}$ 各列之和的平均值。

$$F_j = \frac{\sum_{i=1}^{n} l_{ij}}{\frac{1}{n}\sum_{i=1}^{n}\sum_{j=1}^{n} l_{ij}} \qquad (5-7)$$

感应度系数（G_j）的计算如公式（5-8），其中 $\sum_{j=1}^{n} g_{ij}$ 是 Ghosh 逆矩阵 $(I-H)^{-1}$ 的第 i 行之和，$\frac{1}{n}\sum_{i=1}^{n}\sum_{j=1}^{n} g_{ij}$ 为 Ghosh 逆矩阵各行之和的平均值。

$$G_j = \frac{\sum_{j=1}^{n} g_{ij}}{\frac{1}{n}\sum_{i=1}^{n}\sum_{j=1}^{n} g_{ij}} \qquad (5-8)$$

二、前后向关联效应

（一）后向关联效应分析

消耗系数的数值反映专利密集型产业对向其提供生产要素的各个部门的需求拉动作用。根据公式（5-3）计算得到专利密集型产业对国民经济各部门的直接消耗系数，在此基础上通过公式（5-4）计算得到专利密集型产业对国民经济各部门的完全消耗系数，并列出排名前 10 位的产业部门，结果如表5-7所示。

---

[1] 赵晓雷，严剑峰，张祥建. 中国航天产业后向关联效应及前向关联效应研究：以上海数据为例 [J]. 财经研究，2009，35（1）：74-85.

表 5-7 专利密集型产业的完全消耗系数及排序

排序	医药制造业	通用设备制造业	专用设备制造业	电气机械及器材制造业	计算机、通信和其他电子设备制造业	仪器仪表制造业
1	0.278 6(C27)*	0.294 1(C34)*	0.189 2(C39)	0.425 2(C32)	1.144 8(C39)*	0.496 1(C39)
2	0.242 4(A)	0.228 1(C32)	0.163 1(C35)*	0.230 2(C38)*	0.165 0(C32)	0.193 8(C40)*
3	0.153 9(C26)	0.176 8(C31)	0.159 4(C34)	0.198 1(C39)	0.158 0(F)	0.142 3(C32)
4	0.142 3(K)	0.160 8(C39)	0.153 2(C32)	0.167 2(C26)	0.146 0(C38)	0.133 8(F)
5	0.123 6(F)	0.126 8(F)	0.147 0(C31)	0.140 1(F)	0.126 0(K)	0.129 5(C38)
6	0.097 9(G)	0.116 7(C38)	0.125 7(F)	0.111 7(D)	0.125 0(C26)	0.107 5(C26)
7	0.081 2(J)	0.106 9(D)	0.112 9(K)	0.105 3(K)	0.097 0(J)	0.102 6(K)
8	0.066 8(D)	0.104 6(K)	0.107 5(C38)	0.102 5(C38)	0.089 3(G)	0.093 5(D)
9	0.049 3(C13)	0.100 7(G)	0.102 3(C38)	0.088 8(J)	0.087 0(D)	0.087 3(D)
10	0.036 9(C17)	0.100 0(C33)	0.095 4(D)	0.087 9(C29)	0.069 0(C29)	0.084 7(J)

注：数据来源于国家统计局发布的《2018 年中国投入产出表》。依据《国民经济行业分类》（GB/T 4754—2017），对投入产出表内的相关产业部门进行归类与合并，最终形成 54 个产业部门的投入产出表，具体包括 1 个第一产业部门、39 个第二产业部门与 14 个第三产业部门。"（ ）"内字母为参考《国民经济行业分类》（GB/T 4754—2017）的行业代码；*表示与自己的产业关联。

从表 5-7 可以看出，6 个专利密集型产业与其自身的完全消耗系数均排在前 2 位，说明各个专利密集型产业在其行业内部具有较强的需求拉动作用。除与自身密切关联外，与医药制造业相关性较强的主要上游产业包括农林牧渔业（0.2424）、化学原料和化学制品制造业（0.1539）、房地产业（0.1423）等；与通用设备制造业相关性较强的主要上游产业包括有色金属冶炼（0.2281），黑色金属冶炼（0.1768），计算机、通信和其他电子设备制造业（0.1608）等；与专用设备制造业相关性较强的主要上游产业包括计算机、通信和其他电子设备制造业（0.1892），通用设备制造业（0.1594），有色金属冶炼（0.1532）等；与电气机械及器材制造业相关性较强的主要上游产业包括有色金属冶炼（0.4252），计算机、通信和其他电子设备制造业（0.1981），化学原料和化学制品制造业（0.1672）等；与计算机、通信和其他电子设备制造业相关性较强的主要上游产业包括有色金属冶炼（0.1650）、批发和零售业（0.1580）、电气机械及器材制造业（0.1460）等；与仪器仪表制造业相关性较强的主要上游产业有计算机、通信和其他电子设备制造业（0.4961），有色金属冶炼（0.1423），批发和零售业（0.1338），电气机械及器材制造业（0.1295）等。

（二）前向关联效应分析

分配系数的数值反映专利密集型产业对使用或消耗其产品的各个部门的供给推动作用。利用公式（5－5）测算出专利密集型产业对各部门的直接分配系数，并根据公式（5－6）得到专利密集型产业对各部门的完全分配系数及排名前10位的产业部门，结果如表5－8所示。从表5－8可以看出，6个专利密集型产业与其自身的完全分配系数均排在前5位，说明各个专利密集型产业在其行业内部具有较强的供给推动作用。除与自身关联外，与医药制造业相关性较强的主要下游产业包括卫生和社会工作（0.6688）、农林牧渔业（0.0331）等；与通用设备制造业相关性较强的主要下游产业有建筑业（0.1699）、汽车制造业（0.1348）、专用设备制造业（0.1149）等；与专用设备制造业相关性较强的主要下游产业有计算机、通信和其他电子设备制造业（0.1535）、建筑业（0.1449）等；与电气机械及器材制造业相关性较强的主要下游产业有建筑业（0.2685）、计算机、通信和其他电子设备制造业（0.2360）、电热燃气及水生产供应业（0.1195）等；与计算机、通信和其他电子设备制造业相关性较强的主要下游产业有电气机械及器材制造业（0.1226）、建筑业（0.1220）、信息传输和信息技术服务业（0.1139）等；与仪器仪表制造业相关性较强的主要下游产业有科学研究和技术服务业（0.3814）、建筑业（0.3126）、电热燃气及水生产供应业（0.3008）、计算机、通信和其他电子设备制造业（0.2289）等。

表5－8　专利密集型产业的完全分配系数及排序

排序	医药制造业	通用设备制造业	专用设备制造业	电气机械及器材制造业	计算机、通信和其他电子设备制造业	仪器仪表制造业
1	0.6688(Q)	0.2941(C34)*	0.1631(C35)*	0.2685(E)	1.1448(C39)*	0.3814(M)
2	0.2786(C27)*	0.1699(E)	0.1535(C39)	0.2360(C39)	0.1226(C38)	0.3126(E)
3	0.0331(A)	0.1348(C36)	0.1449(E)	0.2302(C38)*	0.1220(E)	0.3008(D)
4	0.0290(E)	0.1149(C35)	0.0522(Q)	0.1195(D)	0.1139(I)	0.2289(C39)
5	0.0173(M)	0.0919(C38)	0.0469(C31)	0.0886(C34)	0.0887(M)	0.1938(C40)*
6	0.0148(C13)	0.0787(C39)	0.0460(C26)	0.0791(C36)	0.0756(C34)	0.1189(C38)
7	0.0120(C26)	0.0604(C30)	0.0457(C38)	0.0560(C35)	0.0748(K)	0.1057(C36)
8	0.0090(C39)	0.0564(G)	0.0437(C36)	0.0547(K)	0.0688(C36)	0.0887(C35)
9	0.0065(S)	0.0563(C33)	0.0437(A)	0.0525(M)	0.0641(C35)	0.0836(C34)
10	0.0064(C30)	0.0468(C31)	0.0409(C30)	0.0446(C37)	0.0460(C40)	0.0784(C26)

（三）前后向关联效应综合分析

根据完全消耗系数和完全分配系数，制作 6 个专利密集型产业的前后向关联部门示意图，结果如图 5-8 所示。从图 5-8 可知，除医药制造业外，专用设备制造业，计算机、通信和其他电子设备制造业，通用设备制造业，仪器仪表制造业，电气机械及器材制造业 5 个产业部门之间的关联十分紧密，其发展存在相互拉动和推动的作用。此外，整体来看，与专利密集型产业关联密切的上游产业主要包括化学原料和化学制品制造业，黑色金属冶炼和有色金属冶炼等工业部门以及房地产，批发和零售业，交通运输、仓储和邮政业，电力、热力、燃气及水生产供应业，金融业等服务业部门；下游产业主要包括建筑业，汽车制造业，化学原料和化学制品制造业，黑色金属冶炼等工业部门以及科学研究和技术服务业，信息传输、软件和信息技术服务业，房地产业，卫生和社会工作等服务业部门。

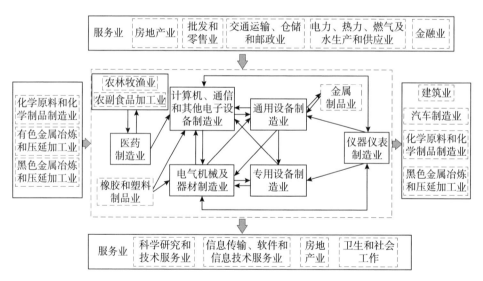

图 5-8　专利密集型产业主要关联的上下游产业部门示意

三、经济波及效应

（一）影响力系数与感应度系数分析

专利密集型产业的经济波及效应可以反映其在国民经济发展中的作用和地

位。使用公式（5-7）和公式（5-8），计算六个专利密集型产业的影响力系数和感应度系数并在全部54个产业部门中进行排名，结果如表5-9所示。表5-9显示，六个专利密集型产业的影响力系数都超过其感应度系数，这表明专利密集型产业对国民经济需求的拉动作用大于供给推动作用。其中，计算机、通信和其他电子设备制造业的影响力系数为1.4333，在54个产业部门中排在第1位，说明计算机、通信和其他电子设备制造业对国民经济的需求拉动作用十分强烈。其他五个专利密集型产业的影响力系数也均大于1，且在全部54个产业部门中排名比较靠前，表明专利密集型产业对其他部门的拉动作用高于所有产业部门的平均水平。计算机、通信和其他电子设备制造业，仪器仪表制造业的感应度系数也大于1，表明这两个产业不仅具有较强的后向拉动作用，同时还具有较强的前向推动作用。而通用设备制造业、医药制造业、专用设备制造业、电气机械及器材制造业四个产业的感应度系数均小于1，且在全部54个产业部门中排名比较靠后，说明这四个产业与其他部门间的前向关联程度较低，即具有较强的后向拉动作用但其前向推动作用相对较弱。

表5-9　专利密集型产业的影响力系数与感应度系数及排名

产业名称	影响力系数	影响力系数排名	感应度系数	感应力系数排名	产业类型
医药制造业	1.007 9	28	0.659 5	40	Ⅳ强辐射、弱制约
通用设备制造业	1.211 4	10	0.780 8	34	Ⅳ强辐射、弱制约
专用设备制造业	1.188 4	14	0.696 5	38	Ⅳ强辐射、弱制约
电气机械及器材制造业	1.274 8	3	0.822 0	29	Ⅳ强辐射、弱制约
计算机、通信和其他电子设备制造业	1.433 3	1	1.023 2	18	Ⅰ强辐射、强制约
仪器仪表制造业	1.236 6	6	1.161 3	13	Ⅰ强辐射、强制约

更进一步来看，根据影响力系数 F 和感应度系数 G 的大小，将专利密集型产业分为Ⅰ强辐射、强制约型（$F>1$，$G>1$），Ⅱ弱辐射、强制约型（$F<1$，$G>1$），Ⅲ弱辐射、弱制约型（$F<1$，$G<1$），Ⅳ强辐射、弱制约型（$F>1$，$G<1$）四种类型。[①] 其中，计算机、通信和其他电子设备制造业、仪器仪

① 杨成凤，韩会然，宋金平. 功能疏解视角下北京市产业关联度研究：基于投入产出模型的分析 [J]. 经济地理，2017，37（6）：100-106.

表制造业属于Ⅰ强辐射、强制约型产业，表明这两个产业既是其他部门中间产品的主要供应者，又是生产过程中其他部门产品的主要消耗者，是国民经济发展中的重要支柱和战略性产业。❶ 通用设备制造业、专用设备制造业、电气机械及器材制造业、医药制造业属于Ⅳ强辐射、弱制约型产业，表明这四个产业对其他行业的辐射带动较强，但其他行业对其需求引力不高，具有终端产品主导型产业的特征。❷

（二）影响力系数与感应度系数的分解

参照胡晓鹏等❸、贺正楚等❹的研究，笔者对影响力系数和感应度系数进行分解，结果如表 5 - 10 和表 5 - 11 所示。由表 5 - 10 可知，从影响力系数的分解来看，六个专利密集型产业对自身产业的需求影响力较为深远，远高于对其他产业的拉动力。由表 5 - 11 可知，从感应度系数的分解来看，六个专利密集型产业自身的感应度系数占较大比重，自身产业的需求感应程度远大于来自其他产业的需求引力。此外，专利密集型产业之间的影响力系数和感应度系数较大，说明专利密集型产业的发展存在相互依存关系，与前述分析一致。医药制造业，计算机、通信和其他电子设备制造业，仪器仪表制造业来自科学研究和技术服务业的需求引力排在前 5 位，说明这三个产业与科技服务业的互动性较好。

表 5 - 10　专利密集型产业的影响力系数及其分解

序号	医药制造业影响力系数	1.007 9	序号	电气机械及器材制造业影响力系数	1.274 8
分解一	对医药制造业*	0.465 4	分解一	对电气机械及器材制造业*	0.447 8

❶ 赵晓雷，严剑峰，张祥建. 中国航天产业后向关联效应及前向关联效应研究：以上海数据为例 [J]. 财经研究，2009，35（1）：74 - 85；杨成凤，韩会然，宋金平. 功能疏解视角下北京市产业关联度研究：基于投入产出模型的分析 [J]. 经济地理，2017，37（6）：100 - 106.

❷ 魏卫，陈雪钧. 旅游产业经济贡献综合评析：以湖北省为例 [J]. 经济地理，2006（2）：331 - 334.

❸ 胡晓鹏，李庆科. 生产性服务业与制造业共生关系研究：对苏、浙、沪投入产出表的动态比较 [J]. 数量经济技术经济研究，2009，26（2）：33 - 46.

❹ 贺正楚，吴艳，蒋佳林，等. 生产服务业与战略性新兴产业互动与融合关系的推演、评价及测度 [J]. 中国软科学，2013（5）：129 - 143.

续表

序号	医药制造业影响力系数	1.007 9	序号	电气机械及器材制造业影响力系数	1.274 8
分解二	对农林牧渔业	0.088 2	分解二	对有色金属冶炼和压延加工业	0.154 8
分解三	对化学原料和化学制品制造业	0.056 0	分解三	对计算机、通信和其他电子设备制造业	0.072 1
分解四	对房地产业	0.051 8	分解四	对化学原料和化学制品制造业	0.060 9
分解五	对批发和零售业	0.045 0	分解五	对批发和零售业	0.051 0
序号	通用设备制造业影响力系数	1.211 4	序号	计算机、通信和其他电子设备制造业影响力系数	1.433 3
分解一	对通用设备制造业 *	0.471 0	分解一	对计算机、通信和其他电子设备制造业 *	0.780 6
分解二	对有色金属冶炼和压延加工业	0.083 0	分解二	对有色金属冶炼和压延加工业	0.060 4
分解三	对黑色金属冶炼和压延加工业	0.064 4	分解三	对批发和零售业	0.057 5
分解四	对计算机、通信和其他电子设备制造业	0.058 5	分解四	对电气机械及器材制造业	0.053 1
分解五	对批发和零售业	0.046 2	分解五	对房地产业	0.045 9
序号	专用设备制造业影响力系数	1.188 4	序号	仪器仪表制造业影响力系数	1.236 6
分解一	对专用设备制造业 *	0.423 3	分解一	对仪器仪表制造业 *	0.434 5
分解二	对计算机、通信和其他电子设备制造业	0.068 9	分解二	对计算机、通信和其他电子设备制造业	0.180 6
分解三	对通用设备制造业	0.058 0	分解三	对有色金属冶炼和压延加工业	0.051 8
分解四	对有色金属冶炼和压延加工业	0.055 8	分解四	对批发和零售业	0.048 7
分解五	对黑色金属冶炼和压延加工业	0.053 5	分解五	对电气机械及器材制造业	0.047 2

注：*表示与自己的产业关联。

表 5-11 专利密集型产业的感应度系数及其分解

序号	医药制造业感应度系数	0.659 5	序号	电气机械及器材制造业感应度系数	0.822 0
分解一	来自医药制造业 *	0.388 3	分解一	来自电气机械及器材制造业 *	0.373 6
分解二	来自卫生和社会工作	0.203 1	分解二	来自建筑业	0.081 5
分解三	来自农林牧渔业	0.010 1	分解三	来自计算机、通信和其他电子设备制造业	0.071 7
分解四	来自建筑业	0.008 8	分解四	来自电、热、燃气及水生产供应业	0.036 3
分解五	来自科学研究和技术服务业	0.005 3	分解五	来自通用设备制造业	0.026 9
序号	通用设备制造业感应度系数	0.780 8	序号	计算机、通信和其他电子设备制造业感应度系数	1.023 2
分解一	来自通用设备制造业 *	0.393 0	分解一	来自计算机、通信和其他电子设备制造业 *	0.651 3
分解二	来自建筑业	0.051 6	分解二	来自电气机械及器材制造业	0.037 2
分解三	来自汽车制造业	0.040 9	分解三	来自建筑业	0.037 0
分解四	来自专用设备制造业	0.034 9	分解四	来自信息传输和信息技术服务业	0.034 6
分解五	来自电气机械及器材制造业	0.027 9	分解五	来自科学研究和技术服务业	0.026 9
序号	专用设备制造业感应度系数	0.696 5	序号	仪器仪表制造业感应度系数	1.161 3
分解一	来自专用设备制造业 *	0.353 2	分解一	来自仪器仪表制造业 *	0.362 5
分解二	来自计算机、通信和其他电子设备制造业	0.046 6	分解二	来自科学研究和技术服务业	0.115 8
分解三	来自建筑业	0.044 0	分解三	来自建筑业	0.094 9
分解四	来自卫生和社会工作	0.015 9	分解四	来自电、热、燃气及水生产供应业	0.091 3
分解五	来自黑色金属冶炼和压延加工业	0.014 3	分解五	来自计算机、通信和其他电子设备制造业	0.069 5

注：* 表示与自己的产业关联。

四、基本结论

本节利用《2018 年中国投入产出表》，对照《国民经济行业分类》（GB/T 4754—2017）进行部门归类合并，编制了包含 54 个产业部门的投入产出表，在此基础上计算了六个专利密集型产业的完全消耗系数、完全分配系数、影响力系数和感应度系数，并对影响力系数和感应度系数进行了分解，实证研究了我国专利密集型产业的前后向关联效应和经济波及效应。得到主要结论如下。

（1）从完全消耗系数和完全分配系数来看，六个专利密集型产业均与其自身产业有密切的关联性，各个专利密集型产业在其产业内部具有较强的需求拉动和供给推动作用。除医药制造业外，电气机械及器材制造业，专用设备制造业，通用设备制造业，仪器仪表制造业，计算机、通信和其他电子设备制造业五个产业部门之间的关联也十分紧密，其发展存在相互拉动和推动的作用。

（2）从影响力系数与感应度系数角度来看，六个专利密集型产业的影响力系数均大于感应度系数，专利密集型产业对国民经济的需求拉动作用大于供给推动作用。其中，计算机、通信和其他电子设备制造业和仪器仪表制造业的影响力系数和感应度系数均大于1，属于强辐射、强制约型产业，是国民经济发展中的支柱型产业。医药制造业、专用设备制造业、电气机械及器材制造业、通用设备制造业的影响力系数大于1，而感应度系数小于1，属于强辐射、弱制约型产业，具有终端产品主导型产业的特征。

（3）对影响力系数和感应度系数的分解表明，六个专利密集型产业对自身产业的影响力系数远高于对其他产业的需求拉动，且来自自身产业的感应度系数也远大于来自其他产业的需求引力；专利密集型产业之间的影响力系数与感应度系数均较大，表明其发展存在相互依存的关系；医药制造业，计算机、通信和其他电子设备制造业，仪器仪表制造业三个产业与科技服务业的互动性较好。

第四节　专利密集型产业的地理分布

《"十三五"国家知识产权保护和运用规划》（国发〔2016〕86号）、《国务院关于新形势下加快知识产权强国建设的若干意见》（国发〔2015〕71号）以及《深入实施国家知识产权战略行动计划（2014—2020年）》（国办发〔2014〕64号）均明确提出要"推动知识产权密集型产业发展和培育知识产权密集型产业"。然而各地区由于地理位置、资源禀赋、经济水平等条件有所不同，专利密集型产业的发展水平和主导产业也必然存在差异，各个地区应有区分性地发展优势专利密集型产业。因此，明晰专利密集型产业的地理分布格局，找到当前中国专利密集型产业的地理分布差异，针对不同区位因地制宜地培养和发展优势专利密集型产业，具有一定的重要性与现实意义。

一、研究方法

（一）熵值法

熵值法是一种根据指标的相对变化程度对系统整体所产生的影响来决定指标权重的方法，具体表现为对相对变化程度大的指标赋予较大的权重。熵值法确定指标权重的具体过程如下。

设全部原始数据组成初始矩阵 $X = (x_{ij})_{mn}$，m 表示产业个数，n 表示指标个数，x_{ij} 表示第 i 个产业第 j 个指标的值。其中，$i = 1，2，\cdots，m$；$j = 1，2，\cdots，n$。

（1）对原始数据进行标准化处理。由于各个指标的量纲和数量级均存在差异，为了消除由于量纲不同而对评价结果造成的影响，需要对各个指标进行标准化处理。下面采用极值法对原始数据进行标准化。用 x_{ij}^* 表示标准化后的值。

$$正向型指标：x_{ij}^* = \frac{x_{ij} - \min\{x_{ij}\}}{\max\{x_{ij}\} - \min\{x_{ij}\}}$$
$$负向型指标：x_{ij}^* = \frac{\max\{x_{ij}\} - x_{ij}}{\max\{x_{ij}\} - \min\{x_{ij}\}} \tag{5-9}$$

（2）计算熵值。第 j 个指标的熵 e_j 定义为：

$$e_j = -k \sum_{i=1}^{m} f_{ij} \ln f_{ij} \tag{5-10}$$

其中 $k = \dfrac{1}{\ln m}$；$f_{ij} = \dfrac{x_{ij}^*}{\sum\limits_{i=1}^{m} x_{ij}^*}$；当 $f_{ij} = 0$ 时，令 $f_{ij} \ln f_{ij} = 0$。

（3）确定指标权重。第 j 个指标的权重 w_j 的计算公式为：

$$w_j = \frac{1 - e_j}{\sum\limits_{j=1}^{n} (1 - e_j)} \tag{5-11}$$

其中 $0 \leqslant w_j \leqslant 1$，$\sum\limits_{j=1}^{n} w_j = 1$。

确定指标权重后，通过线性加权和归一化处理得到各产业的研发投入指数

y_{i1}、专利密度指数 y_{i2} 和综合测度值 y_i：

$$y_{i1} = \frac{\sum_{j=1}^{2} w_j x_{ij}^*}{\sum_{j=1}^{2} w_j} \times 100 \qquad (5-12)$$

$$y_{i2} = \frac{\sum_{j=3}^{4} w_j x_{ij}^*}{\sum_{j=3}^{4} w_j} \times 100 \qquad (5-13)$$

$$y_i = \sum_{j=1}^{4} w_j x_{ij}^* \times 100 \qquad (5-14)$$

（二）显性比较优势

分析某国或某区域的产业是否具有比较优势，较为常规的一个测度指标是"显性比较优势"（revealed comparative advantage，RCA）指数。借鉴已有研究方法，利用 RCA 指数分析中国各省份（不含港澳台地区，下同）专利密集型产业的比较优势，用省级层面的数据以及全国范围的数据替代 RCA 指数中国家和世界层面的数据；[1] 考虑到数据的可得性问题，本研究选择了主营业务收入以及利润总额两个统计指标，用以分别计算出专利密集型产业在各个省份内的产业规模与盈利效率两个方面的比较优势。RCA 指数公式如下：

$$RCA_{sk} = (X_{sk}/X_s)/(Y_{wk}/Y_w) \qquad (5-15)$$

其中，RCA_{sk} 表示 s 省（自治区、直辖市）内第 k 类专利密集型产业的比较优势指数，X_{sk} 表示 s 省（自治区、直辖市）内第 k 类专利密集型产业的指标，X_s 表示 s 省（自治区、直辖市）内工业全产业指标，Y_{wk} 表示全国范围第 k 类专利密集型产业的指标，Y_w 表示全国范围内工业全产业指标。如果 $RCA_{sk} \geqslant 1$，表示 s 省（自治区、直辖市）内第 k 类专利密集型产业存在比较优势；如果 $RCA_{sk} < 1$，则代表 s 省（自治区、直辖市）内第 k 类产业不存在比较优势。

二、研发投入指数和专利密度指数

从"投入 - 产出"角度，建立"R&D 人员强度""R&D 经费强度""经

---

[1]　张骏，洪世勤. 基于 H - O 理论的江苏知识产权密集型产业比较优势分析：以专利密集型产业为例［J］. 金陵科技学院学报（社会科学版），2016，30（1）：29 - 34.

济专利密度"以及"人口专利密度"四个指标,"R&D 经费强度 x_1"表示产业 R&D 经费支出占主营业务收入的比重,"R&D 人员强度 x_2"表示产业 R&D 人员与全部就业人数的比重,"人口专利密度 x_3"表示产业每万名就业人员所对应的发明专利申请量,"经济专利密度 x_4"代表产业每百亿元主营业务收入所对应的有效发明专利量。研究采用客观赋权的熵值法用以确定各个指标的具体权重,将"R&D 经费强度"与"R&D 人员强度"指标所反映的信息统一到一个层面——表示为研发投入指数;把"人口专利密度"与"经济专利密度"指标所蕴含的信息统一到一个层面——表示为专利密度指数。数据来源于《中国统计年鉴》(2015~2019)。依据《国民经济行业分类代码》(GB/T 4754—2011),工业产业包括 41 类(第 06~46 类),考虑到开采辅助活动、废弃资源综合利用业与其他采矿业等 3 个产业缺乏专利数据与 R&D 数据,故将其删除,以剩余 38 个产业作为研究对象确定各指标的权重。为消除时间波动与不确定因素所造成的影响,上述指标均选取 5 年内的平均值,例如"人口专利密度"取 5 年间的产业发明专利申请之和与 5 年间的产业平均从业人员的比值。

根据公式(5-9)至公式(5-11)计算得出各指标的权重,如表 5-12 所示。根据公式(5-12)、公式(5-13)得出各个专利密集型产业的 R&D 投入指数与专利密度指数,结果如表 5-13 所示。R&D 投入指数最高的产业是仪器仪表制造业,其研发投入指数达到了 92.51。专利密度指数最高的产业为计算机、通信和其他电子设备制造业,其专利密度指数达到了 98.05。研发投入指数与专利密度指数之间有很强的线性拟合度,说明 R&D 投入以及专利产出存在较强的正相关性,反映了专利密集型产业不仅具有较高的专利密集度,同时还依赖高强度的 R&D 投入。

表 5-12 各指标的权重

指标	R&D 经费强度 x_1	R&D 人员强度 x_2	人口专利密度 x_3	经济专利密度 x_4
权重	0.174	0.176	0.301	0.349

运用公式(5-14)计算专利密集型产业的综合测度值并排序,如表 5-13 所示。从综合测度值可以看出,专利密集型产业之间仍存在较大差距,如仪器仪表制造业得分为 94.51,通用设备制造业得分为 55.67,前者约是后者的 1.7 倍。

表 5 -13　专利密集型产业研发投入指数、专利密度指数、综合测度值及排序

专利密集型产业代码及名称	研发投入指数	专利密度指数	综合测度值	排序
C40 仪器仪表制造业	92.51	95.58	94.51	1
C39 计算机、通信和其他电子设备制造业	72.12	98.05	88.98	2
C35 专用设备制造业	71.40	83.38	79.19	3
C38 电气机械和器材制造业	63.70	70.62	68.20	4
C27 医药制造业	77.94	56.79	64.19	5
C34 通用设备制造业	61.16	52.71	55.67	6

三、比较优势及地理分布

以《中国统计年鉴》和31个省份统计年鉴公布的工业产业数据作为研究样本，根据公式（5 -15）计算各个省份专利密集型产业基于主营业务收入（产业规模）以及利润总额（盈利效率）的显性比较优势指数，结果如表5 -14、表5 -15 和图5 -9 至图5 -14 所示。各专利密集型产业比较优势的地理分布存在较大差异，具体描述如下。

医药制造业（C27）：两个指标均有比较优势的是西藏、海南、吉林、北京、黑龙江、云南、山东、四川、贵州和江西，仅产业规模有比较优势的是河南、陕西、湖南、湖北、重庆和江苏，仅盈利效率有比较优势的是辽宁、甘肃和青海。从 RCA 指数来看，西藏（3.06, 5.18）最高，新疆（0.17, 0.08）最低。

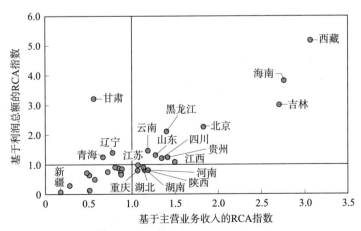

图 5 -9　医药制造业比较优势的地域分布

通用设备制造业（C34）：两个指标均有比较优势的是上海、浙江、江苏、辽宁、山东、安徽、河南和湖南；仅产业规模有比较优势的是四川和天津。从RCA指数来看，上海在产业规模（1.85）、浙江在盈利效率（1.63）最高，西藏（0.00，0.00）最低。

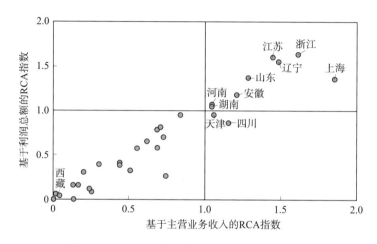

图 5 - 10　通用设备制造业比较优势的地域分布

专用设备制造业（C35）：两个指标均有比较优势的是湖南、河南、江苏、山东、安徽和北京，仅产业规模有比较优势的是上海、辽宁、天津和广西，仅盈利效率有比较优势的是河北。从 RCA 指数来看，湖南（2.37，1.98）最高，西藏在产业规模（0.03）、黑龙江在盈利效率（-0.98）方面 RCA 指数最低。

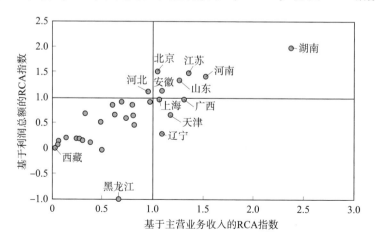

图 5 - 11　专用设备制造业比较优势的地域分布

电气机械和器材制造业（C38）：两个指标均有比较优势的是安徽、江苏、广东、浙江和江西，仅产业规模有比较优势的是上海，仅盈利效率有比较优势的是新疆。从显性比较优势指数来看，安徽（1.80，2.05）最高，西藏在产业规模（0.05）、海南在盈利效率（-0.34）方面RCA指数最低。

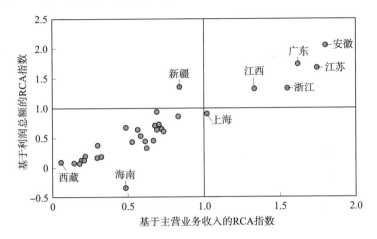

图5-12　电气机械和器材制造业的比较优势地域分布

计算机、通信和其他电子设备制造业（C39）：两个指标均有比较优势的是广东、重庆、江苏、四川和天津，仅产业规模有比较优势的是上海和北京，仅盈利效率有比较优势的是广西。从RCA指数来看，广东（2.95，2.86）最高，新疆在产业规模（0.00）、内蒙古在盈利效率（-0.02）方面RCA指数最低。

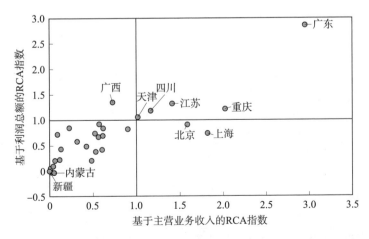

图5-13　计算机、通信和其他电子设备制造业的比较优势地域分布

仪器仪表制造业（C40）：两个指标均有比较优势的是江苏、北京、浙江、上海和江西。从 RCA 指数来看，江苏（2.92，2.81）最高，西藏在产业规模（0.00）、云南在盈利效率（-0.02）方面 RCA 指数最低。

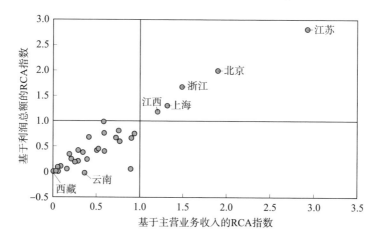

图 5-14   仪器仪表制造业比较优势的地域分布

整体而言，产业规模比较优势的地理分布与盈利效率比较优势的地理分布并不存在显著区别，具有比较优势的地区主要集中在东部地区和中部地区，西部地区、东北地区的分布则相对较稀疏，参见表 5-14 和表 5-15。西部地区、东北地区的优势主要表现在医药制造业。可见不同区域专利密集型产业的主导产业与发展程度具有较明显的差异，区域间的不平衡性较为显著。

表 5-14   产业规模比较优势地理分布

区域		C27	C34	C35	C38	C39	C40	有比较优势的产业数量
东部地区	江苏	1.06	1.45	1.35	1.74	1.42	2.92	6
	上海	0.83	1.85	1.06	1.02	1.82	1.31	5
	北京	1.82	0.69	1.04	0.61	1.59	1.90	4
	天津	0.88	1.06	1.17	0.67	1.02	0.39	3
	浙江	0.80	1.61	0.80	1.55	0.58	1.48	3
	山东	1.26	1.28	1.26	0.68	0.42	0.77	3
	广东	0.50	0.73	0.69	1.62	2.95	0.93	2
	海南	2.76	0.02	0.06	0.48	0.04	0.89	1
	河北	0.87	0.71	0.95	0.72	0.12	0.29	0

续表

区域		C27	C34	C35	C38	C39	C40	有比较优势的产业数量
东部地区	福建	0.28	0.62	0.63	0.69	0.90	0.60	0
	有比较优势的省份数量	4	5	5	4	5	4	
中部地区	湖南	1.18	1.04	2.37	0.73	0.57	0.76	3
	安徽	0.87	1.21	1.09	1.80	0.63	0.59	3
	江西	1.50	0.55	0.48	1.33	0.62	1.20	3
	河南	1.14	1.04	1.52	0.70	0.61	0.72	3
	湖北	1.13	0.69	0.81	0.69	0.54	0.50	1
	山西	0.48	0.20	0.50	0.14	0.53	0.19	0
	有比较优势的省份数量	4	3	3	2	0	1	
西部地区	四川	1.34	1.15	0.97	0.53	1.17	0.35	3
	重庆	1.06	0.83	0.60	0.83	2.03	0.89	2
	贵州	1.41	0.24	0.30	0.33	0.49	0.16	1
	广西	0.72	0.44	1.31	0.56	0.74	0.26	1
	云南	1.18	0.13	0.25	0.19	0.13	0.36	1
	陕西	1.17	0.51	0.81	0.62	0.32	0.52	1
	西藏	3.06	0.00	0.03	0.05	0.00	0.00	1
	青海	0.67	0.17	0.05	0.49	0.01	0.09	0
	宁夏	0.50	0.31	0.33	0.30	0.06	0.41	0
	新疆	0.17	0.04	0.14	0.84	0.00	0.03	0
	内蒙古	0.56	0.26	0.27	0.21	0.05	0.04	0
	甘肃	0.56	0.13	0.38	0.18	0.09	0.05	0
	有比较优势的省份数量	6	1	1	0	2	0	—
东北地区	辽宁	0.77	1.48	1.09	0.58	0.24	0.58	2
	吉林	2.70	0.44	0.74	0.22	0.04	0.21	1
	黑龙江	1.39	0.74	0.66	0.30	0.02	0.28	1
	有比较优势的省份数量	2	1	1	0	0	0	—
有比较优势的省份数量		16	10	10	6	7	5	—

注：C27——医药制造业，C34——通用设备制造业，C35——专用设备制造业，C38——电气机械和器材制造业，C39——计算机、通信和其他电子设备制造业，C40——仪器仪表制造业。下同。

表 5-15 盈利效率比较优势地理分布

区域		C27	C34	C35	C38	C39	C40	有比较优势的产业数量
东部地区	江苏	0.99	1.60	1.49	1.69	1.31	2.81	5
	北京	2.27	0.79	1.53	0.45	0.91	2.00	3
	山东	1.33	1.37	1.36	0.70	0.49	0.59	3
	浙江	0.92	1.63	0.87	1.33	0.93	1.68	3
	上海	0.88	1.36	0.97	0.91	0.74	1.30	2
	广东	0.66	0.70	0.94	1.74	2.86	0.77	2
	天津	0.85	0.95	0.68	0.45	1.06	0.24	1
	河北	0.74	0.81	1.13	0.64	0.22	0.43	1
	海南	3.83	0.06	0.15	-0.34	0.10	0.06	1
	福建	0.30	0.66	0.68	0.94	0.83	0.41	0
	有比较优势的省份数量	3	4	4	3	3	4	—
中部地区	安徽	0.70	1.18	1.14	2.05	0.84	0.76	3
	江西	1.11	0.58	0.53	1.32	0.69	1.18	3
	湖南	0.84	1.05	1.98	0.61	0.67	0.82	2
	河南	0.86	1.07	1.42	0.72	0.42	0.68	2
	湖北	0.90	0.58	0.66	0.63	0.38	0.43	0
	山西	0.74	0.31	-0.02	0.07	0.74	0.34	0
	有比较优势的省份数量	1	3	3	2	0	1	—
西部地区	四川	1.22	0.86	0.93	0.43	1.18	0.38	2
	重庆	0.80	0.95	0.88	0.86	1.22	0.67	1
	青海	1.28	0.16	0.07	0.68	0.00	0.11	1
	新疆	0.08	0.04	0.23	1.36	0.00	0.01	1
	贵州	1.25	0.12	0.16	0.18	0.21	0.06	1
	甘肃	3.24	0.16	0.13	0.06	0.71	0.09	1
	广西	0.76	0.38	0.97	0.63	1.35	0.19	1
	西藏	5.18	0.00	0.01	0.09	0.00	0.00	1
	云南	1.48	0.00	0.21	0.12	0.44	-0.02	1
	陕西	0.81	0.32	0.47	0.33	0.58	0.46	0

续表

区域		C27	C34	C35	C38	C39	C40	有比较优势的产业数量
西部地区	内蒙古	0.52	0.09	0.19	0.12	−0.02	0.01	0
	宁夏	0.15	0.39	0.69	0.38	0.22	0.69	0
	有比较优势的省份数量	6	0	0	1	3	0	—
东北地区	辽宁	1.40	1.55	0.31	0.53	0.85	0.98	2
	吉林	3.01	0.41	0.61	0.18	0.10	0.25	1
	黑龙江	2.11	0.26	−0.98	0.16	0.06	0.20	1
	有比较优势的省份数量	3	1	0	0	0	0	—
有比较优势的省份数量		13	8	7	6	6	5	—

为进一步测度专利密集型产业地域分布的集中程度，即专利密集型产业是集中分布在几个省份还是广泛分布在全国多个省份，笔者计算了专利密集型产业比较优势的变异系数 CV（Coefficient of Variation）❶，结果如表 5 – 16 所示。变异系数值越大，意味着专利密集型产业集中程度越高；变异系数值越小，意味着专利密集型产业集中程度越低。从表 5 – 16 可知，基于利润总额的比较优势变异系数 CV_2 普遍比基于主营业务收入的比较优势变异系数 CV_1 高，说明在盈利效率方面比较优势的集中程度更高。

表 5 – 16　专利密集型产业比较优势的变异系数

变异系数	C27	C34	C35	C38	C39	C40
CV_1	0.61	0.73	0.67	0.69	1.10	0.98
CV_2	0.84	0.77	0.91	0.87	0.91	1.07

四、基本结论

本节采用客观赋权的熵值法，从"投入 – 产出"的角度基于 R&D 人员强

---

❶　俞文华. 韩国在华发明专利申请格局、技术结构与比较优势及政策含义 [J]. 中国科技论坛，2007（7）：132 – 140；俞文华. 美国在华技术比较优势演变及其政策含义：基于 1985—2003 年美国在华职务发明专利申请统计分析 [J]. 科学学研究，2008，26（1）：98 – 104.

度、R&D 经费强度、人口专利密度、经济专利密度四个指标，测算了专利密集型产业的研发投入指数以及专利密度指数。在此基础上，采用产业规模和盈利效率两类 RCA 指数绘制了专利密集型产业的地域分布图，并测算了专利密集型产业地域分布的集中程度。笔者的研究基本结论可以概况如下。

（1）专利密集型产业的研发投入指数和专利密度指数具有较明显的正相关性，专利密集型产业不仅是专利密集程度较高的产业，也是研发投入、创新程度较高的产业。

（2）各专利密集型产业比较优势的地域分布存在较大差异，具体而言：医药制造业比较优势最高的为西藏（3.06，5.18）；通用设备制造业比较优势最高的为上海（产业规模：1.85）和浙江（盈利效率：1.63）；专用设备制造业比较优势最高的为湖南（2.37，1.98）；电气机械和器材制造业比较优势最高的为安徽（1.80，2.05）；计算机、通信和其他电子设备制造业比较优势最高的为广东（2.95，2.86）；仪器仪表制造业比较优势最高的为江苏（2.92，2.81）；盈利效率比较优势的变异系数普遍比产业规模比较优势的变异系数高，即在盈利效率方面比较优势的集中程度更高。

（3）整体来看，产业规模比较优势的区域分布和盈利效率比较优势的区域分布并不存在显著的差异，专利密集型产业存在比较优势的省份主要分布于东部地区和中部地区等经济较为发达的区域，是发展和培育专利密集型产业的优选区域，西部地区、东北地区的优势产业主要是医药制造业。专利密集型产业发展水平的地区不平衡性仍然十分突出。

第五节　专利密集型产业的空间集聚

2014 年 12 月，国务院办公厅转发的《深入实施国家知识产权战略行动计划（2014—2020 年）》明确指出"建设一批知识产权密集型产业集聚区，在产业集聚区推行知识产权集群管理，构筑产业竞争优势"。2015 年 12 月，国务院发布了《国务院关于新形势下加快知识产权强国建设的若干意见》（国发〔2015〕71 号），再次强调了"试点建设知识产权密集型产业集聚区和知识产权密集型产业产品示范基地，推行知识产权集群管理"。可见，准确把握中国专利密集型产业及其细分行业的空间集聚水平及演化趋势，不仅有助于掌握专利密集型产业的集聚状态和区域分布演变规律，也可以为产业合理布局和制定产业政策提供科学依据。因此，笔者采用 Theil 熵（泰尔熵）、地区集中度以及标准差椭圆方法，从集聚水平和演化趋势两个维度对我国专利密集型产业的空间集聚进行全面细致的研究。

一、研究方法

（一）Theil 熵

采用 Theil 熵衡量各省份专利密集型产业发展水平的不均衡性，计算方法如公式（5-16）所示。[1]

$$\text{Theil}_t = \frac{1}{n}\sum_{i=1}^{n}\frac{x_{i,t}}{\mu_t}\ln\left(\frac{x_{i,t}}{\mu_t}\right) \tag{5-16}$$

其中，$x_{i,t}$ 是 i 地区专利密集型产业在 t 年的经济指标，n 表示全部地区数，$\mu_t = \frac{1}{n}\sum_{i=1}^{n}x_{i,t}$。Theil 熵的值越大，产业分布越不均衡，集聚越明显；Theil 熵的值越小，产业分布越均衡，集聚越不明显。当各省份专利密集型产业发展水平完全平均时，Theil 熵的值为 0；当产业发展极不均衡时，Theil 熵达到最大值 $\ln n$。

（二）地区集中度

借用行业集中度的计算方法来测算专利密集型产业规模最大的 N 个省份所占的份额，[2] 本书将之称为地区集中度。采用排名前五位的省份所占的份额，[3] 即五地区集中度，来测算专利密集型产业的集聚水平并分析其集聚区域。五地区集中度的计算方法如公式（5-17）所示。

$$CR_5 = \frac{\sum_{i=1}^{5}x_{i,t}}{\sum_{i=1}^{n}x_{i,t}} \tag{5-17}$$

[1]　梁晓艳，李志刚，汤书昆，等. 我国高技术产业的空间聚集现象研究：基于省际高技术产业产值的空间计量分析 [J]. 科学学研究，2007，25（3）：453-460.

[2]　赵玉林，魏芳. 基于熵指数和行业集中度的我国高技术产业集聚度研究 [J]. 科学学与科学技术管理，2008（11）：122-126；王子龙，谭清美，许箫迪. 高技术产业集聚水平测度方法及实证研究 [J]. 科学学研究，2006，24（5）：706-714.

[3]　罗勇，曹丽莉. 中国制造业集聚程度变动趋势实证研究 [J]. 经济研究，2005（8）：106-115.

其中，CR_5 代表专利密集型产业规模最大的五个省份的地区集中度，$x_{i,t}$ 是 i 地区专利密集型产业在 t 年的经济指标，n 表示全部地区数。CR_5 越大，说明前五个地区所占的份额越大；CR_5 越小，说明前五个地区所占的份额越小。

（三）标准差椭圆

标准差椭圆（standard deviational ellipse，SDE）以中心、方位角、长轴、短轴为基本参数，能够从中心性、展布范围、方向和形状等多角度定量描述专利密集型产业的空间分布特征及演变趋势。[1] 标准差椭圆主要参数的计算参见赵璐等、刘华军等[2]的研究，具体计算方法如公式（5 – 18）～公式（5 – 21）所示。

$$平均中心：\overline{X_w} = \frac{\sum\limits_{i=1}^{n} w_i s_i}{\sum\limits_{i=1}^{n} w_i}; \quad \overline{Y_w} = \frac{\sum\limits_{i=1}^{n} w_i k_i}{\sum\limits_{i=1}^{n} w_i} \tag{5 – 18}$$

$$方位角：\tan\theta = \frac{\left(\sum\limits_{i=1}^{n} w_i^2 \bar{s}_i^2 - \sum\limits_{i=1}^{n} w_i^2 \bar{k}_i^2\right) + \sqrt{\left(\sum\limits_{i=1}^{n} w_i^2 \bar{s}_i^2 - \sum\limits_{i=1}^{n} w_i^2 \bar{k}_i^2\right)^2 + 4\sum\limits_{i=1}^{n} w_i^2 \bar{s}_i^2 \bar{k}_i^2}}{2\sum\limits_{i=1}^{n} w_i^2 \bar{s}_i \bar{k}_i}$$

$$\tag{5 – 19}$$

$$x \text{ 轴标准差：} \sigma_x = \sqrt{\frac{\sum\limits_{i=1}^{n} (w_i \bar{s}_i \cos\theta - w_i \bar{k}_i \sin\theta)^2}{\sum\limits_{i=1}^{n} w_{i.}^2}} \tag{5 – 20}$$

$$y \text{ 轴标准差：} \sigma_y = \sqrt{\frac{\sum\limits_{i=1}^{n} (w_i \bar{s}_i \sin\theta - w_i \bar{k}_i \cos\theta)^2}{\sum\limits_{i=1}^{n} w_i^2}} \tag{5 – 21}$$

---

[1] 赵璐，赵作权. 中国经济的空间差异识别 [J]. 广东社会科学，2014（4）：25 – 32；赵璐，赵作权. 中国制造业的大规模空间聚集与变化：基于两次经济普查数据的实证研究 [J]. 数量经济技术经济研究，2014（10）：110 – 121；赵璐，赵作权. 中国经济空间转型与新时代全国经济东西向布局 [J]. 城市发展研究，2018，25（7）：18 – 24.

[2] 赵璐，赵作权. 中国经济的空间差异识别 [J]. 广东社会科学，2014（4）：25 – 32；刘华军，王耀辉，雷名雨. 中国战略性新兴产业的空间集聚及其演变 [J]. 数量经济技术经济研究，2019（7）：99 – 116.

式中，(s_i, k_i) 代表地区的空间区位，$(\overline{X_w}, \overline{Y_w})$ 代表加权平均中心，$\overline{s_i}$、$\overline{k_i}$ 分别代表各个研究对象区位到平均中心间的坐标偏差；θ 表示椭圆方位角，代表正北方向顺时针旋转至椭圆长轴所形成的夹角；σ_x、σ_y 分别代表沿 x 轴以及 y 轴的标准差；w_i 表示权重，以专利密集型产业发展水平表示。上述空间计算主要基于 ArcGIS 10.4.1 展开，其中空间参考则为等面积的 Albers 投影坐标系统（中央经线为 105°E，标准纬线分别为 25°N、47°N），空间椭圆以一个标准差计算。❶

二、空间集聚水平

本书以 31 个省份为研究对象，选用工业销售产值作为衡量专利密集型产业发展水平的经济指标。对专利密集型细分行业的工业销售产值进行描述性统计，结果如表 5 – 17 所示。在细分行业中，计算机、通信和其他电子设备制造业的均值、最大值排在首位，仪器仪表制造业处于末位。

表 5 – 17　专利密集型产业细分行业工业销售产值描述性统计结果　　（单位：亿元）

产业代码	均值	最大值	最小值	标准差
C27	738.20	4 673.67	9.19	849.28
C34	1 491.93	9 088.57	0.36	2 027.88
C35	1 131.90	6 451.61	1.53	1 446.59
C38	2 175.19	17 216.82	12.06	3 394.00
C39	2 916.62	32 656.77	0.45	5 740.67
C40	270.79	3 711.33	0.37	589.50

注：原始数据来源于《中国工业统计年鉴》（2013～2017）。

专利密集型产业细分行业的 Theil 熵如图 5 – 15 所示，CR_5 如图 5 – 16 所示。2012～2016 年，专利密集型产业各细分行业的 Theil 熵均在 0.46 以上，表现出比较明显的空间集聚特征。细分行业的集聚程度则具有明显差别，其中计算机、通信和其他电子设备制造业，仪器仪表制造业的 Theil 熵大于 1，这两个产业的集聚程度最突出。医药制造业的 Theil 熵在 0.5 左右波动，其集聚

---

❶　赵璐，赵作权. 中国制造业的大规模空间聚集与变化：基于两次经济普查数据的实证研究 [J]. 数量经济技术经济研究，2014（10）：110 – 121；赵璐，赵作权. 中国经济空间转型与新时代全国经济东西向布局 [J]. 城市发展研究，2018，25（7）：18 – 24.

程度相对较弱。专利密集型产业细分行业的 CR_5 均大于 47%，即对所有的专利密集型产业来说，近 1/2 的市场份额集中于五个省份。从细分行业来看，计算机、通信和其他电子设备制造业，仪器仪表制造业，电气机械和器材制造业等产业的地区集中度较高，其中仪器仪表制造业的 CR_5 最高，为 71.3%。医药制造业的 CR_5 最低，为 48.7%。

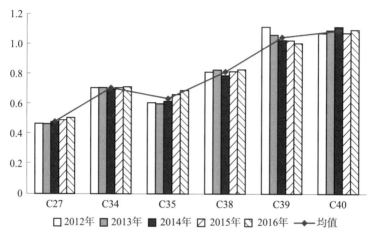

图 5 - 15　专利密集型产业的 Theil 熵

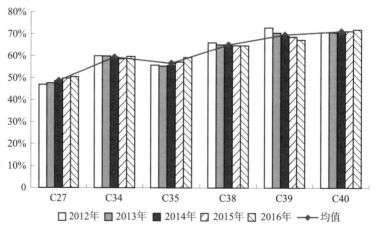

图 5 - 16　专利密集型产业的 CR_5

由图 5 - 15 和图 5 - 16 可知，专利密集型产业细分行业的 Theil 熵和 CR_5 的轨迹基本一致，地区集中度验证了 Theil 熵的可靠性，综合使用 Theil 熵和地区集中度能更准确地揭示专利密集型产业的集聚水平。如表 5 - 18，综合 Theil

熵和 CR_5 的结果发现，仪器仪表制造业，计算机、通信和其他电子设备制造业的集聚水平最高，属于高度集聚型产业；专用设备制造业、电气机械和器材制造业、通用设备制造业属于中度集聚型产业；医药制造业的集聚水平最低，属于低度集聚型产业。

表 5 - 18　专利密集型产业细分行业的集聚程度分类

集聚类型	产业	Theil 熵	CR_5
高度集聚型产业（Theil 熵≥1）	C40	1.091	71.3%
	C39	1.048	69.8%
中度集聚型产业（0.5 < Theil 熵 < 1）	C38	0.816	65.1%
	C34	0.708	59.4%
	C35	0.637	56.7%
低度集聚型产业（Theil 熵≤0.5）	C27	0.484	48.7%

注：表中数据为 2012～2016 年的平均值，数据来源于《中国工业统计年鉴》（2013～2017）。

三、空间演化趋势

专利密集型产业细分行业的标准差椭圆分析结果如表 5 - 19 所示。从长半轴来看，六个细分行业椭圆的长半轴均呈收缩趋势，表明各细分行业在东北—西南方向上均表现出集聚态势。从短半轴来看，除医药制造业外，椭圆的短半轴均呈现出增长趋势，说明大部分产业在东南—西北方向上表现出扩散态势。医药制造业的短半轴略有缩短，缩短为 9.717 km，在东南—西北方向上并无明显集聚趋势。从形状指数来看，六个细分行业椭圆的形状指数均呈增加趋势，椭圆逐渐圆化，意味着各细分行业在集聚区域内的分布更加均衡。从椭圆面积来看，除电气机械和器材制造业外，其余五个细分行业的椭圆面积均呈缩小趋势，即展布范围逐渐缩小，集聚区域有所收缩。电气机械和器材制造业的椭圆面积略有增大，增大仅为 0.83%，其集聚区域略有增大。从前述集聚水平的分析可知，专利密集型产业细分行业的集聚水平并无明显变化，然而通过标准差椭圆方法深入分析可知，其具体表现为集聚区域有所收缩，集聚区域内的空间均衡程度有所提升。换言之，专利密集型产业呈现出在更小的区域内更均匀分布的趋势，因此其集聚状态发生了改变。从方位角来看，六个细分行业的方位角均变大，椭圆顺时针旋转，椭圆内部西南部地区的发展相对较快，西南部地区的拉动作用有所增强。其中，电气机械和器材制造业、仪器仪表制造业、通用设备制造业三个产业方位角旋转较明显，分别旋转了 4.2°、6.7°、3.8°，表明集聚区域内西南部地区对这三个产业的拉动作用较为显著。从椭圆中心来看，六个细分行业的椭圆中心均向西南方向偏移。总体来说，专利密集型产业各细分行业仍呈东北—西南的空间分布格局，考察期内各细分行业的椭圆中心向西南方向偏移，并且普遍呈现出在东北—西南方向集聚，在东南—西北方向上扩散的趋势；集聚区域有所收缩且集聚区域内的空间均衡程度有所提高，集聚区域内西南部地区的拉动作用逐渐增强。

表5－19 专利密集型产业细分行业空间集聚的椭圆参数

产业代码	年份	长半轴/km	短半轴/km	形状指数（短轴/长轴）	面积/万 km²	方位角/°
C27	2012	1 031.728	587.422	0.569	190.384	46.630
	2013	1 039.146	585.884	0.564	191.251	46.540
	2014	1 032.614	582.258	0.564	188.873	47.104
	2015	1 017.680	577.214	0.567	184.529	47.184
	2016	1 009.221	577.705	0.572	183.151	47.740
C34	2012	891.662	535.221	0.600	149.917	39.958
	2013	883.298	530.800	0.601	147.284	39.970
	2014	870.730	531.547	0.610	145.393	40.574
	2015	829.212	539.972	0.651	140.656	42.752
	2016	805.918	546.109	0.678	138.259	44.181
C35	2012	921.792	516.741	0.561	149.631	41.311
	2013	909.550	528.699	0.581	151.061	42.275
	2014	890.395	521.615	0.586	145.898	42.147
	2015	874.377	519.856	0.595	142.791	41.526
	2016	845.079	529.336	0.626	140.523	42.770
C38	2012	879.055	532.337	0.606	147.001	33.166
	2013	872.940	562.654	0.645	154.293	34.898
	2014	865.889	560.667	0.648	152.507	35.607
	2015	845.688	592.519	0.701	157.411	39.726
	2016	829.447	586.796	0.707	152.897	39.831

续表

产业代码	年份	长半轴/km	短半轴/km	形状指数（短轴/长轴）	面积/万km²	方位角/°
C39	2012	911.194	496.089	0.544	141.999	31.069
	2013	905.445	522.742	0.577	148.685	32.501
	2014	897.128	532.361	0.593	150.030	33.116
	2015	878.734	522.366	0.594	144.195	33.343
	2016	862.071	519.978	0.603	140.814	33.864
C40	2012	763.439	453.440	0.594	108.746	33.632
	2013	764.532	444.192	0.581	106.680	33.447
	2014	742.358	447.923	0.603	104.457	35.283
	2015	740.272	457.006	0.617	106.276	36.145
	2016	737.342	460.211	0.624	106.597	37.510

四、基本结论

本节采用 Theil 熵和地区集中度（CR_5）考察了我国专利密集型产业及其细分行业的集聚水平，在此基础上利用标准差椭圆方法分析了其空间布局特征及演化趋势。研究表明：

（1）专利密集型产业的区域集聚现象十分明显。除医药制造业外，专利密集型产业各细分行业的 Theil 熵均在 0.6 以上，CR_5 均在 50% 以上，表现出较显著的空间集聚。细分行业的集聚亦存在较为显著的差别，尤其计算机、通信和其他电子设备制造业与仪器仪表制造业两个产业的 Theil 熵大于 1，说明这两个产业的集聚程度最为突出。医药制造业的 Theil 熵在 0.5 左右波动，其集聚程度相对较弱。计算机、通信和其他电子设备制造业，仪器仪表制造业，电气机械和器材制造业三个产业的地区集中度较高，其中仪器仪表制造业的 CR_5 最高，为 71.3%。医药制造业的 CR_5 最低，为 48.7%。

（2）综合 Theil 熵和地区集中度发现，计算机、通信和其他电子设备制造业与仪器仪表制造业两个产业的集聚程度最为明显，属于高度集聚型产业；医药制造业的集聚水平最低，属于低度集聚型产业；通用设备制造业、专用设备制造业与电气机械、器材制造业三个产业的集聚程度则居于两者之间，属于中度集聚型产业。

（3）专利密集型产业六个细分行业的椭圆长半轴均呈收缩趋势，表明各细分行业在东北—西南方向上均表现出集聚态势。除医药制造业外，椭圆的短半轴均呈现出增长趋势，说明大部分产业在东南—西北方向上表现出扩散态势。此外，六个细分行业椭圆的形状指数均呈增加趋势，椭圆逐渐圆化，意味着各细分行业在集聚区域内的分布更加均衡。除电气机械和器材制造业外，椭圆的面积均呈缩小趋势，展布范围逐渐缩小，集聚区域有所收缩。整体来看，专利密集型产业的集聚水平并无明显变化，但集聚状态有所变化，呈现出在更小的区域内更均匀分布的趋势。

（4）专利密集型产业各细分行业的区位分布仍呈东北—西南的空间分布格局，但考察期内六个细分行业的方位角均变大，椭圆顺时针旋转，且椭圆中心均向西南方向偏移，椭圆内部西南部地区的发展相对较快，西南部地区对专利密集型产业的拉动作用逐渐增强。

第六节　空间溢出效应与专利密集型产业的空间布局优化

专利制度有两个公共政策目标：一是通过授予专利权以鼓励创新，二是通过专利信息公开以促进技术传播。❶ 专利制度通过赋予发明人一定时期的排他权来换取专利所包含技术信息的公开，这种独特的"公开换保护"制度设计使得知识或信息可以在时间和空间上最大可能的扩散和传播。社会公众获得和利用公开的最新技术信息，既可以避免重复工作、节省研发时间，又可以在前人的基础上进行后续研究，从而加快技术创新总体效率，最终提高社会总体福利。❷ 技术信息的公开是社会公众学习、利用和消化的必要前提，因此专利一旦公开便产生了技术扩散效应，为社会公众带来了正外部性，即产生了溢出效应。❸ 因

---

❶ SCOTCHMER S, GREEN J. Novelty and disclosure in patent law [J]. The RAND Journal of Economics, 1990, 21 (1): 131 – 146.

叶静怡，李晨乐，雷震，等. 专利申请提前公开制度、专利质量与技术知识传播 [J]. 世界经济，2012 (8): 115 – 133.

❷ SCOTCHMER S, GREEN J. Novelty and disclosure in patent law [J]. The RAND Journal of Economics, 1990, 21 (1): 131 – 146.

❸ 叶静怡，李晨乐，雷震，等. 专利申请提前公开制度、专利质量与技术知识传播 [J]. 世界经济，2012 (8): 115 – 133.

此，专利信息披露具有社会价值。❶ 然而，大部分研究在评估专利对经济增长的作用时，往往忽视了专利制度促进技术信息披露和传播而产生溢出效应的重要作用，这不仅容易导致研究结果出现偏差，而且也不利于深刻和全面认识专利制度在经济发展中的重要作用。正是基于这种考虑，本节采用纳入空间效应的空间面板计量模型，同时考虑专利数量和专利质量，分析专利对经济增长的空间溢出效应，弥补现有研究中忽视专利对经济增长的间接作用这一不足；更进一步的是，通过分时段研究，对比专利数量和专利质量与经济增长影响关系的变化，为高质量专利有效支撑经济发展提供实证支撑。

一、研究方法

（一）空间相关性检验

研究对象具有空间相关性是使用空间计量模型的前提。空间相关性从空间角度度量事物或现象的相互依赖程度，它描述了某一地理位置观测值与相邻地理位置观测值之间的关系。❷ 通常采用 Moran's I（莫兰指数）来进行空间相关性检验，其计算方法如公式（5-22）所示。

$$\text{Moran's I} = \frac{n \sum_{i=1}^{n} \sum_{j\neq i}^{n} W_{ij}(x_i - \overline{x})(x_j - \overline{x})}{\sum_{i=1}^{n}(x_i - \overline{x})^2 \sum_{i=1}^{n} \sum_{j\neq i}^{n} W_{ij}} \qquad (5-22)$$

其中，x_i、x_j 为 i 或 j 地区的观测值，$\overline{x}$ 表示平均观测值，n 表示全部地区数，W_{ij} 为空间邻接权重矩阵。Moran's I 的取值范围为 $[-1, 1]$：值大于 0，说明地区之间存在正向空间相关性；值小于 0，表示地区之间存在负向空间相关性；值等于 0，则表示地区之间不存在空间相关性。

（二）空间面板计量模型

笔者将专利对经济增长影响关系的面板计量模型设置为❸：

---

❶ SCOTCHMER S, GREEN J. Novelty and disclosure in patent law [J]. The RAND Journal of Economics, 1990, 21 (1): 131-146.

❷ 张琳彦. 产业集聚测度方法研究 [J]. 技术经济与管理研究, 2015 (6): 113-118.

❸ 张继红, 吴玉鸣, 何建坤. 专利创新与区域经济增长关联机制的空间计量经济分析 [J]. 科学学与科学技术管理, 2007, 28 (1): 83-89.

$$GDP_{it} = f(PATENT_{it}, \varepsilon_{it}), \quad PATENT = INV, PCT \qquad (5-23)$$

其中，GDP 代表地区生产总值，衡量各地区的经济增长，$PATENT$ 代表各地区的发明专利申请量，包括国内发明专利申请量（INV）和 PCT 国际专利申请量（PCT），ε_{it} 代表其他因素对经济增长的影响，i 和 t 分别代表地区和年份。为减弱异常值对估计带来的偏差，对数据进行对数处理：

$$\ln GDP_{it} = \alpha + \beta \ln PATENT_{it} + \varepsilon_{it}, \quad PATENT = INV, PCT \qquad (5-24)$$

其中，α 为常数项。

常用的空间面板计量模型包括只包含被解释变量空间滞后项的空间滞后模型（Spatial Lag Model，SLM）、只包含空间误差项自相关的空间误差模型（Spatial Error Model，SEM）、同时包含被解释变量空间滞后项和解释变量空间滞后项的空间杜宾模型（Spatial Durbin Model，SDM）三种。模型表达式分别为：

空间滞后模型（SLM）：

$$\ln GDP_{it} = \rho \sum_{i=1}^{n} W_{ij} \ln GDP_{it} + \beta \ln PATENT_{it} + \varepsilon_{it},$$
$$PATENT = INV, PCT \qquad (5-25)$$

空间误差模型（SEM）：

$$\ln GDP_{it} = \beta \ln PATENT_{it} + \varepsilon_{it}, \quad \varepsilon_{it} = \lambda W_{ij} \varepsilon_{it} + \mu_{it},$$
$$PATENT = INV, PCT \qquad (5-26)$$

空间杜宾模型（SDM）：

$$\ln GDP_{it} = \rho \sum_{i=1}^{n} W_{ij} \ln GDP_{it} + \beta \ln PATENT_{it} + \theta \sum_{i=1}^{n} W_{ij} \ln PATENT_{it} + \varepsilon_{it},$$
$$PATENT = INV, PCT \qquad (5-27)$$

其中，β 表示专利的回归系数，ρ 为经济增长的空间滞后系数，λ 为空间误差相关系数，θ 为专利的空间滞后系数。W_{ij} 为空间邻接权重矩阵，当两个地区相邻时，赋值为 1，反之则赋值为 0。

二、专利的空间溢出效应与经济增长

（一）相关关系分析

对地区生产总值（GDP）、国内发明专利申请量（INV）和 PCT 国际专利申请量（PCT）分别取对数，并绘制 $\ln GDP$ 与 $\ln INV$、$\ln PCT$ 的散点关系图，结果如图 5 – 17 所示。图 5 – 17 反映出 $\ln GDP$ 与 $\ln INV$、$\ln PCT$ 均显著相关。经计算，$\ln GDP$ 与 $\ln INV$、$\ln PCT$ 之间的相关系数分别为 0. 934、0. 865，且均在 1% 的水平下显著，初步可以判断专利数量和专利质量均对经济增长有显著影响。

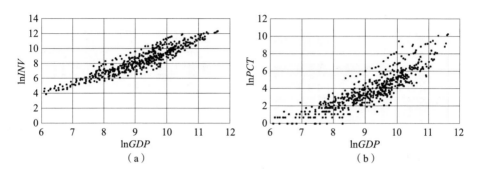

（a）　　　　　　　　　　　　　　（b）

图 5 – 17　$\ln GDP$ 与 $\ln INV$、$\ln PCT$ 的散点关系

此外，$\ln INV$ 与 $\ln PCT$ 之间也具有很高的相关性，相关系数为 0. 914，表明国内发明专利和 PCT 国际专利之间存在严重的多重共线性，因此对国内发明专利和 PCT 国际专利分别进行两项单独的回归分析。一方面，可以避免多重共线性对回归结果的影响；另一方面，国内发明专利和 PCT 国际专利并不是相互独立的，一般而言，申请人首先进行国内专利申请，然后在 12 个月的优先权期限内通过 PCT 途径进行国际专利申请。❶

（二）空间相关性检验

将 $\ln GDP$、$\ln INV$、$\ln PCT$ 作为观测值，按照地理相邻原则确定空间权重矩阵计算全局 Moran's I，结果见表 5 – 20 所示。由表 5 – 20 可知，$\ln GDP$、$\ln INV$ 的 Moran's I 均通过了 1% 的显著性检验，说明 $\ln GDP$ 和 $\ln INV$ 均存在显著的正向空间相关性；$\ln PCT$ 的 Moran's I 除在 2003 年、2012 年不显著外，其余年份均显著为正，表明 $\ln PCT$ 也具有显著的正向空间相关性。综合来看，专利与经济增长均存在明显的空间依赖性，采用传统面板计量模型可能造成估计偏差，因此选用纳入了空间效应的空间面板计量模型显得十分必要。

---

❶　ERNST H. Patent applications and subsequent changes of performance：evidence from time – series cross – section analyses on the firm level ［J］. Research Policy, 2001, 30 （1）：143 –157.

表 5 – 20　变量的全局 Moran's I

年份	lnGDP	lnINV	lnPCT
2002	0. 252 ***	0. 264 ***	0. 210 **
2003	0. 253 ***	0. 240 ***	0. 093
2004	0. 255 ***	0. 259 ***	0. 231 **
2005	0. 252 ***	0. 236 ***	0. 151 *
2006	0. 245 ***	0. 260 ***	0. 311 ***
2007	0. 247 ***	0. 278 ***	0. 262 ***
2008	0. 246 ***	0. 272 ***	0. 264 ***
2009	0. 256 ***	0. 287 ***	0. 120 *
2010	0. 254 ***	0. 278 ***	0. 229 **
2011	0. 250 ***	0. 297 ***	0. 261 ***
2012	0. 244 ***	0. 295 ***	0. 111
2013	0. 239 ***	0. 289 ***	0. 297 ***
2014	0. 239 ***	0. 298 ***	0. 178 **
2015	0. 252 ***	0. 298 ***	0. 161 **
2016	0. 267 ***	0. 298 ***	0. 256 ***
2019	0. 268 ***	0. 341 ***	0. 381 ***
2020	0. 272 ***	0. 366 ***	0. 381 ***

注：*、**、*** 分别表示通过了 10%、5%、1% 的显著性检验。下同。

（三）模型检验

对空间效应的检验，主要分为空间误差依赖性检验和空间滞后依赖性检验两类，目前国内外一般采用 LM_Erro、LM_lag 及空间滞后稳健性 Robust LM_lag、空间误差稳健性 Robust LM_Erro 相结合的检验方法。[1] 从表 5 – 21 可知，两个解释变量的 LM_lag 以及 LM_Erro 统计量值均在 1% 的水平下显著，说明空间滞后模型与空间误差模型均得到了支持，有必要考虑更加广义的空间杜宾模型的空间效应。鉴于此，进一步对空间杜宾模型是否会退化为空间滞后模型

---

[1] 张可云，杨孟禹. 国外空间计量经济学研究回顾、进展与述评 [J]. 产经评论，2016，7 (1)：5 – 21.

或空间误差模型进行了 LR 检验。结果显示，当解释变量为 lnINV 或 lnPCT 时均显著拒绝原假设，表明空间杜宾模型优于空间滞后、空间误差模型。最后，使用 Hausman 检验判别使用固定效应模型还是随机效应模型，结果在 1% 的显著性水平下拒绝了原假设，因此固定效应模型优于随机效应模型。综合上述考虑，笔者采用固定效应的空间杜宾模型。

表 5 - 21　空间效应的检验结果

检验	lnINV	lnPCT
LM_Lag	354. 71 ***	569. 62 ***
Robust LM_Lag	343. 01 ***	512. 36 ***
LM_Err	12. 69 ***	64. 43 ***
Robust LM_Err	1. 00	7. 17 ***
LR_Lag	23. 26 ***	50. 57 ***
LR_Err	116. 04 ***	75. 87 ***
Hausman	31. 47 ***	24. 39 ***

（四）空间面板计量分析

为了便于比较，笔者分别进行了传统面板模型和空间面板模型回归分析，结果如表 5 - 22 所示。其中模型 Ⅰ、Ⅱ 分别表示以 lnINV 和 lnPCT 作为解释变量的回归结果。表 5 - 22 中传统面板模型回归结果显示，lnINV、lnPCT 的回归系数在 1% 的水平下显著为正，表明专利数量和专利质量对经济增长均有显著的促进作用。与传统面板模型相比，空间面板模型的极大似然值 LogL 明显增大，AIC、BIC 值显著减小，说明纳入了空间效应的空间面板模型较传统面板模型更优越。

以 lnINV 或 lnPCT 为解释变量时，经济增长的空间滞后系数 ρ 均为正且在 1% 水平下显著（分别为 0. 714、0. 849），这表明地区经济增长存在显著的空间依赖性，邻近地区的经济增长会显著促进本地的经济增长。同时，$W \times$ lnINV、$W \times$ lnPCT 的估计系数均为正且通过 1% 显著性水平检验（分别为 0. 084、0. 077），表明邻近地区的专利对本地的经济增长具有促进作用，这意味着专利数量和专利质量对经济增长均存在明显的空间溢出效应。

表 5 - 22　传统面板模型与空间面板模型回归结果

变量	传统面板模型		空间面板模型	
	I	II	I	II
CONS	4. 550 ***	7. 082 ***		
ln*INV*	0. 550 ***		0. 077 ***	
ln*PCT*		0. 517 ***		0. 008
ρ			0. 714 ***	0. 849 ***
$W \times \ln INV$			0. 084 ***	
$W \times \ln PCT$				0. 077 ***
R^2	0. 918	0. 777	0. 623	0. 499
LogL	111. 44	- 153. 343	471. 147	431. 235
AIC	- 218. 879	310. 687	- 930. 294	- 850. 469
BIC	- 210. 345	319. 221	- 904. 691	- 824. 866

存在空间滞后项时，回归系数将不再简单地反映解释变量对被解释变量的影响，因此笔者根据詹姆斯·P. 勒沙杰（James P. Lesage）和 R. 凯利·佩斯（R. Kelley Pace）提出的"直接与间接效应理论"将总效应分解为直接效应和间接效应。[1] 直接效应表示专利对本地区经济增长造成的平均影响；间接效应表示专利对其他地区经济增长造成的平均影响，即空间溢出效应；总效应表示专利对所有地区经济增长造成的平均影响。空间效应的分解结果如表 5 - 23 所示。根据表 5 - 23 的结果可知，ln*INV*、ln*PCT* 不仅具有明显的直接效应，而且表现出明显的空间溢出效应。在其他影响因素不变的情况下，本地区 *INV* 每增加 1%，平均意义上将使本地区 *GDP* 提高 0.118%，邻近地区 *GDP* 增加 0.446%，总 *GDP* 增加 0.565%；本地 PCT 每增加 1%，平均意义上将使本地区、邻近地区 *GDP* 分别增加 0.050%、0.513%，总 *GDP* 增加 0.563%。可以发现，ln*INV* 的空间溢出效应占总效应的近 80%，ln*PCT* 的空间溢出效应占总效应的 90% 以上，这进一步印证了专利具有显著的正外部性，其引致的空间溢出效应对经济增长具有重要贡献。与传统面板模型的回归系数相比，空间面板模型中 ln*INV*、ln*PCT* 的直接效应更小，而总效应更高，这表明如果忽视空间效应，专利对经济增长的直接效应会被高估，而总效应会被低估。此外，ln*INV* 的直接效应较 ln*PCT* 更显著，而 ln*PCT* 的空间溢出效应较 ln*INV* 更明显。

---

[1] 张可云，杨孟禹. 国外空间计量经济学研究回顾、进展与述评 [J]. 产经评论，2016，7(1)：5 - 21.

这意味着国内发明专利在本地更容易转化为实际生产力，促进本地经济增长；而邻近地区更可能以高质量的 PCT 国际专利作为后续创新的基础，从而提高其创新能力，最终导致邻近地区的经济增长。

表 5 - 23　空间效应分解

效应	ln*INV*	ln*PCT*
直接效应	0. 118 ***	0. 050 ***
间接效应	0. 446 ***	0. 513 ***
总效应	0. 565 ***	0. 563 ***

专利之所以存在显著的空间溢出效应，主要在于专利以公开换保护的制度设计，通过赋予发明人一定期限的专利权来换取专利的公开，使得技术信息得以披露和传播。专利充分公开是技术扩散和专利产生溢出效应的重要前提。《专利法》第 34 条规定，国务院专利行政部门收到发明专利申请后，经初步审查认为符合该法要求的，自申请日起满 18 个月即行公布，并且可以根据申请人的请求早日公布，即发明专利在获得授权之前便已公布；《专利法》第 26 条第 3 款规定，说明书应当对发明作出清楚、完整的说明，以所属技术领域的技术人员能够实现为准，即说明书应当满足充分公开的要求。发明专利"尽早公布且公开充分"的制度设计使得技术信息能够及时传播，并由此产生了显著的空间溢出效应。从专利制度建立之初，政策制定者便开始关注如何确保公众能够更广泛地获得技术信息，专利机构的设计也明确地包含了系统记录、获取途径和信息传播等机制。[1] 相较于技术机密，专利制度在鼓励技术知识披露，降低技术失传或提高技术知识累积性上具有重要作用。[2] 发明人为取得专利权，将其私有的知识披露为对社会更加有益的公共知识，[3] 公开的知识更容易传承、扩散和使用，日积月累便逐渐形成了一个庞大的公共知识库，将极大地提高社会公众的创新效率。[4]

---

[1] KHAN B Z. Of time and space：technological spillovers among patents and unpatented innovations during early U. S. industrialization [R/OL]. (2014 - 12) [2022 - 12 - 18]. http：//www. nber. org/papers/w20732.

[2] 寇宗来，周敏. 机密还是专利？[J]. 经济学（季刊），2012，11（1）：115 - 134.

[3] 寇宗来，周敏. 机密还是专利？[J]. 经济学（季刊），2012，11（1）：115 - 134.

[4] 寇宗来. 专利制度与工业革命 [N]. (2012 - 08 - 07) [2022 - 11 - 20]. http：//www. iprchn. com/Index_NewsContent. aspx?newsId = 49734.

三、专利质量的突出作用

2008 年，国务院印发了《国家知识产权战略纲要》，同年《专利法》迎来了第三次修改，此次修订的动因主要源于我国自身经济高速发展的需求。❶因此，笔者将样本分为 2002 ~ 2008 年和 2009 ~ 2020 年两个时段进行比较研究，以探讨专利数量和专利质量对经济增长的作用是否存在阶段性转变。分时段回归结果如表 5 – 24 所示，空间效应的分解如表 5 – 25 所示。

如表 5 – 24 所示，2002 ~ 2008 年和 2009 ~ 2020 年两个阶段，空间滞后系数 ρ、$W \times \ln INV$ 和 $W \times \ln PCT$ 均在 1% 的水平下显著为正，表明在两个阶段中专利数量和专利质量对经济增长均存在明显的空间溢出效应，再一次印证了使用纳入了空间效应的空间面板计量模型的必要性。如表 5 – 25 所示，与 2002 ~ 2008 年相比，2009 ~ 2020 年 $\ln INV$ 的间接效应和总效应均显著减弱；$\ln PCT$ 的直接效应、间接效应和总效应均显著增强，并且 $\ln PCT$ 的间接效应超过了 $\ln INV$，总效应与 $\ln INV$ 基本持平，表明专利数量对经济增长的影响有所减弱，专利质量对经济增长的影响逐渐增强。专利数量和专利质量对经济增长的作用存在阶段性转变。2008 年以前，专利数量对经济增长发挥着主要作用；2009 年以后，专利质量对经济增长的影响关系开始发生转变，高质量发明创造的作用正日益显现，且主要表现为空间溢出效应。

表 5 – 24　分时段空间面板模型回归结果

变量	2002 ~ 2008 年		2009 ~ 2020 年	
	I	II	I	II
$\ln INV$	0. 037 **		0. 077 ***	
$\ln PCT$		0. 009		0. 008
ρ	0. 754 ***	0. 897 ***	0. 736 ***	0. 843 ***
$W \times \ln INV$	0. 119 ***		0. 053 ***	
$W \times \ln PCT$		0. 034 ***		0. 064 ***
R^2	0. 469	0. 359	0. 537	0. 355
LogL	314. 436	294. 521	334. 063	314. 417
AIC	– 616. 872	– 577. 043	– 656. 127	– 616. 835
BIC	– 596. 592	– 556. 763	– 633. 707	– 594. 415

❶ 杨延超. 改革开放 40 年我国专利制度的回顾、反思与展望 [J]. 重庆社会科学, 2018 (4): 32 – 40.

表 5 – 25　分时段空间效应分解

效应	2002 ～ 2008 年		2009 ～ 2020 年	
	ln*INV*	ln*PCT*	ln*INV*	ln*PCT*
直接效应	0. 087 ***	0. 037 ***	0. 112 ***	0. 042 ***
间接效应	0. 549 ***	0. 381 ***	0. 383 ***	0. 419 ***
总效应	0. 635 ***	0. 418 ***	0. 495 ***	0. 460 ***

2008 年以前，我国高技术产业增加值占 GDP 的比重低于 5% ，高技术产品占产品出口总额的比重低于 30% ，[1] 高技术产业的发展规模和创新水平还十分有限。因此相对于质量更高的 PCT 国际专利，国内发明专利由于更容易商业化实现和转化成实际生产力，因此成为对经济增长更加有效的支撑。另一方面，2008 年之前，我国的 PCT 国际专利累积数量十分不足，[2] 并未形成庞大的知识库供后续创新主体学习和利用，因此国内发明专利是后续创新的主要知识来源，产生了更明显的空间溢出效应。由此可见，2008 年之前，我国主要表现为专利数量驱动型经济。2008 年之后，随着国家知识产权战略的深入实施以及我国经济发展方式的转型升级，高技术产业和知识产权密集型产业逐渐成为国家竞争优势的重要来源，创新引领的趋势愈加明显，高质量发明专利在经济发展中的作用日益凸显。同时，2010 年之后我国的 PCT 国际专利申请进入快速增长阶段，年均申请量达到 1 万件以上，在世界所占的比例也逐年增加。[3] 质量更高的发明专利使得后续创新主体的研发起点更高，从而能够达到更高的创新效率和产生更好的创新成果，因此在产业转型升级和经济提质增效的需求下，后续创新主体更倾向于选择高质量的发明专利作为学习、利用和消化的对象，因此 PCT 国际专利产生了更明显的空间溢出效应。

然而，也应该注意到，在 2002 ～ 2008 年和 2009 ～ 2020 年两个阶段，尽管 ln*PCT* 的直接效应有所增强，但始终低于 ln*INV* 的直接效应，表明目前高质量发明专利对经济增长的直接支撑作用并未很好地发挥出来。这也从侧面反映出我国的创新水平还有待提高，高质量发明专利转化为实际生产力的能力仍十分不足。

---

[1]　赵彦云，刘思明. 中国专利对经济增长方式影响的实证研究：1988—2008 年 [J]. 数量经济技术经济研究，2011 (4)：34 – 48.

[2]　傅俊英，佟贺丰. 中国 PCT 专利申请的发展现状 [J]. 科技管理研究，2016 (13)：32 – 36.

[3]　傅俊英，佟贺丰. 中国 PCT 专利申请的发展现状 [J]. 科技管理研究，2016 (13)：32 – 36.

四、基本结论

本节基于 2002～2020 年中国 31 个省份的面板数据，采用纳入了空间效应的空间面板计量模型，综合考虑专利数量和专利质量，检验了专利对经济增长的空间溢出效应。并以 2008 年国家实施知识产权战略和进行《专利法》第三次修改作为时间分界点，分时段讨论了专利数量和专利质量与经济增长影响关系的变化。主要结论可归纳如下。

（1）专利对经济增长具有明显的空间溢出效应，$\ln INV$ 的溢出效应占总效应的近 80%，$\ln PCT$ 的溢出效应占总效应的 90% 以上。与传统面板模型的结果相比，若忽视了空间效应的影响，专利对经济增长的直接效应会被高估，而总效应会被低估。

（2）专利数量和专利质量对经济增长的影响关系存在阶段性转变。2002～2008 年，$\ln INV$ 的直接效应、间接效应和总效应均明显高于 $\ln PCT$，专利数量对经济增长发挥着主要作用；2009～2020 年，$\ln PCT$ 的直接效应、间接效应和总效应均显著增强，且其间接效应和总效应均超过了 $\ln INV$，专利质量的作用日益凸显，在现阶段发挥着重要作用。

（3）专利既能够直接促进经济增长，又能够通过空间溢出效应间接地促进经济增长，因此专利制度促进技术传播这一社会目标在经济发展中有着十分突出的作用。在信息化高度发展的宏观背景下，专利公开导致的技术扩散和传播将产生更加显著的影响。因此，完善专利信息平台建设、加强专利信息资源传播和利用，促进专利空间溢出效应的有效发挥，是区域专利政策制定中应该考虑的议题。

（4）现阶段专利质量的空间溢出效应和总效应显著高于专利数量的空间溢出效应和总效应，专利质量对经济增长的影响日渐凸显和重要。然而，目前我国发明专利的整体质量并不高。2019 年我国首次超过美国成为提交 PCT 国际专利申请量最多的国家，但从 PCT 国际专利申请量与国内发明专利申请量的比值来看，PCT 国际专利申请的比重仍然十分低（低于 5%）。鉴于科技创新具有累积性，如果发明专利整体质量上升，即意味着社会公众通过专利信息可获得的技术知识质量更高，那么后续创新的起点和质量便会提高，如此就形成了良好的正循环，可有效地提高社会总体创新水平。因此，突出专利质量导向，促进专利质量提升对我国经济提质增效具有重要现实意义。

第七节 医药制造业专利与产业的空间耦合协调分析

医药制造业各区域的发明专利与其产业发展水平是否存在不相适应、不相匹配的现象？二者是否协调发展？其耦合协调关系具有怎样的空间特征和时空演变趋势？明确上述几个问题能够进一步全面分析医药制造业的专利空间布局与产业发展间的协调关系，对提高医药制造业的国际竞争力具有十分重要的现实意义。有鉴于此，本节选取专利密集型产业中的医药制造业作为典型代表，依据改进象限图法、专利重心和产业重心的空间耦合态势模型，从空间的视角探究医药制造业发明专利和产业发展的耦合协调关系以及二者的时空动态演变趋势，旨在为我国医药制造业乃至一般专利密集型产业的协调发展提供建议和参考。

一、研究方法

（一）象限图法

下文采用改进的象限图法来讨论医药制造业发明专利和产业发展之间的空间耦合协调关系。[1] 所采用的方法具体如下。①将医药制造业的发明专利与产业发展水平标准化，形成两个新的变量 ZP 以及 $ZIDL$。其中，ZP 代表散点图中样本点偏离发明专利样本中心位置的程度，$ZIDL$ 表征散点图中样本点偏离产业发展水平样本中心位置的程度。②利用标准化后新的变量数据列，将 ZP 作为 X 轴，将 $ZIDL$ 作为 Y 轴，绘制出散点象限图。③对类型区进行划分，$ZP - ZIDL$ 的符号代表了上述二者偏离各自样本中心的协调性，$ZP - ZIDL$ 的绝对值则代表了二者偏离各自样本中心的协调程度。据此可把医药制造业发明专利和产业发展关系划分成下列五个类型区：专利严重超前区（$ZP - ZIDL > 1$）、专利超前区（$0.2 < ZP - ZIDL \leqslant 1$）、基本协调区（$-0.2 \leqslant ZP - ZIDL \leqslant 0.2$）、专利滞后区（$-1 \leqslant ZP - ZIDL < -0.2$）和专利严重滞后区（$ZP - ZIDL < -1$）。

---

❶ 陈明星，陆大道，刘慧. 中国城市化与经济发展水平关系的省际格局 [J]. 地理学报，2010，65（12）：1443–1453；焦敬娟，王姣娥，刘志高. 东北地区创新资源与产业协同发展研究 [J]. 地理科学，2016，36（9）：1338–1348.

（二）专利重心和产业重心的空间耦合态势模型

下文参考人口重心与经济重心空间耦合态势模型[1]刻画医药制造业产业发展重心与发明专利重心的空间耦合态势，并进一步讨论其时空演变的趋势。医药制造业产业发展重心与发明专利重心是各个地区医药制造业产业发展水平和发明专利子矢量的合力点，发明专利重心 G_P (x, y) 与产业发展重心 G_I (x, y) 的具体计算公式为：

$$G_P(x,y) = \frac{\sum_{i=1}^{n} P_i Q(x_i, y_i)}{\sum_{i=1}^{n} P_i}; \quad G_I(x,y) = \frac{\sum_{i=1}^{n} I_i Q(x_i, y_i)}{\sum_{i=1}^{n} I_i} \quad (5-28)$$

其中，n 代表地区的个数，Q (x_i, y_i) 则代表各个地区的空间区位（以经纬度为表示形式，单位:°）；P_i 与 I_i 则分别代表各个地区医药制造业的发明专利和产业发展的指标。

随后，利用发明专利重心和产业发展重心在空间分布上的重叠性及其变动轨迹的一致性，从静态与动态两个方面考察上述两个重心的空间耦合态势。发明专利重心与产业发展重心的空间重叠性用二者之间的距离表示，距离越近表示其重叠性越高。两重心间距离的计算公式如下：

$$S = d(G_P, G_I) = \sqrt{(x_p - x_I)^2 + (y_p - y_I)^2} \quad (5-29)$$

变动一致性则利用发明专利重心、产业发展重心相对于上一时间点所产生位移的矢量交角 θ 表示，并用其余弦值 $\cos\theta$ 作为变动一致性指数。该数值越大代表其变动越发一致；当 $\cos\theta = 1$ 时，代表二者属于完全同向；$\cos\theta = -1$ 时，代表二者属于完全反向。设重心相较于上一个时间点经度以及纬度的变化量分别为 Δx 与 Δy，则该变动一致性指数的计算公式如下：

$$\cos\theta = \frac{\Delta x_P \Delta x_I + \Delta y_P \Delta y_I}{\sqrt{(\Delta x_P^2 + \Delta y_P^2)(\Delta x_I^2 + \Delta y_I^2)}} \quad (5-30)$$

二、专利与产业耦合协调的省域分析

以 31 个省份为研究对象，采用各个省市医药制造业的主营业务收入代表其医药制造业的发展水平，这些数据源于《中国高技术产业统计年鉴》（2010～

---

❶ 樊杰，陶岸君，吕晨. 中国经济与人口重心的耦合态势及其对区域发展的影响 [J]. 地理科学进展，2010，29（1）：87–95.

2019）以及各个省份的统计年鉴。各个省份医药制造业的发明专利授权量则利用 incoPat 科技创新情报平台检索获得，具体检索式依据国家知识产权局公布的《国际专利分类与国民经济行业分类参照关系表（2018）》编制而成。

依据改进的象限图法，绘制得到 2009 ～ 2013 年、2014 ～ 2018 年两阶段医药制造业 ZP 与 ZIDL 散点象限图以及专利 – 产业耦合协调的省份类型划分图，具体结果见图 5 – 18 和图 5 – 19。

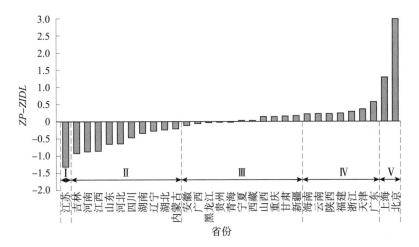

图 5 – 18　医药制造业专利 – 产业耦合协调的省份类型划分（2009 ～ 2013 年）

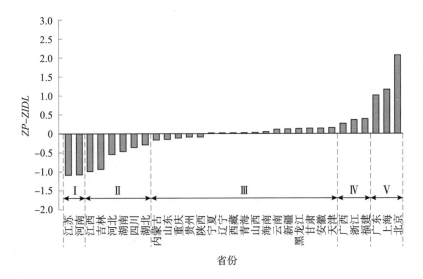

图 5 – 19　医药制造业专利 – 产业耦合协调的省份类型划分（2014 ～ 2018 年）

（1）专利严重滞后区（Ⅰ）。2009～2013 年该类型区仅包括江苏 1 个省份，2014～2018 年该类型区包括江苏和河南 2 个省份。江苏的发明专利和产业规模分别处于第 3 位和第 2 位；河南的发明专利和产业规模分别处于第 9 位和第 3 位。江苏和河南的发明专利占比均远小于其主营业务收入占比，发明专利严重落后于其对应的产业发展水平。

（2）专利滞后区（Ⅱ）。2009～2013 年该类型区包括吉林、河南、江西、山东、河北、四川、湖南、辽宁、湖北、内蒙古 10 个省份，其中辽宁、内蒙古、山东 3 个省份在 2014～2018 年转化为基本协调区，河南转化为专利严重滞后区。2014～2018 年该类型区包括江西、吉林、河北、湖南、四川、湖北6 个省份。

（3）基本协调区（Ⅲ）。2009～2013 年该类型区包括安徽、广西、黑龙江、贵州、青海、宁夏、西藏、山西、重庆、甘肃、新疆 11 个省份，2014～2018 年该类型区包括内蒙古、青海、西藏、新疆、辽宁、黑龙江、重庆、山东、甘肃、云南、山西、海南、宁夏、安徽、天津、贵州、陕西 17 个省份。属于基本协调区的省份主要位于西部地区和中部地区，发明专利和产业发展水平均较为落后，大部分省份的协调属于"低水平"的协调发展。基本协调区的数量增多，表明医药制造业专利与产业的协调水平逐渐增强。

（4）专利超前区（Ⅵ）。2009～2013 年该类型区包括海南、云南、陕西、福建、浙江、天津、广东 7 个省市，2014～2018 年该类型区包括广西、浙江、福建 3 个省份。其中广西在 2014～2018 年由基本协调区转化为专利超前区，海南、云南、陕西和天津转化为基本协调区，广东转化为专利严重超前区。

（5）专利严重超前区（Ⅴ）。2009～2013 年该类地区仅包括上海和北京 2 个直辖市，2014～2018 年该类型区包括广东、上海和北京。其中广东在 2014～2018 年由专利超前区转为为专利严重超前区。

总体来看，医药制造业发明专利分布与产业发展的协调性增强。如表 5－26 所示，共有 3 个省份的协调性恶化，分别是广东、广西和河南；7 个省份的协调性转好，分别是辽宁、内蒙古、山东、陕西、海南、云南和天津。对比2009～2013 年和 2014～2018 年两个阶段可知，专利超前区和专利滞后区的省份数量在减少，基本协调区的省份数量在增加，说明近十年来医药制造业的发明专利与产业发展趋向一致性和协调性。河南和广东属于两个特例：河南医药制造业的发展水平居全国前列，近年来其专利滞后现象越发突出；而广东医药制造业的发明专利优势明显，近年来其专利超前现象越发清晰。

表 5 - 26　2009 ～ 2013 年和 2014 ～ 2018 年两个阶段省份类型区的变化

类型变化	省份具体变化情况
协调性恶化（3 个省份）	河南：专利滞后区转化为专利严重滞后区
	广西：基本协调区转化为专利超前区
	广东：专利超前区转化为专利严重超前区
协调性转好（7 个省份）	辽宁、内蒙古、山东：专利滞后区转化为基本协调区
	陕西、海南、云南、天津：专利超前区转化为基本协调区

三、专利与产业耦合协调的时空格局演化分析

由公式（5 - 28）得到 2009 ～ 2018 年医药制造业发明专利重心与产业发展重心，绘制出时空演变的轨迹图，并通过公式（5 - 29）、公式（5 - 30）计算两重心间的距离以及变动一致性指数，以分析两重心的空间走向以及其变化的同步性与协调性，具体结果如图 5 - 20 所示。

（1）发明专利重心：近十年来，医药制造业的发明专利重心一直位于 115.41°E 以东、33.86°N 以南。相对于中国的几何中心来看，发明专利重心一直偏向于东部与南部，并且东西方向的偏离距离大于南北方向，表明东部与南部地区是中国医药制造业发明专利的高密度区，且东西方向的区域差异大于南北方向。在考察期内，医药制造业发明专利重心整体朝西南方向进行移动：2009 ～ 2015 年，发明专利重心的迁移尚无显著的规律；自 2015 年伊始呈现向西南方向稳定移动的倾向。2015 年发明专利重心处于 116.00°E 和 33.22°N，至 2018 年该重心迁移到了 115.41°E 和 32.64°N。2009 ～ 2018 年，发明专利重心朝西移动了 0.41°，向南移动了 1.07°，其中南北方向的迁移速度稍快于东西方向。发明专利重心的迁移轨迹表明中国医药制造业的创新活动在东西方向的不均衡性得以收敛，南北方向的不均衡性则不断扩大。

（2）产业发展重心：与发明专利重心的位置类似，医药制造业的产业发展重心一直位于 115.43°E 以东和 33.77°N 以南；就产业集聚来看，东部比西部高，南部比北部高。考察期间，医药制造业的产业发展重心呈现出整体向西南方向移动的倾向：2009 ～ 2012 年，产业发展重心的迁移规律尚不明显；2012 ～ 2018 年，呈现出稳定向西南方向移动的现象。这与发明专利重心的变动趋势近乎一致。2012 年产业发展重心位于 116.34°E 和 33.77°N，2018 年该重心迁移到了 115.43°E 和 32.76°N。2009 ～ 2018 年，产业重心向西移动了

0.83°，向南移动了 0.86°，南北方向的迁移速度与东西方向基本一致。近年间，西南部地区对医药制造业的拉动作用较为明显，东北部地区的影响则持续降低。产业发展重心的迁移轨迹表明中国医药制造业在东西方向的差距开始缩小，南北方向的差距则有所拉大。

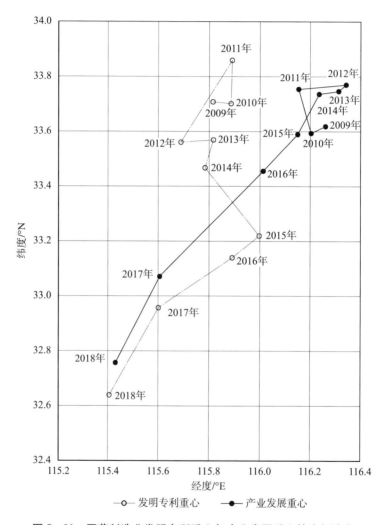

图 5 - 20　医药制造业发明专利重心与产业发展重心的空间演变

（3）综合来看，医药制造业的发明专利重心与产业发展重心间仍存在一定距离的偏离，表明医药制造业发明专利与产业发展间不协调现象突出。近年来，发明专利与产业发展的空间分布差异表现出缩小趋势：一是两重心之间的偏离距离逐渐减小，两重心间的距离从 2012 年的 64.07km 减少到 2018 年的

13.46km；二是两重心均向西南方向迁移，且变动方向也趋于一致，二者格局呈现一致性的变化趋势。这充分表明，医药制造业发明专利与产业发展的分离状况得到明显改善，发明专利与产业发展的整体空间协调性有所提高。

四、基本结论

本节利用改进的象限图法、专利重心与产业重心空间耦合态势模型，从空间视角对中国医药制造业产业发展与发明专利之间的耦合协调关系以及其时空动态演化态势进行了定量分析。主要结论如下。

（1）整体而言，医药制造业的产业发展与发明专利之间仍存在不协调现象。产业发展水平较高与发明专利较优的区域，二者间不协调的现象较为显著；然而产业发展水平与发明专利都比较滞后的区域，二者间的协调性较好，体现为相对较低水平的协调关系。

（2）近年来，医药制造业的产业发展和发明专利之间的耦合协调性逐渐得以增强，基本协调区的数量从 11 个省份增加到 17 个省份，其中部分省份渐渐转为基本协调区。产业发展重心和发明专利重心均朝西南方向移动，2009 ~ 2018 年，发明专利重心朝西移动了 0.41°，朝南移动了 1.07°；产业重心朝西移动了 0.83°，朝南移动了 0.86°。上述两个重心之间的距离日益缩小，产业和专利二者的相互促进与协调发展有所优化。

第八节　医药制造业专利合作网络演化研究

新冠疫情引发全社会对传染疾病防控及抗病毒药物研发的空前关注。研发出有针对性的抗病毒药物，是战胜新型冠状病毒的重要一环。众多专利药物进入专家的视野，其中之一就是瑞德西韦（Remdesivir）。该药由吉利德公司研发成功，期初该药的目的是针对埃博拉病毒，对传染性非典型肺炎（SARS）病毒和中东呼吸综合征（MERS）病毒也有效。新冠病毒与 SARS 病毒有 85% 的同源性，因此推测瑞德西韦对新冠病毒也有活性。由于研发抗病毒药物的时间成本和难度很高，因此"老药新用"是对抗新冠病毒的实际选择。抗埃博拉病毒、抗 MERS 病毒、抗艾滋病毒、抗流感病毒和抗 SARS 病毒等药物都有可能对新冠病毒产生积极的防治效果。

新冠疫情以来，药品专利保护备受人们关注。由于研发难度大、成功概率低，联合进行药物研发并申请专利保护成为目前更多创新主体选择的路径，药物合作研发和专利共同申请将有助于增强全球对抗新冠病毒的能力和信心。无疑，与艾滋病、结核病、疟疾和其他流行病导致的全球风险一样，新冠病毒的肆虐引发了当代最大公共卫生危机。各国政府纷纷出谋划策，制定并实施了一系列新举措，专利已成为抗击新冠病毒感染的有效工具。本节旨在以分析防治新型冠状病毒感染化学药物专利合作网络的演化进程为例，揭示专利密集型的医药制造业药物功能演变耦合过程及其演化机理，既说明通过专利获取抗击和防控新冠感染的有效知识和信息具有重要的意义，也是笔者对专利密集型产业进行结构分析的又一典型案例。

一、研究方法

笔者以江苏省专利信息服务中心"新型冠状病毒防治专利专题数据库"中的样本数据进行分析，原样本数据共有专利 33 248 件，根据研究目的从中筛去实用新型和外观设计专利，聚焦发明专利。由于专利申请 18 个月后才进行公布，本次数据的截止时间为 2017 年，最后数据样本共计 22 332 件。

在这些专利中，抗 MERS 病毒药物专利有 8218 件（占比 36.80%），抗流感病毒药物专利 5115 件（占比 22.90%），抗 SARS 病毒药物专利 1520 件（占比 6.80%），抗艾滋病毒药物专利 3948 件（占比 17.68%），抗埃博拉病毒专利 3531 件（占比 15.81%）。从占比可见抗 SARS 病毒药物最少，这是因为 SARS 疫情只在 2002 年和 2003 年有过集中暴发和大流行，之后该病毒几乎再未出现过，相关药物研究、药理研究等都相对停滞。除此之外，2004 年后 SARS 病毒基本没再发生明显传播，也就没有一定量 SARS 病人，无法进行相关药物的临床试验。根据研究目的，笔者从 22 332 条数据中最终提取合作专利数据 1649 件。图 5 – 21 统计了我国抗新冠病毒药物专利合作申请的数量及占抗病毒药物发明专利申请总量比例变化趋势。考虑到影响专利合作较重大的危机事件因素，如 SARS 的暴发以及推动合作创新的国家政策出台，同时结合峰值年份出现的时间和大致相等的时间段划分，把时间的发展阶段分为三个阶段：1996～2003 年、2004～2010 年和 2011～2017 年。

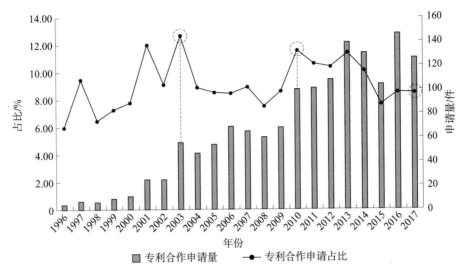

图 5 – 21　中国抗新冠病毒专利合作申请量和专利合作申请占比

（1）第一阶段为 1996～2003 年。该阶段的专利合作申请量占专利申请总量比例的平均值为 8.82%，专利合作申请量平均值为 17.88 件/年。2002 年开始暴发 SARS 疫情，由于 SARS 病毒突发，需紧急集中各研发单位力量共同研制药物，因而在 2003 年达到了第一次抗病毒药品合作专利申请的高峰，其占比为 12.64%。

（2）第二阶段为 2004～2010 年。该阶段的专利合作申请量占专利申请总量的比例平均值为 8.91%，专利合作申请量平均值为 66.14 件/年。其间，原国家食品药品监督管理局 2007 年颁布了新版《药品注册管理办法》，提高了新药申报门槛，单个中小制药型企业在新药研发、专利申请上显得势单力薄，需要联合同类企业共同研发，这一政策推动了各主体合作研发。由于政策具有一定的滞后性生态，❶ 在政策颁布后的第三年即 2010 年抗病毒药物达到了第二次专利合作申请的高峰，占比达到 11.53%。

（3）第三阶段为 2011～2017 年。该阶段的专利合作申请量占专利申请总量比例的平均值为 9.59%，专利合作申请量平均值为 122.00 件/年。可以看出，部分年份专利合作申请占总申请比例的值虽有下降，但第三阶段年度平均

---

❶　高峰，郭海轩. 科技创新政策滞后概念模型研究［J］. 科技进步与对策，2014，31（10）：101－105.

申请占比较第二阶段明显增高。其间，2015 年 8 月 9 日发布的《国务院关于改革药品医疗器械审评审批制度的意见》明确提高药品审评审批标准，该政策也推升了年度专利合作申请比例的上升。在该文件下发的两年后即 2017 年专利合作申请比例较 2015 年有明显提升。

二、专利合作网络结构演化的整体和个体结构分析

（一）整体结构分析

笔者利用 Gephi 软件绘制 1996 ～ 2003 年、2004 ～ 2010 年以及 2011 ～ 2017 年三个阶段的抗新冠病毒药物专利合作网络图谱（如图 5 - 22 至图 5 - 24 所示）。其中，节点表示专利申请人，连边表示申请人之间的合作申请关系。通常，节点值越大说明节点的度值越大，即节点合作范围越广；连边越粗说明相邻节点间的合作频率越高，即相邻节点间的合作关系越稳固。图 5 - 22 至图 5 - 24 中节点由个人、企业、高校以及科研院所这四种类型构成。

图 5 - 22　1996 ～ 2003 年抗新冠病毒药物专利合作网络图谱

图 5 - 23　2004 ～ 2010 年抗新冠病毒药物专利合作网络图谱

图 5 - 24　2011 ～ 2017 年抗新冠病毒药物专利合作网络图谱

在 1996 ～ 2003 年这一阶段中，主要特点是国内的合作比较松散，多为个人之间的合作，国外机构在中国合作申请专利则显得比较有系统性。有代表性的是合作体先灵公司与法马科皮亚公司之间的合作申请。

在 2004 ～ 2010 年这一阶段中，主要特点是企业之间合作日益加强，国外在华合作申请专利的代表除了先灵公司与法马科皮亚公司之间的合作申请，还增加了墨尔本保健公司、奥斯丁保健公司和南方保健公司等公司之间的合作等。国内机构企业之间的合作也逐渐增多和不断涌现出来，例如杭州赛利药

物研究所有限公司、海南普利制药有限公司与浙江瑞达药业有限公司的合作，北京国丹药物技术开发有限公司与吉林省一心制药有限公司之间的合作等。

在2011～2017年这一阶段中，专利合作进一步显著，网络规模不断扩大，国外在华合作申请专利的机构形成了以法国国家科学研究中心为核心的研究合作团队，国内机构中上海医药工业研究院、广东东阳光药业有限公司、南京优科生物医药研究有限公司和北大国际医院集团有限公司分别为代表的科研院所或企业逐渐成为该阶段中的核心节点。除此之外，各种类型的产学研合作也逐渐显著。

为进一步分析抗新冠病毒药物专利合作网络结构的变化情况，笔者运用社会网络分析方法，对抗新冠病毒药物专利合作网络的结构指标进行测度，选取的指标有网络规模、网络边数、联结次数、网络密度、网络直径、平均路径长度、平均度、平均加权度、平均聚类系数和模块度 Q 值。各指标的计算和含义如表5-27所示。

表5-27　合作网络结构指标的计算和含义

序号	指标选取	含义	目的
1	网络规模	计算网络中节点的数量	反映网络规模大小，值越大说明网络规模越大
2	网络边数	计算网络中节点间合作所产生的联结关系的总数	反映网络结构关系，值越大说明网络结构越复杂
3	联结次数	计算网络中所有节点累积合作的次数	反映网络合作关系，值越大说明网络合作关系越强
4	网络密度	$D = \dfrac{2l}{n(n-1)}$；其中 n 为节点数，l 为实际存在的边数	反映网络关系的密切程度，值越大表示网络结构越紧密，网络成员之间的关系越密切
5	网络直径	$L = \max d(i,j)$；其中 i 和 j 表示任意两节点	反映网络中两节点之间最短路径的最大值，值越大说明网络越稀疏，对应的网络传输性能与效率越低
6	平均路径长度	$PL = \dfrac{2}{n(n-1)}\sum\limits_{i,j} d(i,j)$；其中 n 为节点数，i 和 j 表示任意两节点	反映网络中两节点之间的平均距离，值越大说明网络越稀疏，对应的网络传输性能与效率越低

序号	指标选取	含义	目的
7	平均度	$\bar{d} = \dfrac{2l}{n}$，其中 n 为节点数，l 为实际存在的边数	反映网络中所有节点平均拥有的合作伙伴数量，值越大说明合作伙伴数量越多
8	平均加权度	指所有节点加权度的平均值	反映网络中所有节点的合作关系，值越大意味着网络中某些节点间进行了多次合作，已建立起稳定的合作关系
9	平均聚类系数	$\bar{C} = \dfrac{1}{n} \displaystyle\sum_{i=1}^{n} \dfrac{2l_i}{d_i(d_i-1)}$；其中 n 为节点数，l_i 是指节点 i 相连的所有节点间实际存在的边数，d_i 为节点的度	反映网络中所有节点聚类系数的平均值，值越大意味着相邻的节点间越容易建立起合作关系
10	模块度 Q 值	$Q = \displaystyle\sum_{k=1}^{q} \left[\dfrac{l_k}{l} - \left(\dfrac{2l_k + O_k}{2l} \right)^2 \right]$；其中 n 为节点数，q 表示网络中的社团，l 为实际存在的边数，l_k 和 O_k 分别代表社团 k 内部的节点彼此连接的边数以及与社团外部的节点建立连接的边数	反映某种社区划分下的网络与不具有社区结构的随机网络之间的差异，对应的差异越大说明网络社区划分的效果越好

　　根据表 5-27 列出的指标对我国抗新冠病毒化学药物专利进行研究，结果如表 5-28 所示。由表 5-28 可以得知，我国抗新冠病毒化学药物专利合作网络的规模不断增长，网络规模数值显示，第一阶段的网络节点的值为 275，第二阶段的网络节点值为 779，第三阶段的网络节点值为 1366，第三阶段的网络规模较第一阶段扩大近 4 倍。从第一阶段到第三阶段的网络边数和联结次数都在大幅增长，这说明网络节点之间的合作关系和合作次数都在增加。但是，网络边数的增速小于网络规模的增速，导致网络密度出现不断下降趋势，网络直径和平均路径长度也在不断上升，这说明我国抗新冠病毒药物专利的合作网络越来越稀疏；网络中网络节点的增加使得节点间的距离变得遥远，导致网络节点网络传输性能与效率也出现了下降，这说明我国该领域中虽然参与合作的主体越来越多，但各创新主体之间还存在着较大的合作空间。

表 5 – 28　中国抗新冠病毒药物专利合作网络拓扑结构衡量指标

阶段	网络规模	网络边数	联结次数	网络密度	网络直径	平均路径长度	平均度	平均加权度	平均聚类系数	模块度Q值
第一阶段（1996～2003 年）	275	318	104	0.008	4	1.101	2.313	5.309	0.933	0.942
第二阶段（2004～2010 年）	779	616	302	0.002	4	1.308	1.582	3.872	0.842	0.991
第三阶段（2011～2017 年）	1 366	1 204	500	0.001	6	2.014	1.763	4.346	0.799	0.987

从网络节点的平均度和平均加权度来看，二者都出现了先下降后上升的趋势，这说明我国新冠肺炎抗病毒药物的专利合作在 SARS 之后的合作广度和合作深度方面有所下降，后面又随着国家相关政策的出台有所提升。此外，该网络的平均聚类系数一直在下降，这说明我国抗新冠病毒药物领域长期的专利合作关系很难建立，创新主体之间的稳健合作很容易被打破。

（二）个体结构分析

为进一步分析我国抗新冠病毒药物关键节点的演化，笔者采用度数中心性、中间中心性和特征向量中心性进行统计，中心性指标可应用于识别处于网络中心地位的关键节点。度数中心性是衡量网络节点重要性的直接度量指标，值越大则表示其度数中心性越高，合作伙伴数越多；中间中心性是指某节点处于其他两个节点之间最短路径上的次数，值越大说明该节点充当中介的次数越多，调控网络信息资源的能力越强；特征向量中心性衡量某一节点的相邻节点的重要性，值越大说明该节点拥有更多重要合作伙伴，可供利用的重要资源越多。依据这三个指标分别统计该领域内每一阶段中专利合作网络中排名前五的关键节点，如表 5 – 29 所示。

表 5-29　抗新冠病毒化学药物专利机构合作网络关键节点排序表

阶段	度数中心性排序	中间中心性排序	特征向量中心性排序
第一阶段 （1996～ 2003 年）	康宾纳特克斯公司 东北林业大学 蒙彼利埃大学 先灵公司 卡利亚里大学	蒙彼利埃大学 先灵公司 法国国家科学研究中心 卡利亚里大学 美国先锋海布雷国际公司	康宾纳特克斯公司 东北林业大学 独立行政法人理化学研究所 蒙彼利埃大学 卡利亚里大学
第二阶段 （2004～ 2010 年）	法国国家科学研究中心 麻省理工学院 中国科学院上海药物研究所 诺瓦提斯公司 哈佛大学校长及研究员协会	法国国家科学研究中心 蒙彼利埃大学 哈佛大学校长及研究员协会 麻省理工学院 诺瓦提斯公司	墨尔本保健公司 奥斯丁保健公司 圣文森特医院墨尔本有限公司 南方保健公司 贝赛德保健公司
第三阶段 （2011～ 2017 年）	法国国家科学研究中心 加利福尼亚大学董事会 国家健康科学研究所 巴黎笛卡尔大学 上海医药工业研究院	法国国家科学研究中心 埃迪尼克斯医药公司 蒙彼利埃大学 加利福尼亚大学董事会 巴黎笛卡尔大学	法国国家科学研究中心 巴黎笛卡尔大学 国家健康科学研究所 公共救济事业局－巴黎医院 卡拉翰创新研究有限公司

　　由表 5-29 可以看出，中国机构在核心的关键节点上出现的频率不高，在第一、第二和第三阶段的度数中心性排序中，分别上榜的国内机构是东北林业大学、中国科学院上海药物研究所和上海医药工业研究院。而法国国家科学研究中心在第二阶段度数中心性排序、中间中心性排序，第三阶段的度数中心性排序、中间中心性排序和特征向量中心性排序中都排在第一位，这说明法国国家科学研究中心无论从合作伙伴的数量、对网络信息资源的调控能力来衡量，还是从可利用的重要资源等方面来看，实力都非常雄厚。相比较来说，国内企业的研发合作能力、发掘更好的合作者能力以及在网络体系中拥有的影响力和中介力还有待提升，特别是与全球创新能力较强的大学和科研院所、企业合作的能力还需要进一步加强。

三、专利合作网络结构演化的药物维度和合作分析

（一）药物维度分析

　　各类抗病毒化学药物中，抗 SARS 病毒药物的数量较少，这里仅对抗流感

病毒、抗艾滋病毒、抗 MERS 病毒和抗埃博拉病毒进行分析，如表 5 - 30 所示。

表 5 - 30　抗病毒药物分类分时专利合作拓扑网络结构衡量指标

抗病毒药物种类	阶段	网络规模	网络边数	联结次数	网络密度	网络直径	平均路径长度	平均度	平均加权度	平均聚类系数	模块度 Q 值
抗流感病毒药物	第一阶段	75	85	28	0.02	4	1.24	2.27	5.87	0.91	0.80
	第二阶段	214	159	90	0.007	3	1.19	1.49	3.44	0.94	0.97
	第三阶段	365	274	157	0.004	4	1.16	1.50	3.36	0.87	0.98
抗艾滋病毒药物	第一阶段	72	86	27	0.03	2	1.03	2.39	5.17	0.95	0.82
	第二阶段	143	114	58	0.01	2	1.08	1.59	3.72	0.93	0.95
	第三阶段	248	228	93	0.007	3	1.27	1.84	4.81	0.89	0.96
抗 MERS 病毒药物	第一阶段	83	63	35	0.019	2	1.03	1.52	3.37	0.93	0.94
	第二阶段	331	236	130	0.005	3	1.31	1.52	3.73	0.93	0.98
	第三阶段	517	409	207	0.003	3	1.17	1.58	3.86	0.88	0.99
抗埃博拉病毒药物	第一阶段	22	13	10	0.06	2	1.07	1.18	3.64	0.75	0.76
	第二阶段	124	80	54	0.01	2	1.09	1.29	3.16	0.81	0.97
	第三阶段	272	217	109	0.006	3	1.45	1.60	3.85	0.85	0.96

注：各阶段的指标与总体阶段的指标并不是简单加总或平均的关系，此表根据 Gephi 软件计算整理而得。

从网络规模即节点的数量来看，总体阶段的专利合作网络规模大小从大到小依次是抗 MERS 病毒药物、抗流感病毒药物、抗艾滋病毒药物和抗埃博拉病毒药物，从各个阶段专利合作网络的变化速度来看，抗埃博拉病毒药物的专利合作网络规模上升速度最快，从第一阶段的 22 上升至第三阶段的 272，规模扩大超过 11 倍，其次分别是抗 MERS 病毒药物、抗流感病毒药物和抗艾滋病毒药物的专利合作网络。网络密度变化相对较大的是抗 MERS 病毒药物和抗埃博拉病毒药物，分别从 0.019 到 0.003、从 0.06 到 0.006，分别降低 84% 和 90%；抗流感病毒药物和抗艾滋病毒药物的网络密度分别从 0.02 到 0.004、从 0.03 到 0.007，分别降低 80% 和 77%。总的来说，抗艾滋病毒和抗流感病毒药物的网络规模和网络密度的变化幅度相对前面两类药物较缓和，这可能与埃博拉和 MERS 近年来才发展成为全球瞩目的流行性传染病，而艾滋病和流感的历史较长、医疗对象和救治药物相对稳定有一定关系。

（二）省份合作分析

下文对我国各省份之间的防治新冠病毒化学药物的专利合作网络演化规律进行分析，在 1649 件合作专利申请中，去掉第一申请人来自国外的申请 631（其中外国申请人来源国家前五位分别是美国、法国、日本、瑞士和德国）。根据申请人分别匹配第一申请人和第二申请人所在的省份，采用 Arcgis 软件生成 1996 ~ 2003 年、2004 ~ 2010 年、2011 ~ 2017 年和总阶段四个图，分别对应绘制图 5 - 25 中的（a）、（b）、（c）和（d）。图中分别用点的大小表示省份的内部合作情况，用连线表示各省份之间的合作情况。

从图 5 - 25（a）可以看出第一阶段中，北京、上海和广东的内部合作情况最多，而北京市与其他省份的外部合作最多。从图 5 - 25（b）可以看出第二阶段中，合作省份的节点较第一阶段的节点增多，北京、江苏、上海、浙江和广东的内部合作情况最多，北京与外部省份的合作网络进一步扩大，上海、江苏、浙江和广东的外部合作不断增多，特别是上海市摆脱了网络"孤岛"的角色，与江苏省之间的合作成为这一阶段的重点。从图 5 - 25（c）可以看出第三阶段中，合作节点出现得更多，合作网络变得更加密集，内蒙古、四川、云南和贵州等省份纷纷展开与外部省份的合作，外部合作中，与北京合作的省份增多，形成一个以北京为核心的辐射网。但从合作强度来说，长三角地区的核心省份如浙江、江苏和上海以及珠三角的广东省形成的合作网络更加稳固。从图 5 - 25（d）可以看出总阶段中，北京、山东、上海、江苏、浙江和广东成为重要的几个节点，北京与山东、北京与上海、山东与江苏、江苏与浙江、上海与广东之间的合作较为密切。

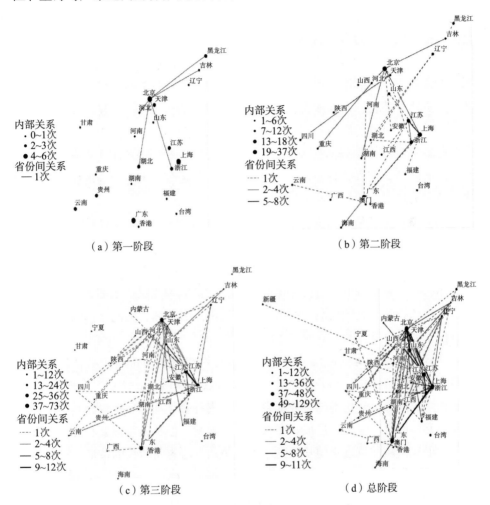

图5-25　防治新冠病毒化学药物专利网络的省份合作情况

四、基本结论

本节通过我国防治新冠病毒化学药物新的专利合作网络研究，拓展了对我国抗病毒化学药物创新主体、药物发展和省份合作的知识流动和创新演化规律的认知，主要结论如下。

（1）从防治新冠病毒化学药物专利合作网络的时间维度来看，随着时间的发展，我国抗新冠病毒化学药物专利合作网络规模、合作关系和合作次数一直在增加，但网络密度出现下降趋势，表明该领域中各创新主体之间存在着较大的合作空间。此外，重大公共危机事件如 SARS 的发生和重要政策的出台，会大大推动以专利为媒介的不同创新主体之间的合作。

（2）从防治新冠病毒化学药物专利合作网络的关键节点来看，不同阶段的变动比较大，能够连续出现在两个阶段或以上排行榜的机构较少，这说明抗新冠病毒化学药物开发难度大，两家或两家以上的机构不太容易建立长期稳定的合作关系，可能的原因是药企更多受商业利益驱动，针对重大公共疫情的疫苗和药物等突发传染病的研发并不积极，较难形成长期的研发合作关系。由此，政府应当长期资助有关企业的药品研发，创建公共卫生用药的技术储备和战略模式以应对大规模公共危机。

（3）从防治新冠病毒化学药物专利合作网络的药物维度来看，抗埃博拉病毒和抗 MERS 病毒的专利合作网络规模和网络密度变化最大，抗艾滋病毒和抗流感病毒专利合作相关指标的变化相对较小，这与病毒的特性有关。与埃博拉和 MERS 等新出现的流行性传染病相比，艾滋病和流感药物都属于历史比较长、慢性感染时间长的药品，每年亦有固定的患者群体，因此合作网络变化相对缓慢。

（4）从防治新冠病毒化学药物专利合作网络的省市维度来看，各省市之间的合作越来越密切，与外部合作的省市节点不断增多。北京、上海、江苏、浙江和广东这几个省份不论是外部合作还是内部合作都比较密集，其中，北京与外省市的合作最多，形成一个核心的辐射网，但从关系强度和合作密切度来说，出现了从北京逐步向长三角、珠三角的核心省份转移的情形。

第九节　医药制造业与计算机、通信设备制造业的对比分析

目前，医药制造业，计算机、通信和其他电子设备制造业是我国重点发展的高新技术产业，而且均已进入国家知识产权局公布的专利密集型产业目录。❶

---

❶　国家统计局. 知识产权（专利）密集型产业统计分类（2019）［R/OL］.（2019 - 04 - 09）
［2022 - 11 - 20］. http：//www. stats. gov. cn/xxgk/tjbz/gjtjbz/201904/t20190411_1758933. html.

然而，两类产业的创新活跃度差异还是十分明显的。在专利创新方面，计算机、通信和其他电子设备制造业拥有华为、中兴通讯、京东方等大型企业且具有较强的专利创新能力；与此形成鲜明对比的是，我国医药制造业的跨国发展进入平缓期，缺乏一定的国际影响力。从药品销售内容来看，我国医药制造业创新不足，仍以中药注射剂及专利过期药为主，在专利药品可及性上仍然不及全球其他主要市场。❶ 因此，选取专利密集型产业中的医药制造业，计算机、通信和其他电子设备制造业作为典型代表，采用显性比较优势指数计算各地区专利比较优势指数和产业比较优势指数，而后利用灰色关联模型分析二者之间的关联特征并对医药制造业与计算机、通信和其他电子设备制造业进行对比研究。

一、研究方法

(一) 显性专利 (产业) 比较优势指数

用"显性专利比较优势"（Revealed Patent Comparative Advantage，RPCA）指数来测算产业在各地区的专利比较优势，❷ 其计算公式为：

$$RPCA_{ij} = \left(P_{ij} \Big/ \sum_i P_{ij} \right) \Big/ \left(\sum_j P_{ij} \Big/ \sum_{ij} P_{ij} \right) \qquad (5-31)$$

其中，$RPCA_{ij}$ 表示 i 地区 j 产业的 RPCA 指数，P_{ij} 为 i 地区 j 产业的发明专利授权量，$\sum_i P_{ij}$ 为全国 j 产业的发明专利授权量，$\sum_j P_{ij}$ 为 i 地区所有发明专利授权量，$\sum_{ij} P_{ij}$ 指全国所有发明专利授权量。当 $RPCA_{ij}$ 大于 1 时，表明 i 地区在 j 产业具有专利比较优势；当 $RPCA_{ij}$ 小于 1 时，表明 i 地区在 j 产业不具有专利比较优势。

与专利比较优势指数类似，"显性产业比较优势"（Revealed Industrial Comparative Advantage，RICA）指数的计算公式为：

$$RICA_{ij} = (X_{ij}/X_i)/(Y_{wj}/Y_w) \qquad (5-32)$$

其中，$RICA_{ij}$ 表示 i 地区 j 产业的 RICA 指数，X_{ij} 为 i 地区 j 产业指标，X_i

---

❶ 欧朝铨. 生物医药知识产权管理研究 [J]. 信息系统工程，2016 (9)：58-59.

❷ 俞文华. 职务发明专利、比较优势和封锁动态：基于国家知识产权战略实施的视角 [J]. 科学学研究，2010，28 (4)：515-522；PRUDHOMME D. Dynamics of China's provincial-level specialization in strategic emerging industries [J]. Research Policy，2016，45 (8)：1586-1603.

为 i 地区工业全产业指标；Y_{wj} 为全国 j 产业指标，Y_w 为全国工业全产业指标。若 $RICA_{ij}$ 大于 1，说明 i 地区 j 产业具有比较优势；若 $RICA_{ij}$ 小于 1，则表示 i 地区 j 产业不具有比较优势。

（二）灰色关联分析

灰色关联分析根据序列曲线几何形状的近似程度来判断其联系是否紧密，曲线越接近，相应序列之间的关联度就越大，反之就越小。[1] 灰色关联分析法对样本量的多少和数据分布的规律性没有特殊要求，且计算量小，易于实现。[2] 我们采用相对关联度作为分析的依据，其计算过程如下。[3]

（1）确定分析序列为：$X_i = (x_i(1), x_i(2), \cdots, x_i(n))$，$i = 0, 1, 2, \cdots, m$。

（2）序列无量纲化处理。为了保证指标的可计算性，消除数量级大小不同的影响，需对变量序列进行无量纲化处理。本书运用初值法进行无量纲化处理。

$$X'_i = (x'_i(1), x'_i(2), \cdots, x'_i(n))$$
$$= \left(\frac{x_i(1)}{x_i(1)}, \frac{x_i(2)}{x_i(1)}, \cdots, \frac{x_i(n)}{x_i(1)} \right), \quad i = 0, 1, 2, \cdots, m$$

X'_i 的始点零化像为：

$$X'^0_i = (x'_i(1) - x'_i(1), x'_i(2) - x'_i(1), \cdots, x'_i(n) - x'_i(1))$$
$$= (x'^0_i(1), x'^0_i(2), \cdots, x'^0_i(n)), \quad i = 0, 1, 2, \cdots, m$$

（3）相对关联度 γ_{0i} 为：

$$\gamma_{0i} = \frac{1 + |s'_0| + |s'_i|}{1 + |s'_0| + |s'_i| + |s'_i - s'_0|} \qquad (5-33)$$

其中：

$$|s'_0| = \left| \sum_{k=2}^{n-1} x'^0_0(k) + \frac{1}{2} x'^0_0(n) \right|;$$

$$|s'_i| = \left| \sum_{k=2}^{n-1} x'^0_i(k) + \frac{1}{2} x'^0_i(n) \right|;$$

[1] 赵周华，王树进. 人口老龄化与居民消费结构变动的灰色关联分析 [J]. 统计与决策，2018 (9)：108-111；王锦生. 辽宁省 R&D 投入与经济增长的灰色关联分析 [J]. 科学管理研究，2013，31 (3)：93-96.

[2] 龚新蜀，靳亚珍. 基于灰色关联理论的产业结构与经济协同发展的实证分析 [J]. 统计与决策，2018 (2)：123-126.

[3] 王英. 基于灰色关联理论的 FDI 和中国区域经济发展差距研究 [J]. 系统工程理论与实践，2010，30 (3)：426-430.

$$| s_i' - s_0' | = | \sum_{k=2}^{n-1} (x_i'^0(k) - x_0'^0(k)) + \frac{1}{2}(x_i'^0(n) - x_0'^0(n)) |。$$

二、专利比较优势和产业比较优势结果分析

2012～2016 年，我国全工业产业出口交货值与工业销售产值之比（是衡量出口竞争力的重要指标）的平均值为 10.87%，同时期，医药制造业的该比值为 5.75%，计算机、通信和其他电子设备制造业为 54.13%（如表 5-31 所示）。因此，笔者选择医药制造业与计算机、通信和其他电子设备制造业两个专利密集型产业作为对比分析对象，以探究专利与产业发展的关联关系。

表 5-31 2012～2016 年 C27 和 C39 两个产业出口交货值与工业销售产值之比

产业	2012 年	2013 年	2014 年	2015 年	2016 年	均值
C27	6.88%	5.88%	5.66%	5.21%	5.14%	5.75%
C39	61.10%	57.35%	54.14%	50.23%	47.82%	54.13%
全工业产业	11.72%	11.07%	10.84%	10.51%	10.23%	10.87%

注：数据来源于《中国工业统计年鉴》（2013～2017）。

笔者采用工业销售产值表示两个产业在各省份的发展水平，数据来源于《中国工业统计年鉴》（2013～2017）。各省份两个产业的发明专利授权量通过 IncoPat 科技创新情报平台检索得来，检索式根据国家知识产权局发布的《国际专利分类与国民经济行业分类参照关系表（2018）》编制；各省份所有发明专利授权量来源于国家知识产权局统计年报。鉴于专利创造与产业应用存在时滞期，借鉴有关学者对时滞时间的选取[1]，采用 1 年的固定时滞进行研究，即 2011 年的 RPCA 指数对应 2012 年的 RICA 指数，并以此类推。根据公式（5-31）和公式（5-32），得到全国 31 个份市医药制造业与计算机、通信和其他电子设备制造业的 RPCA 指数和 RICA 指数，结果如图 5-26、图 5-27 所示。

---

[1] 姜南. 专利密集型产业创新效率体系评估研究［J］. 科学学研究，2014，32（7）：1003-1011.

王黎萤，王佳敏，虞微佳. 区域专利密集型产业创新效率评价及提升路径研究：以浙江省为例［J］. 科研管理，2017，38（3）：29-37.

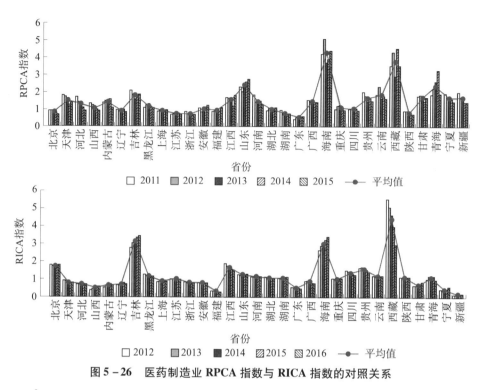

图 5－26　医药制造业 RPCA 指数与 RICA 指数的对照关系

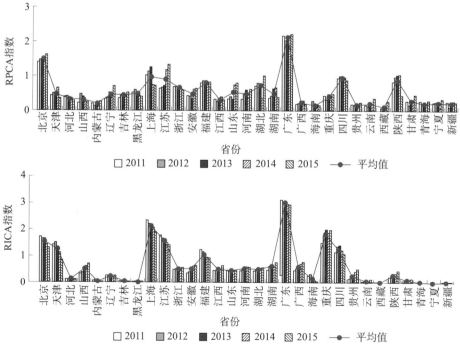

图 5－27　计算机、通信和其他电子设备制造业 RPCA 指数与 RICA 指数的对照关系

　　将 31 个省份按照 RPCA 指数和 RICA 指数两个指数划分为两个大类地区，分别为 RPCA 和 RICA 匹配地区，包括专利和产业"双优省"和"双弱省"；RPCA 和 RICA 不匹配地区，包括有专利优势无产业优势地区、无专利优势有产业优势地区，结果如表 5-32 所示。

表 5-32　根据 RPCA 和 RICA 的省份分类列表

是否匹配	类型	C27	C39
RPCA 和 RICA 匹配地区	专利和产业"双优省"（RPCA>1，RICA>1）	吉林、黑龙江、江西、山东、河南、湖北、海南、重庆、四川、贵州、云南、西藏、青海（13 个）	北京、上海、江苏、广东（4 个）
	专利和产业"双弱省"（RPCA<1，RICA<1）	上海、浙江、福建、广东、山西、辽宁、安徽（7 个）	河北、山西、内蒙古、辽宁、吉林、黑龙江、浙江、安徽、江西、山东、河南、湖北、湖南、广西、海南、贵州、云南、西藏、陕西、甘肃、青海、宁夏、新疆（23 个）
RPCA 和 RICA 不匹配地区	有专利优势无产业优势（RPCA>1，RICA<1）	天津、河北、内蒙古、广西、甘肃、宁夏、新疆（7 个）	无
	无专利优势有产业优势（RPCA<1，RICA>1）	北京、江苏、湖南、陕西（4 个）	天津、福建、重庆、四川（4 个）

　　RPCA 和 RICA 匹配地区分为两个类型。①专利和产业"双优省"：RPCA>1 和 RICA>1。对医药制造业而言，吉林、黑龙江、江西、山东、河南、湖北、海南、重庆、四川、贵州、云南、西藏和青海 13 个省份属于"双优省"；对计算机、通信和其他电子设备制造业而言，北京、上海、江苏和广东等省份属于此列。②专利和产业"双弱省"：RPCA<1 和 RICA<1。对医药制造业而言，上海、浙江、福建、广东、山西、辽宁和安徽 7 个省份属于"双弱省"；反观计算机、通信和其他电子设备制造业，河北、山西、内蒙古等 23 个省份均属于此列。可以看出，进入"双优省"的省份中，医药制造业以东北和中西部地区为主，而计算机、通信和其他电子设备制造业均为东部地区；进入"双弱省"的省份中，医药制造业主要集聚在东部地区，而计算机、通信和其

他电子设备制造业主要位于东北地区和中西部地区，表明这两类产业的区域分布格局存在明显差异。

RPCA 和 RICA 不匹配地区也分为两个类型。①有专利优势无产业优势地区：RPCA>1，RICA<1。对医药制造业而言，天津、河北、内蒙古、广西、甘肃、宁夏和新疆 7 个省份属于有专利优势无产业优势地区；而计算机、通信和其他电子设备制造业无省份属于此列。②无专利优势有产业优势地区：RPCA<1，RICA>1。对医药制造业而言，北京、江苏、湖南和陕西 4 个省份属于无专利优势有产业优势地区；对计算机、通信和其他电子设备制造业而言，天津、福建、重庆、四川 4 个省份属于此列。整体上看，两类产业均存在专利优势与产业优势匹配的地区，也存在专利优势与产业优势不匹配的地区，但医药制造业不匹配的情况更明显。医药制药业不匹配的比例为 35.5%，而计算机、通信和其他电子设备制造业不匹配的比例仅为 12.9%。值得注意的是，无论是医药制造业，还是计算机、通信和其他电子设备制造业，无专利优势而有产业优势的省份均仅有 4 个，说明技术创新对产业发展至关重要，专利是产业形成比较优势、提升竞争力不可或缺的要素。

三、专利比较优势与产业比较优势的灰色关联分析

由图 5-26、图 5-27 可知，医药制造业，计算机、通信和其他电子设备制造业各省份 RPCA 和 RICA 组成的曲线的几何形状有一定的相似性，表明 RPCA 和 RICA 之间存在一定的相关性。为定量得到二者关联性的强弱，将两类产业各省份的 RPCA 和 RICA 作为系统分析序列，并根据公式（5-33）得到各年度 RPCA 和 RICA 的关联度，结果如表 5-33 所示。

表 5-33 C27 和 C39 两个产业 RPCA 和 RICA 的关联度

产业代码	2011~2012 年	2012~2013 年	2013~2014 年	2014~2015 年	2015~2016 年	平均值
C27	0.508 2	0.508 2	0.509 2	0.507 1	0.506 0	0.507 7
C39	0.993 5	0.975 8	0.970 0	0.934 0	0.899 3	0.954 5

注："2011~2012 年"指 RPCA 为 2011 年数据，RICA 为 2012 年数据，并以此类推。

灰色关联度越接近于 1，表明变量之间的相关性越强。由表 5-33 可知，医药制造业 RPCA 与 RICA 的关联度为 0.5077，计算机、通信和其他电子设备制造业 RPCA 与 RICA 的关联度为 0.9545。根据指标间关联分类原则：0~

0.35 为弱关联，0.35 ~ 0.65 为中度关联，0.65 ~ 1 为强关联。[1] 医药制造业的 RPCA 和 RICA 之间存在中度关联关系，计算机、通信和其他电子设备制造业的 RPCA 和 RICA 之间存在强关联关系。这表明，与计算机、通信和其他电子设备制造业相比，现阶段我国医药制造业的专利产出与产业发展还未形成良好关联关系，这与表 5 - 32 所示结果吻合。

相比而言，对计算机、通信和其他电子设备制造业来说，不存在专利优势发挥不完全的地区；此外，尽管天津、福建、重庆、四川仍存在专利创新对产业发展支撑不足的问题，但福建和四川的专利比较优势指数均十分接近 1，表明专利优势对产业发展支撑不足的问题并不明显，若要实现专利创新对产业发展的有效支撑，应更加重视专利的开发、布局和运用。

四、基本结论

本节选取医药制造业，计算机、通信和其他电子设备制造业作为专利密集型产业的典型代表性产业，采用显性比较优势指数计算了各地区两个产业的 RPCA 和 RICA，而后利用灰色关联模型分析了二者之间的关联特征并对医药制造业与计算机、通信和其他电子设备制造业进行了对比研究，主要结论如下。

（1）医药制造业，计算机、通信和其他电子设备制造业均存在 RPCA 与 RICA 匹配的地区，也存在在 RPCA 与 RICA 不匹配的地区，但医药制造业不匹配的情况更明显。医药制造业不匹配的比例为 35.5%，而计算机、通信和其他电子设备制造业不匹配的比例仅为 12.9%。医药制造业的"双优省"主要分布在东北和中西部地区，"双弱省"主要分布在东部地区；而计算机、通信和其他电子设备制造业的"双优省"均位于为东部地区，"双弱省"主要分布在东北和中西部地区，表明这两类产业的区域分布格局存在明显差异。

（2）医药制造业 RPCA 与 RICA 的关联度为 0.5077，属于中度关联关系；计算机、通信和其他电子设备制造业 RPCA 与 RICA 的关联度为 0.9545，属于强关联关系。与计算机、通信和其他电子设备制造业相比，现阶段我国医药制造业的专利产出与产业发展还未形成良好关联关系。

（3）医药制造业专利优势与产业优势之间关联度不高的原因主要有以下

---

[1]　陈悦华，杨旭，杜厚磊. 省域城市圈 GDP 与其三种专利授权数量的灰色关联度分析 [J]. 统计与决策，2015（18）：105 - 108.

几个方面。第一，专利创新对产业发展的支撑不足。北京、江苏、湖南和陕西拥有产业优势，却不存在专利优势，表明这些区域有良好的产业发展条件，然而专利实力尚不能达到完全支撑产业发展的水平。因此，这些地区应以产业发展水平为基础，增强专利创造能力，使医药制造业的发展水平与专利创新水平形成良好互动关系。第二，专利优势发挥不完全。天津、河北、内蒙古、广西、甘肃、宁夏和新疆拥有专利优势，却不存在产业优势，表现出专利优势还没有充分发挥的特点。因此，这些地区需要在现有的创新基础上，提升专利质量，加强专利成果转化，增强专利优势对产业发展的促进作用。

第六章

新一轮科技革命的挑战与机遇

第一节　中国在新一轮科技革命中的总体地位与优势

新一轮科技革命和产业变革，也被称为第四次科技革命或工业革命。第一章中曾提到，2017 年欧洲专利局利用专利文件中的最新信息，聚焦于第四次工业革命背景下的技术创新趋势，发布了《专利与第四次工业革命：数字化转型背后的发明》报告。随后在 2020 年又发布了《专利和第四次工业革命：助力数据驱动经济的全球技术趋势》❶ 的分析报告，以及其他相关系列研究报告❷。这些报告旨在为全球经济的数字转型提供深入的知识产权、经济学等交叉学科的分析和决策参考。借鉴欧洲专利局于 2020 年发布的报告的数据、分析方法以及中国国家知识产权局的相关报告等资料，笔者也从全球第四次科技革命的角度，分析了中国国家层面、企业、创新集群三个层次的地位与比较优势。相关资料显示，随着人工智能、算法技术、大数据等新一轮科技革命和产业变革的到来，新领域、新业态知识产权司法纠纷案件在我国也日益

❶ European Patent Office. Patents and the fourth industrial revolution：the global technology trends enabling the data – driven economy［R/OL］. （2020 – 12 – 08）［2020 – 12 – 10］. https：//documents. epo. org/projects/babylon/eponet. nsf/0/06E4D8F7A2D6C2E1C125863900517B88/ $ File/patents _ and_the_fourth_industrial_revolution_study_2020_en. pdf.

❷ European Patent Office. Economic studies［EB/OL］. （2022 – 11 – 28）［2022 – 11 – 30］. https：//www. epo. org/about – us/services – and – activities/chief – economist/studies. html.

增多。❶ 因此，弄清中国在第四次科技革命和产业变革中的相对比较优势，对于如何完善中国特色知识产权制度，助推中国特色、世界水平的知识产权强国具有时代战略意义。

从发明专利申请的角度来看，以欧洲专利局为代表的欧洲国家的知识产权部门，一般将第四次科技革命划分为三个主要技术领域，分别为核心技术（core technologies）、使能技术（enabling technologies）和应用领域（application domains）。核心技术（包括硬件、软件和联接技术三个技术分支），指使得任何智能物体都能联网的技术；使能技术（包括数据管理、用户界面、人工智能、定位系统、能源供给、数据安全、安全性能和3D系统八个技术分支），指与连接目标配合使用的技术；应用领域（包括消费品、家庭、交通、服务、工业、基础设施、医疗和农业八个技术分支），指任何可能被连接的场所（如表6－1所示）。

表6－1　第四次科技革命中发明专利涉及的主要技术领域

技术领域	技术分支	举例
核心技术	硬件技术	传感器、高级存储器、处理器、自适应显示器
	软件技术	智能云存储和计算、自适应数据库、移动操作系统、虚拟化和区块链
	联接技术	大规模连接设备的网络协议、短程和远程通信的自适应无线数据系统
使能技术	数据管理	大数据诊断分析系统、预测技术、监测功能、规划控制系统
	用户界面	虚拟现实、增强现实、语音识别与合成
	人工智能	机器学习、神经网络、统计和规则系统、人工智能平台
	定位系统	地理定位和卫星导航、设备间相对和绝对定位
	能源供给	自动化发电充电系统、共享电力传输和存储、智能节能管理
	数据安全	设备、服务和数据传输的自适应安全系统
	安全性能	防止盗窃和故障预防的智能安全系统
	3D系统	3D打印机和扫描仪、自动3D设计和仿真、3D用户界面
应用领域	消费品	个人健康监测设备、智能可穿戴设备、智能娱乐和运动设备
	家庭	智能家居、警报系统、智能照明
	交通	自动驾驶、车队导航装置
	服务	智能零售、支付和诚信系统、智能办公室

---

❶ 张雅婷. 解码数据知识产权保护丨上海浦东法院吴智永：平衡数据流通与知识产权保护，应产权激励、有序流转、规制垄断［EB/OL］. （2022－04－26）［2022－11－21］. https：//m. 21jingji. com/article/20220426/herald/f8a002ed209f83bf1090eb525ce5bb93. html.

续表

技术领域	技术分支	举例
应用领域	工业	智能工厂、智能机器人、智慧节能
	基础设施	能源配电网、智能交通网络、智能照明和供暖系统
	医疗	智能医疗系统、机器人手术、智能诊断
	农业	气候监测系统、温室自动化、智能作物和牲畜管理、智能农场

注：本节原始数据、资料均来自欧洲专利局于 2020 年发布的《专利和第四次工业革命：助力数据驱动经济的全球技术趋势》报告，笔者分析整理绘制而成。下同。

一、中国在第四次科技革命中的地位与比较优势

（一）中国在第四次科技革命中的地位

欧洲专利局的《专利和第四次工业革命：助力数据驱动经济的全球技术趋势》报告显示，2000～2018 年，全球共有 264 565 个与第四次科技革命技术相关的国际专利族（international patent families，IPFs）❶。如表 6－2 所示，第四次科技革命的创新主要由美国、欧洲和日本主导，在 2000～2018 年占所有 IPFs 的 70% 以上。其中，美国位列第一，占比为 32%；欧洲和日本位列第二和第三，占比分别为 20% 和 19%；韩国和中国也有着引人关注的位置，分别位列第四和第五，占比分别为 10% 和 9%。

表 6－2　2000～2018 年全球主要国家/地区第四次科技革命技术创新的 IPFs 分布

国家/地区	IPFs 数量/个	占比/%	年平均增速/%
美国	85 650	32	18.5
欧洲	52 626	20	15.5
日本	51 245	19	15.8
韩国	26 956	10	25.2
中国	23 140	9	39.3
全球	264 565	100	19.7

注：年平均增速为 2010～2018 年的年平均增速。

---

❶　每个国际专利族包括已公布的国际专利申请、已公布的在一个区域专利局的专利申请或已公布的在两个或两个以上的国家专利局的专利申请。区域专利局指非洲知识产权组织（OAPI）、非洲地区知识产权组织（ARIPO）、欧亚专利组织（EAPO）、欧洲专利局（EPO）和海湾阿拉伯国家合作委员会（GCCPO）专利局。

欧洲专利局对全球专利申请的研究显示，全球范围内涉及第四次科技革命的技术创新显著加快，2010～2018年，第四次科技革命技术相关的专利申请年均增长率为19.7%，是所有技术领域平均增速（4.2%）的5倍左右。中国第四次科技革命相关专利申请增长十分迅速，2010～2018年的年均增长率为39.3%，是全球平均增速（19.7%）的2倍。仅在2018年，中国第四次科技革命技术相关的IPFs为6307个，仅次于美国（11 927个）、欧洲（6771个）和日本（6679个），几乎与日本和欧洲的表现持平，表现出强劲竞争力。

由此很容易挖掘总结出这些事实：① 中国的第四次科技革命技术创新IPFs总量与韩国基本持平，与美国、欧洲和日本还存在较大差距，专利总量仅为美国的1/3，欧洲和日本的1/2；② 2010～2018年中国在第四次科技革命技术领域的发展十分迅速，年平均增速是美国的2.1倍，是欧洲和日本的2.5倍，是韩国的1.6倍，属于起步较晚但增长较快的后发国家；③ 美国、欧洲和日本2010～2018年的年平均增长率低于全球平均增长率，其他非主要国家的第四次科技革命技术创新正在快速增长，第四次科技革命的影响范围逐渐扩大，中国在第四次科技革命技术领域机遇与挑战并存。

（二）中国在第四次科技革命技术创新中的比较优势

通过相关数据分析发现，中国的技术分布模式与韩国较为相似，均仅在核心技术领域具有技术比较优势（revealed technological advantage，RTA）❶，而在使能技术和应用领域无明显优势。中国和韩国的技术比较优势主要来源于各自龙头企业的技术分布。韩国由于三星和LG两大企业在硬件和联接技术上的创新表现，其在硬件和联接技术上也呈现出高度专门化（RTA分别为1.5和1.3）；中国的华为和中兴通讯在联接与软件技术上已成为世界领先企业，因此中国在联接与软件技术上表现出色（RTA分别为1.5和1.3）。在使能技术和应用领域，中国和韩国仅在个别技术分支上具有比较优势，如中国的能源供应和数据安全，韩国的能源供应、智能消费品和智能服务。遗憾的是，目前中国在应用领域均未表现出比较优势，反映出中国在第四次科技革命技术新兴应用领域的研发和专利布局还较为落后。具体参见表6-3。

---

❶　技术比较优势，计算公式为创新主体在第四次科技革命中某一技术领域的专利数量占比除以同一创新主体在第四次科技革命中所有技术领域的专利数量占比。RTA大于1反映了创新主体在该技术领域的专门化程度较高或具有比较优势。

表6-3　全球主要国家/地区第四次科技革命技术创新的特点和比较优势

国家/地区	特点	具有比较优势的技术分支
美国	没有呈现出明确的专门化模式，在第四次科技革命领域的领先地位平均分布在所有类别的技术上	核心技术：软件技术 使能技术：人工智能、3D系统 应用领域：智能医疗
欧洲	在使能技术和应用领域的专门化程度较高，在核心技术领域的专门化程度相对较低	使能技术：安全性能、3D系统、地理定位 应用领域：智能汽车、智能农业
日本	在使能技术和应用领域的专门化程度较高，在核心技术领域的专门化程度相对较低	核心技术：硬件技术 使能技术：数据管理、用户界面 应用领域：智能汽车、智能工业
韩国	在核心技术领域的专门化程度较高，在使能技术和应用领域的专门化程度较低	核心技术：硬件技术、联接技术 使能技术：能源供应 应用领域：智能消费品、智能服务
中国	在核心技术领域的专门化程度较高，在使能技术和应用领域的专门化程度较低	核心技术：软件技术、联接技术 使能技术：能源供应、数据安全

　　与中韩不同，欧洲和日本在使能技术和应用领域的专门化程度较高，而在核心技术领域的专门化程度相对较低。在使能技术领域，欧洲的安全性能、3D系统和地理定位有明显比较优势，而日本则更加关注数据管理和用户界面。在应用领域，欧洲和日本均在智能汽车方面表现出明显比较优势，这反映出了它们各自经济体系中汽车产业的实力。美国在第四次科技革命的技术领域具有强大的领导地位，在核心技术、使能技术和应用技术等各个领域都是实力雄厚，几乎没有短板，尤其是在核心技术领域中的软件技术（如操作系统、数据库、云计算）、使能技术领域中的人工智能（如神经网络、深度学习、规则系统）、3D系统以及应用领域的智能医疗等技术分支中的优势甚为明显。

　　分析还发现，美国在第四次科技革命领域的技术创新布局全面，而中国、韩国、欧洲和日本的相关技术创新均有不同程度的局限性。但有一个特别值得注意的现象是，中国与欧洲或日本的技术分布存在一定的互补性。这就意味着，中国不必单向依赖欧洲或日本的技术，因为中国在核心技术领域有自己的优势，同时欧洲或日本也不会单向依赖中国的技术，因为它们在使能技术和应用领域的专门化程度较高。正是基于存在着这种技术双向依赖性，或者说，第四次科技革命中创新技术的主导国家的多元性，中国与欧洲或日本的合作能形成取长补短之势，在第四次科技革命的技术领域中能够实现互利共赢。早在2014年10月，中德两国政府共同发布的《中德合作行动纲要：共塑创新》便将"工业4.0"议题纳入了中德标准化合作委员会，建立了"工业4.0"对话。❶ 2020年12月完成的中欧投资协定谈判，更为中欧双方的发展带来了新机遇。❷ 有理由相信，下一步需战略推进的是，扩大和深化中欧科技合作，构建在第四次科技革命中双方合作的互利互惠竞争发展新格局。

二、中国企业在第四次科技革命中的地位与比较优势

（一）中国企业在第四次科技革命技术创新中的地位

资料显示，2000～2018年，在第四次科技革命技术领域专利申请排名前25位的申请人中，日本9位，美国7位，欧洲5位，韩国和中国各2位。其中，华为的IPFs为4414个，位列第6位，中兴通讯的IPFs为2308个，位列第18位。值得一提的是，2000～2009年，中国未有任何企业进入前20强，但到了2010～2018年，华为已位列第5位，中兴公司位列第13位。这些现象表明，近十年来中国企业在第四次科技革命中快速崛起，也从另一个角度侧面反映出我国企业在第四次科技革命技术领域的发展起步较晚，与美国、欧洲和日本等国家的企业还存在一定的差距。

在第四次科技革命的三个技术领域中，中国仅在核心技术领域有进入排名前10位的企业，在使能技术和应用领域均没有跻身全球前列的代表性企业（如表6-4所示）。这就反映出中国在第四次科技革命技术领域的创新还不够全面，短板较为明显。事实上，使能技术和应用领域处于早期发展阶段，是目前最前沿的研究领域，❸ 这就意味着我国在第四次科技革命技术创新最前沿领域

❶ 中德合作行动纲要（全文）［EB/OL］.（2014-10-11）［2022-11-20］. http：//www. gov. cn/guowuyuan/2014-10/11/content_2762677. htm.

❷ 历时7年35轮谈判，中欧投资协定谈判如期完成：中欧合作共赢开新局［EB/OL］.（2021-01-01）［2022-11-20］. http：//www. gov. cn/xinwen/2021-01/01/content_5575984. htm.

❸ 目前核心技术主要由大型企业主导，其创新已经具有一定的成熟度。2000～2009年和2010～2018年，排名前10位的企业在核心技术领域的IPFs所占比例由24%上升至35%，而来自大学和研究机构所占比例从5.2%下降至4.7%。与此同时，大学和研究机构在使能技术领域的IPFs所占比例从5.0%上升至5.7%，应用领域所占比例从4.7%上升至5.6%。大学和研究机构在使能技术和应用领域的活跃度逐渐上升，这两个领域是最前沿的研究领域。

的研究还比较匮乏，仍属于技术跟随者。而美国、日本和韩国在核心技术、使能技术以及应用领域，欧洲在核心技术和应用领域均有代表性企业，其技术更为全面，尤其是美国，其技术全面领先地位十分明显，研究领域也最为前沿。同时，应该注意到，核心技术是目前竞争最为激烈的领域，而使能技术和应用领域主要由美国企业主导。

表6-4　全球主要国家/地区第四次科技革命三个技术领域排名前10位的专利申请人数量

（单位：位）

技术领域	美国	欧洲	日本	韩国	中国
核心技术	3	2	1	2	2
使能技术	6	0	2	2	0
应用领域	5	1	2	2	0

（二）中国企业在第四次科技革命技术创新中的比较优势

在核心技术领域，华为和中兴通讯分别位列全球第4位和第10位，年均增长率分别为41.8%和18.4%，表现出较为明显的增长趋势。从比较优势来看（如表6-5所示），华为和中兴通讯均在软件技术（RTA=1.5）和联接技术（RTA>2）方面表现出明显的比较优势，而在硬件技术方面却存在明显的劣势（RTA≤0.5）。这表明在核心技术领域，中国企业仍存在一定的短板。纵观核心技术领域排名前10位的企业可以发现，在软件技术方面具有比较优势的有三星、高通、英特尔、爱立信、微软和诺基亚6家企业，在联接技术方面具有比较优势的有三星、LG、高通、英特尔、爱立信、诺基亚6家企业。由此可见，在软件和联接技术方面，我国企业虽然面临巨大的竞争挑战，但仍有着富有潜力的竞争机遇空间。而在硬件技术方面，美国（如高通、英特尔、微软、福特）、韩国（如三星、LG）和日本（如索尼）的企业具有明显比较优势。

表6-5　核心技术领域排名前10位的专利申请人的比较优势

企业名称和所属国家	IPFs 数量/个	年均增长率/%	具有比较优势的技术分支
三星（韩国）	7 854	34.4	硬件技术、软件技术、联接技术
LG（韩国）	4 754	39.4	硬件技术、联接技术
高通（美国）	4 306	25.6	软件技术、联接技术

续表

企业名称和所属国家	IPFs 数量/个	年均增长率/%	具有比较优势的技术分支
华为（中国）	3 677	41.8	软件技术、联接技术
英特尔（美国）	3 336	41.6	硬件技术、软件技术、联接技术
爱立信（瑞典）	3 124	37.7	软件技术、联接技术
索尼（日本）	2 897	17.9	硬件技术
微软（美国）	2 591	24.6	硬件技术、软件技术
诺基亚（芬兰）	2 448	13.8	软件技术、联接技术
中兴通讯（中国）	1 883	18.4	软件技术、联接技术

核心技术领域是各国竞争最激烈的领域，也是第四次科技革命技术最为基础的领域，中国企业有一定的技术优势但仍存在不足且面临巨大挑战。而在使能技术和应用领域，中国企业的专利储备不足，而且国外大型企业的技术壁垒也较高。因此，在保持核心技术比较优势的同时，我国还亟须快速跟进使能技术和应用领域的研发，并有效进行自主知识产权的优化布局，才能形成第四次科技革命中科技自立自强的竞争格局。

三、中国创新集群在第四次科技革命中的地位与比较优势

2010～2018 年，排名前 30 位的第四次科技革命技术创新集群拥有全球近 2/3 的 IPFs，其中美国、欧洲、日本、韩国和中国的集群数量合计为 26 个，占全球所有第四次科技革命技术创新专利的比例为 58.8%。由此不难发现，目前第四次科技革命技术创新主要聚集在美国、欧洲、日本、韩国和中国 5 个国家或地区，且在各个国家或地区内部主要以创新集群的模式分布（如表 6－6 所示），这些集群是各自国家或地区第四次科技革命技术创新的主要引擎。从这些集群的数量来看，美国、欧洲、日本、韩国和中国分别拥有 12 个、8 个、2 个、1 个和 3 个集群，❶ 占全球所有第四次科技革命技术创新专利的比例分别为 21.6%、7.5%、13.8%、9.9% 和 6.0%；从这些集群的增长速度来看，排名靠前的美国、韩国和中国集群的年均增长率均在 20% 以上，相比而言，欧洲和日本主要创新集群的年均增长率仅为 8.9%～16.1%（见表 6－7）。

---

❶　位于北美的 13 个集群中有 12 个位于美国领土上，其余 1 个集群跨越美国和加拿大的边界。此处中国集群未包括位于中国香港、澳门和台湾地区的集群。

表6-6 全球主要国家/地区第四次科技革命创新集群的整体情况

国家/地区	集群数量/个	在全球第四次科技革命技术创新专利中的占比/%	在各自国家/地区第四次科技革命技术创新专利中的占比/%	集群主要特点
美国	12	21.6	67.5	在核心技术、使能技术以及应用领域全面布局，本土企业实力雄厚
欧洲	8	7.5	37.5	在使能技术和应用领域具有比较优势，核心技术无明显比较优势，本土企业和海外企业共同主导
日本	2	13.8	72.6	东京集群布局较全面，大阪集群在部分应用领域有比较优势，本土企业实力雄厚
韩国	1	9.9	99.0	在核心技术和使能技术具有比较优势，在应用领域无明显比较优势，本土企业实力雄厚
中国	3	6.0	66.7	在核心技术和使能技术具有比较优势，在应用领域无明显比较优势，本土企业和海外企业共同主导
合计	26	58.8	—	—

表6-7 全球主要国家/地区排名靠前的第四次科技革命创新集群

国家/地区	主要集群	世界排名	占比/%	年均增长率/%	主导企业	具有比较优势的技术分支
美国	硅谷	3	6.8	21.1	Alphabet、Apple、英特尔	软件技术、人工智能
	圣迭戈	6	2.9	20.2	高通	联接技术、能源供应
	西雅图	7	2.4	21.5	亚马逊、微软	硬件技术、软件技术、用户界面、人工智能、数据安全
欧洲	埃因霍温	15	1.2	8.9	飞利浦、Signify	3D系统、医疗
	伦敦	16	1.1	12.9	索尼	人工智能
	慕尼黑	17	1.1	16.1	西门子、大众、宝马	地理定位，数据安全、3D系统、交通
日本	东京	2	9.8	10.3	索尼、富士通、佳能	—
	大阪	4	4.0	9.1	松下、电装、夏普	安全性能、交通、工业

续表

国家/地区	主要集群	世界排名	占比/%	年均增长率/%	主导企业	具有比较优势的技术分支
韩国	首尔	1	9.9	22.7	三星、LG	硬件技术、能源供应
中国	深圳	5	3.1	20.6	华为、中兴通讯	联接技术、数据安全
	北京	8	2.3	30.5	小米、京东方	人工智能
	上海	23	0.6	30.6	英特尔、诺基亚	软件技术、农业

此外，从集群的主要特点来看，美国的创新集群在核心技术、使能技术和应用领域全面布局，且主导企业主要为其本土企业。最大的硅谷、圣迭戈和西雅图三个集群囊括了 Alphabet、苹果、英特尔、高通、亚马逊和微软等大型跨国企业，在核心技术（硬件技术、软件技术、联接技术）和使能技术（如人工智能、能源供应、用户界面、数据安全等）领域表现出强大的比较优势。底特律、波士顿、洛杉矶、明尼阿波利斯、休斯顿和华盛顿创新集群则在应用领域（如智能医疗、交通、工业、农业、基础设施等）具有明显的比较优势。

欧洲的创新集群与欧洲整体创新的特征是一致的，在使能技术和应用领域具有比较优势，在核心技术领域无明显比较优势，且部分创新集群由海外企业主导，如伦敦创新集群的主导企业是索尼。欧洲创新集群的规模均相对较小，最大的创新集群位于埃因霍温地区，但其占全球所有第四次科技革命创新技术专利的比例也仅为 1.2%。

日本的两个创新集群表现出不同的特征。东京集群是全球第二大的集群，拥有全球 9.8% 的第四次科技革命创新技术专利，主要由索尼、富士通和佳能分享，技术布局较全面，并未呈现出明显的专门化模式。大阪集群主要依赖松下、电装和夏普等大型企业的优势，在安全、车辆和工业等领域拥有比较优势。

韩国的首尔创新集群是全球第一大的集群，拥有全球 9.9% 的第四次科技革命创新技术专利。该集群聚集了韩国近 99% 的专利，且近 2/3 集中在三星和 LG 两家企业，集聚特征十分明显。依托于主导企业的优势，首尔创新集群在核心技术和使能技术具有比较优势，在应用领域无明显的比较优势，与韩国整体创新的特征表现一致。

中国的深圳创新集群和北京创新集群分别位列全球第 5 位和第 8 位，主要由华为、中兴通讯和小米、京东方等国内龙头企业主导。上海创新集群位列全球第 23 位，规模相对较小，由英特尔和诺基亚等跨国企业主导。与主导企业的技术优势相一致的是，中国创新集群在核心技术和使能技术具有一定比较优势，在应用领域无明显比较优势。

综上所述，美国的创新集群数量最多、规模大且增长速度较快，专利布局亦完整全面，各集群之间技术相互补充，从核心技术、使能技术到应用领域形成了完整的链条，专利技术的权利亦主要掌握在本土企业手中。显然，美国在第四次科技革命创新技术领域的领导地位十分明显。欧洲的创新集群数量虽多但规模较小，集群增长速度相对较慢，在核心技术领域的专利储备有所不足。日本的创新集群数量较少但规模较大，主导企业均为本土企业。整体上来看，日本集群技术布局较为全面、参与企业也较多但增长速度较为缓慢。中国和韩国创新集群增长速度较快，逐渐在第四次科技革命创新技术格局中脱颖而出。韩国集群主要由本土企业主导，且主导企业的优势十分明显，但在应用领域的专利储备不足。中国集群不论在数量上还是规模上均属于中等水平，并且在应用领域无明显比较优势。综合来看，中国与韩国的技术分布较为相似，而与欧洲的技术布局有互补性。

四、基本结论

（1）第四次科技革命的技术创新主要由美国、欧洲和日本主导，2000～2018 年，这三个国家或地区占有全球 IPFs 的 70% 以上。中国位居第 5 位，占比为 9%。2010～2018 年，中国与第四次科技革命技术创新相关的专利申请年均增长率为 39.3%，是全球平均增速的 2 倍，属于起步较晚但增长较快的后发国家。中国和韩国在技术布局模式上表现出一定的相似性，都只是在核心技术领域具有比较优势，而在使能技术和应用领域无明显优势。欧洲和日本在使能技术和应用领域具有比较优势，而在核心技术领域的比较优势相对较低。美国在核心技术、使能技术和应用领域的专利布局全面完整且均处于领先地位。中国与欧洲或日本的技术分布有一定的互补性。

（2）2000～2018 年，第四次科技革命的技术创新专利申请排名前 25 位的申请人中，日本 9 位，美国 7 位，欧洲 5 位，韩国和中国各 2 位。其中，华为居第 6 位，中兴通讯居第 18 位。在第四次科技革命技术创新的三个领域中，中国仅在核心技术领域有进入前 10 名的企业，而在使能技术和应用领域上则相对落后，技术覆盖范围的全面性和发展的前沿性均有待提高。在核心技术领域，华为和中兴通讯分别位列全球第 4 位和第 10 位，年均增长率分别为

41.8%和18.4%，表现出较为明显的增长趋势。然而，华为和中兴通讯也仅仅在软件和联接技术方面表现出比较优势，而在硬件技术方面却存在明显的弱势。硬件技术主要由美国（如高通、英特尔、微软、福特）、韩国（如三星、LG）和日本（如索尼）的企业主导和分享。

（3）2010～2018年，在全球排名前30位的第四次科技革命创新集群中，美国、欧洲、日本、韩国和中国分别拥有12个、8个、2个、1个和3个集群，占全球所有第四次科技革命技术创新专利的比例分别为21.6%、7.5%、13.8%、9.9%和6.0%。美国集群数量最多、规模较大且增长较快，在核心技术、使能技术和应用领域全面布局，并且专利技术主要掌握在本土企业手中。欧洲集群数量较多但规模较小且增长较慢，在使能技术和应用领域具有比较优势，在核心技术无明显比较优势。日本和韩国集群数量较少但规模较大，韩国首尔集群和日本东京集群分别位列全球第一和第二。日本东京集群呈现出多样化的特点，而韩国首尔集群则集聚十分明显。中国的深圳集群和北京集群规模较大且主要由本土企业主导，而上海集群相对较小且主要由海外跨国企业主导。中国与韩国的技术分布较为相似，而与欧洲的技术分布具有互补性。

第二节　全球主要创新主体在中国的专利布局与中国的国际专利布局

核心技术是第四次科技革命技术创新中最为基础、最为重要的技术，而且从前述分析可知，中国在核心技术领域有了一定的专利优势，但在使能技术和应用领域仍较为落后，与美国、欧洲等国家或地区还存在较大差距。为此，接下来将重点分析核心技术三个技术分支的国外来华专利布局以及中国在海外的专利布局，以求进一步明晰中国在核心技术领域面临的竞争态势。

这里首先要说明的是，本节所采用的基础数据主要来源于德温特（Derwent）专利数据库，核心技术的专利检索式则是参照了2020年欧洲专利局发布的《专利和第四次工业革命：助力数据驱动经济的全球技术趋势》报告的附件《在专利数据中识别第四次科技革命技术的方法》❶制定的。此外，由于欧洲

---

❶ European Patent Office. Methodology for identifying 4IR technologies in patent data [R/OL]. (2020 – 12 – 04) [2020 – 12 – 10]. http：//documents. epo. org/projects/babylon/eponet. nsf/0/06E4D8F7A2D6C2E1C125863 900517B88/ $ File/patents_and_the_fourth_industrial_revolution_study_2020_annex_en. pdf.

专利局报告采用的是联合专利分类体系（Cooperative Patent Classification，CPC）指定发明所属的技术类别，而德温特专利数据库采用国际专利分类体系（International Patent Classification，IPC）进行检索，因此首先根据《CPC 与 IPC 对照表》❶ 将核心技术对应的 CPC 分类号转换成 IPC 分类号，然后以 IPC 分类号结合关键词进行检索，检索时间为 2021 年 1 月 26 日，为了与欧洲专利局报告相对应，笔者将分析时间范围设置为 2000～2018 年。

一、核心技术国外来华专利布局

（一）国外来华专利布局的主要国家或地区

2000～2018 年，全球硬件技术共有 28 385 个专利族。其中，优先权在中国的专利族 3099 个；在 25 286 个国外专利族中，共有 4889 个专利族拥有中国同族，占比为 19.3%。软件技术共有 6863 个专利族。其中，优先权在中国的专利族 968 个；在 5895 个国外专利族中，共有 1118 个专利族拥有中国同族，占比为 19.0%。联接技术共有 41 154 个专利族。其中，优先权在中国的专利族 13 078 个；在 28 076 个国外专利族中，共有 7507 个专利族拥有中国同族，占比为 26.7%。核心技术国外来华的总体专利布局如表 6 – 8 和图 6 – 1 所示。

表 6 – 8　核心技术国外来华专利布局的主要国家/地区

硬件技术			软件技术			联接技术		
排序	国家/地区	占比/%	国家/地区	占比/%	国家/地区	占比/%
1	美国	60.6	美国	74.0	美国	64.1
2	韩国	15.7	韩国	11.4	日本	9.1
3	日本	10.9	日本	5.5	韩国	9.0
4	欧洲	3.8	欧洲	2.1	欧洲	5.3
5	德国	1.4	英国	1.6	英国	2.3
6	法国	1.3	印度	1.4	德国	2.0
7	英国	1.3	澳大利亚	1.0	法国	1.4
8	澳大利亚	0.9	德国	0.8	印度	1.3

❶ European Patent Office, United States Patent and Trademark Office. "CPC to IPC" (dynamic) concordance table [R/OL]. (2020－08) [2020－12－10]. https：//www. cooperativepatentclassification. org/cpcConcordances.

续表

排序	硬件技术		软件技术		联接技术	
	国家/地区	占比/%	国家/地区	占比/%	国家/地区	占比/%
9	印度	0.4	法国	0.4	澳大利亚	1.0
—	其他	3.7	其他	1.8	其他	4.5
—	合计	100	合计	100	合计	100

注：国家/地区指优先权所在的国家或地区，占比指各国或地区来华专利占所有来华专利的百分比。

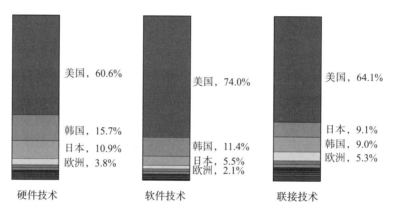

图6-1　核心技术国外来华专利布局

由表6-8和图6-1可以得知，核心技术三个技术分支国外来华专利布局排名前4位的国家或地区均为美国、韩国、日本和欧洲，这四个国家或地区的创新主体的来华专利申请占国外来华专利布局的百分比总计约为90%，是中国市场最活跃的国外创新主体。其中，美国来华专利布局占国外来华专利布局的比例均在60%以上，且在软件技术中的占比达到74.0%。这一方面体现出美国在核心技术领域的绝对优势，另一方面也反映出在中国市场中美国专利具有一定的控制力。在硬件技术、软件技术和联接技术方面，国外或海外来华专利布局排名靠前的国家或地区还包括德国、法国、英国、澳大利亚和印度，不同技术分支国外来华布局的国家或地区完全一致，只在排名上各有所异。

（二）国外来华专利布局的主要申请人

如表6-9所示，硬件技术全球排名前10位的专利申请人中，美国占7位，分别是IBM、微软、英特尔、谷歌、高通、苹果和思科；韩国占2位，分别是三星和 LG；日本占 1 位，为索尼。由表 6－10 可以看出，软件技术全球排名前 10 位的专利申请人中，美国占 9 位，分别是 IBM、微软、威睿、英特尔、亚马逊、谷歌、红帽、甲骨文和 Nicira；韩国占 1 位，为三星。表 6－11 显示，联接技术全球排名前 10 位的专利申请人中，美国占 3 位，分别是高通、英特尔和 IBM；韩国占 3 位，分别是三星、LG 和 ETRI；中国占 2 位，分别是华为和中兴通讯；瑞典和芬兰各占 1 位，分别是爱立信和诺基亚。由此完全可以看出，在硬件和软件技术中，美国拥有绝对领先地位，韩国和日本也有一席之地，而中国并无优势企业。联接技术在各国的分布相对均衡，竞争也更为激烈，中国在联接技术方面表现突出。

表 6－9　硬件技术主要专利申请人及其在华专利布局

排序	专利权人	专利族数量/个	包含中国同族的专利族数量/个	包含中国同族的专利族占比/%
1	IBM（美国）	1 379	169	12.3
2	三星（韩国）	1 357	501	36.9
3	微软（美国）	1 160	456	39.3
4	LG（韩国）	850	246	28.9
5	索尼（日本）	514	200	38.9
6	英特尔（美国）	510	176	34.5
7	谷歌（美国）	486	158	32.5
8	高通（美国）	313	208	66.5
9	苹果（美国）	304	81	26.6
10	思科（美国）	274	40	14.6

表 6－10　软件技术主要专利申请人及其在华专利布局

排序	专利权人	专利族数量/个	包含中国同族的专利族数量/个	包含中国同族的专利族占比/%
1	IBM（美国）	864	108	12.5
2	微软（美国）	347	175	50.4
3	三星（韩国）	261	111	42.5
4	威睿（美国）	236	3	1.3
5	英特尔（美国）	163	60	36.8

排序	专利权人	专利族数量/个	包含中国同族的专利族数量/个	包含中国同族的专利族占比/%
6	亚马逊（美国）	161	36	22.4
7	谷歌（美国）	114	60	52.6
8	红帽（美国）	110	0	0.0
9	甲骨文（美国）	108	23	21.3
10	Nicira（美国）	98	7	7.1

表 6-11　联接技术主要专利申请人及其在华专利布局

排序	专利权人	专利族数量/个	包含中国同族的专利族数量/个	包含中国同族的专利族占比/%
1	三星（韩国）	1 371	579	42.2
2	高通（美国）	1 272	934	73.4
3	LG（韩国）	1 222	461	37.7
4	爱立信（瑞典）	1 029	434	42.2
5	英特尔（美国）	979	471	48.1
6	华为（中国）	955	812	85.0
7	IBM（美国）	929	118	12.7
8	中兴通讯（中国）	599	584	97.5
9	ETRI（韩国）	554	12	2.2
10	诺基亚（芬兰）	546	253	46.3
11	微软（美国）	507	235	46.4
12	索尼（日本）	484	272	56.2

注：由于联接技术排名前 10 位中有 2 家中国企业，为与硬件和软件技术相比较，将排名第 11 位和第 12 位的专利申请人加入分析列表。

在硬件技术方面，排名前 10 位的专利申请人在华专利布局比例均超过 10%，其中高通在华布局的比例最高，达到 66.5%；IBM 和思科在华布局的比例相对较低，分别为 12.3% 和 14.6%；其余 7 家企业在华专利布局的比例为 20% ~ 40%。在软件技术领域，排名前 10 位的专利申请人中，除红帽和威睿在华专利布局比例较少外，其他 8 家公司在中国的专利布局均较为明显，其中谷歌和微软在华布局的比例最高，达到 50% 以上。在联接技术排名前 10 位的国外申请人中，除韩国的 ETRI 在华专利布局比例较低外，其余 7 家公司在中国的专利布局亦十分明显，其中高通在华布局的比例最高，达到70%以上，此外，三星、爱立信、英特尔、诺基亚在华专利布局也均超过40%。由此容易发现，在核心技术三个技术分支领域排名前10位的专利申请人都非常重视中国市场，在中国进行了大量的专利布局，对中国企业构筑起了较高的专利壁垒。值得注意的是，在不同的技术分支，美国企业对中国市场的重视程度有所差异，比如，在硬件和联接技术方面，高通最为重视中国市场，而在软件技术领域，微软和谷歌最为看重中国市场，相比较而言，IBM对中国市场的重视程度相对较低。

活跃在中国市场中的国外企业主要是在第四次科技革命创新中拥有专利技术的大型跨国企业，三个技术分支领域在华专利申请排名前10位的专利申请人占国外所有来华专利申请的比例都在50%左右。其中硬件技术来华专利布局最多的企业是三星、微软和LG，软件技术来华专利布局最多的企业为微软、三星和IBM，联接技术来华专利布局最多的企业为高通、三星和英特尔公司。整体而言，在中国市场最活跃的是美国申请人，其次是韩国申请人，这两国申请人在核心技术的三个技术分支中均有十分明显的在华专利布局，而日本和欧洲申请人在中国的专利布局相对次之。

二、核心技术的中国海外专利布局

（一）中国在海外专利布局的主要国家或地区

优先权在中国的硬件技术共有3099个专利族，其中有630个专利族进行了海外布局，占比为20.3%；优先权在中国的软件技术共有968个专利族，其中有195个专利族进行了海外布局，占比为20.1%；优先权在中国的联接技术共有13 078个专利族，其中有1761个专利族进行了海外布局，占比为13.5%。❶核心技术中国海外专利布局如表6-12所示。

---

❶ 值得注意的是，硬件技术中有767个专利族有海外布局趋向，但其中有137个专利族虽然采用PCT途径进行了国际专利申请但并未进入任何一个国家或地区，因此仅630个专利族有实质上的海外布局；软件技术中有236个专利族有海外布局趋向，但其中有41个专利族虽然采用PCT途径进行了国际专利申请但并未进入任何一个国家或地区，因此仅195个专利族有实质上的海外布局；联接技术中有2448个专利族有海外布局趋向，但其中有687个专利族虽然采用PCT途径进行了国际专利申请但并未进入任何一个国家或地区，因此仅1761个专利族有实质上的海外布局。本书以实质上的海外专利布局为分析基准。

表 6 – 12   核心技术中国海外专利布局

排序	硬件技术		软件技术		联接技术	
	国家/地区	占比/%	国家/地区	占比/%	国家/地区	占比/%
1	美国	92.1	美国	92.3	美国	90.5
2	欧洲	44.6	欧洲	48.7	欧洲	68.4
3	日本	22.2	日本	19.0	日本	25.4
4	韩国	16.2	韩国	14.9	韩国	16.5
5	印度	12.9	印度	11.8	印度	16.4
6	德国	4.8	德国	5.1	巴西	3.9
7	新加坡	3.8	新加坡	3.1	俄罗斯	2.6
8	俄罗斯	2.7	俄罗斯	2.1	德国	2.2

注：国家/地区，指优先权所在的国家或地区；占比，指中国在各国或地区的专利布局占中国海外所有专利布局的百分比。因为部分专利同时在 2 个及以上国家或地区申请，所以在各国家或地区的申请合计大于 100%。

从表 6 – 12 可以得知，在核心技术的三个技术分支中，中国在海外专利布局排名前 4 位的国家或地区均为美国、欧洲、日本和韩国。其中，以美国为最主要的目标市场，在三个技术分支所有的海外专利布局中，均有超过 90% 的专利在美国进行了布局。美国亦是来华专利申请最多的国家，说明两国对对方市场的看重和关注。欧洲是紧接着美国之后的第二目标市场，在中国三个技术分支所有的海外专利布局中，也都有 40% 以上的专利申请在欧洲进行了布局，在联接技术领域更是达到了 68.4%。在美欧之后的目标市场是日本和韩国，相应的专利申请布局比例为 20% 左右。在核心技术的三个技术分支中，中国在海外专利布局的国家或地区较为一致，除排名有所差异外只有个别国家或地区有些许变化。总体而言，中国在这些技术领域的海外专利布局的国家或地区较为固定，而且在相应各国或地区的布局也没有因为技术领域的变化而有较大变化。由此可以推断，中国在第四次科技革命中核心技术领域的主要目标市场基本集中在以上国家或地区。

（二）华为和中兴通讯的海外专利布局

华为和中兴通讯在核心技术领域的海外专利布局如表 6 – 13 所示。比较来看，华为更加注重海外专利布局，海外布局专利占企业所有专利的比例均超过 60%，而中兴通讯的这一比例则为 30%～40%。两家企业的海外布局区域基本一致，都主要在美国、欧洲、日本和韩国市场。略有差异的是，华为较为关注印度市场，而中兴通讯更偏向日本和韩国市场，在印度的专利布局相对较少。

表6-13　华为和中兴通讯核心技术的海外专利布局　（单位：%）

技术分支	企业	海外专利布局比例					
		整体	美国	欧洲	印度	日本	韩国
硬件技术	华为	84.5	82.7	57.3	20.0	17.3	16.4
	中兴通讯	38.8	38.8	31.3	5.0	6.3	3.8
软件技术	华为	69.6	67.4	56.5	13.0	13.0	10.9
	中兴通讯	28.6	23.8	28.6	0	0	0
联接技术	华为	67.2	63.1	51.1	18.5	18.2	12.8
	中兴通讯	37.1	32.6	30.6	1.8	4.8	3.0

注：海外专利布局比例，指企业海外布局专利占企业所有专利的百分比。因为部分专利同时在2个及以上国家或地区申请，所以在各国家或地区的申请占比合计大于100。

更进一步地来分析，将三个技术分支排名前10位的专利申请人以及华为和中兴通讯的专利数量和平均族大小作一个象限图，用以比较各申请人在专利数量与布局区域两方面的综合竞争实力。如图6-2至图6-4所示，在核心技术三个技术分支领域中，联接技术的竞争最为激烈，处于第一象限（专利数

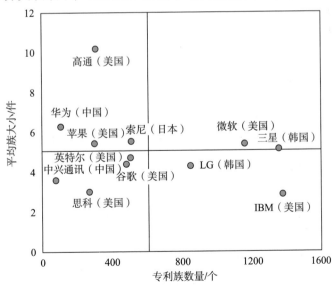

图6-2　硬件技术主要专利申请人的专利数量与平均族大小关系

量和平均族大小都＞于平均值）的专利申请人有 6 个，是联接技术竞争实力最强的企业，包括美国的高通、英特尔，韩国的三星和 LG，中国的华为和欧洲的爱立信，分布在 4 个国家或地区。而在硬件和软件技术领域，处于第一象限的专利申请人都仅有 2 个，都是美国的微软和韩国的三星，是硬件和软件技术中竞争实力最强的企业。

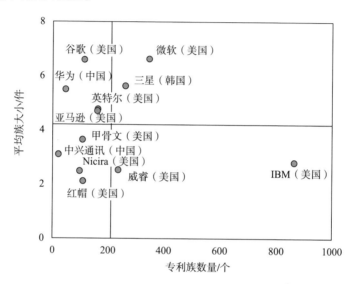

图 6 - 3　软件技术主要专利申请人的专利数量与平均族大小关系

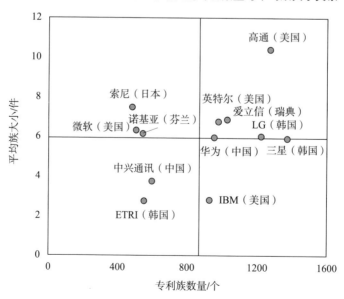

图 6 - 4　联接技术主要专利申请人的专利数量与平均族大小关系

　　值得注意的是，美国的 IBM 在三个技术分支都在专利数量高于均值线而平均族大小低于均值线的第四象限内，由此可见，IBM 在三个技术分支均有大量专利数量积累，但其海外布局的意愿却不甚强烈。中国的华为除了在联接技术方面处于第一象限外，在硬件和软件技术均处于专利数量低于均值线而平均族大小高于均值线的第二象限。这表明其专利布局区域已较为广阔，但专利数量的积累还不足。中国的中兴通讯在三个技术分支均处于专利数量低于均值线且平均族大小低于均值线的第三象限，这表明其布局区域以及专利数量积累都不足。

三、基本结论

　　（1）在核心技术方面，国外来华专利申请布局的比例为 20%～30%，主要来源国家或地区为美国、韩国、日本和欧洲，这四个国家或地区的创新主体的来华专利申请占国外来华专利申请布局的比例约为 90%，是中国市场中最活跃的国外创新主体。在这方面，美国创新主体的专利在中国市场具有一定的控制力，其在华专利布局占国外所有在华专利布局的比例都在 60% 以上。整体上来看，在不同技术分支的国外来华专利布局的国家或地区十分一致。活跃在中国市场中的国外企业，几乎都是在第四次科技革命创新中拥有专利的大型跨国企业，这些企业在中国布局申请了大量专利，对我国企业构筑起了较高的专利壁垒。这其中又以美国企业最为活跃，其次则是韩国企业，而日本和欧洲企业在中国的专利布局相对较少。

　　（2）中国在核心技术领域的海外专利布局的比例为 10%～20%，海外专利布局的国家或地区主要为美国、欧洲、日本和韩国，且其中以美国为最主要的目标市场。在三个技术分支的所有海外专利布局中，均有超过 90% 的专利在美国进行了布局，在欧洲这一比例则为 40% 以上，在日本和韩国为 20% 左右。国外来华专利布局的国家或地区与中国在海外进行专利布局的主要国家或地区具有明显一致性，表明了双方对彼此市场的重视以及一定程度的相互依赖和竞争。在核心技术的三个技术分支中，中国在海外的专利布局的国家或地区基本一致和固定，而且在各个国家或地区的布局比例也没有因为技术领域的变化而有较大的变化。

　　（3）在核心技术的硬件和软件技术分支中，美国企业的专利拥有绝对领先地位，其次为韩国企业和日本企业。联接技术的专利在各国或地区的分布相对均衡，竞争也最为激烈。华为和中兴通讯仅在联接技术中位列前 10 名，技术专利布局分布存在明显的不均衡性。华为在海外专利布局比中兴通讯更加积极明显，海外布局的专利占所有专利的比例均超过 60%，而中兴通讯的这一比例则为 30%～40%。两家企业的海外专利布局区域也较为一致，都主要集中在美国、欧洲、日本和韩国市场。与排名前 10 位的专利申请人相比，华为在联接技术中属于全球实力最雄厚的企业之一，但在硬件和软件技术中表现为专利数量积累相对较弱；中兴通讯在核心技术三个技术分支中均表现为专利数量积累相对较低且布局的区域不够广阔。

第七章

新发展阶段建设知识产权强国的路径优化

第一节　知识产权密集型产业相关法律政策述评

众所周知，改革开放以来，尤其是加入 WTO 以后，我国知识产权制度建设取得了举世公认的成绩。我国吸取和反思了过去因为没有知识产权制度而导致科技经济长期落后的经验教训，痛定思痛，奋起直追，时至今日构建了符合国际标准完整的中国特色的法律和政策体系，有效地保障了我国的科技经济建设，有力地增强了我国的国际竞争力。事实上，毋庸讳言，基于特定的社会经济发展阶段的需要，我国的知识产权制度建设经历的是一个从被动应对国际压力，到主动对应国际标准，再到积极适应国情，直至今天努力深度参与全球知识产权治理的历史性跨越过程。在建设知识产权强国的新征程中，我国促进知识产权密集型产业发展政策的制定与完善的实践就是这一历史过程的又一个生动写照。

一、中央层面知识产权密集型产业政策分析

（一）政策文本选择与总体分析

下文首先对中央层面的知识产权密集型产业相关政策文件进行分析。研究资料来源于北大法宝数据库以及中国政府网、国家知识产权局等政府部门官方网站。通过检索"知识产权密集""专利密集""商标密集""版权密集"等关键词获得原始政策文本，并手动剔除批复、复函以及重复的政策文本，最终

选取 74 份与知识产权密集型产业相关的政策文本作为研究对象（参见图 7 -
1）。2008 年 6 月 5 日，国务院印发了《国家知识产权战略纲要》，● 正式将知
识产权战略列为国家战略，旨在完善我国知识产权制度、促进知识产权创造和
运用以及加强知识产权保护，建设创新型国家。《国家知识产权战略纲要》明
确将知识产权密集型商品占比显著提高、知识产权密集型商品出口比例逐步提
高，作为知识产权运用效果的重要指标，并将其列为国家知识产权战略目标之
一。因此，笔者将《国家知识产权战略纲要》作为我国知识产权密集型产业
相关政策研究的起点。

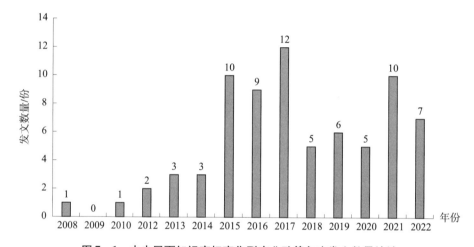

图 7 - 1　中央层面知识产权密集型产业政策年度发文数量统计

研读上述 74 份知识产权密集型产业相关政策文件可以发现，所有政策文
件都是知识产权密集型产业的相关文件而非专项文件。除了"知识产权密集
型产业""专利密集型产业""知识产权"等关键词外，"产业""专利""发
展""培育"等词语出现的频次较高（参见图 7 - 2），体现出目前我国十分注
重知识产权密集型产业，特别是专利密集型产业的培育，希望借助一系列政策
推动相关产业的转型发展。从词云图中可以看出，"发展""提升""推动"
"促进""加强""提高""支持"等积极词性的动词多次出现，说明我国知识
产权密集型产业相关政策具有明确的激励导向。

● 《国家知识产权战略纲要》（全文）［EB/OL］.（2018 - 06 - 01）［2021 - 11 - 20］. https：//
www. cnipa. gov. cn/art/2018/6/1/art_734_48203. html.

图 7 - 2　中央层面知识产权密集型产业政策文本词云图

进一步对这些政策文件进行分类整理可以发现，与知识产权密集型产业相关的政策文件主要涉及经济贡献的提升、产业目录、发展规划、产业布局、财政资助等。其中，经济贡献的提升、产业目录和发展规划的制定是知识产权密集型产业政策关注的重点。因此，研究知识产权密集型产业的认定标准以及经济贡献的优化路径，具有十分重要的理论和实践意义。整体而言，现有政策文件基本上立足于宏观的总体要求，有针对性、细化的知识产权密集型产业政策还十分缺乏。

（二）政策演进脉络

知识产权密集型产业相关政策主要围绕国家知识产权战略纲要、深入实施国家知识产权战略纲要和知识产权强国建设纲要而展开，如图 7 - 3 所示。第一阶段（2008 ~ 2014 年），知识产权密集型产业政策主要为了贯彻实施国家知识产权战略纲要。2008 年 6 月 5 日，国务院颁布了《国家知识产权战略纲要》，将知识产权密集型商品占国民经济的比重显著提高作为知识产权运用效果增强的重要指标。随后，各部门为贯彻实施国家知识产权战略纲要，先后制定了各类措施和推进计划。例如，2010 年，司法部发布了《司法部关于贯彻落实〈国家知识产权战略纲要〉的意见》，提出努力为知识产权运用提供法律服务，积极服务于知识产权密集型商品的出口贸易。2012 年，工业和信息化部印发了《工业和信息化部关于实施工业企业知识产权运用能力培育工程的通知》，要求选择知识产权密集且知识产权工作基础良好的企业作为知识产权运用能力培育试点企业。2012 年，原国家知识产权战略实施工作部际联席会议

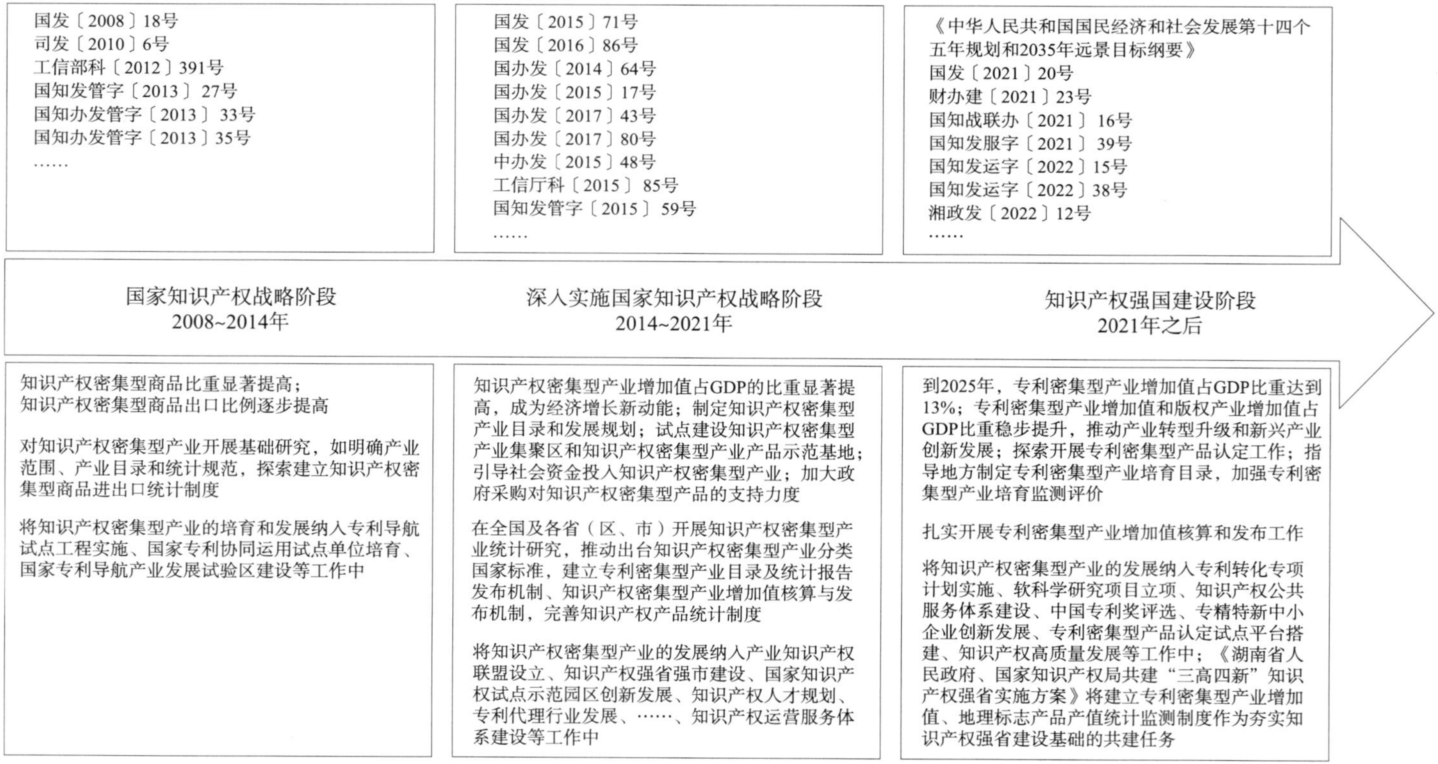
国发〔2008〕18号
司发〔2010〕6号
工信部科〔2012〕391号
国知发管字〔2013〕27号
国知办发管字〔2013〕33号
国知办发管字〔2013〕35号
……
国发〔2015〕71号
国发〔2016〕86号
国办发〔2014〕64号
国办发〔2015〕17号
国办发〔2017〕43号
国办发〔2017〕80号
中办发〔2015〕48号
工信厅科〔2015〕85号
国知发管字〔2015〕59号
……
《中华人民共和国国民经济和社会发展第十四个五年规划和2035年远景目标纲要》
国发〔2021〕20号
财办建〔2021〕23号
国知战联办〔2021〕16号
国知发服字〔2021〕39号
国知发运字〔2022〕15号
国知发运字〔2022〕38号
湘政发〔2022〕12号
……
国家知识产权战略阶段
2008~2014年
深入实施国家知识产权战略阶段
2014~2021年
知识产权强国建设阶段
2021年之后
知识产权密集型商品比重显著提高；
知识产权密集型商品出口比例逐步提高
对知识产权密集型产业开展基础研究，如明确产业范围、产业目录和统计规范，探索建立知识产权密集型商品进出口统计制度
将知识产权密集型产业的培育和发展纳入专利导航试点工程实施、国家专利协同运用试点单位培育、国家专利导航产业发展试验区建设等工作中
知识产权密集型产业增加值占GDP的比重显著提高，成为经济增长新动能；制定知识产权密集型产业目录和发展规划；试点建设知识产权密集型产业集聚区和知识产权密集型产业产品示范基地；引导社会资金投入知识产权密集型产业；加大政府采购对知识产权密集型产品的支持力度
在全国及各省（区、市）开展知识产权密集型产业统计研究，推动出台知识产权密集型产业分类国家标准，建立专利密集型产业目录及统计报告发布机制、知识产权密集型产业增加值核算与发布机制，完善知识产权产品统计制度
将知识产权密集型产业的发展纳入产业知识产权联盟设立、知识产权强省强市建设、国家知识产权试点示范园区创新发展、知识产权人才规划、专利代理行业发展、……、知识产权运营服务体系建设等工作中
到2025年，专利密集型产业增加值占GDP比重达到13%；专利密集型产业增加值和版权产业增加值占GDP比重稳步提升，推动产业转型升级和新兴产业创新发展；探索开展专利密集型产品认定工作；指导地方制定专利密集型产业培育目录，加强专利密集型产业培育监测评价
扎实开展专利密集型产业增加值核算和发布工作
将知识产权密集型产业的发展纳入专利转化专项计划实施、软科学研究项目立项、知识产权公共服务体系建设、中国专利奖评选、专精特新中小企业创新发展、专利密集型产品认定试点平台搭建、知识产权高质量发展等工作中；《湖南省人民政府、国家知识产权局共建“三高四新”知识产权强省实施方案》将建立专利密集型产业增加值、地理标志产品产值统计监测制度作为夯实知识产权强省建设基础的共建任务

图7－3　中央层面知识产权密集型产业政策发展阶段

办公室发布了《2012 年国家知识产权战略实施推进计划》，提出要引导律师对知识产权密集型产业（企业）开展有针对性的知识产权法律服务，帮助企业提高知识产权保护水平；2014 年，该联席会议办公室又发布了《2014 年国家知识产权战略实施推进计划》，提出对知识产权密集型产业开展基础研究，如明确产业范围、产业目录和统计规范，探索建立知识产权密集型商品进出口统计制度。此外，国家知识产权局将知识产权（专利）密集型产业的培育和发展纳入专利导航试点工程实施、国家专利协同运用试点单位培育、国家专利导航产业发展试验区建设等工作中，如在专利密集型产业集聚区开展国家专利导航产业发展实验区建设工作；要求申报国家专利协同运用试点单位的行业协会在关键技术领域专利密度高、专利纠纷问题突出等。

　　第二阶段（2014～2021 年），知识产权密集型产业政策主要是为了落实深入实施国家知识产权战略、加快建设知识产权强国的部署要求。2014 年 12 月 10 日，国务院办公厅转发的《深入实施国家知识产权战略行动计划（2014—2020 年）》❶提出要推动知识产权密集型产业发展，鼓励有条件的地区发展区域特色知识产权密集型产业。2015 年 3 月 25 日，国务院办公厅印发《2015 年全国打击侵犯知识产权和制售假冒伪劣商品工作要点》，提出要组织律师对知识产权密集型企业开展知识产权法律咨询服务，防范企业法律风险。2015 年 12 月 18 日，国务院颁布了《国务院关于新形势下加快知识产权强国建设的若干意见》❷，再次明确提出培育知识产权密集型产业，引导社会资金投入知识产权密集型产业，加大政府采购对知识产权密集型产品的支持力度，试点建设知识产权密集型产业集聚区和产品示范基地。2016 年 12 月 30 日，国务院发布《"十三五"国家知识产权保护和运用规划》❸，提出要大力发展知识产权密集型产业。2017 年 8 月 17 日，国务院知识产权战略实施工作部际联席会议办公室印发《"十三五"国家知识产权保护和运用规划重点任务分工方案》，更为具体地提出要大力发展知识产权密集型产业，建设一批高增长、高

---

❶　国务院办公厅关于转发知识产权局等单位深入实施国家知识产权战略行动计划（2014—2020 年）的通知［EB/OL］．［2021－11－20］．https：//www. gov. cn/zhengce/content/2015－01/04/content_9375. htm.

❷　国务院办公厅印发《国务院关于新形势下加快知识产权强国建设的若干意见》重点任务分工方案的通知［EB/OL］．（2016－07－18）［2021－11－20］．http：//www. gov. cn/zhengce/content/2016－07/18/content_5092397. htm.

❸　国务院关于印发"十三五"国家知识产权保护和运用规划的通知［EB/OL］．（2017－01－13）［2021－11－20］．http：//www. gov. cn/zhengce/content/2017－01/13/content_5159483. htm.

收益的知识产权密集型产业，促进产业提质增效升级。相应地，各部门、各地区先后制定了各类政策措施和推进计划，如《工业和信息化部贯彻落实〈深入实施国家知识产权战略行动计划（2014—2020 年）〉实施方案》提出，在知识产权密集型领域开展知识产权运营；《天津国家自主创新示范区发展规划纲要（2015—2020 年）》提出，面向自主创新示范区开展专利密集产业园区培育工程，形成专利密集产业和专利密集产品；《关于充分发挥公证职能作用加强公证服务知识产权保护工作的通知》提出，公证机构经批准可在知识产权密集型产业集聚区等重点园区设立公证服务点或知识产权公证机构。2015 ～ 2020 年，原国家知识产权战略实施工作部际联席会议办公室或国务院知识产权战略实施工作部际联席会议办公室发布的《国家知识产权战略实施推进计划》以及《深入实施国家知识产权战略加快建设知识产权强国推进计划》，提出在全国及各省（区、市）开展知识产权密集型产业统计研究，推动出台知识产权密集型产业分类国家标准，建立专利密集型产业目录及统计报告发布机制、知识产权密集型产业增加值核算与发布机制，完善知识产权产品统计制度，建设商标品牌创新基地、商标密集型产业集聚区等。此外，国家知识产权局将知识产权密集型产业的发展纳入产业知识产权联盟设立、专利信息人才培训、知识产权强省强市建设、国家知识产权试点示范园区创新发展、软科学项目立项、中小企业知识产权战略推进工程、知识产权人才规划、专利代理行业发展、知识产权分析评议服务示范机构培育、重大经济科技活动知识产权评议工程示范项目、知识产权质押融资、知识产权运营服务体系建设等工作中，如在知识产权密集型产业中组建产业知识产权联盟，将培育发展知识产权密集型产业、加大知识产权密集型商品出口作为引领型知识产权强省建设的主要任务之一，鼓励专利代理行业聚焦知识产权密集型产业等重点产业提高服务支撑，鼓励知识产权分析评议服务示范机构在知识产权密集型产业服务中承担任务，鼓励商业银行重点支持知识产权密集型企业的知识产权质押融资需求。

第三阶段（2021 年之后），知识产权密集型产业政策主要为了贯彻落实知识产权强国建设纲要。培育专利密集型产业被写入了《中华人民共和国国民经济和社会发展第十四个五年规划和 2035 年远景目标纲要》[1]，成为健全知识产权保护运用机制的重要举措。2021 年 9 月 22 日，中共中央、国务院发布

---

[1]   中华人民共和国国民经济和社会发展第十四个五年规划和 2035 年远景目标纲要［EB/OL］.（2021 – 03 – 13）［2021 – 11 – 20］. http：//www. gov. cn/xinwen/2021 – 03/13/content_5592681. htm.

《知识产权强国建设纲要（2021—2035 年）》❶，再次提出要加强专利密集型产业培育，建立专利密集型产业调查机制，到 2025 年，专利密集型产业增加值占 GDP 比重达到 13%。2021 年 10 月 9 日，国务院印发《"十四五"国家知识产权保护和运用规划》❷，强调培育专利密集型产业并探索开展专利密集型产品认定工作，指导地方制定专利密集型产业培育目录，健全专利密集型产业增加值核算与发布机制，加强专利密集型产业培育监测评价。2021 年 12 月 27日，国务院知识产权战略实施工作部际联席会议办公室印发《知识产权强国建设纲要和"十四五"规划实施年度推进计划》❸，提出要扎实开展专利密集型产业增加值核算和发布工作。此外，国家知识产权局将知识产权密集型产业的发展纳入专利转化专项计划实施、软科学研究项目立项、知识产权公共服务体系建设、中国专利奖评选、专精特新中小企业创新发展、专利密集型产品认定试点平台搭建、知识产权高质量发展等工作中，例如：支持有条件的地区围绕知识产权密集型产业等重点产业和核心技术领域建设知识产权专题数据库；搭建国家专利密集型产品备案认定试点平台，加大对专利密集型产品的扶持力度；将专利密集型产业增加值占 GDP 比重稳步提升作为知识产权运用效益增强的主要指标之一，将专利密集型产业增加值核算和发布机制作为完善知识产权高质量发展统计体系的主要任务之一。2022 年 7 月 25 日，湖南省人民政府和国家知识产权局印发了《湖南省人民政府　国家知识产权局共建"三高四新"知识产权强省实施方案》❹，将建立专利密集型产业增加值、地理标志产品产值统计监测制度作为夯实知识产权强省建设基础的共建任务之一。

（三）政策网络分析

从知识产权密集型产业政策文件的发文单位来看，74 份文件涉及 25 个相

---

❶　中共中央　国务院印发《知识产权强国建设纲要（2021—2035 年）》［EB/OL］.（2021 – 09 – 22）［2021 – 11 – 20］. http：//www. gov. cn/zhengce/2021 – 09/22/content_5638714. htm.

❷　国务院关于印发"十四五"国家知识产权保护和运用规划的通知［EB/OL］.（2021 – 10 – 28）［2021 – 11 – 20］. http：//www. gov. cn/zhengce/content/2021 – 10/28/content_5647274. htm.

❸　国务院知识产权战略实施工作部际联席会议办公室关于印发《知识产权强国建设纲要和"十四五"规划实施年度推进计划》的通知［EB/OL］.（2022 – 01 – 05）［2022 – 10 – 15］. https：//www. cnipa. cn/art/2022/1/5/art_ 2073_ 172659. html.

❹　湖南省人民政府 国家知识产局关于印发《湖南省人民政府 国家知识产权局共建"三高四新"知识产权强省实施方案》的通知［EB/OL］.（2022 – 08 – 15）［2022 – 10 – 15］. http：//www. hunan. gov. cn/szf/hnzb_18/2022/2022015/szfwj_98718_88 _1rdehshdhnksrcethtptpbuggrbvghncrevmspksqfrkqtfpnnspgpbfb/202208/t20220815_27582642. html.

关部门，涵盖司法、财政、科技、工业、文化、金融等各个领域。从发文数量来看，总体发文量最多的是国家知识产权局和国务院知识产权战略实施工作部际联席会议办公室，其次是国务院（办公厅），这表明国家在战略层面对知识产权密集型产业的高度重视。在所有相关政策文件中，联合发文的占比较高，达到 16.2%，体现了当前知识产权密集型产业的发展需要不同职能部门的协调和配合。通过 Ucinet 软件绘制发文单位的网络图谱，结果如图 7 – 4 所示。图中节点代表不同的发文单位，而节点之间连线的多少则表示不同发文单位之间合作发文的频繁程度。可以看出，知识产权密集型产业相关政策的发文单位以国家知识产权局为中心，大多数政策发文单位间的网络关系较为紧密。

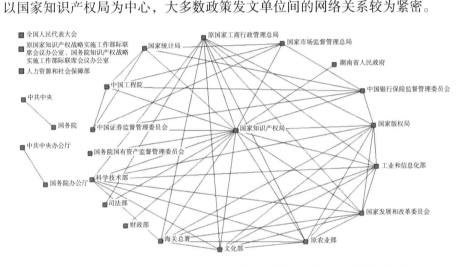

图 7 – 4 　中央层面知识产权密集型产业政策发文单位间的网络关系

从政策文件的引用情况入手，绘制出知识产权密集型产业相关政策的网络关系图谱，如图 7 – 5 所示。分析结果显示，被引频次最高的五份知识产权密集型产业相关政策文件是《国务院关于新形势下加快知识产权强国建设的若干意见》《"十三五"国家知识产权保护和运用规划》《"十四五"国家知识产权保护和运用规划》《知识产权强国建设纲要（2021—2035 年）》《国家知识产权战略纲要》。这五份政策文件是我国知识产权密集型产业发展的纲领性文件，奠定了知识产权密集型产业政策体系的基础。此外，围绕纲领性文件，衍生出一系列配套政策和实施细则，发展了知识产权密集型产业政策网络体系。例如，在知识产权密集型产业政策发展的第一阶段，围绕《国家知识产权战略纲要》，司法部、原国家知识产权战略实施工作部际联席会议办公室、国家知识产权局等部门相继在《司法部关于贯彻落实〈国家知识产权战略纲要〉

的意见》《国家知识产权战略实施推进计划》《国家知识产权局关于实施专利导航试点工程的通知》等文件中发布了知识产权密集型产业培育和发展的配套政策。在知识产权密集型产业政策发展的第二阶段，围绕《国务院关于新形势下加快知识产权强国建设的若干意见》，国务院办公厅、国务院知识产权战略实施工作部际联席会议办公室、国家知识产权局、原国家工商行政管理总局等部门相继在《〈国务院关于新形势下加快知识产权强国建设的若干意见〉重点任务分工方案》《知识产权综合管理改革试点总体方案》《深入实施国家知识产权战略加快建设知识产权强国推进计划》《关于加快建设知识产权强市的指导意见》《知识产权人才"十三五"规划》《专利代理行业发展"十三五"规划》《国家知识产权局办公室关于开展2018年知识产权分析评议服务示范机构培育工作的通知》《工商总局关于深入实施商标品牌战略推进中国品牌建设的意见》等文件中发布了知识产权密集型产业培育和发展的配套政策；多部门联合发布的《关于全面组织实施中小企业知识产权战略推进工程的指导意见》《关于支持东北老工业基地全面振兴深入实施东北地区知识产权战略的若干意见》《关于做好2020年知识产权运营服务体系建设工作的通知》等文件也将知识产权密集型产业的培育和发展纳入企业知识产权战略、地区知识产权战略和知识产权公共服务体系建设等工作中。在知识产权密集型产业政策发展的第三阶段，围绕《知识产权强国建设纲要（2021—2035年）》，国务院知识产权战略实施工作部际联席会议办公室、国家知识产权局等部门在《知识产权强国建设纲要和"十四五"规划实施年度推进计划》《知识产权公共服务"十四五"规划》《推动知识产权高质量发展年度工作指引（2022）》《国家知识产权局关于组织开展专利产品备案工作的通知》《国家知识产权局办公室关于完善知识产权运营平台体系有关事项的通知》等文件中发布了知识产权密集型产业发展的具体实施政策。政策网络分析反映出我国知识产权密集型产业政策体系的支撑性较好。

值得注意的是，如图7-5所示，尽管我国知识产权密集型产业政策体系整体关联性较高，但网络图谱中仍然存在一些分散的小网络，说明知识产权密集型产业政策体系仍需完善和优化。例如，《工业和信息化部关于实施工业企业知识产权运用能力培养工程的通知》（工信部科〔2012〕391号）关注在知识产权密集型产业中对知识产权运用能力试点企业的培育，以实现工业转型升级；国家知识产权局办公室印发的《产业知识产权联盟建设指南》（国知办函管字〔2015〕192号）关注在知识产权密集型产业中建设产业知识产权联盟，

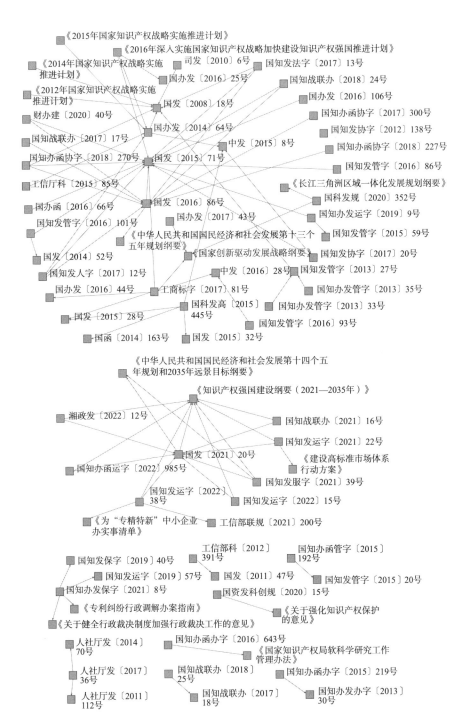

图 7 – 5　中央层面知识产权密集型产业政策网络图谱

以贯彻落实创新驱动发展战略；国家知识产权局《关于启动 2015 年专利信息人才专题项目申报工作的通知》（国知办函办字〔2015〕219 号）将专利密集型产业的研究纳入专利信息人才专题项目；国家知识产权局办公室《关于 2016 年度软科学研究项目立项的通知》（国知办函办字〔2016〕643 号）将知识产权密集型产业相关研究纳入国家知识产权局软科学研究立项工作中；国务院知识产权战略实施工作部际联席会议办公室《关于公布 2018 年度知识产权战略信息工作先进个人及优秀知识产权战略信息评选结果的通知》（国知战联办〔2018〕25 号）将知识产权密集型产业相关研究先进个人或优秀信息评选纳入国家知识产权战略信息工作管理办法；《关于推进中央企业知识产权工作高质量发展的指导意见》（国资发科创规〔2020〕15 号）将提升对知识产权密集型产业发展的贡献度作为推进中央企业知识产权工作高质量发展的一个指标。

（四）政策工具分析

政策工具是政策研究的重要途径，是政策分析在工具理性层面的发展和深化。[1] 基于罗伊·罗思韦尔（Roy Rothwell）（1985）的研究，将政策工具分为供给型政策工具、环境型政策工具和需求型政策工具。[2] 供给型政策工具对知识产权密集型产业的发展起到推动作用，主要包括公营事业、科学研究、教育培训和信息服务等；环境型政策工具对知识产权密集型产业的发展起到间接的影响与渗透作用，主要包括财务金融、税收优惠、法规管理、政策策略等；需求型政策工具通过拉动市场需求来促进知识产权密集型产业的发展，主要包括政府采购、贸易管制、公共服务、海外机构等。鉴于同一政策中可能包含属于不同类型政策工具的不同条款，因此将遴选出的 74 份知识产权密集型产业相关的政策文本按照"政策编号－章节－具体条款"进行编码，共包括 123 个政策工具条目，将其分别归属不同的政策工具，得到基于政策工具的知识产权密集型产业政策文本的内容分析单元编码表（参见表 7-1）。

---

[1] 黄萃，苏竣，施丽萍，等. 政策工具视角的中国风能政策文本量化研究 [J]. 科学学研究，2011，29（6）：876-882，889.

[2] ROTHWELL R. Reindustrialization and technology：towards a national policy framework [J]. Science and Public Policy, 1985, 12（3）：113-130.

表 7 - 1　基本政策工具分配比例

工具类型	工具名称	条文编码	条目数量/个	占比/%
供给型	公营事业	4 - 3 - 1, 6 - 4 - 1 - 2, 20 - 5 - 5 - 2, 35 - 2 - 2, 42 - 2 - 2, 43 - 1, 55 - 3 - 2, 62 - 1 - 3	8	6.50
	科学研究	8 - 2 - 9, 12 - 2 - 24, 19 - 4 - 17 - 1, 22 - 2 - 30, 23 - 3 - 5 - 55 - 1, 24 - 4 - 6, 28 - 4 - 6 - 3 - 1, 36 - 7 - 24, 38 - 3 - 3 - 77, 40 - 2 - 3 - 120 - 1, 60 - 4 - 9, 63 - 1 - 15, 65 - 4 - 10, 70 - 1 - 6	14	11.38
	人才培养	14 - 3 - 1 - 4, 30 - 3 - 2, 33 - 6 - 1 - 2 - 71, 47 - 2 - 3 - 3	4	3.25
	信息服务	3 - 7 - 76, 11 - 5 - 21, 26 - 5 - 22, 31 - 3 - 3 - 2, 35 - 2 - 2, 37 - 8, 41 - 1 - 2, 48 - 1 - 3, 59 - 3	9	7.32
环境型	财务金融	18 - 2 - 1 - 4, 18 - 2 - 1 - 5, 19 - 4 - 17 - 2, 23 - 3 - 5 - 55 - 2, 28 - 4 - 6 - 3 - 2, 40 - 2 - 3 - 120 - 2, 46 - 3 - 12, 51 - 1 - 4, 51 - 2 - 7, 51 - 2 - 8, 72 - 2 - 5 - 1, 73 - 2	12	9.76
	税收优惠	18 - 2 - 1 - 4, 18 - 2 - 1 - 5, 71 - 6 - 1	3	2.44
	法规管理	8 - 4 - 54, 12 - 2 - 24, 22 - 2 - 30, 44 - 3 - 10, 45 - 4 - 1 - 61, 50 - 1 - 2 - 7, 55 - 3 - 1 - 1, 56 - 1 - 1 - 6, 58 - 5, 64 - 5 - 12, 66 - 1 - 2 - 15, 68 - 4 - 10, 69 - 3 - 1 - 3	13	10.57
	政策策略	1 - 2 - 7, 1 - 3 - 11, 5 - 2, 7 - 1, 9 - 2, 10 - 1 - 2, 16 - 3 - 2, 17 - 1 - 3, 17 - 3 - 1, 18 - 1 - 3, 21 - 1 - 1, 25 - 2 - 3 - 2, 27 - 1 - 3, 28 - 2 - 3, 28 - 3 - 3, 28 - 4 - 6 - 3 - 5, 29 - 2 - 3, 32 - 4 - 1, 34 - 2 - 4, 40 - 2 - 3 - 26, 40 - 2 - 3 - 121 - 2, 45 - 2 - 1 - 20, 49 - 3 - 7, 53 - 6 - 24, 54 - 3 - 7, 55 - 2, 57 - 3 - 5, 60 - 1 - 3, 61 - 7 - 2, 64 - 2 - 3, 65 - 2 - 3, 68 - 1 - 3	32	26.02
需求型	政府采购	19 - 4 - 17 - 3, 23 - 3 - 5 - 55 - 1, 28 - 4 - 6 - 3 - 3, 40 - 2 - 3 - 120 - 3, 55 - 3 - 1 - 1	5	4.07
	贸易管制	2 - 2, 18 - 2 - 1 - 5	2	1.63
	公共服务	5 - 4 - 1, 7 - 2 - 1, 10 - 2 - 1, 13 - 3 - 1, 15 - 2 - 2, 19 - 4 - 17 - 4, 23 - 3 - 5 - 56, 28 - 4 - 6 - 3 - 4, 32 - 5 - 2, 36 - 4 - 10, 39 - 3 - 2, 40 - 2 - 3 - 121 - 1, 44 - 3 - 10, 45 - 4 - 2 - 75, 52 - 6 - 12, 67 - 5 - 12, 72 - 2 - 5 - 2, 73 - 4, 74 - 1 - 3	19	15.45
	海外机构	26 - 5 - 22, 37 - 8	2	1.63
合计	—	—	123	100

注：各政策工具占比之和不等于 100% 系因对数据进行四舍五入修约导致。下同。

　　将政策工具进行分类统计（参见图 7-6）发现，环境型政策工具的占比接近一半（48.78%），供给型政策工具和需求型政策工具的占比分别为28.46% 和 22.76%。进一步的分析显示，环境型政策工具中政策策略使用频率最高（26.02%），其次为法规管理（10.57%）和财务金融（9.76%）。政策策略工具以制定知识产权密集型产业的总体发展规划为主，如大力发展知识产权密集型产业，培育知识产权密集型产业成为新的经济增长点，显著提升知识产权密集型产业在国民经济中的比重等，表明知识产权密集型产业的政策文件主要是通过制定基于顶层设计的战略性的发展规划来激励相关产业的发展和培育；法规管理工具以制定知识产权密集型产业的统计制度为主，如建立知识产权密集型产业的统计监测制度、知识产权密集型商品进出口统计制度、知识产权密集型产业增加值核算和发布机制，出台知识产权密集型产业分类的国家标准等；财务金融工具主要包括引导财政政策、社会资金向知识产权密集型产业倾斜，支持知识产权密集型企业的知识产权质押融资需求等。

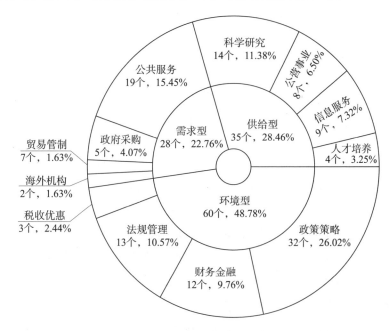

图 7-6　中央层面知识产权密集型产业政策工具分布

　　供给型政策工具中力度较大的为科学研究（11.38%）、信息服务（7.32%）和公营事业（6.50%），对人才培养的投入力度不够显著。科学研究中以开展知识产权密集型产业相关的统计研究为主要内容，如研究制定产业目录、统计规范，发布产业发展态势报告等；信息服务中以法律维权服务为主，如支持律师或专利代理行业对知识产权密集型产业开展有针对性的知识产权法律服务。

需求型政策工具以公共服务（15.45%）居多，主要包括建设知识产权密集型产业集聚区、知识产权密集型产业产品示范基地，搭建专利产品备案认定工作平台，构建专题数据库等。需求型的其他政策工具，如政府采购、贸易管制和海外机构的投入存在明显不足。

总的来说，我国知识产权密集型产业的政策工具运用主要基于全局视角考虑，致力于为知识产权密集型产业的发展营造良好的外部环境，扫除发展障碍。

二、地方层面知识产权密集型产业政策分析

（一）政策文本选择与总体分析

以"知识产权密集""版权密集""专利密集""商标密集"为关键词，在"北大法宝"上检索并收集全国各省份出台的知识产权密集型产业相关政策文本。为保证收集到的政策文本具有代表性、针对性和准确性，笔者对相关政策文本进行了筛选和清洗，手动剔除批复、复函以及重复的政策文本，最终选取了882份地方层面的知识产权密集型产业相关政策文本作为研究对象（参见图7-7）。如图7-7所示，从2015年开始，全国各省份发布的知识产权密集型产业政策文件明显增多，这与中央层面的发文时间趋势类似。此外，不同省份发布的政策文件数量存在较大差异，其中发文最多的是江苏，共计139份，远远领先于其他省份。排名第2位的是山东78份，广西、湖北、四川的发文量都在40份以上（参见图7-8）。同时，根据国家统计局对经济区域的划分方法❶，按东部地区、中部地区、西部地区与东北部地区对知识产权密集型产业政策文件进行分区域统计（参见图7-9）。其中，东部地区颁布了423份政策文件，占比接近50%；中部地区与西部地区的政策文件数量相差不多，分别为172份与225份；东北部地区的政策发文数量最少，仅有62份。整体

❶ 国家统计局. 东西中部和东北地区划分方法［EB/OL］.（2011-6-13）［2021-12-04］. http://www.stats.gov.cn/zt_18555/zthd/sjtjr/dejtjkfr/tjkp/202302/t20230216_1909741.htm.

来看，知识产权密集型产业政策发文较多的主要集中在经济较为发达的省份或地区，政策支持力度在区域间呈现出较大的不平衡性。

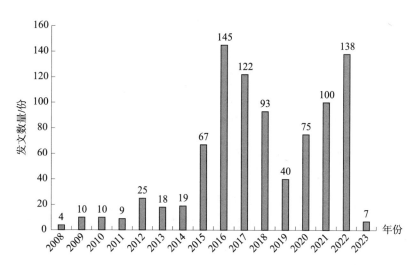

图 7 - 7　地方层面知识产权密集型产业政策年度发文数量统计

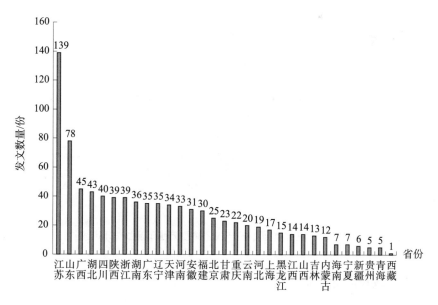

图 7 - 8　地方层面知识产权密集型产业相关政策文件的省份分布情况

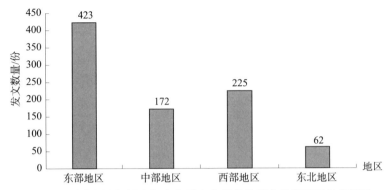

图7-9 地方层面知识产权密集型产业相关政策文件的区域分布情况

地方层面政策文本的词云图（参见图7-10）显示，"知识产权密集型产业"出现的频率最高。除此之外，"企业""专利""创新""发展""培育""建设""实施"等关键词出现的频率较高，说明地方政府和中央政府一样，旨在通过政策激励促进知识产权密集型产业或者企业的发展，试图从企业层面入手，逐步引导和扶持知识产权密集型企业开展技术创新，从而带动知识产权密集型产业的发展。

图7-10 地方层面知识产权密集型产业政策文本词云图

（二）政策网络分析

从政策文件的关联性来看，各省份围绕知识产权密集型产业中央政策文件制定了一系列配套政策和实施细则，形成了较为紧密的政策网络体系（参见

图 7 - 11、图 7 - 12)。被引频次超过 15 次的政策文件包括《国务院关于新形势下加快知识产权强国建设的若干意见》《国家知识产权战略纲要》《知识产权强国建设纲要（2021—2035 年）》《深入实施国家知识产权战略行动计划（2014—2020 年）》《"十四五"国家知识产权保护和运用规划》《"十三五"国家知识产权保护和运用规划》《国家创新驱动发展战略纲要》，与中央层面分析出的纲领性文件高度重合，表明知识产权密集型产业相关的政策文件主要是为了贯彻落实《国家知识产权战略纲要》，深入实施《国家知识产权战略纲要》《国家创新驱动发展战略纲要》《知识产权强国建设纲要（2021—2035 年）》等的要求和部署，同时也佐证了上文知识产权密集型产业政策演进脉络的分析结果。

例如，围绕《国家知识产权战略纲要》，云南省人民政府发布了《云南省人民政府关于贯彻国家知识产权战略的实施意见》（云政发〔2009〕118 号），指出以烟草及其配套产业、能源、冶金、机械、医药、信息、生物、花卉、农特产品加工等产业为重点，大力培育支撑产业发展的关键技术发明专利、中国驰名商标及云南省著名商标，提高知识产权密集型商品比重。围绕《深入实施国家知识产权战略行动计划（2014—2020 年）》，重庆市人民政府办印发了《重庆市人民政府办公厅发布关于贯彻落实国家知识产权战略行动计划（2014—2020 年）的实施意见》（渝府办发〔2015〕83 号），指出要鼓励区县（自治县）、园区发展区域特色知识产权密集型产业，推动形成物联网、集成电路、节能环保等知识产权密集型产业集聚区。围绕《国务院关于新形势下加快知识产权强国建设的若干意见》，福建省人民政府印发的《福建省加快知识产权强省建设实施方案》指出，在福州、厦门、泉州等国家高新技术产业开发区建立专利密集型企业发展集聚区；支持企业通过商标许可、品牌连锁、跨国兼并等方式，加大品牌经营力度，提高品牌产品市场占有率，培育形成一批经济贡献度大的商标密集型产业。围绕《"十四五"国家知识产权保护和运用规划》，江苏省人民政府印发的《江苏省"十四五"知识产权发展规划》指出，要建设一批企业知识产权工作站，分级分类培育一批知识产权战略运用能力强、核心竞争优势明显的知识产权密集型企业；支持各地以国家高新区、经济开发区为重点，结合园区产业发展需求，深入推进"一园区、一产业、一导航"，助推重点产业创新发展，促进园区产业尽快实现从技术密集型向知识产权密集型转变。

除纲领性政策文件外，被引频次较多的政策文件还包括两大类。如图 7 - 11 所示，第一类是国家知识产权局发布的《国家知识产权局关于确定国家知识产权强市建设试点示范城市的通知》（国知发运字〔2022〕33 号）、《国家知识产权局关于加快建设知识产权强市的指导意见》（国知发管字〔2016〕86号）、《国家知识产权试点、示范城市管理办法》（国知发管字〔2016〕87号）、《国家知识产权试点、示范城市（城区）评定和管理办法》》（国知发管字〔2014〕34号）、《国家知识产权试点和示范城市（城区）评定办法》（国知发管字〔2011〕160号），表明地方层面的知识产权密集型产业政策主要服务于国家知识产权强市建设、国家知识产权试点示范城市建设。如图7-12所示，第二类是国务院（办公厅）发布的《中共中央　国务院关于深化体制机制改革加快实施创新驱动发展战略的若干意见》（中发〔2015〕8号）、《国务院办公厅关于县域创新驱动发展的若干意见》（国办发〔2017〕43号）、《国务院办公厅关于推广支持创新相关改革举措的通知》（国办发〔2017〕80号）、《国务院办公厅关于印发促进科技成果转移转化行动方案的通知》（国办发〔2016〕28号）、《"十三五"国家科技创新规划》（国发〔2016〕43号），表明地方层面的知识产权密集型产业政策也围绕创新驱动发展、科技创新规划以及科技成果转移转化而展开。

（三）政策工具分析

与中央层面的分析一致，地方层面政策工具分析同样将政策工具分为供给型政策工具、环境型政策工具和需求型政策工具。❶供给型政策工具包括公营事业、科学研究、教育培训和信息服务，环境型政策工具包括财务金融、税收优惠、法规管理、政策策略，需求型政策工具包括政府采购、贸易管制、公共服务、海外机构。鉴于同一政策中可能包含属于不同类型政策工具的不同条款，因此笔者将遴选出的882份知识产权密集型产业相关的政策文本按照"政策编号－章节－具体条款"进行编码，共包括1338个政策工具条目，将其分别归属不同的政策工具，得到基于政策工具的知识产权密集型产业政策文本的内容分析单元编码表，如表7-2所示。

地方层面的知识产权密集型产业相关政策在各种政策工具中都有所涉及，整体结构与中央层面相似（参见图7-13）。其中，占比最多的是环境型政策工具，所占比例为60.24%，其次是需求型政策工具，占比为24.59%，最少的是供给型政策工具，占比仅为15.17%。

---

❶ ROTHWELL R. Reindustrialization and technology：towards a national policy framework ［J］. Science and Public Policy，1985，12（3）：113-130.

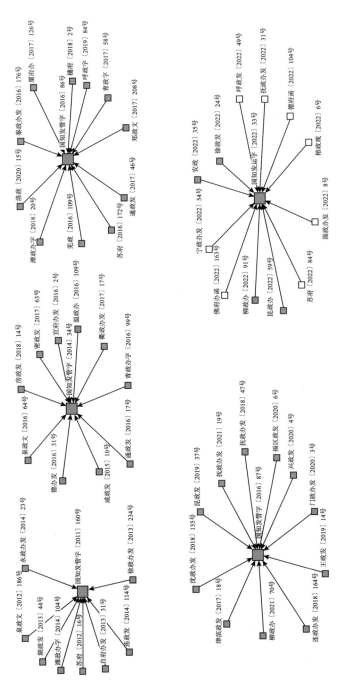

图 7-11　地方层面知识产权密集型产业政策网络图谱一

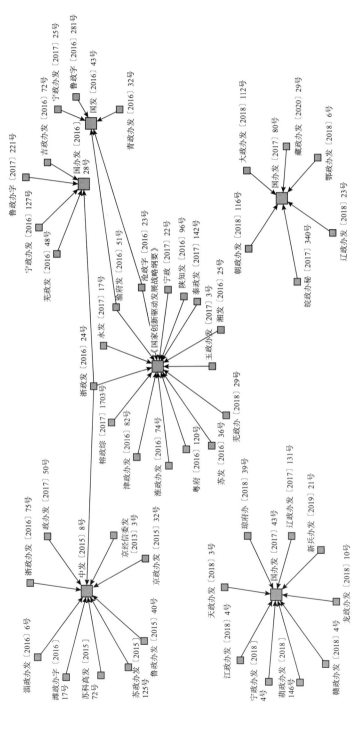

图 7 - 12 地方层面知识产权密集型产业政策网络图谱二

表7-2　地方层面政策文本基本政策工具分配比例

工具类型	工具名称	条文编码	数量/个	占比/%
供给型	公营事业	bj-5-2-7, bj-9-3-3-11, bj-11-4-2, bj-25-3-1-1, gs-21-2-1, gd-11-3-9, gx-29-4-2-3, gx-37-5, gx-45-3-2, gz-4-2-6, hub-9-2-4, hun-21, xj-6-4-33, nx-1-3-5-3, nx-2-3-6-3, js-4-4-2-6, js-8-4-2-4, js-11-4-3-3, js-18-3-3-8, js-32-3-7, js-58-4-2-1, js-67-3-2-2, js-72-4-2-3, js-73-3-3-3, js-92-2-3-17, js-93-2-5, js-100-3-5, js-112-3-2-3, js-114-2-3, js-122-2-5, ln-1-2-6-3, ln-32-2-1-1, ln-33-2-1-1, sd-7-6-2, sd-8-4, sd-9-3-3, sd-11-1, sd-22-3-2, sd-41-2-2-7, sd-63-5, shx-13-1-2-1, shx-24-1-2-3, shx-26-5-1-4, shx-28-4-7-1, shx-30-2-8, shx-36-3, sx-4-5-3-16, sx-6-3-4-9, sx-8-3-3-13, sh-11-3-11, sc-6-2-1, sc-8-3-1-2, sc-10-2-1, sc-11-5-1, tj-11-2, tj-15-2-7, tj-19-1-2, tj-19-3-7, tj-20-1-1, tj-31-3-3-12, tj-32-3-8, zj-7-3-2, cq-3-7, cq-4-2-1-1, cq-17-2-1-2, cq-21-3-1-1	68	5.08
	科学研究	ah-5-6-12, ah-7-6-12, ah-10-3-1-3, ah-21-28, bj-1-2-2-3, bj-23-2-5, bj-24-2-2-2, fj-17-2, fj-18-2, gs-3-3-1-6, gs-19-2-16, gd-19-2-7, gz-1-3-11, hen-7-3-6, hen-8-3-1-3, hen-16-1-2-8, hen-17, hen-20, hen-26-1-7, hub-6-9-3, hub-22-13, hun-7-2-2, hun-11-2-2, xj-6-3-2-22, js-13-2-3, js-43-6-1, js-65-5, js-69-3-1, js-116-3-5, js-118-4-1, js-118-4-5, ln-25-2-1-4, ln-27-3-3-4, sd-5-2-5-1, sd-15-2-2-4, sd-50-7-8, sd-55-1-1-1, sd-68-1-2-1, shx-15-1-11, shx-19-2-1-3, yn-4-4-7, tj-1-2-5, tj-9-2-1, zj-25-3-1-1, zj-25-4-1-1, zj-26-2-1-2, zj-27-2-1-1, zj-29-11, cq-7-5-2-2, cq-18-3-1	52	3.89
	人才培养	ah-23-4-11-4, ah-27-8-3, ah-29-6, ah-30-6, gs-12-3, gx-43-2-7, nx-1-3-5-3, nx-2-3-6-3, js-51-2-5-1-2, js-68-1-3-3, js-72-8-2, js-73-3-3-8-3, js-83-4-8, js-101-2-3-2, shx-14-2, shx-16, shx-18, sx-11-3-3, sc-8-3-7-3, sc-13-3-7-3, sc-19, tj-30-5-17, tj-31-3-3-12, cq-13-3-2, cq-13-4-2-3	28	2.09

续表

工具类型	工具名称	条文编码	数量/个	占比/%
供给型	信息服务	ah-18-2-2-4, ah-22-2-2-4, ah-25-5-17, fj-13-3, fj-27-4-17, fj-28-4-17, gs-4-6-4, gs-12-3, gs-16-5-20, gx-12-3-5-1, gx-3-3-2, gr-3-3-3, heb-14-6, heb-16-1-1, hen-21-6, hlj-8-4, hlj-11-1-5-3, hlj-12-4, hlj-4-4, hub-8-5-16, hub-16-1-1, hub-29-2-1, hub-32-3-5-1, hun-22-4, nx-5-4, jl-4-2-4, jl-6-2-12-1, js-22-5-3, js-26-3-2, js-71-2-18-46, js-72-8-4, js-73-4-3, js-83-5-3, js-106-5, js-107-4, js-110-4, nmg-11-4, nmg-12-4, ln-9-2-2-4, ln-13-2-2-4, ln-14-2-2-4, ln-30-2-4-4, sd-21-5, sd-42-3-5-2, sc-13-3-6-4, sd-48-2-4, shx-19-2-6-17, shx-28-4-1-5, sh-8-3-2-4, sc-40-4-4, zj-17-3-6, zj-19-2-3-2, zj-26-2-4-4, cq-17-3-3, cq-20-11-20, xz-1-1-1	55	4.11
环境型	财务金融	ah-1-6-20, ah-2-3-3-10, ah-9, ah-10-3-3-10, ah-11-1, ah-24-4-11-2, ah-25-4-11-2, ah-30-4-14-2, bj-x-2-4-7, bj-5-2-7, bj-6-1-1, bj-7-2-4-20, bj-9-3-3-11, bj-13-3-3-11, bj-19-2-2-6, bj-20-2-3-12, bj-22-27, fj-2-4-2-7, fj-8-15, fj-9-2, fj-13-2-4-11, fj-16-2, gs-12-2-3-2, gs-15-2-3-2-4, gs-16-3-10-1, gd-2-7-1, gd-10-7, gd-13-13, gd-27, gx-8-4-3, gx-24-3-5, gx-28-27, gx-33-2-4, gx-35-28, gx-41-5-2, gx-4-5, han-3-9, han-6-4-13-2, heb-5-2-3, heb-7, heb-8-2-5-1, hen-3-3-5-1, hen-25-2-3-2, hlj-7-3-5-2, hlj-9-4-4-46, hlj-10-5-22, hub-15-3-3, hub-20-1-4, hub-22-14, hub-22-31, hub-23-2, hub-23-8, hub-35-3-3, hub-42-7-1, hun-3-17, hun-17-14, hun-18-4-2, hun-21, hun-22-4, hun-29-4-2, jl-3-3-2-4, jl-9-2-3-10, js-14-22, js-15-2-4, nx-1-3-3-4, nx-2-3-3, nx-4-3-3, nx-3-2-3-7, xj-6-3-2-23, xj-3-2-3-13, js-46-1-4, js-50-6-25, js-23-3-2, js-26-3-4, js-32-3-7, js-37-1-6-25, js-62-3-1, js-72-4-1-1, js-51-2-3-3, js-58-4-11-5, js-61-4-2-4, js-67-3-2-3, js-134-3-9, js-73-4-2, js-75-4-3, js-81-7-2, js-82-5, js-89-2, js-95, js-99-2, js-134-3-9, s-134-3-10, js-136-4, jx-3-6, jx-6-3, jx-11-3, ln-23-3-7, nmg-10-5, ln-5-5-21, ln-12-4-7, ln-16-3-2-1, ln-17-3, ln-18-2-8-3, ln-23-3-8, sd-13-1-3-2, sd-14-2-2-2, sd-21-2-6, sd-22-1-3-2, sd-26-2-7, sd-29-2-7-3, sd-33-2-4-1, sd-45-2-4-4, sd-49-2-1-1, sd-49-2-1-2, sd-51-2-2-1, sd-52-2-3-9, sd-53-2-8-3, sd-57-2-7-3, sd-58-2-3-1, sd-60-3-7, sd-60-3-8, sd-71-9, sd-74-3-8-7, sd-77-4-4, shx-3, shx-4-1-1-2, shx-6-7, shx-11-3, shx-11-5, shx-12, shx-22-2-1-4, shx-22-3-2, shx-28-5-2, shx-34-3-2, sx-3-3-1-2, sx-7-3-1-2, sx-8-3-3-12, sx-8-3-13, sh-3-12-2, sh-11-2-7, sc-1-11, sc-4-3-1-1, sc-5-3-2, sc-11-3-2, sc-11-6-4, sc-21-2, sc-24-8-2, sc-25, sc-30-8-28, sc-30-49, sx-32-1-1, sc-34-5-17, yn-5-1-2, tj-12-2-3-1, zj-11-4-23, zj-16-3-5, zj-18-2-3-1, zj-28-4-18, cq-17-2-2, cq-17-3-2, zj-2	164	12.26

工具类型	工具名称	条文编码	数量/个	占比/%
	税收优惠	bj－3－4, gs－2－3, gx－5－3－1－1, heb－2－2－4, hlj－3, jl－1, js－12, js－44－2－1－3, js－73－3－3－1, js－83－4－3, js－127－4, ln－31－3, sd－6, sd－14－2－2－2, sd－18－15－3－1, sd－28－2－8, shx－2, sh－5, yn－3, cq－1	21	1.57
环境型	法规管理	ah－5－5－11, ah－7－5－11, ah－23－4－11, ah－27－6－2, ah－30－4－14－5, bj－20－2－3－12, fj－22－2－3－14, gd－2－2－1－1, gd－5－6, gd－23－2－3－12, gd－25－2－3－12, gx－41－5－3, hen－6－3－2－2, hen－8－3－1－3, hub－2－2－1－3, hub－7－3－6－26, hub－10－2－1, hub－15－3－3, hub－22－6－4, hub－22－13, hun－4－1－6, hun－5－3－1－3, hun－22－3, xj－2－3－1－4, xj－4－4－1－3, qh－1－1－2－8, qh－3－2－3－8, nx－2－3－3－1, jl－3－2, js－8－4－2－4, js－20－5－4－3, js－27－2－1, js－28－2－2, js－51－2－1－1－1, js－51－2－3－3, js－53－2－5, js－58－4－1－2, js－58－4－4－2, js－72－4－1－1, js－72－4－3－4, js－72－6－1, js－73－3－2－3, js－80－5－4, js－91, js－98－4－4, js－98－5－3, js－105－2－3－3, js－112－3, js－123－4－44, js－124－6, js－125－3－2, js－126－3－4－16, js－128－4－39, js－131－3, 14－83, s－134－3－10, jx－8－4－3, sd－12－43, sd－15－2－2－4, sd－20－3－6, sd－22－3－3, sd－25－1－1－2, sd－27－2－1－3, sd－33－2－2－2, sd－35－7, sd－43－8, sd－49－2－1－1, sd－54－4－4－1, sd－60－3－7, shx－5－2－3, shx－9－2, shx－17－2, shx－20－4－8, shx－27－3－2, sx－3－3－1－5, sx－4－5－1－2, sx－4－5－1－3, sx－5－50, sx－7－3－1－5, sx－8－3－3－12, sh－9－3－1－7, sh－10－4－4, sc－4－3－1－3, sc－7－2－3－8, sc－13－3－1－4, sc－15－2－7－12, sc－24－8－2, sc－38－1－2, yn－1－3－5－6, yn－9－4－1－3, tj－3－2－3, zj－1－2－1－1, zj－2－4, zj－5－3－2－2, zj－6－2－4, zj－27－3－4, cq－2－1－2－6, cq－15－2－3, cq－17－2－1－1	100	7.47

续表

工具类型	工具名称	条文编码	数量/个	占比/%
环境型	政策策略	ah-4-7-4, ah-5-2-3, ah-6-4-4-3, ah-10-2-1, ah-12-9-5-3, ah-13-2-3, ah-14-2-3, ah-15-2, ah-16-2-3, ah-17-2-3, ah-19-3-21, ah-20-4, ah-23-2-3, ah-23-4-2, ah-24-4-11-1, ah-25-4-11-1, ah-26-3-7-1, ah-27-1-2, ah-27-1-4, ah-27-6-3, ah-28-8, ah-30-4-14-1, ah-31-1-1, bj-8-3, bj-8-4-1-4, bj-13-3-2-6, bj-14-2-14, bj-15-2-1, bj-16-4-2-4, bj-17-5-6, bj-18-4-3-3, bj-21-2-1, fj-2-2-2-5, fj-11-2-2-13, fj-15-1-3, fj-19-2-13, fj-21-2-2-5, fj-22-1-3-3, fj-23-3, fj-30-3-2-6, gs-1-2-1-9, gs-5-3-5-2, gs-6-3-5, gs-8-2-4, gs-9-2-1, gs-10-2-1-1, gs-13-4-6-18, gs-14-1-3, gs-15-2-3-2, gs-16-3-10-1, gs-17-2-16, gs-18-2-1, gs-20-2-1, gs-22-2-6, gs-23-2-3-6, gd-x-2-3-17, gd-4-7-2-3, gd-6-2-5-3, gd-7-8-1, gd-8-3-6, gd-14-2-1-2, gd-15-2-2-7, gd-16-2, gd-17-6, gd-18-1-3, gd-22-3-2, gd-23-1-2, gd-23-2, gd-24-3, gd-25-1-2, gd-25-2-3-12, gd-29-5-1, gd-30-2-11, gd-31-3-6, gd-33-2-6-1, gd-34-3-1, gd-35-3-4-3, gx-2-2, gx-4-4, gx-7-3-5-3, gx-9-26, gx-10-2-2, gx-11-2-2, gx-12-3-2-1, gx-13-3-1-1, gx-14-1-1, gx-15-3-1-1, gx-16, gx-17-2-1-1, gx-18-1-1, gx-19-2-5-24-2, gx-20-2-5, gx-21, gx-22-5, gx-23-1-1, gx-25-1-1, gx-26-1-1, gx-27-1-1, gx-31-1-2, gx-31-2-3, gx-33-1-2, gx-33-2-4, gx-34-2-2, gx-36-4-4, gx-38-4-7, gx-39-2, gx-39-3, gx-40-2-1, gx-41-3, gx-41-4-1, gx-42-1-2, gx-42-2-1-3, gx-44-1-2, gx-44-2-1, gz-2-3-2, gz-5-2-12-1, han-1-1, han-2-2-6-30, heb-1-1-2, heb-3-5, heb-4-3, heb-9, heb-10-2-1-3, heb-11-1-2, heb-12-1-2-4, heb-13-2, heb-15-4, heb-16-1-1, heb-17-1-2, heb-18-2-2, heb-19-2-2, hen-1-1-3, hen-3-2-2, hen-3-3-2, hen-4-11, hen-5-2-8, hen-9-2-4, hen-10-3-5-2, hen-11-3, hen-12-2-7, hen-14-7, hen-15-2-2, hen-18-3-6, hen-19-1-2, hen-20, hen-21-1, hen-22-2-1, hen-22-2-4-2, hen-23-1-2, hen-23-3-8, hen-24-5, hen-25-1-3-2, hen-28-3-5-3, hen-29-2-2, hen-30-2-3, hen-30-3-5, hen-31-3-1-8, hen-32-1-3, hen-32-3-13, hen-33-1-8, hen-33-3-10, hlj-1-2-2-5, hlj-4-2, hlj-5-2-4-2, hlj-6-1-3, hlj-13-2-3, hub-2-1-2, hub-3-3-1-1, hub-3-3-2-8, hub-9-3, hub-15-2-3, hub-15-3-4, hub-17-4-3-2, hub-19-2, hub-19-4-16, hub-25-2, hub-26-2, hub-28-2-1-1, hub-30-3, hub-31-1-2, hub-32-3, hub-3-6, hub-33-20, hub-34-2-1-2, hub-36-3-1, hub-37-2-6-1, hub-38-2-2-1, hub-1-1	521	38.94

续表

工具类型	工具名称	条文编码	数量/个	占比/%
环境型	政策策略	39-3-1-2, hub-40-1-2, hub-40-2-6, hun-1-4-13, hun-9-3-6, hun-10-3-5-2, hun-12-1, hun-13-1, hun-14-3-8, hun-15-2-2-1, hun-16-2, hun-19-4, hun-20-5, hun-22-3, hun-23-1-2, hun-24-2, hun-26-3-1-3, hun-27-1-2, hun-28-30, hun-30-3-2-4, hun-33-3, hun-36-2-3, xj-1-1-2, xj-2-3-1-2, xj-3, xj-4-3, xj-5-2-1, qh-2-4, qh-3-1, qh-4-4-1-2, qh-5-3-11, nx-3-2-3, nx-6-1-2, jl-2-1-1-1, jl-5-9, jl-8-7-33, jl-10-3-10, jl-11-1-2-2, jl-12-9-21, jl-13-3-2-17, js-4-4-3-3, js-4-4-1-2, js-5-2, js-6-3-2, js-7-3, js-16-3-1-3, js-17-1-1-3, js-19-1, js-20-5-4-2, js-21-2-3-9, js-22-2, js-22-3-2, tj-4, js-23-2, js-24-2-4, js-25-3-4, js-26-2-2, js-29-4-1-3, js-31, js-33-3, js-34-3-9, js-35-3-12, js-36-2, js-36-3-1-2, js-38-2-1-4, js-39-1, js-40-2-3, js-41-2-4-16, js-42-3-5-5, js-45-1, js-49-2-4, js-51-1, js-52-2-1-1, js-53-2-4, js-54-1, js-55-3-6-2, js-56-4-3, js-57-3-2, js-58-2-3, js-59-2-11, js-60-3-2-5, js-62-2-2, js-62-3-2, js-64-1, js-66-3-4, js-67-3-2-1, js-70-4-3, js-71-2-5-13, js-72-2-3, js-72-6-2, js-73-2-2-2, js-74-4, js-75-3-2-4, js-76-1-2, js-76-2-4-1, js-77-4-6-1, js-79-1-2, js-83-3, js-83-4-2, js-85-1-2, js-86-2-1-6, js-87-1, js-88-3-2, js-90-3-6-1, js-94-3, js-96-3-6, js-97-2-5, js-99-3, js-102-2-1, js-103-2-2, js-111-3-2, js-104-4-3, js-105-1-2, js-108-1-2, js-108-2, js-109-2-6, js-111-2-2, js-121-2-4-31, js-112-2, js-115-2-6, js-117-2-3-26, js-119-2-7, js-120-3-2-3, js-135-3-4, js-136-js-125-2, js-127-3-1-1, js-130-2-22, js-133-5-16, js-135-2, jx-5-1-2, jx-7-2-2, js-x-3-3, js-137-2, js-139-3-2-9, jx-1-4-3-13, jx-5-7-2-8-18, jx-9-3-5-11, jx-11-2-2, jx-12-1, nmg-2-3-1-2, nmg-7-1, nmg-8-4, nmg-9-4, ln-2-1, ln-4-1, ln-6-5, ln-7-2-4, ln-8-1-3, ln-11-3-1, ln-15-5-3, ln-19-2-1, ln-23-2-3, ln-23-2-4, ln-29-4-16, ln-34-1-1-2, ln-34-1-3-22, ln-35-4-1-9, ln-35-4-3-19, sd-3-2-3, sd-5-1, sd-16-2-3, sd-17-2-6-1, sd-23-2-6-24, sd-24-2-2-5, sd-30-6-21, sd-31-3-1-2, sd-32-15, sd-34-3-3, sd-36-3-5, sd-38-1-3, sd-39-2-3-2, sd-40-12, sd-44-3-8, sd-45-2, sd-47-8-25, sd-48-1-3, sd-51-1-3-2, sd-54-2-3, sd-58-1-3-2, sd-61-2, sd-62-1-2-3, sd-62-2-3-2, sd-64-1-2, sd-66-2-5-4-10, sd-67-1-2-3, sd-69-2-1-3, sd-70-2-1-4, sd-73-1-2, sd-73-2-1-1, sd-73-2-1-2, sd-75-1,	521	38.94

续表

工具类型	工具名称	条文编码	数量/个	占比/%
环境型	政策策略	sd-75-2-1-1，sd-76-3-3，sd-77-2-2，shx-7-3-2，shx-8-1-4，shx-19-1-2，shx-20-1，shx-20-4-10，shx-21-2-2，shx-21-3-1-2，shx-22-1-3，shx-22-2-2-1，shx-23-2-2-10，shx-26-3-3，shx-26-4-1-1，shx-27-2-3，shx-29-2-8，shx-31-3，shx-32-5-2-1，shx-33-3-3-5，shx-35-3-2，shx-37-2，shx-38-3-1-1，shx-39-3-2-2-15，sx-7-3-1-2，sx-10-2-1，sx-11-2-1-2，sx-13-2-1，sx-14-2-2，sh-10-4-1，sh-12-3，sh-12-4-4-15，sh-14-1-3，sc-2-4-2，sc-3-2-2，sc-5-2-3-4，sc-5-2-4-1，sc-7-1-2，sc-8-3-1-1，sc-9-14，sc-11-2-3，sc-11-3-1，sc-13-2-4，sc-14-2，sc-16-2-7，sc-17-4-15，sc-18-4-14，sc-22-2-1，sc-23-1，sc-24-4-2，sc-26-3-8-2，sc-28-5-4-4，sc-29-3-3-4，sc-30-21-81，sc-31-3-8，sc-33-3-3-2，sc-34-4-11，sc-36-1-2，sc-37-15-57，sc-37-21-79，sc-39-2，yn-2-1-3，yn-4-1，yn-7-2-3，yn-9-3-2，yn-11-2-2-3，yn-12-3-3，yn-13-3-2-3，yn-14-3-1，yn-15-6-1，yn-16-3-8，yn-18-2-2-3，yn-19-1-3，yn-20-2-2，tj-1-4-7，tj-3-1-1-3，tj-4-1，tj-6-4-15，tj-7-3-22，tj-10-1-2，tj-12-1-2，tj-13-1-3，tj-15-2-6，tj-16-2-1-1，tj-17-7-1-5，tj-18-2-6，tj-20-2，tj-21-2，tj-22-1-2，tj-22-2-4，tj-23-2-4-5，tj-24-4-5，tj-25-3-3-1，tj-27-4-1，tj-29-3，tj-31-3-3-13，tj-33-5-3-34，zj-5-2-3，zj-5-3-3-1，zj-7-1-3-3-2，zj-8-9-69，zj-9-3-7，zj-9-3-8，zj-10-2-1-1，zj-12-3-3-12，zj-13-2-1-1，zj-18-1-2，zj-20-7，zj-21-3-1，zj-23-13，zj-23-3-3，zj-24-3-3，zj-27-1-2，zj-30-2-1，zj-31-2-5，zj-33-3-3-1，zj-34-3-2，zj-37-2-2-2，zj-38-4-5，zj-39-3-12，cq-5-14，cq-6-5-2，cq-9-2-7，cq-10-6-28，cq-11-3-2，cq-12-3-2-4，cq-14-1，cq-15-1，cq-22-3-9	521	38.94
需求型	政府采购	ah-10-3-1-5，ah-24-4-11-3，ah-25-4-11-3，ah-30-4-14-3，bj-10-2-2-3，fj-25-4-2-9，gs-12-2-3-3，gs-15-2-3-2-4，gs-16-3-10-1，gd-23-2-3-12，gd-25-2-3-12，heb-12-2-1-2，heb-17-3-2，hen-3-3-5-1，hen-6-3-2-2，hub-19-3-2-2，hub-26-3-1-1，hub-27-3-1-1，hun-18-4-2，hun-29-4-2，xj-4-4-1-4，jl-9-2-3-10，jx-10-3，ln-30-2-4-8，sd-3-3-2-3，sd-16-3-2-2，shx-20-4-8，sx-4-5-1-3，sc-13-3-1-4，sc-24-8-2，yn-9-4-1-4，tj-13-3-8，zj-32-4-3-3，zj-37-5-4-2，zj-39-3-3-12，cq-15-2-3，cq-16-11-1，cq-17-3-2	38	2.84
	贸易管制	gd-25-2-3-12，sh-17-4-18，tj-14-2-2，cq-15-2-4	4	0.30

续表

工具类型	工具名称	条文编码	数量/个	占比/%
需求型	公共服务	ah-3-3-2, ah-9-2-7, ah-23-4-11-3, ah-30-4-14-4, bj-2, bj-8-4-3-3, bj-10-2-2-1, bj-10-2-2-3, bj-12-2-1, bj-16-4-2-4, bj-19-2-2-6, bj-20-2-5-22, bj-23-2-5, fj-1-1-6, fj-3-2-2-2, fj-4-4-11, fj-5-4-11, fj-6-2-1, fj-7-4-5-3, fj-10-2-5, fj-12-3-4-13, fj-16-3-1-3, fj-20-3-6, fj-22-2-3-14, fj-24-2-4-13, fj-25-4-2-9, fj-26-2-4-13, fj-29-4-4-3, gs-3-3-4-3, gs-9-2-12, gs-11-8, gs-12-2-3-4, gs-15-2-3-2-4, gs-16-3-10-2, gd-1, gd-9-2-4, gd-12-7, gd-20-7-2, gd-21-4-2, gd-23-2-3-12, gd-25-2-3-12, gd-26-2-7-4, gd-28-25, gd-32-3-2, gx-1, gx-3-2-7-32, gx-6-12-3, gx-24-3-4, gx-30-3-18, gx-32-15-1, gx-32-5, heb-17-1, gx-41-4-3, han-5-3-10-27, han-6-4-13-1, han-7-4-7, heb-6-2-4, heb-6-4-1-4, heb-11-3-2-6, hen-2-1-2, hen-6-3-2-2, hen-13-4-3-4, hen-22-1-3, hen-25-2-5-1, hen-25-2-5-2, hen-25-2-5-3, hen-27-2-1, hlj-2, hlj-9-4-4-46, hlj-10-5-22, hub-1-41, hub-4-5-3-3, hub-5-3-4-3, hub-11-2-3-14, hub-12-3-9, hub-12-4-15, hub-13-2-5, hub-14-1-8, hub-16-2-5, hub-18-2, hub-19-3-5-13, hub-21-2-4, hub-22-6-5, hub-27-3-1-4, hub-32-3-1-3, hub-34-2-1-2, hub-41-3-1-1, hub-43-3-2-16, hun-6-2-4-13, hun-8-2-7, hun-23-2-4-15, hun-25-2-1-2, hun-26-3-1-2, hun-31-2-1-3, hun-32-1-5, hun-34, hun-35-5-17, xj-4-4-2-9, nx-3-3-5-3, nx-4-3-3, nx-6-2-1-1, nx-7-3-2-15, jl-3-3-2-2, jl-4-4-2-1, jl-7-3, jl-9-2-3-10, jl-11-2-1-1, js-1-8, js-2-3-4-1-4, js-3, js-4-4-4-11, js-5-3-9, js-6-4-4-1, js-9, js-10, js-11-4-1-3, js-17-3-3-3, js-18-3-3-7, js-38-3-2-5, js-47-2-4-2, js-48-2-5, js-51-2-3-3, js-58-4-4-2, js-62-3-1, js-63-6-3-1, js-71-2-4, js-72-4-1-1, js-72-4-1-3, js-72-4-1-4, js-72-4-3-1, js-72-4-3-2, js-72-4-3-3, js-73-3-3-2, js-78-2-5, js-84-3-4, js-113-3-2, js-122-2-4, js-123-2-11, js-129-4, js-132-4-17, js-134-2-3, js-138-4-3, jx-4-2-2, jx-4-8-5-1, jx-13-3-7, jx-14-3-3-3, nmg-3-3-2, nmg-4-13, nmg-6-3-1-2, nmg-6-3-1-3, nmg-7-2, nmg-10-4, ln-8-2-2-3, ln-10-4-12, ln-20-2-2-6, ln-21-4-12, ln-22-4-12, ln-24-3-6-23, ln-25-1-2, ln-26-1-1, ln-28-2-5, ln-30-2-4-4, sd-1, sd-2-1-1, sd-3-3-2-2, sd-4-2-3-2, sd-10-11-2, sd-15-2-2-4, sd-16-3-2-2, sd-19-8-5-1, sd-35-5, sd-37-3-3, sd-38-2-4, sd-42-3-1-4, sd-43-5, sd-45-2-4-4, sd-46-12, sd-48-2-2, sd-49-2-1-2, sd-51-2-2-1, sd-52-2-3-8, sd-54-4-4-1, sd-56-2-3-2, sd-58-4, sd-67-2-2-1	274	20.48

续表

工具类型	工具名称	条文编码	数量/个	占比/%
需求型	公共服务	2-3-1, sd-59-2-2-3, sd-60-3-7, sd-62-2-3-1, sd-63-5, sd-64-2-1-4, sd-64-2-3-2, sd-65-2-3-2, sd-66-9-1, sd-69-2-4-1, sd-72-5-6-2, sd-78-3, shx-1, shx-10-1-4-3, shx-19-2-2-4, shx-20-4-8, shx-21-3-3-7, shx-22-2-5-2, shx-25-24, shx-26-4-1-2, shx-26-4-4-11, shx-27-3-2, shx-29-2-13, sx-2-4-9, sx-3-3-1-2, sx-4-5-4-19, sx-7-3-2-6, sx-9, sx-10-3-3, sx-12-2-3-2, sx-12-2-3-2, sh-1-1-18, sh-2, sh-4-3-9, sh-7-2-1-2, sh-13-4-4-1, sh-15-5-14, sh-16-6, sc-24-4-10, sc-11-3-2, sc-12-5-13, sc-13-3-1-3, sc-14-3-2-4, sc-20-1-1, sc-24-8-2, sc-27-3, sx-35-3-4-8, sc-36-2-1-1, yn-1-3-5-6, yn-2-2-6, yn-6-7-3, yn-8-2-4-10, yn-9-4-1-4, yn-10-4-2-1, yn-13-3-4-3, yn-17-2-1, yn-17-2-2, tj-3-1-2-4, tj-5-3-18, tj-8-4-7, tj-12-2-3-1, tj-13-3-8, tj-16-2-4-1, tj-19-2-4, tj-22-4-15, tj-25-3-3, tj-26-3-9, tj-26-5-20, tj-28-7-3-3, tj-30-3-10, tj-34-1-3-16, zj-4-3-4-1, zj-7-4-1, zj-14-3-2-1, zj-15-2-3-2, zj-22-6-4, zj-26-2-1-2, zj-30-3-1-2, zj-35-3-2-9, zj-36-4-2-5, cq-7-5-1, cq-x-5-3-3, cq-7-5-3-4, cq-8-2-1, cq-15-2-3, cq-19-2-1-1	274	20.48
	海外机构	hun-18-4-2, hun-29-4-2, js-51-2-4-2, js-71-2-12-34, js-79-2-6, js-105-2-1-4-8, ln-30-2-4-4, sd-3-3-2-3, sd-67-2-2-2, sh-6-2-13, sh-8-3-2-4, zj-18-2-4-4, cq-17-2-4	13	0.97
合计	—	—	1 338	100

注：ah 代表安徽，bj 代表北京，fj 代表福建，gs 代表甘肃，gd 代表广东，gx 代表广西，gz 代表贵州，han 代表海南，heb 代表河北，hen 代表河南，hlj 代表黑龙江，hub 代表湖北，hun 代表湖南，xj 代表新疆，qh 代表青海，nx 代表宁夏，jl 代表吉林，js 代表江苏，jx 代表江西，nmg 代表内蒙古，ln 代表辽宁，sd 代表山东，shx 代表陕西，sx 代表山西，sc 代表四川，sh 代表上海，tj 代表天津，yn 代表云南，zj 代表浙江，cq 代表重庆，xz 代表西藏。

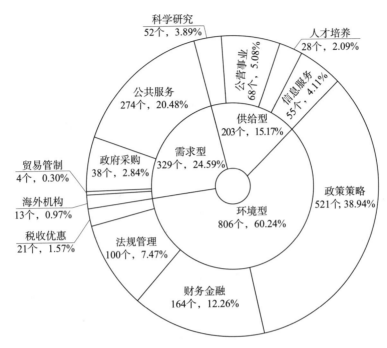

图7-13 地方层面知识产权密集型产业政策工具分布

在环境型政策工具中，应用最多的是政策策略（38.94%），表明与中央层面一致，各省份先从环境型的政策工具入手，基于顶层设计的考虑，通过一系列政策性策略为知识产权密集型产业的培育和发展营造良好的环境和氛围。财务金融和法规管理的政策工具也较多，表明各省份十分重视从项目支持、经费投入、知识产权融资等方面为知识产权密集型产业的发展提供良好的资金基础，以及从制度层面规范和监管其健康发展。但是，环境型政策工具中的税收优惠占比较少，表明各省份对知识产权密集型产业的税收优惠政策仍处于探索和起步阶段，还未形成广泛的实践经验。

在需求型政策工具中，公共服务所占比例为20.48%，在所有政策工具中位居第二。鼓励建立知识产权密集型产业集聚区、产品示范基地、知识产权产业联盟、创新研究中心（实验室）、知识产权运营服务平台、专利密集型产品认定平台等，这些举措旨在通过建设基础公共服务体系和基础公共设施，拉动知识产权密集型产业的发展。然而，政府采购、贸易管制和海外机构政策工具的运用十分薄弱，三者占比总共不超过5%，导致需求型政策工具内部比例极其不平衡。这说明当前地方层面的知识产权密集型产业相关政策在需求层面还有待完善和加强，有关进出口贸易、海外维权、政府采购的具体措施和项目还未广泛形成。

在供给型政策工具中，公营事业、信息服务、科学研究和人才培养政策工具的使用相对均衡，占比分别为 5.08%、4.11%、3.89% 和 2.09%。地方层面的政策通过培育知识产权密集型企业试点单位、知识产权服务示范机构，开展法律维权服务、专利信息服务以及知识产权密集型产业宣传活动，支持知识产权密集型产业相关基础研究和项目申报，培养知识产权密集型产业所需的人才，引导专业人才向知识产权密集型产业和企业流动等方式，从供给面推动知识产权密集型产业的发展。但是，这些政策工具的执行力度和运用效果均存在着不足。

综合来看，地方各省份均主要通过营造良好的知识产权密集型产业发展环境，建设知识产权密集型产业集聚区和示范区，以及进行财务支持等方面来推动和支持知识产权密集型产业的发展，各省份之间的政策存在较高的相似性和同质性。

（四）知识产权密集型产业专项文件政策

纵观中央层面和地方层面的知识产权密集型产业政策文件，相关文件占据绝大多数，而专项文件十分缺乏，目前仅有 9 项，其中湖南 3 项，陕西 3 项，广东、广西和山西各 1 项，如表 7-3 所示。

湖南省印发了《湖南省知识产权密集型产业培育工作方案》《湖南省知识产权密集型科研院所创建方案》《长沙市知识产权密集型企业培育管理办法（试行）》，从知识产权密集型产业培育、知识产权密集型科研院所创建和知识产权密集型企业培育三个方面来推动知识产权密集型产业的发展。其中，知识产权密集型产业培育工作方案从机制建立、企业培育、产业集聚区打造、密集型科研院所创建和产业知识产权联盟组建五个方面全面地提出了知识产权密集型产业培育的工作内容。知识产权密集型科研院所创建方案旨在通过政策引导和扶持，培育一批具有自主知识产权、专利优势明显和市场竞争力较强的科研院所，促进知识产权工作与科技创新工作的深度融合，从而为知识产权密集型产业的发展提供支撑。知识产权密集型企业培育管理办法旨在以项目申报的方式遴选优势企业进行培育，全面提升入选企业的知识产权创造、运用、保护和管理能力，并增强其知识产权专业人才队伍素质。

表 7 - 3　知识产权密集型产业专项政策文件

序号	省份	发文单位	文件名称	具体内容	发文时间
1	广东	广东省知识产权局	广东省知识产权局关于下达 2016 年广东省知识产权密集型产业集聚区培育工程项目的通知	支持方式：2016 年密集型产业集聚区项目立项 1 项，经费支持 50 万元。 项目主要内容：提升产业知识产权布局水平、知识产权运用能力以及知识产权保护水平	2016 - 04 - 29
2	广西	广西壮族自治区知识产权局、广西壮族自治区科学技术厅、广西壮族自治区发展和改革委员会、广西壮族自治区统计局	加快发展广西专利（制造业）实施方案	发展目标：打造一批专利密集型企业，培育一批高价值专利，发展壮大一批显著促进产业转型升级和经济增长的专利密集型产业，部分专利密集型产业发展成为支柱产业，在局部领域达到全国先进乃至领先水平。到 2020 年，专利密集型产业达 10 个以上，专利密集型产业总产值占全区工业总产值比重达 30% 以上。 重点任务：（1）培育专利密集型企业 1000 家以上（研究界定专利密集型企业的条件、标准，推行企业知识产权管理规范；（2）建设专利密集型产业园区 5 个以上（以高新园区、工业园区、经济开发区为依托，打造产业特色鲜明的园区知识产权工作体系和专利运营平台）。 支持措施：（1）加大支持力度（在自治区本级科技经费中安排经费，用于专利转移及产业化、发明专利申请、并根据实际需要实现密集型产业统计指标体系形成专利密集型产业统计监测（研究制定专利密集型产业发展动态，发布专利密集型产业发展调整）；（2）强化统计监测（研究制定专利监测评价制度，发布专利密集型产业发展动态，根据发展的实际情况和统计监测措施进行必要调整；（3）完善激励机制（将专利密集型产业发展相关纳入指标纳入绩效考核；进一步完善专利资助和奖励制度，向在专利密集型产业发展方面贡献大、成绩突出的园区、企业、中介机构和产业联盟倾斜）	2016 - 01 - 04

续表

序号	省份	发文单位	文件名称	具体内容	发文时间
3	湖南	长沙市知识产权局	长沙市知识产权密集型企业培育管理办法（试行）	目标任务：每年通过项目申报方式在全市遴选10～30家企业作为专利密集型企业（5～15家企业作为版权密集型企业）作为知识产权培育对象，培育期为2年。通过培育使企业知识产权创造、运用、保护、管理能力显著增强，知识产权队伍素质显著增强。 扶持措施：（1）给予10万元专项经费；（2）指导制定知识产权战略，帮助建立知识产权管理体系和规章制度；（3）支持建立专利、版权信息数据库，加强知识产权人才队伍建设，开展知识产权业务培训；（4）建立市、区县（市）联动的知识产权保护快速反应通道，积极提供知识产权维权援助；（5）培育企业实施知识产权项目，优先推荐参加市、省、国家有关奖项评选；（6）培育企业创造独特新颖、市场前景好的知识产权项目，帮助向国家和市相关部门推荐，帮助企业争取国家、市重大产业化项目；（7）对具有示范效应的企业授予"长沙市知识产权示范企业"称号，给予一定经费支持，并优先推荐创建国家、省知识产权示范单位	2017 - 06 - 23
4	湖南	湖南省知识产权局	湖南省知识产权密集型产业培育工作方案	工作内容： （1）建立知识产权密集型产业培育机制。政策扶持—统筹管理—统计监测引领示范。 （2）培育知识产权密集型产业培育企业。目标：到2020年，在全省知识产权密集型产业领域内，实现专利年申请量超过100件的企业达到100家。方式：省知识产权局每年遴选20家左右的企业以项目形式给予以引导及奖助。 （3）打造知识产权密集型产业集聚区。方式：对于具有产业优势地区、产业项目引导予以支持，建设3～5个知识产权密集型产业集聚区，省知识产权局每年遴选1～2家以项目形式给予引导所。 （4）创建知识产权密集型产业科研院所。目标：形成一批具有自主知识产权、引领经济市场竞争优势明显、自主创新能力和市场竞争力较强的优势科研院所。方式：对于拥有自主知识产权，省知识产权局每年遴选1～2家以项目形式给予引导予以支持	2017 - 05 - 27

续表

序号	省份	发文单位	文件名称	具体内容	发文时间
4	湖南	湖南省知识产权局	湖南省知识产权密集型产业培育工作方案	(5) 组建产业知识产权联盟。目标：到2020年，新增7~9个知识产权密集型产业领域能够形成知识产权聚集或互补优势的知识产权联盟。方式：对所在产业知识产权领域的知识产权联盟，省知识产权局每年遴选2~3家并予以项目支持。配套措施：宣传引导（宣传知识产权联盟发起成员单位（研究制定配套政策措施，并根据实施先进经验和典型事迹）一政策引导（研究制定配套政策措施，并根据实施效果完善政策体系）一资金投入（将知识产权战略推进专项资金向知识产权密集型产业倾斜，并鼓励设立专项经费）	2017 – 05 – 27
5	湖南	湖南省知识产权局	湖南省知识产权密集型科研院所创建方案	工作目标：从2013年开始，遴选10家左右工作基础条件较好科研院所开展创建，连续实施3年，到2015年，通过政策引导专利扶持，在省属和中央驻湘科研院所中培育带动一批专利优势明显、自主创新能力和市场竞争力较强的科研院所。经过3年的培育，科研院所的知识产权保护有力、运营效果突出、宣传效果凸显，工作体系健全、工作机制完善、科技创新活跃、专利产出跃升、专利人才齐备。保障措施：加强组织领导（加大宣传力度、加强项目专利管理、建立定期调度制度）一加大支持专利融资（专利申请补助、重点发展项目专项经费倾斜；支持专利立项，专利技术作价入股等，鼓励和帮助培养专利代理人、专利工程师等）一提升专利质与服务水平（建立特色专利专题数据库，开展专利援助服务，布局等研究，实施和评价中的专利预警、布局等研究，促进专利代理机构等与科研院所的对接）	2013 – 09 – 17
6	陕西	陕西省知识产权局	陕西省组织申报2022年专利密集型企业培育项目的通知	申报条件：企业主营业务属于专利密集型产业。专利密集型产业分类详见《知识产权（专利）密集型产业统计分类（2019）》（国家统计局令第25号）。项目范围：重点支持专利密集型产业、战略性新兴产业、高新技术产业及"专精特新"小巨人企业等具有较强的专利创造、运用、管理能力的企业。支持方式：专利密集型企业培育周期限为两年，企业被确定为培育对象后，省知识产权局给予项目资金支持。培育期满验收通过后，在后续相关项目中优先予以支持	2022 – 08 – 30

续表

序号	省份	发文单位	文件名称	具体内容	发文时间
7	陕西	铜川市人民政府	铜川市知识产权密集型企业培育管理办法（试行）	扶持政策：（1）给予每户5万元前期资助经费；（2）对技术含量高、市场前景好的知识产权开展商标工作，优先安排质押贷款贴息；（3）组织服务机构指导企业开展优势企业条件的，优先推荐；（4）对符合知识产权示范企业、知识产权保护优势企业的专利进行评选；（5）对实施国家级、省级知识产权效益显著项目，优先推荐参加"中国专利奖""陕西省专利奖"等奖项的评选；（6）对开展陕西省专利效益显著项目的对象，优先推荐参加企业、知识产权专利导航、建立知识产权保护快速通道，开展"知识产权人园进企"专题培训，帮助和支持企业积极应对知识产权纠纷；（8）支持企业知识产权人才培养工作，研发通过认证人员，由市知识产权工作领导小组予以确认，授予"铜川市知识产权密集型企业"称号，同时再给予每户5万元交流培训经费。管理利验收：验收通过的企业，组织企业知识产权人员参加知识产权交流培训活动。	2019-11-26
8	陕西	咸阳市人民政府	咸阳市知识产权培育发展知识产权密集型产业工作方案	工作内容：加强宣传普及，举办专利培训（举办专利实战班，开展入企人园培训活动，进行媒体专栏宣传等）一支持研发成果（支持研发成果、知识产权专业化（培育知识产权专业服务机构，开展专利导航），识产权预警分析，加大对高质量专利的资助力度）一促进知识产权运用（进行知识产权资助，推进知识产权转化和金融结合，开展专利转化试点）一提升企业知识产权管理水平（推行企业知识产权管理规范国家标准，引导企业建立知识产权管理体系）一优化知识产权服务（促进知识产权与市场需求对接，建立知识产权分支机构，开展知识产权托管试点）。保障措施：组织保障（统筹协调，组织推进，督促落实）一资金保障（各类财政扶持政策、资金，项目向知识产权密集型产业倾斜）一政策保障（加快研究制定推进工作的配套政策体系）。	2015-12-29
9	山西	山西省版权局	山西省版权局关于在全省部分版权密集型单位设立版权管理中心的通知	工作目标：在全省部分版权密集型单位发展提供有利支持，并完善版权工作制度，总结版权工作经验，逐步推广。重点任务：一明确工作机构（建立专职版权工作机构，配备3名以上版权专职人员）一明确专职版权职责（版权全流程统一管理）一完善版权工作实施细则（制定版权工作实施细则）	2017-12-15

陕西省印发的《陕西省知识产权局关于组织申报 2022 年专利密集型企业培育项目的通知》，通过项目资金支持的方式，遴选专利基础较好的企业，通过培育实现专利产品产值、营业收入和利润的持续增长，发挥示范引领作用。《铜川市知识产权密集型企业培育管理办法（试行）》更加细化了知识产权密集型企业的培育方案，除资金支持外，还通过优先安排质押贷款贴息、指导企业贯标、优先推荐知识产权示范企业申报、优先推荐专利奖评选，优先推荐知识产权项目申报，以及建立知识产权保护快速通道和举办知识产权专题培训等方式，加强知识产权密集型企业的培育。《咸阳市培育发展知识产权密集型产业工作方案》通过宣传培训、资助高质量专利、开展专利保险试点、建设知识产权维权中心咸阳中心、引导企业建立健全知识产权管理体系、建立知识产权产权工作站、开展知识产权托管试点等工作内容，以及将各类财政扶持政策、资金、项目向知识产权密集型产业倾斜等保障措施，助推电子材料产业成为知识产权密集型产业。此外，陕西省还举办了知识产权密集型产业培训班、西安光电信息知识产权密集型产业培训班，培养知识产权高层次人才，助力知识产权密集型产业发展。

广东省知识产权局通过项目立项的方式支持东莞建设知识产权密集型产业集聚区，重在提升区域内产业或企业的知识产权布局以及知识产权运用和保护能力。广西壮族自治区知识产权局、科学技术厅、发展和改革委员会和统计局联合发布的《关于加快发展广西专利密集型产业（制造业）实施方案》，旨在通过加大支持力度（如在科研经费中安排资金支持企业的高价值专利培育等）、强化统计监测（如研究制定专利密集型产业统计指标体系等）、完善激励机制（专利资助或奖励向专利密集型产业倾斜等）等支持措施来促进专利密集型企业的培育以及专利密集型产业园区的建设。山西省版权局印发的《山西省版权局关于在全省部分版权密集型单位设立版权管理中心的通知》旨在通过在山西出版传媒集团、山西日报报业集团、山西广播电视台、山西传媒学院等版权密集型单位设立专职版权工作机构（版权管理中心）、配备版权专职人员、制定版权工作实施细则等方式提升重点文化产业的版权创作、运用、保护和管理等能力，总结版权工作经验，并逐步推广，为版权密集型产业的发展提供有力支撑。

除上述 9 项专项文件外，江苏省泰州市市场监督管理局于 2019 年和 2022 年先后组织申报了知识产权密集型企业，旨在培育一批自主知识产权数量多、知识产权运用水平高的知识产权密集型企业，进而提高知识产权对经济发展的贡献度。四川省知识产权服务促进中心举办了知识产权密集型企业知识产权高级管理人才培训班，以提高知识产权密集型相关企业知识产权人才的专业水平。总体来看，知识产权密集型产业专项政策文件十分缺乏，亟需制定中央层面的专项政策文件作为顶层设计，各省份再根据当地产业发展情况，因地制宜制定有区域特色的、有针对性的地方层面的专项文件。

第二节　观点与建议

党的二十大报告指出："当前，世界百年未有之大变局加速演进，新一轮科技革命和产业变革深入发展，国际力量对比深刻调整，我国发展面临新的战略机遇。同时，世纪疫情影响深远，逆全球化思潮抬头，单边主义、保护主义明显上升，世界经济复苏乏力，局部冲突和动荡频发，全球性问题加剧，世界进入新的动荡变革期。"可以说，战略机遇和风险挑战并存，我国进入不确定难预料因素增多的新发展阶段。在此背景下，我国积极应对挑战，把握机会，加快推进科技自立自强，不断加强基础研究和原始创新，一些关键核心技术实现突破，战略性新兴产业发展壮大。创新是引领发展的第一动力，保护知识产权就是保护创新的最佳路径。知识产权工作对国家治理体系和治理能力现代化意义重大，对实现我国高质量发展、加强国家安全、提升人民生活幸福、扩展对外开放大局也非常重要。基于聚焦于新一轮科技革命和产业变革背景下的知识产权密集型产业发展实践和研究，笔者的主要观点与建议如下。

第一，第一次科技革命以来的世界科技经济发展史一再揭示，世界的强国无不是知识产权的强国，科技的强国。世界强国的发展史也都告诉世人，建立和变革知识产权制度，孕育和促进科技革命的发生和发展，积聚科技的竞争力，是跻身世界强国的"华山一条路"。必须大声呼吁的是，我们失去了参与前几次科技革命的机会，新一轮科技革命是中国第一次真正意义上参与的科技革命，机遇千载难逢，唯有与时俱进地变革与优化知识产权制度，方能扼住科技革命总是与我们失之交臂的命运咽喉，建设世界水平的知识产权强国、科技强国。

启示与建议如下：

（1）前几次科技革命对我国几乎没有产生任何影响，是导致我国长期落后的"李约瑟之谜"，而没有培育和建立起相应的知识产权制度，又是造成我们痛失前几次科技革命机遇的不得不说的谜底。

（2）新一轮科技革命和产业变革给世界带了来挑战，更给我们送来了勇闯世界强国行列的历史机遇。改革开放以来的中国科学技术发展的实践与积累，为我们分享乃至主导新一轮科技革命中某些颠覆性技术的创新打下了竞争的底子，储备了发展的潜力。

（3）建设中国特色、世界水平知识产权强国，是在新一轮科技革命背景下建设高水平自立自强科技强国的不可或缺的保障。因此，要协调好知识产权制度与科技创新制度的关系。

第二，世界知识产权强国发展的实践与经验一再提醒着我们，中国特色、世界水平知识产权强国建设的目标远大，蓝图宏伟，但是最为核心的标准或者最为根本的目标应该是，完善中国特色的知识产权制度，分享乃至主导新一轮科技革命中颠覆性技术创新的知识产权，夯实科技自立自强科技强国的基础，推进科技经济结构的优化，为国民经济作出日益显著的贡献。

启示与建议如下：

（1）世界科技强国都有着主导科技革命颠覆性技术创新的知识产权，掌控和引导着科技发展的潮流，呈现出知识产权强国支撑着科技强国的稳定结构。

（2）知识产权强国的科技经济结构，往往是以主导性颠覆性技术创新的知识产权为依托的核心，伸展优化形成纵向上上下下依存、横向上优势互补的产业链战略布局。

（3）知识产权强国的知识产权对国民经济贡献巨大，美欧等的知识产权的国民经济贡献都几乎占据了半壁江山，而且都显现出了日益增大的趋势。因此，中国特色的知识产权制度的完善方向要加强科技创新，提高产业链、供应链自主可控能力，实现各类创新主体协同联动、创新资源高效配置的全方面创新生态，增强科技创新和产业链供应链韧性，以稳固知识产权强国的科技经济结构，大幅提高知识产权经济贡献率。

第三，体现知识产权的重要载体是知识产权密集型产业。知识产权密集型产业是创新的活跃区，更是创新的"增产田"。但知识产权密集型产业不是固定不变的，哪里是科技发展的战略新兴前沿，哪里创新就活跃，哪里就会有知识产权密集型产业。知识产权密集型产业的最佳组合、战略布局与地理分布及其经济贡献，支撑着经济结构的优化，促进着国民经济的增长。

启示与建议如下：

（1）在产业组成方面，我国的专利或版权密集型产业与商标密集型产业常常是分离脱节的，而世界知识产权强国的知识产权密集型产业，无论是专利密集型产业，还是版权密集型产业，都与商标密集型产业有着紧密的链接。知识产权密集型产业中专利或版权密集型产业是否与商标密集型产业进行组合，往往是知识产权转化应用效果程度的表现。

（2）在产业分布方面，我国知识产权密集型产业过于狭窄集中，与美国和欧盟的知识产权密集型产业相比，产业布局结构相对单一，产业战略布局的宽广性和稳定性还有待优化。有效的知识产权资源宏观调控，能够保障产业知识产权质量提升、优化知识产权资源结构布局。

（3）在产业结构方面，不同产业内部知识产权密集型产业的数量和份额存在较大差异，在筛选知识产权密集型试点培育产业时应该重点考虑知识产权密集强度更高的产业，同时地方政府可以引导当地典型优势产业进行产业内部结构调整和优化，提高知识产权密集型产业的数量和份额，促进整个产业活动提质增效和转型升级。

（4）产业空间布局方面，世界强国的知识产权密集型产业的地理分布各有各形，但都是取长补短，充分顺应和依托了各自地理环境得天独厚的特征，整体知识产权密集型产业经济贡献巨大。我国知识产权密集型产业地理分布主要在东部地区，地区差异十分显著，整体知识产权密集型产业的国民经济贡献的"小荷才露尖尖角"。应当进一步优化知识产权空间布局，提升产业基础研发、高技术制造发展和地区经济总体水平，并与国家科技创新规划版图保持一致。

（5）在专利与产业协调发展方面，随着我国经济转向高质量发展阶段，仅仅依靠专利数量实现产业升级的模式已难以为继，现阶段应该更加重视专利与产业错配导致的专利与产业融合不足、专利对产业支撑不够等问题。发明专利与产业发展互动并进，专利资源在区域间和产业间合理配置，两者形成良好的耦合协调关系，才能充分发挥专利创造对产业创新发展的促进作用，从而支撑产业实现高质量发展。目前，发明专利与产业发展之间仍存在明显的不协调现象，因此，调整并优化专利产业空间布局，合理配置并充分利用创新资源，解决两者配置错位问题显得尤为重要。

第四，中国特色的知识产权制度应以推动知识产权的产生创造和转化应用为导向，优化专利、版权、商标、地理标志等知识产权的组合产业，助力和引导形成以集成电路、数字通信、生物医药等新一轮革命标志性技术创新为依托的知识产权密集型产业链的战略布局与地理分布，大幅提高整体知识产权密集型产业的国民经济贡献率。

启示与建议如下：

（1）强化知识产权保护不能绝对教条式地加大知识产权保护力度，一味地加大处罚力度，攀比赔偿的数额；而是要依时依地，适度平衡，尤其是对于发明专利、技术秘密等技术类知识产权，要有包容度和宽限期，鼓励新科技革命新兴技术创新的萌芽成长和合作交流，抢占科技革命的先机。

（2）迎接新一轮科技革命和产业变革，促进颠覆性技术创新的转化运用，特别是对于数据的利用、数字技术的创新转让等，针对人工智能、数据产业、区块链、生命科学技术等核心技术和关键产业，完善相关竞争政策和法律也是十分必要和紧迫的。

（3）理性认识发展知识产权密集型产业。培育发展知识产权密集型产业不能是为了知识产权的密集而密集，而更应是为了扩大其经济贡献，优化其组合布局分布。否则，就会得不偿失，造成大量低质量的知识产权，浪费宝贵的国家科技资源。

第五，培育和发展知识产权密集型产业当然离不开良好的法治营商环境，离不开创新主体与各种创新要素之间形成的良好关系，但还要有充满活力的知识产权公共政策。要促进知识产权政策法律体系与知识产权密集型产业的深度融合，通过优化培育和发展有关知识产权密集型产业的法律政策，铺就建设知识产权强国的康庄大道。良好的知识产权密集型产业培育环境对创新发展乃至一个国家的经济发展至关重要。

启示与建议如下：

（1）制定知识产权密集型的产业政策要灵活多样。目前，我国针对知识产权密集型产业的政策文件主要从宏观层面提出培育和发展的总体要求，各地区的产业政策存在较高的相似性和同质性，缺乏细化、差异化的政策建议。我国地域广阔，各地资源禀赋、经济水平和产业发展情况差异巨大，各地要因地制宜，优先考虑发展具有比较优势的知识产权密集型产业，从而带动区域内其他产业的协调发展。优势区域建立知识产权组合集聚区，薄弱区域发展特色知识产权产业，一加一就会远大于一。

（2）改革知识产权的绩效考核评价办法已迫在眉睫。目前，我国正在经历由知识产权引进大国向创造大国、由数量增长向质量提升的战略转型时期，新的发展阶段，国家应当借助市场化改革力量，改变传统的简单量化考核机制，要用市场价值的理念完善知识产权示范和试点企业、知识产权各种奖项等评选标准，还知识产权制度市场经济法律制度的本来面貌。这样，也只有这样，知识产权才能促进社会经济的发展，不断增进人类命运共同体的社会福祉。

（3）建立知识产权价值的评估机制要有科学的依据。高价值的知识产权是保障了科技自立自强，应用范围广泛，经济贡献高的知识产权，支撑了知识产权密集型产业高经济贡献的知识产权就是高质量的知识产权。应从技术创新、产业化、技术贸易和战略管理等方面全面探讨知识产权评议的内容，加快出台知识产权评议的政策法规和评议标准，并将知识产权人才培育与机构遴选制度化。

（4）更加积极和全面地运用知识产权密集型产业相关政策工具。目前，环境型政策工具使用场景最丰富，但它主要发挥间接的影响与渗透作用，供给型政策工具和需求型政策工具比重过小，不利于直接推动知识产权密集型产业的快速发展。因此，应当在现有政策工具的基础上，根据知识产权密集型产业发展状况，不断完善供给型、需求型和环境型政策工具之间的内部结构，避免政策工具的运用结构失衡，杜绝偏重短期效应。此外，知识产权密集型产业的政策不应当仅仅局限于目标性、战略性规划层面，应当聚焦于更加具体的、可实施的步骤安排，以解决现实问题为导向，避免政策无法落地的问题。

第六，深度参与知识产权治理，要充分把握新一轮新科技革命带来的颠覆性技术创新主体多元化、相互依赖、互为补充的难得历史机遇。有效应对百年未有之大变局，必须深入研究知识产权国际格局的发展规律，预判国际知识产权格局的未来走向，统筹以重点产业知识产权为引擎的国际知识产权竞争与合作。《"十四五"国家知识产权保护和运用规划》中也提出，我国应"主动参与知识产权全球治理"，"提升知识产权国际合作水平"，"加强知识产权保护国际合作"。为此，要有参与乃至引领新一轮科技革命与产业变革的勇气和战略思维，以全球化视野，探索以维护我国优势技术和产业发展地位为导向的数据、人工智能等新型客体知识产权保护和运用的国内立法和国际规则引导，进一步修订《专利法》《商标法》《著作权法》等法律法规，与时俱进地完善中国特色的知识产权法律政策体系。

启示与建议如下：

（1）我们在新一轮科技革命中的颠覆性技术创新的优势是核心技术中的软件技术和联接技术，而在这轮被称为数字时代的科技革命中，如何保护和发挥我国这些优势数字技术创新的发展和潜力，比如，拓展《专利法》的保护范围，将软件、算法等新型客体纳入《专利法》的保护，进而影响和引导相应国际规则的调整，非常值得深入研究和高度重视。因此，我国应当加强与世界各国、各组织的合作磋商，进一步建立健全新技术、新产业、新业态、新模式知识产权保护国际规则，积极参与人工智能、遗传资源、中医药等领域的知识产权国际规则和标准的制定。

（2）要特别注意我们与欧洲或者日韩，以及"一带一路"国家在新一轮科技革命中颠覆性技术创新知识产权的互补性，充分利用和完善知识产权合作平台，将知识产权与"数字丝绸之路""创新丝绸之路"协同推进，从而机动灵活地运用国际科技经济合作的策略。强化对国际业务规则的交流和探讨，支持产业界积极参与相关合作机制，积极参与构建有利于我国知识产权发展的国际秩序，力争在区域知识产权制度构建中发挥主导作用。分析总结有代表性的国家和地区知识产权相关的法律法规、政策实践等，深刻理解知识产权促进经济、科技、社会发展的全方面规则和机制，更准确地把握国际知识产权治理的未来发展方向，为我国知识产权现代化治理提供经验借鉴。

（3）新发展阶段的中国特色的知识产权制度建设，既要保护和激发我国在新一轮科技革命中优势技术创新的发展和潜力，更要打造同等保护、开放包容的国际知识产权环境。以人类命运共同体理念为宗旨，坚持开放、包容、平衡、普惠的新经济全球化原则，深度参与世界知识产权组织框架下的全球知识产权治理，促进知识产权及相关国际贸易、国际投资等国际规则和标准的健全，推动全球知识产权治理体制实现真正意义的公正合理。唯其如此，中国特色、世界水平的知识产权强国建设方能保障和实现高水平科技自立自强的科技强国的愿景。

第七，《知识产权人才"十四五"规划》指出，知识产权人才是发展知识产权事业的第一要务，是知识产权高质量发展的先决条件，是知识产权强国建设的战略支撑。建设知识产权强国，任重而道远，但毋庸置疑，知识产权人才是最根本的基础。没有知识产权人才的全面支撑，建设知识产权强国就只会是空中楼阁，一句空话。培养形成适应新一轮科技革命和产业变革需要的复合型国际化知识产权人才队伍，任务重大，刻不容缓。

启示与建议如下：

（1）知识产权学科建设要先行一步，要勇于破除不适合新科技革命发展潮流的人才培养的陈规陋习，努力营造知识产权高质量发展的人文社会环境。

各级政府部门应广泛开展知识产权文化进企业、进校园、进社区活动，增强公众的知识产权意识和创新意识，加强对重大知识产权成果、典型创新人物、知识产权密集型企业的宣传，努力营造知识产权工作的良好环境。复合型国际化知识产权优秀人才就会源源不断地涌现和成长，中国特色、世界水平的知识产权强国就能坚如磐石。

（2）完善知识产权人才培养的基础设施和项目建设。专业学位教育是培养知识产权强国建设紧缺人才的重要途径，高校及有资质的培养机构应协同发展知识产权的基础学科、新兴学科、交叉学科、专业学位建设，加快建设具有国际化、交叉型的特色鲜明的知识产权优势学科，设置科学的知识产权课程体系，丰富知识产权教学团队、知识产权优秀教材、知识产权精品课程等，加快推进设置知识产权专业学位。构建"政-产-学-研"联动合作机制，将政府、大学和科研机构、企业、社会组织和公众等不同治理主体共同纳入治理体系，形成层次清晰的知识产权人才培养体系，推动创新链、产业链、资金链、人才链深度融合，培养一批具备知识产权理论知识、实践能力、政策分析等能力的人才，从而满足知识产权强国建设对高层次人才的需要。

（3）应当建设世界一流的知识产权科学研究平台、知识产权人才培养基地、知识产权智库专家库人才库，大力培养具有知识产权布局能力、海外维权能力、国际谈判能力、深度参与全球知识产权治理能力的高端复合型人才，通过与世界知识产权组织、亚太经合组织、联合国、国家化双边和多边平台的国际合作项目为国际化知识产权人才培养提供高端平台，积累知识产权国际合作经验，提高国际合作能力，全方位培养、引进、输送我国知识产权高端国际型人才。

（4）要塑造尊重知识、崇尚创新、诚信守法、公平竞争的知识产权文化理念。加强教育引导、实践养成和制度保障，培养公民自觉尊重和保护知识产权的行为习惯，自觉抵制侵权假冒行为。知识产权意识是鼓励创新的思想底蕴，也是诚信理念的法治基础，更是学术评价的底线和起点。培育全民的知识产权文化，是促进知识产权高质量发展的人文社会环境建设不可或缺的重要内容。要从娃娃抓起，从全社会开始，更要从正在奋力科技攻关的广大科技工作者们出发，构建内容新颖、形式多样、融合发展的知识产权文化传播矩阵。唯有建立起全民的知识产权文化，培育起全民的知识产权意识，才能夯实创新的思想基础，激发起全民的创新热潮，中国特色、世界水平的知识产权强国，方能指日可待。

附　录

附录说明

　　附录一、附录二和附录三补充说明了第二章中美国和欧盟知识产权密集型产业有关研究中的相关数据。其中，附录一展示了美国各个阶段知识产权密集型制造业的列表以及知识产权密集型制造业与非知识产权密集型制造业的人均R&D 投入、人均销售额、人均增加值、人均工资、R&D 投入占销售额的比重、R&D 投入占增加值的比重、R&D 投入占工资的比重等指标的差异，以明晰美国知识产权密集型制造业的创新特征；附录二和附录三分别展示了美国和欧盟最新的知识产权密集型产业列表以及各个产业密集使用知识产权的类型，以揭示美国和欧盟知识产权密集型产业的数量、结构和分布。

附录一　美国的知识产权密集型制造业

附表 1-1　美国制造业各产业部门每年人均 R&D 投入（2000～2010 年）

（单位：美元）

产业部门	2000～2004 年	2000～2007 年	2000～2010 年
整个制造业部门	7 634	9 956	10 529
知识产权密集型制造业	20 039	27 839	30 375
石油、煤炭产品制造业	12 373	13 319	14 268
化学及化学制品制造业	28 580	40 341	49 489
医药和药品制造业	70 055	105 428	130 086
计算机和电子产品制造业	29 281	34 978	40 848
半导体制造业	30 257	37 980	46 438
交通运输制造业	14 012	15 693	16 404
航空航天制造业	15 621	21 162	23 372
医用设备制造业	—	15 889	16 981
非知识产权密集型制造业	1 889	2 164	2 480
食品、饮料、烟草制造业	1 309	1 551	1 661
纺织品、服装、皮革制造业	392	702	876
木材制造业	259	300	454
纸制品、印刷制造业	2 133	2 238	2 582
塑料、橡胶制造业	1 880	2 027	2 283
非金属矿物制品制造业	1 405	1 652	2 095
基本金属制造业	1 079	1 273	1 429
金属制品制造业	884	903	1 040
机械设备制造业	5 284	6 411	7 212
电气设备制造业	5 629	5 663	6 516
家具制造业	51	640	744
非医用设备制造业	—	2 415	2 791

附表 1-2 美国制造业各产业部门每年人均 R&D 投入（2008 ~ 2018 年）

（单位：美元）

产业部门	2008 ~ 2013 年	2008 ~ 2018 年
整个制造业部门	15 520	17 605
知识产权密集型制造业	44 799	51 257
化学及化学制品制造业	76 219	85 381
医药和药品制造业	203 085	231 418
计算机和电子产品制造业	63 225	76 574
半导体制造业	84 122	98 850
交通运输制造业	18 709	21 354
航空航天制造业	25 989	28 928
医用设备制造业	25 709	35 007
非知识产权密集型制造业	3 887	4 118
石油、煤炭产品制造业	7 895	6 437
食品、饮料、烟草制造业	2 839	3 074
纺织品、服装、皮革制造业	1 500	2 106
木材制造业	850	682
纸制品、印刷制造业	1 508	1 540
塑料、橡胶制造业	3 706	4 024
非金属矿物制品制造业	3 456	3 449
基本金属制造业	1 766	1 809
金属制品制造业	1 390	1 464
机械设备制造业	11 251	11 852
电气设备制造业	9 635	11 073
家具制造业	1 022	1 071
非医用设备制造业	7 564	8 070

附表 1-3 美国制造业各产业部门人均销售额以及 R&D 投入占销售额的比重
（R&D 强度 1，2000 ~ 2012 年）

产业部门	2000 ~ 2007 年		2000 ~ 2012 年	
	人均销售额/美元	R&D 强度 1	人均销售额/美元	R&D 强度 1
整个制造业部门	311 348	3.2%	365 518	3.0%
知识产权密集型制造业	485 678	5.7%	597 317	5.4%
石油、煤炭产品制造业	3 494 274	0.4%	4 896 056	0.4%
化学及化学制品制造业	660 902	5.8%	782 314	6.5%

续表

产业部门	2000～2007 年		2000～2012 年	
	人均销售额/美元	R&D 强度 1	人均销售额/美元	R&D 强度 1
医药和药品制造业	638 540	15.8%	704 164	18.3%
计算机和电子产品制造业	324 865	10.6%	345 209	11.9%
半导体制造业	291 202	12.8%	327 967	14.6%
交通运输制造业	402 934	3.9%	443 796	3.9%
航空航天制造业	335 266	6.1%	387 328	6.2%
医用设备制造业	216 977	7.4%	248 765	7.3%
非知识产权密集型制造业	235 438	0.9%	270 939	1.0%
食品、饮料、烟草制造业	379 792	0.4%	430 366	0.4%
纺织品、服装、皮革制造业	157 373	0.4%	167 631	0.5%
木材制造业	180 037	0.2%	186 364	0.3%
纸制品、印刷制造业	221 198	1.0%	248 006	1.1%
塑料、橡胶制造业	203 564	1.0%	231 980	1.0%
非金属矿物制品制造业	220 994	0.7%	236 655	0.9%
基本金属制造业	378 768	0.3%	478 710	0.3%
金属制品制造业	174 646	0.5%	195 729	0.6%
机械设备制造业	247 208	2.6%	282 519	2.7%
电气设备制造业	242 168	2.4%	277 813	2.5%
家具制造业	139 437	0.5%	152 764	0.5%
非医用设备制造业	168 545	1.4%	188 374	1.5%

附表 1-4　美国制造业各产业部门人均销售额以及 R&D 投入占销售额的比重
（R&D 强度 1，2008～2019 年）

产业部门	2008～2015 年		2008～2019 年	
	人均销售额/美元	R&D 强度 1	人均销售额/美元	R&D 强度 1
整个制造业部门	471 072	3.4%	472 719	3.7%
知识产权密集型制造业	585 391	7.9%	594 513	8.6%
化学及化学制品制造业	992 513	7.8%	971 630	8.7%
医药和药品制造业	820 322	25.4%	830 731	27.7%
计算机和电子产品制造业	370 171	17.1%	377 262	20.3%
半导体制造业	354 176	23.8%	358 428	27.6%
交通运输制造业	556 699	3.6%	576 642	3.7%

产业部门	2008～2015 年		2008～2019 年	
	人均销售额/美元	R&D 强度 1	人均销售额/美元	R&D 强度 1
航空航天制造业	512 569	5.4%	539 848	5.4%
医用设备制造业	306 073	8.4%	311 757	11.1%
非知识产权密集型制造业	425 566	0.9%	423 795	1.0%
石油、煤炭产品制造业	7 158 105	0.1%	6 531 743	0.1%
食品、饮料、烟草制造业	533 463	0.5%	530 930	0.6%
纺织品、服装、皮革制造业	191 630	0.8%	196 142	1.1%
木材制造业	218 640	0.4%	233 888	0.3%
纸制品、印刷制造业	305 384	0.5%	317 528	0.5%
塑料、橡胶制造业	294 023	1.3%	300 332	1.3%
非金属矿物制品制造业	281 489	1.3%	295 723	1.2%
基本金属制造业	638 376	0.3%	629 300	0.3%
金属制品制造业	236 123	0.6%	240 798	0.6%
机械设备制造业	350 225	3.2%	351 025	3.4%
电气设备制造业	349 053	2.8%	355 660	3.1%
家具制造业	183 876	0.6%	191 003	0.6%
非医用设备制造业	226 954	3.4%	229 139	3.5%

附表 1 - 5　美国制造业各产业部门人均增加值以及 R&D 投入占增加值的比重
（R&D 强度 2，2000～2012 年）

产业部门	2000～2007 年		2000～2012 年	
	人均增加值/美元	R&D 强度 2	人均增加值/美元	R&D 强度 2
整个制造业部门	144 832	6.2%	163 254	6.7%
知识产权密集型制造业	218 373	11.9%	248 254	12.7%
石油、煤炭产品制造业	743 147	2.1%	854 413	2.1%
化学及化学制品制造业	351 085	11.0%	400 717	12.5%
医药和药品制造业	471 853	21.3%	514 268	24.9%
计算机和电子产品制造业	187 231	18.5%	202 900	20.5%
半导体制造业	186 611	20.0%	213 245	22.9%
交通运输制造业	153 262	10.2%	171 825	10.0%
航空航天制造业	174 856	11.7%	209 337	11.6%
医用设备制造业	152 974	10.6%	175 089	10.3%

续表

产业部门	2000 ～ 2007 年		2000 ～ 2012 年	
	人均增加值/美元	R&D 强度 2	人均增加值/美元	R&D 强度 2
非知识产权密集型制造业	115 239	1.9%	128 594	2.0%
食品、饮料、烟草制造业	179 189	0.9%	192 478	0.9%
纺织品、服装、皮革制造业	71 303	0.9%	75 128	1.1%
木材制造业	71 699	0.4%	74 668	0.6%
纸制品、印刷制造业	116 289	1.9%	128 260	2.1%
塑料、橡胶制造业	101 153	2.0%	111 407	2.1%
非金属矿物制品制造业	125 940	1.3%	132 231	1.6%
基本金属制造业	142 133	0.9%	169 924	0.9%
金属制品制造业	95 681	1.0%	105 508	1.0%
机械设备制造业	120 333	5.3%	136 562	5.6%
电气设备制造业	119 882	4.8%	136 069	5.1%
家具制造业	77 269	0.8%	83 203	0.9%
非医用设备制造业	94 834	2.5%	106 657	2.7%

附表 1 – 6　美国制造业各产业部门人均增加值以及 R&D 投入占增加值的比重

（R&D 强度 2，2008 ～ 2019 年）

产业部门	2008 ～ 2015 年		2008 ～ 2019 年	
	人均增加值/美元	R&D 强度 2	人均增加值/美元	R&D 强度 2
整个制造业部门	197 975	8.0%	202 751	8.7%
知识产权密集型制造业	276 316	16.5%	280 427	18.2%
化学及化学制品制造业	486 668	16.0%	493 558	17.2%
医药和药品制造业	580 574	35.5%	592 539	39.0%
计算机和电子产品制造业	218 140	28.9%	220 426	34.8%
半导体制造业	213 756	39.8%	208 012	47.5%
交通运输制造业	210 758	9.2%	215 067	9.9%
航空航天制造业	281 847	9.8%	297 768	9.9%
医用设备制造业	210 798	12.2%	211 878	16.5%
非知识产权密集型制造业	166 810	2.4%	171 592	2.4%
石油、煤炭产品制造业	1 055 960	0.8%	1 065 142	0.6%
食品、饮料、烟草制造业	217 260	1.3%	219 229	1.4%

产业部门	2008 ～ 2015 年		2008 ～ 2019 年	
	人均增加值/美元	R&D 强度 2	人均增加值/美元	R&D 强度 2
纺织品、服装、皮革制造业	83 927	1.8%	87 294	2.4%
木材制造业	89 944	1.1%	98 414	0.8%
纸制品、印刷制造业	153 841	1.0%	159 206	1.0%
塑料、橡胶制造业	135 981	2.8%	142 655	2.8%
非金属矿物制品制造业	155 387	2.3%	165 090	2.1%
基本金属制造业	214 783	0.9%	219 571	0.9%
金属制品制造业	125 382	1.1%	129 304	1.1%
机械设备制造业	168 466	6.8%	170 241	7.0%
电气设备制造业	168 820	5.8%	173 407	6.4%
家具制造业	97 499	1.1%	102 377	1.1%
非医用设备制造业	130 505	6.0%	133 171	6.1%

附表 1 - 7　美国制造业各产业部门人均工资以及 R&D 投入占工资的比重

（R&D 强度 3，2000 ～ 2012 年）

产业部门	2000 ～ 2012 年	
	人均工资/美元	R&D 强度 3
整个制造业部门	45 289	23.5%
知识产权密集型制造业	58 832	52.2%
石油、煤炭产品制造业	76 645	19.2%
化学及化学制品制造业	62 246	79.3%
医药和药品制造业	73 669	173.7%
计算机和电子产品制造业	64 343	64.1%
半导体制造业	56 348	82.6%
交通运输制造业	54 131	31.0%
航空航天制造业	68 585	34.5%
医用设备制造业	47 481	41.4%
非知识产权密集型制造业	39 775	6.3%
食品、饮料、烟草制造业	35 459	4.7%
纺织品、服装、皮革制造业	28 305	3.1%
木材制造业	32 095	1.4%
纸制品、印刷制造业	42 723	6.1%

续表

产业部门	2000～2012 年	
	人均工资/美元	R&D 强度 3
塑料、橡胶制造业	38 053	6.1%
非金属矿物制品制造业	41 793	5.0%
基本金属制造业	49 760	2.9%
金属制品制造业	41 401	2.6%
机械设备制造业	48 601	15.1%
电气设备制造业	43 724	15.4%
家具制造业	32 440	2.3%
非医用设备制造业	39 715	7.2%

附表 1-8　美国制造业各产业部门人均工资以及 R&D 投入占工资的比重

（R&D 强度 3，2008～2019 年）

产业部门	2008～2015 年		2008～2019 年	
	人均工资/美元	R&D 强度 3	人均工资/美元	R&D 强度 3
整个制造业部门	52 263	30.4%	54 583	32.4%
知识产权密集型制造业	67 378	68.2%	70 096	73.5%
化学及化学制品制造业	72 431	108.7%	75 818	113.5%
医药和药品制造业	86 584	243.0%	90 033	258.7%
计算机和电子产品制造业	74 989	86.7%	79 022	97.1%
半导体制造业	64 965	135.2%	69 817	141.6%
交通运输制造业	61 518	31.2%	63 547	33.7%
航空航天制造业	81 152	33.3%	84 882	34.6%
医用设备制造业	58 853	44.4%	61 751	56.5%
非知识产权密集型制造业	46 248	8.6%	48 354	8.6%
石油、煤炭产品制造业	91 661	9.1%	96 099	7.0%
食品、饮料、烟草制造业	39 952	7.2%	41 799	7.4%
纺织品、服装、皮革制造业	32 064	4.8%	33 796	6.2%
木材制造业	36 016	2.5%	38 221	1.9%
纸制品、印刷制造业	47 809	3.2%	50 029	3.1%
塑料、橡胶制造业	43 658	8.6%	45 562	8.9%
非金属矿物制品制造业	47 308	7.5%	49 655	7.1%
基本金属制造业	57 488	3.2%	59 865	3.1%
金属制品制造业	47 885	3.0%	49 806	3.0%
机械设备制造业	55 965	20.4%	58 502	20.4%
电气设备制造业	52 361	19.0%	55 149	20.2%
家具制造业	37 036	2.8%	39 005	2.8%
非医用设备制造业	43 764	17.7%	45 913	17.8%

附录二　美国的知识产权密集型产业

附表 2-1　美国的知识产权密集型产业列表❶

产业部门	专利密集型	外观设计密集型	商标密集型	版权密集型
Fishing, hunting, and trapping（钓鱼、打猎和诱捕）			●	
Support activities for mining（矿业支撑行业）	●			
Animal food manufacturing（动物食品生产）		●	●	
Grain and oilseed milling（谷物和油籽加工）		●	●	
Sugar and confectionery product manufacturing（糖及糖果制品制造）			●	
Fruit and vegetable preserving and specialty food manufacturing（果蔬保鲜及特色食品生产）			●	
Dairy product manufacturing（乳制品产品制造）			●	
Seafood product preparation and packaging（海鲜产品制备及包装）			●	
Other food manufacturing（其他食品制造）	●	●	●	
Beverage manufacturing（饮料制造）			●	
Tobacco manufacturing（烟草制造）	●	●	●	
Fiber, yarn, and thread mills（纤维、纱线和线厂）			●	
Fabric mills（织物填料）	●	●	●	
Textile and fabric finishing and fabric coating mills（纺织、织物整理和织物涂布制造）		●	●	
Textile furnishings mills（纺织品设备制造）		●		
Other textile product mills（其他纺织产品制造）		●	●	

❶　数据来源：《美国报告 2022》。表中产业部门中译文为笔者所加。

产业部门	专利密集型	外观设计密集型	商标密集型	版权密集型
Apparel manufacturing（服装制造业）		●	●	
Leather and allied product manufacturing（皮革及相关产品制造）	●	●	●	
Other wood product manufacturing（其他木制品制造）		●		
Pulp, paper, and paperboard mills（纸浆、纸厂和纸板厂）	●		●	
Converted paper product manufacturing（纸制品制造）	●	●	●	
Petroleum and coal products manufacturing（石油和煤炭产品制造）				
Basic chemical manufacturing（基础化学品制造）	●	●	●	
Resin, synthetic rubber, and artificial synthetic fibers and filaments manufacturing（树脂、合成橡胶、人造合成纤维和火焰材料制造）	●	●	●	
Pesticide, fertilizer, and other agricultural chemical manufacturing（农药、化肥等农用化学品制造）	●	●	●	
Pharmaceutical and medicine manufacturing（医药及药品制造）	●	●	●	
Paint, coating, and adhesive manufacturing（油漆、涂料、胶黏剂制造）	●	●	●	
Soap, cleaning compound, and toilet preparation manufacturing（肥皂、清洁剂、厕所用品制造）	●	●	●	
Other chemical product and preparation manufacturing（其他化工产品及制剂制造）	●	●	●	
Plastics product manufacturing（塑料产品制造）	●	●	●	
Rubber product manufacturing（橡胶产品制造）	●	●	●	
Clay product and refractory manufacturing（黏土制品及耐火材料制造）		●	●	
Glass and glass product manufacturing（玻璃及玻璃制品制造）	●	●	●	
Cement and concrete product manufacturing（水泥及混凝土制品制造）		●		

产业部门	专利密集型	外观设计密集型	商标密集型	版权密集型
Lime and gypsum product manufacturing（石灰、石膏制品制造）	●	●	●	
Other nonmetallic mineral product manufacturing（其他非金属矿产品制造）		●		
Alumina and aluminum production and processing（氧化铝及铝生产加工）	●	●		
Nonferrous metal（except aluminum）production and processing［有色金属（铝除外）生产加工］	●	●	●	
Forging and stamping（锻造和冲压）		●		
Cutlery and hand tool manufacturing（刀具和手工工具制造）	●	●	●	
Architectural and structural metals manufacturing（建筑和结构金属制造）		●		
Boiler, tank, and shipping container manufacturing（锅炉、罐体、集装箱制造）	●	●		
Hardware manufacturing（五金制造）	●	●	●	
Spring and wire product manufacturing（弹簧及线材制品制造）	●	●	●	
Other fabricated metal product manufacturing（其他金属制品制造）	●	●	●	
Agriculture, construction, and mining machinery manufacturing（农业、建筑、矿山机械制造）	●	●	●	
Industrial machinery manufacturing（工业机械制造）	●	●	●	
Commercial and service industry machinery manufacturing（商业和服务行业机械制造）	●	●	●	
Ventilation, heating, air-conditioning, and commercial refrigeration equipment manufacturing（通风、供暖、空调、商用制冷设备制造）	●	●	●	
Metalworking machinery manufacturing（金属加工机械制造）	●	●		
Engine, turbine, and power transmission equipment manufacturing（发动机、涡轮、动力传动设备制造）	●	●		

续表

产业部门	专利密集型	外观设计密集型	商标密集型	版权密集型
Other general purpose machinery manufacturing（其他通用机械制造）	●	●	●	
Computer and peripheral equipment manufacturing（计算机及周边设备制造）	●	●	●	
Communications equipment manufacturing（通信设备制造）	●	●	●	
Audio and video equipment manufacturing（音像器材制造）	●	●	●	
Semiconductor and other electronic component manufacturing（半导体及其他电子元件制造）	●	●	●	
Navigational, measuring, electro – medical, and control instruments manufacturing（航海、测量、电子医疗和控制仪器制造）	●	●	●	
Manufacturing and reproducing magnetic and optical media（磁性和光学介质制造）	●	●	●	
Electric lighting equipment manufacturing（电子照明设备制造）	●	●	●	
Household appliance manufacturing（家用电器制造）	●	●	●	
Electrical equipment manufacturing（电气设备制造）	●	●	●	
Other electrical equipment and component manufacturing（其他电气设备及零部件制造）	●	●	●	
Motor vehicle manufacturing（汽车制造业）	●	●		
Motor vehicle parts manufacturing（汽车零部件制造）	●	●		
Aerospace product and parts manufacturing（航空航天产品及零部件制造）	●	●		
Railroad rolling stock manufacturing（铁路车辆制造）	●	●		
Ship and boat building（船舶制造）		●		
Other transportation equipment manufacturing（其他运输设备制造）	●	●	●	
Household and institutional furniture and kitchen cabinet manufacturing（家用家具及橱柜制造）		●	●	
Office furniture (including fixtures) manufacturing（办公家具制造）	●	●	●	

续表

产业部门	专利密集型	外观设计密集型	商标密集型	版权密集型
Other furniture related product manufacturing（其他家具相关产品制造）	●	●	●	
Medical equipment and supplies manufacturing（医疗设备及用品制造）	●	●	●	
Other miscellaneous manufacturing（其他制造业）	●	●	●	
Motor vehicle and motor vehicle parts and supplies merchant wholesalers（汽车及汽车零部件及用品批发）		●	●	
Professional and commercial equipment and supplies merchant wholesalers（专业和商业设备和供应批发）	●	●	●	
Electrical and electronic goods merchant wholesalers（电子电器批发）	●	●	●	
Machinery，equipment，and supplies merchant wholesalers（机械、设备和供应批发）		●	●	
Other durable goods merchant wholesalers（其他耐用品批发）		●	●	
Drugs and druggists' sundries merchant wholesalers（药品及药商杂货批发）	●		●	
Grocery and related product wholesalers（杂货及相关产品批发）			●	
Petroleum and petroleum products merchant wholesalers（石油及石油产品批发）		●	●	
Other nondurable goods merchant wholesalers（其他非耐用品批发）		●	●	
Health and personal care stores（健康和个人护理）			●	
Clothing and clothing accessories stores（服装和服装配件）			●	
Non-store retailers（无店铺零售业）		●	●	
All other retail（其他零售业）		●	●	
Newspaper，periodical，book，and directory publishers（报纸、期刊、书籍和目录出版商）			●	●
Software publishers（软件出版业）	●	●	●	●
Motion picture and video industries（电影和视频行业）			●	●
Sound recording industries（录音行业）			●	●

产业部门	专利密集型	外观设计密集型	商标密集型	版权密集型
Radio and television broadcasting（广播电视广播）	●		●	●
Cable and other subscription programming（有线电视和其他订阅节目）	●	●	●	●
Wired and wireless telecommunications carriers（except satellite）［有线及无线电讯运营商（卫星除外）］	●		●	
Data processing, hosting, and related services（数据处理、托管和相关服务）	●	●	●	
Other information services（其他信息服务）	●			●
Nondepository credit intermediation and related activities（非存托信贷中介及相关活动）	●		●	
Other financial investment activities（其他金融投资活动）		●	●	
Securities and commodity contracts intermediation and brokerage（证券和商品合同中介和经纪业务）			●	
Funds, trusts, and other financial vehicles（基金、信托和其他金融工具）	●	●	●	
Housing and other real estate（住房和其他房地产）			●	
Machinery and equipment rental and leasing（机械设备租赁）		●	●	
Lessors of nonfinancial intangible assets（非金融无形资产的出租）	●	●	●	
Legal services（法律服务）			●	
Specialized design services（专业设计服务）		●	●	●
Computer systems design and related services（计算机系统设计及相关服务）	●		●	●
Management and technical consulting services（管理和技术咨询服务）			●	
Scientific research and development services（科学研究与开发服务）	●	●	●	
Advertising and related services（广告及相关服务）		●	●	●
Other professional and technical services（其他专业技术服务）			●	●
Office administrative services（办公室管理服务）			●	

产业部门	专利密集型	外观设计密集型	商标密集型	版权密集型
Business support services（商务支持服务）			●	
Travel arrangement and reservation services（旅游安排和预订服务）			●	
Other support services（其他支持服务）	●	●	●	
Junior colleges, colleges, universities, and professional schools（大专、学院、大学和职业学校）	●			
Other educational services（其他教育服务）			●	
Offices of other health practitioners（其他健康从业办公）			●	
Performing arts companies（表演艺术）			●	●
Spectator sports（体育运动）			●	
Independent artists, writers, and performers（独立艺术家、作家和演员）			●	●
Promoters of performing arts and sports and agents for public figures（表演艺术和体育的推动和公众人物的代理）			●	
Museums, historical sites, zoos, and parks（博物馆、历史遗迹、动物园和公园）			●	
Gambling industries（博彩业）	●			
Electronic and precision equipment repair and maintenance（电子和精密设备的维修和维护）		●	●	
Other personal services（其他个人服务）			●	
Grantmaking, giving, and social advocacy organizations（赠款、捐赠和社会倡导组织）			●	
Civic, social, professional, and similar organizations（公民、社会、专业和类似的组织）			●	

附录三 欧盟的知识产权密集型产业

附表 3-1 欧盟的知识产权密集型产业列表❶

NACE代码	产业描述	TM	DES	PAT	CR	GI	PVR
01.00	Crop and animal production, hunting and related service activities（农作物及动物生产、狩猎及相关服务活动）						●
06.10	Extraction of crude petroleum（原油提取）	●		●			
07.10	Mining of iron ores（铁矿石开采）	●	●				
07.29	Mining of other non-ferrous metal ores（其他有色金属矿石的开采）			●			
08.11	Quarrying of ornamental and building stone, limestone, gypsum, chalk and slate（装饰和建筑石材、石灰石、石膏、白垩和板岩开采）	●					
08.91	Mining of chemical and fertilizer minerals（化学和化肥矿物的开采）	●		●			
08.93	Extraction of salt（盐提取）	●					
08.99	Other mining and quarrying n.e.c.（其他采矿和采石业）	●					
09.10	Support activities for petroleum and natural gas extraction（石油和天然气开采支持活动）	●		●			
10.20	Processing and preserving of fish, crustaceans and molluscs（鱼类、甲壳类及软体动物加工及保存）	●					

---

❶ 数据来源：《欧盟报告 2022》。表中产业描述中译文为笔者所加。

NACE 代码	产业描述	TM	DES	PAT	CR	GI	PVR
10.31	Processing and preserving of potatoes（土豆的加工和保鲜）	●					
10.32	Manufacture of fruit and vegetable juice（水果和蔬菜汁的生产）	●	●				
10.39	Other processing and preserving of fruit and vegetables（水果和蔬菜的其他加工和保鲜）	●					
10.41	Manufacture of oils and fats（油和脂肪的制造）	●	●				
10.42	Manufacture of margarine and similar edible fats（人造黄油和类似可食用脂肪的制造）	●	●	●			
10.51	Operation of dairies and cheese making（奶牛场的运作和奶酪的制作）	●	●			●	
10.52	Manufacture of ice cream（冰淇淋制造）	●					
10.61	Manufacture of grain mill products（谷物碾磨产品制造）	●					●
10.62	Manufacture of starches and starch products（淀粉及淀粉制品制造）	●		●			
10.72	Manufacture of rusks and biscuits；manufacture of preserved pastry goods and cake（面包和饼干制造，酥皮制品及蛋糕制造）	●	●				
10.73	Manufacture of macaroni, noodles, couscous and similar farinaceous products（通心粉、面条、蒸粗麦粉及类似的粉状产品制造）	●	●				
10.81	Manufacture of sugar（制糖）	●					
10.82	Manufacture of cocoa, chocolate and sugar confectionery（可可、巧克力和糖果的制造）	●	●				
10.83	Processing of tea and coffee（茶和咖啡的加工）	●	●	●			
10.84	Manufacture of condiments and seasonings（调味品和调味料的制造）	●					
10.85	Manufacture of prepared meals and dishes（熟食食品的制造）	●					
10.86	Manufacture of homogenised food preparations and dietetic food（均质食品制剂及营养食品制造）	●	●	●			

续表

NACE 代码	产业描述	TM	DES	PAT	CR	GI	PVR
10.89	Manufacture of other food products n. e. c. （其他食品制造）	●	●				
10.91	Manufacture of prepared feeds for farm animals（家畜饲料生产）	●					
10.92	Manufacture of prepared pet foods（宠物食品制造）	●	●				
11.01	Distilling, rectifying and blending of spirits（蒸馏、精馏和混合酒精）	●	●			●	
11.02	Manufacture of wine from grape（葡萄酒制造）	●				●	
11.03	Manufacture of cider and other fruit wines（苹果酒和其他果酒制造）	●	●				
11.04	Manufacture of other non – distilled fermented beverages（其他非蒸馏发酵饮料制造）	●	●				
11.05	Manufacture of beer（啤酒制造）	●	●			●	
11.06	Manufacture of malt（麦芽制造）	●					
11.07	Manufacture of soft drinks; production of mineral waters and other bottled waters（软饮料生产、矿泉水及其他瓶装水生产）	●	●				
12.00	Manufacture of tobacco products（烟草制品制造）	●	●	●			
13.10	Preparation and spinning of textile fibres（纺织纤维的制备和纺丝）	●	●				●
13.20	Weaving of textiles（纺织品织造）	●	●				
13.30	Finishing of textiles（纺织品精修）	●					
13.91	Manufacture of knitted and crocheted fabrics（针织及钩编织物制造）	●					
13.92	Manufacture of made – up textile articles, except apparel（纺织制品制造，服装除外）	●	●				
13.93	Manufacture of carpets and rugs（地毯制造）	●	●	●			
13.94	Manufacture of cordage, rope, twine and netting（制绳、绳、线、网）	●	●	●			
13.95	Manufacture of non – wovens and articles made from non – wovens, except apparel（非织造布及非织造布制品制造，服装除外）	●	●	●			

NACE 代码	产业描述	TM	DES	PAT	CR	GI	PVR
13.96	Manufacture of other technical and industrial textiles （其他技术及工业用纺织品制造）	●	●	●			
13.99	Manufacture of other textiles n. e. c. （其他纺织品制造）	●	●	●			
14.11	Manufacture of leather clothes （皮革制衣）	●	●				
14.12	Manufacture of workwear （工作服制造）	●	●				
14.13	Manufacture of other outerwear （其他外衣制造）	●	●				
14.14	Manufacture of underwear （内衣制造）		●				
14.19	Manufacture of other wearing apparel and accessories （其他服装及配件制造）	●	●				
14.20	Manufacture of articles of fur （毛皮制品制造）	●					
14.31	Manufacture of knitted and crocheted hosiery （针织及钩编袜制造）	●	●				
14.39	Manufacture of other knitted and crocheted apparel （其他针织及钩编成衣制造）	●	●				
15.12	Manufacture of luggage, handbags and the like, saddlery and harnes （行李、手袋和类似物，鞍具和马具制造）	●	●				
15.20	Manufacture of footwear （制鞋）	●	●				
16.21	Manufacture of veneer sheets and wood – based panels （单板和人造板制造）		●				
16.22	Manufacture of assembled parquet floors （拼花地板制造）		●				
16.23	Manufacture of other builders' carpentry and joinery （其他建筑用木工和细木工制品制造）		●				
16.29	Manufacture of other products of wood; manufacture of articles of cork, straw and plaiting materials （其他木材产品制造，软木、稻草及编结材料制品制造）	●	●				
17.11	Manufacture of pulp （纸浆制造）				●		
17.12	Manufacture of paper and paperboard （纸和纸板制造）	●	●	●	●		
17.21	Manufacture of corrugated paper and paperboard and of containers of paper and paperboard （瓦楞纸和纸板以及纸和纸板容器制造）		●				

NACE 代码	产业描述	TM	DES	PAT	CR	GI	PVR
17.22	Manufacture of household and sanitary goods and of toilet requisites （家用和卫生用品及盥洗用品制造）	●	●	●			
17.23	Manufacture of paper stationery （纸文具制造）	●	●				
17.24	Manufacture of wallpaper （壁纸制造）	●	●	●			
17.29	Manufacture of other articles of paper and paperboard （其他纸和纸板制品制造）	●	●	●			
18.11	Printing of newspapers （报纸印刷）	●			●		
18.12	Other printing （其他印刷）				●		
18.13	Pre – press and pre – media services （印前和媒体前服务）	●					
18.14	Binding and related services （装订机相关服务）				●		
18.20	Reproduction of recorded media （记录媒体的复制）	●			●		
19.20	Manufacture of refined petroleum products （精炼石油产品制造）	●					
20.11	Manufacture of industrial gases （工业气体制造）	●	●	●			
20.12	Manufacture of dyes and pigments （染料和颜料制造）	●		●			
20.13	Manufacture of other inorganic basic chemicals （其他无机基本化学品制造）	●		●			
20.14	Manufacture of other organic basic chemicals （其他有机基础化学品制造）			●			
20.15	Manufacture of fertilisers and nitrogen compounds （化肥和氮化合物制造）	●					
20.16	Manufacture of plastics in primary forms （初级塑料制造）	●		●			
20.17	Manufacture of synthetic rubber in primary forms （初级合成橡胶制造）	●		●			
20.20	Manufacture of pesticides and other agrochemical products （杀虫剂和其他农化产品制造）	●	●	●			
20.30	Manufacture of paints, varnishes and similar coatings, printing ink and mastics （油漆、清漆及其类似物，印刷油墨和乳胶漆制造）	●		●			

NACE 代码	产业描述	TM	DES	PAT	CR	GI	PVR
20.41	Manufacture of soap and detergents, cleaning and polishing preparations（肥皂、洗涤剂、清洁剂和抛光制剂制造）	●	●	●			
20.42	Manufacture of perfumes and toilet preparations（香水和盥洗用品制造）	●	●	●			
20.51	Manufacture of explosives（炸药制造）		●	●			
20.52	Manufacture of glues（胶水制造）	●		●			
20.53	Manufacture of essential oils（香精油制造）	●		●			●
20.59	Manufacture of other chemical products n. e. c.（其他化学产品制造）	●	●	●	●		
20.60	Manufacture of man–made fibres（人造纤维制造）	●	●	●			
21.10	Manufacture of basic pharmaceutical products（基础医药产品制造）	●	●	●			
21.20	Manufacture of pharmaceutical preparations（药品制剂制造）	●		●			
22.11	Manufacture of rubber tyres and tubes; retreading and rebuilding of rubber tyres（橡胶轮胎和橡胶管制造；橡胶轮胎的翻新和改建）	●	●	●			
22.19	Manufacture of other rubber products（其他橡胶制品制造）		●	●			
22.21	Manufacture of plastic plates, sheets, tubes and profiles（塑料板材、薄板、管材和型材制造）	●	●	●			
22.22	Manufacture of plastic packing goods（塑料包装制品制造）	●	●	●			
22.23	Manufacture of builders' ware of plastic（建筑用塑料制品制造）	●	●	●			
22.29	Manufacture of other plastic products（其他塑料制品制造）	●	●	●			
23.11	Manufacture of flat glass（平板玻璃制造）	●	●	●			
23.13	Manufacture of hollow glass（中空玻璃制造）	●	●				
23.14	Manufacture of glass fibres（玻璃纤维制造）	●		●			

NACE 代码	产业描述	TM	DES	PAT	CR	GI	PVR
23.19	Manufacture and processing of other glass, including technical glassware（其他玻璃制品，包括工业玻璃制品的制造和加工）	●	●	●			
23.20	Manufacture of refractory products（耐火制品制造）	●		●			
23.31	Manufacture of ceramic tiles and flags（瓷砖制造）	●	●				
23.32	Manufacture of bricks, tiles and construction products, in baked clay（砖、瓦和建筑产品制造）		●				
23.41	Manufacture of ceramic household and ornamental articles（陶瓷家居及装饰用品制造）	●	●				
23.42	Manufacture of ceramic sanitary fixtures（陶瓷卫生洁具制造）	●	●				
23.43	Manufacture of ceramic insulators and insulating fittings（陶瓷绝缘子及绝缘配件制造）	●		●			
23.44	Manufacture of other technical ceramic products（其他技术陶瓷产品制造）	●		●			
23.49	Manufacture of other ceramic products（其他陶瓷产品制造）	●	●	●			
23.52	Manufacture of lime and plaster（石灰和石膏制造）	●					
23.61	Manufacture of concrete products for construction purposes（建筑用混凝土制品制造）		●				
23.62	Manufacture of plaster products for construction purposes（建筑用石膏制品制造）	●	●				
23.64	Manufacture of mortars（混凝土制造）	●					
23.65	Manufacture of fibre cement（纤维水泥制造）	●					
23.69	Manufacture of other articles of concrete, plaster and cement（其他混凝土、石膏及水泥制品制造）	●	●	●			
23.70	Cutting, shaping and finishing of stone（石料的切割、成型及精加工）		●				
23.91	Production of abrasive products（磨料产品生产）	●		●			
23.99	Manufacture of other non-metallic mineral products n.e.c.（其他非金属矿物产品制造）	●		●			

NACE 代码	产业描述	TM	DES	PAT	CR	GI	PVR
24.20	Manufacture of tubes, pipes, hollow profiles and related fittings, of steel（钢管、空心型材及相关钢配件制造）			●			
24.31	Cold drawing of bars（棒材冷拔）			●			
24.32	Cold rolling of narrow strip（窄带钢冷轧）	●		●			
24.33	Cold forming or folding（冷成型或折叠）		●				
24.34	Cold drawing of wire（线材冷拔）	●		●			
24.41	Precious metals production（贵金属生产）	●	●	●			
24.42	Aluminium production（铝生产）		●	●			
24.43	Lead, zinc and tin production（铅、锌、锡生产）		●				
24.45	Other non–ferrous metal production（其他有色金属生产）	●	●	●			
24.46	Processing of nuclear fuel（核燃料加工）			●			
24.52	Casting of steel（钢铸件）			●			
25.12	Manufacture of doors and windows of metal（金属门窗制造）		●	●			
25.21	Manufacture of central heating radiators and boilers（集中供暖散热器和锅炉制造）	●	●	●			
25.30	Manufacture of steam generators, except central heating hot water boilers（蒸汽发生器的制造，中央供暖热水锅炉除外）			●			
25.40	Manufacture of weapons and ammunition（武器弹药制造）	●	●	●			
25.71	Manufacture of cutlery（餐具制造）	●	●	●			
25.72	Manufacture of locks and hinges（锁和铰链制造）	●	●	●			
25.73	Manufacture of tools（工具制造）	●	●	●			
25.91	Manufacture of steel drums and similar containers（钢桶和类似容器制造）	●	●				
25.92	Manufacture of light metal packaging（轻金属包装制造）		●				
25.93	Manufacture of wire products, chain and springs（线材、链条、弹簧制造）		●	●			

NACE 代码	产业描述	TM	DES	PAT	CR	GI	PVR
25.94	Manufacture of fasteners and screw machine products（紧固件和螺丝机械产品制造）	●	●	●			
25.99	Manufacture of other fabricated metal products n. e. c.（其他金属制品制造）	●	●	●			
26.11	Manufacture of electronic components（电子元器件制造）	●	●	●			
26.12	Manufacture of loaded electronic boards（负载电子板制造）			●			
26.20	Manufacture of computers and peripheral equipment（计算机及外围设备制造）	●	●	●	●		
26.30	Manufacture of communication equipment（通信设备制造）	●	●	●			
26.40	Manufacture of consumer electronics（消费电子产品制造）	●	●	●			
26.51	Manufacture of instruments and appliances for measuring, testing and navigation（用于测量、测试和导航的仪器和器具的制造）	●	●	●			
26.52	Manufacture of watches and clocks（钟表制造）	●	●	●			
26.60	Manufacture of irradiation, electromedical and electrotherapeutic equipment（辐照、电医疗、电治疗设备制造）	●	●	●			
26.70	Manufacture of optical instruments and photographic equipment（光学仪器和摄影器材制造）	●	●	●	●		
26.80	Manufacture of magnetic and optical media（磁性和光学介质制造）	●	●	●			
27.11	Manufacture of electric motors, generators and transformers（电动机、发电机和变压器制造）			●			
27.12	Manufacture of electricity distribution and control apparatus（配电和控制设备制造）		●	●			
27.20	Manufacture of batteries and accumulators（电池和蓄电池制造）	●	●	●			

NACE 代码	产业描述	TM	DES	PAT	CR	GI	PVR
27.31	Manufacture of fibre optic cables（光纤电缆制造）				●		
27.32	Manufacture of other electronic and electric wires and cables（其他电子电线电缆制造）			●			
27.33	Manufacture of wiring devices（布线设备制造）		●	●			
27.40	Manufacture of electric lighting equipment（电气照明设备制造）	●	●	●			
27.51	Manufacture of electric domestic appliances（家用电器制造）	●	●	●			
27.52	Manufacture of non‐electric domestic appliances（非家用电器制造）	●	●				
27.90	Manufacture of other electrical equipment（其他电气设备制造）	●	●	●			
28.11	Manufacture of engines and turbines, except aircraft, vehicle and cycle engines（发动机和涡轮机的制造，飞机、车辆和循环发动机除外）	●	●	●			
28.12	Manufacture of fluid power equipment（流体动力设备制造）		●	●			
28.13	Manufacture of other pumps and compressors（其他泵和压缩机的制造）	●	●	●			
28.14	Manufacture of other taps and valves（其他水龙头和阀门的制造）	●	●	●			
28.15	Manufacture of bearings, gears, gearing and driving elements（轴承、齿轮、传动装置和驱动元件制造）			●			
28.21	Manufacture of ovens, furnaces and furnace burners（烤箱、熔炉和炉燃烧器制造）	●	●	●			
28.22	Manufacture of lifting and handling equipment（起重和搬运设备制造）			●			
28.23	Manufacture of office machinery and equipment（except computers and peripheral equipment）［办公机器和设备制造（不包括计算机及外围设备）］	●	●	●	●		

NACE 代码	产业描述	TM	DES	PAT	CR	GI	PVR
28.24	Manufacture of power – driven hand tools （电动手动工具制造）		●	●			
28.25	Manufacture of non – domestic cooling and ventilation equipment （非住宅冷却和通风设备的制造）	●		●			
28.29	Manufacture of other general – purpose machinery n. e. c. （其他通用机械制造）	●	●	●			
28.30	Manufacture of agricultural and forestry machinery （农林机械制造）	●	●	●			
28.41	Manufacture of metal forming machinery （金属成型机械制造）	●		●			
28.49	Manufacture of other machine tools （其他机床的制造）	●	●	●			
28.91	Manufacture of machinery for metallurgy （冶金机械制造）	●	●	●			
28.92	Manufacture of machinery for mining, quarrying and construction （采矿、采石和建筑机械制造）	●	●	●			
28.93	Manufacture of machinery for food, beverage and to-bacco processing （食品、饮料、烟草加工机械制造）	●	●	●			
28.94	Manufacture of machinery for textile, apparel and leath-er production （纺织、服装和皮革生产机械制造）	●	●	●			
28.95	Manufacture of machinery for paper and paperboard production （纸和纸板生产机械制造）	●		●			
28.96	Manufacture of plastics and rubber machinery （塑料及橡胶机械制造）	●		●			
28.99	Manufacture of other special – purpose machinery n. e. c. （其他特殊用途机械的制造）	●	●	●			
29.10	Manufacture of motor vehicles （汽车制造）		●	●			
29.20	Manufacture of bodies （coachwork） for motor vehi-cles; manufacture of trailers and semi – trailers ［汽车车身（客车）制造，拖车和半拖车制造］		●	●			
29.31	Manufacture of electrical and electronic equipment for motor vehicles （汽车用电气和电子设备制造）			●			

NACE 代码	产业描述	TM	DES	PAT	CR	GI	PVR
29.32	Manufacture of other parts and accessories for motor vehicles（汽车其他零部件制造）		●	●			
30.11	Building of ships and floating structures（船舶和浮动结构建造）			●			
30.12	Building of pleasure and sporting boats（娱乐和运动船建造）	●	●				
30.20	Manufacture of railway locomotives and rolling stock（铁路机车和车辆制造）			●			
30.30	Manufacture of air and spacecraft and related machinery（航空、宇宙飞船及相关机械制造）			●			
30.40	Manufacture of military fighting vehicles（军用战斗车辆制造）			●			
30.91	Manufacture of motorcycles（摩托车制造）	●	●	●			
30.92	Manufacture of bicycles and invalid carriages（自行车和残疾人车厢制造）	●	●	●			
30.99	Manufacture of other transport equipment n.e.c.（其他运输设备制造）	●	●	●			
31.01	Manufacture of office and shop furniture（办公室和商店家具制造）	●	●				
31.02	Manufacture of kitchen furniture（厨房家具制造）		●				
31.03	Manufacture of mattresses（床垫制造）	●	●				
31.09	Manufacture of other furniture（其他家具制造）		●				
32.11	Striking of coins（硬币铸造）	●	●		●		
32.12	Manufacture of jewellery and related articles（珠宝及相关物品制造）	●	●		●		
32.13	Manufacture of imitation jewellery and related articles（仿制珠宝及相关物品制造）	●	DES				
32.20	Manufacture of musical instruments（乐器制造）	●	●		●		
32.30	Manufacture of sports goods（体育用品制造）	●	●	●			
32.40	Manufacture of games and toys（游戏和玩具制造）	●	●		●		

NACE 代码	产业描述	TM	DES	PAT	CR	GI	PVR
32.50	Manufacture of medical and dental instruments and supplies（医疗和牙科器械及用品的制造）	●	●	●			
32.91	Manufacture of brooms and brushes（扫帚和刷子制造）	●	●	●			
32.99	Other manufacturing n. e. c.（其他制造业）	●	●	●			
33.16	Repair and maintenance of aircraft and spacecraft（飞机和宇宙飞船的修理和保养）			●			
33.19	Repair of other equipment（其他设备维修）	●					
33.20	Installation of industrial machinery and equipment（工业机械和设备安装）			●			
35.11	Production of electricity（电力生产）	●		●			
35.12	Transmission of electricity（电力传输）	●		●			
35.21	Manufacture of gas（气体生产）	●		●			
41.10	Development of building projects（建筑工程的发展）	●					
42.91	Construction of water projects（水项目的建造）			●			
45.19	Sale of other motor vehicles（其他机动车辆销售）			●			
45.31	Wholesale trade of motor vehicle parts and accessories（汽车零配件批发贸易）	●		●			
45.40	Sale, maintenance and repair of motorcycles and related parts and accessories（摩托车及相关配件销售、保养、维修）	●	●				
46.11	Agents involved in the sale of agricultural raw materials, live animals, textile raw materials and semi – finished goods（农业原料、活畜、纺织原料及半成品代理销售）	●	●				●
46.12	Agents involved in the sale of fuels, ores, metals and industrial chemicals（燃料、矿石、金属和工业化学品代理销售）	●					
46.13	Agents involved in the sale of timber and building materials（木材和建筑材料代理销售）	●					
46.14	Agents involved in the sale of machinery, industrial equipment, ships and aircraft（机械、工业设备、船舶和飞机代理销售）	●	●	●			

NACE 代码	产业描述	TM	DES	PAT	CR	GI	PVR
46.15	Agents involved in the sale of furniture, household goods, hardware and ironmongery（家具、家居用品、五金、五金制品代理销售）	●	●				
46.16	Agents involved in the sale of textiles, clothing, fur, footwear and leather goods（纺织品、服装、皮草、鞋类及皮具代理销售）	●	●				
46.17	Agents involved in the sale of food, beverages and tobacco（食品、饮料和烟草代理销售）	●					
46.18	Agents specialised in the sale of other particular product（专门销售其他特定产品的代理）	●	●				
46.19	Agents involved in the sale of a variety of goods（各种商品的代理销售）	●	●				
46.21	Wholesale of grain, unmanufactured tobacco, seeds and animal feeds（粮食、未加工烟草、种子及动物饲料批发）	●					●
46.22	Wholesale of flowers and plants（花卉和植物批发）	●					●
46.24	Wholesale of hides, skins and leather（皮革批发）	●					
46.31	Wholesale of fruit and vegetables（果蔬批发）	●					
46.32	Wholesale of meat and meat products（肉类和肉制品批发）	●					
46.33	Wholesale of dairy products, eggs and edible oils and fats（奶制品、蛋类和食用油脂批发）	●					
46.34	Wholesale of beverages（饮料批发）	●					
46.35	Wholesale of tobacco products（烟草制品批发）	●					
46.36	Wholesale of sugar and chocolate and sugar confectionery（糖、巧克力和糖果批发）	●	●				
46.37	Wholesale of coffee, tea, cocoa and spices（咖啡、茶、可可和香料批发）	●					
46.38	Wholesale of other food, including fish, crustaceans and molluscs（其他食物，包括鱼类、甲壳类及软体动物批发）	●					

续表

NACE 代码	产业描述	TM	DES	PAT	CR	GI	PVR
46.39	Non – specialised wholesale of food, beverages and to-bacco（食品、饮料和烟草的非专业批发）	●					
46.41	Wholesale of textiles（纺织品批发）	●	●				
46.42	Wholesale of clothing and footwear（服装鞋类批发）	●	●				
46.43	Wholesale of electrical household appliances（家用电器批发）	●	●	●	●		
46.44	Wholesale of china and glassware and cleaning materi-als（瓷器、玻璃器皿及清洁材料批发）	●	●				
46.45	Wholesale of perfume and cosmetics（香水和化妆品批发）	●	●				
46.46	Wholesale of pharmaceutical goods（药品批发）	●		●			
46.47	Wholesale of furniture, carpets and lighting equipment（家具、地毯和照明设备批发）	●	●				
46.48	Wholesale of watches and jewellery（手表及珠宝批发）	●	●				
46.49	Wholesale of other household goods（其他家居用品批发）	●	●				
46.51	Wholesale of computers, computer peripheral equipment and software（电脑、电脑周边设备及软件批发）	●			●		
46.52	Wholesale of electronic and telecommunications equip-ment and parts（电子、电信设备及零配件批发）	●	●	●	●		
46.62	Wholesale of machine tools（机床批发）	●					
46.64	Wholesale of machinery for the textile industry and of sewing and knitting machines（纺织工业机械及缝纫及针织机械批发）	●		●			
46.65	Wholesale of office furniture（办公家具批发）	●	●				
46.66	Wholesale of other office machinery and equipment（其他办公机械设备批发）	●			●		
46.69	Wholesale of other machinery and equipment（其他机械设备批发）	●	●	●			
46.71	Wholesale of solid, liquid and gaseous fuels and relat-ed products（固体、液体、气体燃料及相关产品批发）	●					

NACE 代码	产业描述	TM	DES	PAT	CR	GI	PVR
46.72	Wholesale of metals and metal ores（金属和金属矿批发）		●				
46.73	Wholesale of wood, construction materials and sanitary equipment（木材、建筑材料和卫生设备批发）	●	●				
46.74	Wholesale of hardware, plumbing and heating equipment and supplies（五金、水暖设备及用品批发）	●	●				
46.75	Wholesale of chemical products（化工产品批发）	●		●			
46.76	Wholesale of other intermediate products（其他中间产品批发）	●	●		●		
46.90	Non-specialised wholesale trade（非专门批发贸易）	●	●				
47.29	Other retail sale of food in specialised stores（其他在专卖店的食品零售）	●					
47.41	Retail sale of computers, peripheral units and software in specialised stores（在专卖店的电脑、外围设备及软件零售）	●			●		
47.42	Retail sale of telecommunications equipment in specialised stores（在专卖店的通信设备零售）			●			
47.43	Retail sale of audio and video equipment in specialised stores（在专卖店的音像器材零售）	●			●		
47.51	Retail sale of textiles in specialised stores（在专卖店的纺织品零售）	●	●				
47.59	Retail sale of furniture, lighting equipment and other householdarticles in specialised stores（在专卖店的家具、照明设备等家居用品零售）		●				
47.61	Retail sale of books in specialised stores（在专卖店的图书零售）				●		
47.62	Retail sale of newspapers and stationery in specialised stores（在专卖店的报纸和文具零售）				●		
47.63	Retail sale of music and video recording in specialised stores（在专卖店的音乐和录像零售）				●		

续表

NACE 代码	产业描述	TM	DES	PAT	CR	GI	PVR
47.64	Retail sale of sporting equipment in specialised stores（在专卖店的体育器材零售）	●					
47.65	Retail sale of games and toys in specialised stores（在专卖店的游戏及玩具零售）	●					
47.72	Retail sale of footwear and leather goods in specialised stores（在专卖店的鞋类及皮革制品零售）	●					
47.74	Retail sale of medical and orthopaedic goods in specialised stores（在专卖店的医疗及矫形用品售零）	●					
47.75	Retail sale of cosmetic and toilet articles in specialised stores（在专卖店的化妆品和盥洗用品零售）	●					
47.77	Retail sale of watches and jewellery in specialised stores（在专卖店的手表及珠宝零售）		●				
47.78	Other retail sale of new goods in specialised stores（其他专卖店的新货品零售）	●	●		●		
47.91	Retail sale via mail order houses or via Internet（通过邮购公司或互联网进行零售）	●	●				
47.99	Other retail sale not in stores, stalls or markets（其他在非商店、摊位或街市的零售）	●					
49.50	Transport via pipeline（管道运输）	●					
50.10	Sea and coastal passenger water transport（海、沿海水路客运）	●					
50.30	Inland passenger water transport（内陆水路客运）	●					
50.90	Other accommodation（其他住宿）	●					
58.11	Book publishing（图书发行）	●			●		
58.12	Publishing of directories and mailing lists（目录和邮件列表的出版）	●			●		
58.13	Publishing of newspapers（报纸出版）				●		
58.14	Publishing of journals and periodicals（期刊出版）	●			●		
58.19	Other publishing activities（其他出版活动）	●			●		
58.21	Publishing of computer games（电脑游戏发行）	●	●		●		
58.29	Other software publishing（其他软件发行）	●		●	●		

NACE 代码	产业描述	TM	DES	PAT	CR	GI	PVR
59.11	Motion picture, video and television programme production activities（电影、录像及电视节目制作活动）	●			●		
59.12	Motion picture, video and television programme post-production activities（电影、录像及电视节目后期制作活动）	●			●		
59.13	Motion picture, video and television programme distribution activities（电影、录像及电视节目发行活动）	●			●		
59.14	Motion picture projection activities（电影放映活动）				●		
59.20	Sound recording and music publishing activities（录音、音乐出版活动）	●	●		●		
60.10	Radio broadcasting（无线电广播）	●			●		
60.20	Television programming and broadcasting activities（电视节目及广播活动）	●			●		
61.10	Wired telecommunications activities（有线通信活动）				●		
61.20	Wireless telecommunications activities（无线通信活动）	●			●		
61.30	Satellite telecommunications activities（卫星通信活动）	●			●		
61.90	Other telecommunications activities（其他通信活动）	●		●	●		
62.01	Computer programming activities（计算机编程活动）	●			●		
62.02	Computer consultancy activities（计算机咨询活动）	●			●		
62.03	Computer facilities management activities（电脑设施管理活动）	●			●		
62.09	Other information technology and computer service activities（其他信息技术和计算机服务活动）	●			●		
63.11	Data processing, hosting and related activities（数据处理、托管和相关活动）	●			●		
63.12	Web portals（门户网站）	●			●		
63.91	News agency activities（新闻机构的活动）				●		
63.99	Other information service activities n.e.c.（其他信息服务活动）	●			●		
66.00	Activities auxiliary to financial services and insurance activities（辅助金融服务和保险活动）	●					

续表

NACE 代码	产业描述	TM	DES	PAT	CR	GI	PVR
68.10	Buying and selling of own real estate（房地产买卖）	●	●	●			
68.20	Rental and operating of own or leased real estate（房地产出租和经营）	●					
70.21	Public relations and communication activities（公共关系和沟通活动）	●			●		
70.22	Business and other management consultancy activities（商业和其他管理咨询活动）	●					
71.12	Engineering activities and related technical consultancy（工程活动及相关技术咨询）			●			
72.11	Research and experimental development on biotechnology（生物技术的研究和实验开发）	●	●	●			●
72.19	Other research and experimental development on natural sciences and engineering（其他自然科学和工程方面的研究和实验开发）	●	●	●			●
72.20	Research and experimental development on social sciences and humanities（社会科学和人文科学的研究和实验开发）	●		●			
73.11	Advertising agencies（广告业）	●			●		
73.12	Media representation（媒体）	●			●		
73.20	Market research and public opinion polling（市场调查和民意调查）	●		●			
74.10	Specialised design activities（专业设计活动）	●	●		●		
74.20	Photographic activities（摄影活动）				●		
74.30	Translation and interpretation activities（笔译及口译活动）				●		
74.90	Other professional, scientific and technical activities n.e.c.（其他专业、科学和技术活动）	●	●	●			
77.12	Renting and leasing of recreational and sports goods（文体用品租赁）	●					
77.21	Renting and leasing of recreational and sports goods（文体用品租赁业务）	●					

NACE 代码	产业描述	TM	DES	PAT	CR	GI	PVR
77.22	Rental of video tapes and disks（录像带和磁盘出租）				●		
77.29	Rental and leasing of other personal and household goods（其他个人和家庭用品租赁）				●		
77.31	Renting and leasing of agricultural machinery and equipment（农业机械设备租赁）						●
77.33	Rental and leasing of office machinery and equipment (including computers)［办公机械设备（包括电脑）租赁］				●		
77.35	Rental and leasing of air transport equipment（航空运输设备租赁）	●					
77.39	Rental and leasing of other machinery, equipment and tangible goods n. e. c.（其他机器、设备和有形货物租赁）	●			●		
77.40	Leasing of intellectual property and similar products, except copyrighted work（知识产权及类似产品租赁，版权作品除外）	●	●	●			●
79.11	Travel agency activities（旅行社的活动）	●					
79.12	Tour operator activities（旅游经营活动）	●					
79.90	Other reservation service and related activities（其他预订服务及相关活动）	●			●		
82.11	Combined office administrative service activities（办公室行政服务活动）	●	●				
82.19	Photocopying, document preparation and other specialised office support activities（影印、文件准备及其他专门的办公室支持活动）				●		
82.30	Organisation of conventions and trade shows（会议组织和贸易展览）	●					
82.91	Activities of collection agencies and credit bureaus（催收机构和征信机构的活动）	●					
85.52	Cultural education（文化教育）				●		
90.01	Performing arts（表演艺术）				●		

NACE 代码	产业描述	TM	DES	PAT	CR	GI	PVR
90.02	Support activities to performing arts（演艺支持活动）				●		
90.03	Artistic creation（艺术创作）				●		
90.04	Operation of arts facilities（艺术设施的运作）				●		
91.01	Library and archives activities（图书馆及档案活动）				●		
91.02	Museums activities（博物馆的活动）				●		
91.03	Operation of historical sites and buildings and similar visitors attractions（历史古迹和建筑及类似的旅游景点经营）				●		
92.00	Gambling and betting activities（赌博及投注活动）	●					
93.00	Sports activities and amusement and recreation activities（体育活动和娱乐活动）	●					
93.21	Activities of amusement parks and theme parks（游乐园、主题公园活动）				●		
93.29	Other amusement and recreation activities（其他娱乐活动）				●		
94.12	Activities of professional membership organisations（专业会员组织活动）				●		
94.99	Activities of other membership organisations n.e.c.（其他会员组织活动）				●		

注：表中 TM 表示商标密集型，DES 表示外观设计密集型，PAT 表示专利密集型，CR 表示版权密集型，GI 表示地理标志密集型，PVR 表示植物品种权密集型。

参考文献

一、中文译著类

[1] 考夫. 专利制度经济学 [M]. 柯瑞豪, 译. 北京: 北京大学出版社, 2005.

[2] 谢尔曼. 现代知识产权法的演进: 英国的历程 (1760—1911) [M]. 金海军, 译. 北京: 北京大学出版社, 2006.

[3] 奥茨门特. 德国史 [M]. 邢来顺, 肖先明, 常县宾, 等译. 北京: 中国大百科全书出版社, 2009.

[4] 雷炳德. 著作权法 [M]. 张恩民, 译. 北京: 法律出版社, 2004.

[5] 施瓦布. 第四次工业革命转型的力量 [M]. 北京: 中信出版集团, 2016.

[6] 克拉瑟. 专利法: 德国专利和实用新型法、欧洲和国际专利法: 第 6 版 [M]. 单晓光, 张韬略, 于馨淼, 等译. 北京: 知识产权出版社, 2016.

[7] 迪尔迈尔, 格斯特里希, 赫尔曼, 等. 德意志史 [M]. 孟钟捷, 葛启, 徐璟玮, 译. 北京: 商务印书馆, 2018.

[8] 格莱克, 波特斯伯格. 欧洲专利制度经济学: 创新与竞争的知识产权政策 [M]. 张南, 译. 北京: 知识产权出版社, 2016.

[9] ADELMAN M J, RADER R R, KLANCNIK G P. 美国专利法 [M]. 郑胜利, 刘江彬, 译. 北京: 知识产权出版社, 2011.

[10] 安德森. 创客: 新工业革命: 第 2 版 [M]. 萧潇, 译. 北京: 中信出版社, 2015.

[11] 兰德斯, 波斯纳. 知识产权法的经济结构: 中译本第二版 [M]. 金海军, 译. 北京: 北京大学出版社, 2016.

[12] 墨杰斯, 迈乃尔, 莱姆利, 等. 新技术时代的知识产权法 [M]. 齐筠, 张清, 彭霞, 等译. 北京: 中国政法大学出版社, 2003.

[13] 费舍尔. 说话算数: 技术、法律以及娱乐的未来 [M]. 李旭, 译. 上海: 上海三联书店, 2013.

[14] 萨缪尔森, 诺法豪斯. 经济学: 第 19 版 [M]. 萧琛, 主译. 北京: 商务印书馆, 2013.

[15] 诺斯, 托马斯. 西方世界的兴起 [M]. 厉以平, 蔡磊, 译. 北京: 华夏出版

社，2017.

［16］丹皮尔. 科学史［M］. 李珩，译. 北京：中国人民大学出版社，2010.

［17］吉藤幸朔. 专利法概论［M］. 宋永林，魏启学，译. 北京：专利文献出版社，1990.

［18］马什. 新工业革命［M］. 赛迪研究院专家组，译. 北京：中信出版社，2013.

［19］戴维斯. 欧洲史（套装共 3 册）［M］. 刘北成，郭方，等译. 北京：中信出版社，2021.

［20］布朗斯沃德，斯科特福德，杨. 牛津法律、规制和技术手册［M］. 周辉，胡凌，张欣，等译. 北京：中国社会科学出版社，2021.

［21］摩根. 牛津世界史：牛津英国史［M］. 方光荣，译. 北京：人民日报出版社，2020.

［22］李约瑟. 中国科学技术史［M］. 陆学善，等译. 北京：科学出版社，2003.

二、中文著作类

［1］冯昭奎. 科技革命与世界［M］. 北京：社会科学文献出版社，2018.

［2］顾肃. 第四次科技革命［M］. 南京：江苏人民出版社，2003.

［3］何悦. 科技法学［M］. 2 版. 北京：法律出版社，2014.

［4］胡鞍钢. 知识与发展：21 世纪新追赶战略［M］. 北京：北京大学出版社，2001.

［5］胡波. 专利法的伦理基础［M］. 武汉：华中科技大学出版社，2011.

［6］寇宗来. 专利制度的功能和绩效［M］. 上海：上海人民出版社，2005.

［7］李明德，许超. 著作权法［M］. 2 版. 北京：法律出版社，2009.

［8］李明德. 美国知识产权法［M］. 2 版. 北京：法律出版社，2014.

［9］刘越. 科技与法律［M］. 北京：科学出版社，2016.

［10］单晓光，姜南，漆苏. 知识产权强国之路：知识产权密集型产业研究［M］. 上海：上海人民出版社，2016.

［11］单晓光，许春明，等. 知识产权制度与经济增长：机制·实证·优化［M］. 北京：经济科学出版社，2009.

［12］单晓光，程德理，李文红，等. 3D 打印产业知识产权问题研究：以新一轮科技革命为视角［M］. 北京：知识产权出版社，2021.

［13］汤宗舜. 专利法解说［M］. 北京：法律出版社，2003.

［14］王迁. 著作权法［M］. 北京：中国人民大学出版社，2015.

［15］王素. 新科技革命：全球数字化教育在行动［M］. 北京：科学出版社，2020.

［16］王喜文. 工业 4.0：最后一次工业革命［M］. 北京：电子工业出版社，2015.

［17］吴汉东. 知识产权多维度学理解读［M］. 北京：中国人民大学出版社，2015.

［18］吴汉东. 知识产权法［M］. 北京：法律出版社，2016.

［19］吴汉东. 知识产权制度变革与发展研究［M］. 北京：经济科学出版社，2013.

［20］文一. 科学革命的密码［M］. 上海：东方出版中心，2021.

［21］徐海燕. 中国近现代专利制度研究［M］. 北京：知识产权出版社，2010.

［22］尹新天. 中国专利法详解：缩编版［M］. 北京：知识产权出版社，2012.

［23］郑成思. 知识产权法［M］. 北京：法律出版社，1997.

［24］中国电子信息产业发展研究院. 美国制造业创新研究院解读［M］. 北京：电子工业出版社，2018.

［25］中国人民大学知识产权教学与研究中心，中国人民大学知识产权学院. 十二国专利法［M］.《十二国专利法》翻译组，译. 北京：清华大学出版社，2013.

［26］中国科学院. 科技革命与中国的现代化：关于中国面向 2050 年科技发展战略的思考［M］. 北京：科学出版社，2009.

［27］张柏春. 科技革命与国家现代化研究丛书［M］. 济南：山东教育出版社，2020.

［28］周洪宇，鲍成中. 大时代：震撼世界的第三次工业革命［M］. 北京：人民出版社，2014.

三、中文论文、报纸类

［1］陈明星，陆大道，刘慧. 中国城市化与经济发展水平关系的省际格局［J］. 地理学报，2010，65（12）：1443 – 1453.

［2］陈宁，常鹤. 企业合作创新策略与资源配置模式研究［J］. 科学学研究，2012，30（12）：1910 – 1918.

［3］陈羽，邝国良. “产业升级”的理论内核及研究思路述评［J］. 改革，2009（10）：85 – 89.

［4］陈悦华，杨旭，杜厚磊. 省域城市圈 GDP 与其三种专利授权数量的灰色关联度分析［J］. 统计与决策，2015（18）：105 – 108.

［5］程恩富，丁晓钦. 构建知识产权优势理论与战略：兼论比较优势和竞争优势理论［J］. 当代经济研究，2003（9）：20 – 25.

［6］樊杰，陶岸君，吕晨. 中国经济与人口重心的耦合态势及其对区域发展的影响［J］. 地理科学进展，2010，29（1）：87 – 95.

［7］范军，赵冰，杨昆. 十八大以来我国版权产业发展的三大贡献［J］. 出版参考，2020（2）：28 – 31.

［8］冯居易，魏修建. 基于投入产出法的中国互联网行业经济效应分析［J］. 统计与决策，2021，37（15）：123 – 127.

［9］冯居易，魏修建. 数字经济时代下中国信息服务业的投入产出效应研究［J］. 情报科学，2020，38（5）：112 – 119.

［10］冯梅. 上海制造业比较优势演化与转型升级的路径研究［J］. 上海经济研究，2013，25（5）：112 – 120.

［11］冯晓青. 技术创新与知识产权战略及其法律保障体系研究［J］. 知识产权，2012

（2）：3-5.

［12］傅俊英，佟贺丰. 中国 PCT 专利申请的发展现状［J］. 科技管理研究，2016（13）：32-36.

［13］高峰，郭海轩. 科技创新政策滞后概念模型研究［J］. 科技进步与对策，2014，31（10）：101-105.

［14］龚新蜀，靳亚珍. 基于灰色关联理论的产业结构与经济协同发展的实证分析［J］. 统计与决策，2018（2）：123-126.

［15］韩江波，李超. 产业演化路径的要素配置效应：国际案例与中国选择［J］. 经济学家，2013（5）：39-49.

［16］韩喜平，周玲玲. "知识产权优势理论"评析及其应用价值［C］//中国经济规律研究会第23届年会暨第2届全国马克思主义经济学论坛论文集. 福州：中国经济规律研究会，2013.

［17］韩秀成，王淇. 知识产权：国际贸易的核心要素：中美经贸摩擦的启示［J］. 中国科学院院刊，2019，34（8）：893-902.

［18］韩缨. 欧盟"地平线2020计划"相关知识产权规则与开放获取政策研究［J］. 知识产权，2015（3）：92-96.

［19］郝振省，辛广伟，魏玉山，等. 中国版权相关产业的经济贡献研究［J］. 出版发行研究，2010（6）：5-11.

［20］何其春. 人类持续变富的解密：2018年诺贝尔经济学奖得主 Paul Romer 的贡献［J］. 中央财经大学学报，2018（12）：119-125.

［21］何其春. 税收、收入不平等和内生经济增长［J］. 经济研究，2012（2）：4-14.

［22］贺宁馨，董哲林. 专利司法保护强度的量化模型及实证研究［J］. 科研管理，2020，41（2）：115-122.

［23］贺正楚，吴艳，蒋佳林，等. 生产服务业与战略性新兴产业互动与融合关系的推演、评价及测度［J］. 中国软科学，2013（5）：129-143.

［24］胡晓鹏，李庆科. 生产性服务业与制造业共生关系研究：对苏、浙、沪投入产出表的动态比较［J］. 数量经济技术经济研究，2009，26（2）：33-46.

［25］黄萃，苏竣，施丽萍，等. 政策工具视角的中国风能政策文本量化研究［J］. 科学学研究，2011，29（6）：876-882，889.

［26］姜南，单晓光，漆苏. 知识产权密集型产业对中国经济的贡献研究［J］. 科学学研究，2014，32（8）：1157-1165.

［27］姜南，李济宇，顾文君. 技术宽度、技术深度和知识转移［J］. 科学学研究，2020，38（9）：1638-1646.

［28］姜南，李鹏媛，欧忠辉. 知识产权保护、数字经济与区域创业活跃度［J］. 中国软科学，2021（10）：171-181.

［29］姜南. 专利密集型产业创新效率体系评估研究［J］. 科学学研究, 2014, 32（7）: 1003 - 1011.

［30］焦敬娟, 王姣娥, 刘志高. 东北地区创新资源与产业协同发展研究［J］. 地理科学, 2016, 36（9）: 1338 - 1348.

［31］寇宗来, 周敏. 机密还是专利?［J］. 经济学（季刊）, 2012, 11（1）: 115 - 134.

［32］寇宗来. 专利制度与工业革命［N/OL］.（2012 - 08 - 07）［2022 - 11 - 20］. http://www.iprchn.com/Index_NewsContent.aspx?newsId = 49734.

［33］李辉文. 现代比较优势理论的动态性质: 兼评"比较优势陷阱"［J］. 经济评论, 2004（1）: 42 - 47.

［34］李黎明. 知识产权密集型产业测算: 欧美经验与中国路径［J］. 科技进步与对策, 2016, 33（14）: 55 - 62.

［35］李黎明. 专利密集型产业再认识: 一个新分析框架［J］. 科技进步与对策, 2020, 37（16）: 72 - 80.

［36］李黎明. 专利司法保护与产业经济发展的倒 U 形关系: 测度与事实［J］. 科学学研究, 2016, 34（6）: 841 - 849.

［37］李清彬. 推动大数据形成理想的生产要素形态［J］. 中国发展观察, 2018（15）: 22 - 25.

［38］李诗, 洪涛, 吴超鹏. 上市公司专利对公司价值的影响: 基于知识产权保护视角［J］. 南开管理评论, 2012, 15（6）: 4 - 13.

［39］李惜萱. 从"微笑曲线"到"元宝曲线": 对现代消费性电子产业价值创造模式的研究［J］. 中国商贸, 2019（4）: 226 - 228.

［40］梁晓艳, 李志刚, 汤书昆, 等. 我国高技术产业的空间聚集现象研究: 基于省际高技术产业产值的空间计量分析［J］. 科学学研究, 2007, 25（3）: 453 - 460.

［41］林关征. 专利激励机制的理论探源: 基于政府制度设计的解析［J］. 现代经济探讨, 2011（3）: 37 - 41.

［42］林金忠. 论知识作为独立的生产要素: 兼论知识经济的本质内涵［J］. 中国经济问题, 2004（6）: 33 - 39.

［43］林毅夫, 李永军. 比较优势、竞争优势与发展中国家的经济发展［J］. 管理世界, 2003（7）: 21 - 28, 66.

［44］林毅夫, 孙希芳. 经济发展的比较优势战略理论: 兼评《对中国外贸战略与贸易政策的评论》［J］. 国际经济评论, 2003（6）: 12 - 18.

［45］林毅夫. 新结构经济学: 重构发展经济学的框架［J］. 经济学（季刊）, 2010（1）: 1 - 32.

［46］刘华军, 王耀辉, 雷名雨. 中国战略性新兴产业的空间集聚及其演变［J］. 数量经济技术经济研究, 2019（7）: 99 - 116.

［47］刘星, 单晓光, 姜南. 基于专利信息的中美区块链技术竞争态势分析［J］. 科技进

步与对策，2020（18）：1 – 9.

[48] 刘拥军. 论比较优势与产业升级［J］. 财经科学，2005（5）：159 – 164.

[49] 柳卸林，高雨辰，丁雪辰. 寻找创新驱动发展的新理论思维：基于新熊彼特增长理论的思考［J］. 管理世界，2017（12）：8 – 19.

[50] 柳卸林，葛爽. 探究20年来中国经济增长创新驱动的内在机制：基于新熊彼特增长理论的视角［J］. 科学学与科学技术管理，2018，39（11）：3 – 18.

[51] 龙小宁，易巍，林志帆. 知识产权保护的价值有多大？：来自中国上市公司专利数据的经验证据［J］. 金融研究，2018（8）：120 – 136.

[52] 隆国强. 全球化背景下的产业升级新战略：基于全球生产价值链的分析［J］. 国际贸易，2007（7）：27 – 34.

[53] 罗勇，曹丽莉. 中国制造业集聚程度变动趋势实证研究［J］. 经济研究，2005（8）：106 – 115.

[54] 马宁. 从《专利法》三次修改谈中国专利立法价值趋向的变化［J］. 知识产权，2009，19（5）：69 – 74.

[55] 毛昊. 专利密集型产业发展的本土路径［J］. 电子知识产权，2017（7）：65 – 75.

[56] 孟源，张文红，刘新，等. 创新的获利性研究：基于创新的可占有性视角［J］. 管理科学，2013，26（5）：11 – 18.

[57] 米晋宏，张书宇，黄勃. 专利拥有量、市场控制力与企业价值提升：基于上市公司专利数据的研究［J］. 上海经济研究，2019（3）：24 – 37.

[58] 牛志伟，邹昭晞. 比较优势动态转换与产业升级：基于中国制造业发展指标的国际比较［J］. 改革，2020（2）：71 – 88.

[59] 任声策. 中国通信设备与制药产业创新系统比较研究［J］. 科研管理，2013，34（4）：34 – 42.

[60] 单晓光，李文红. 数字时代德国专利法的修订新动态述评［J］. 知识产权，2021（6）：80 – 96.

[61] 单晓光，徐骁枫，常旭华，等. 基于行业中类的专利密集型产业测度及其影响因素［J］. 同济大学学报（自然科学版），2018，46（5）：701 – 708，714.

[62] 单晓光. 论强制技术转让［J］. 东方法学，2020（6）：62 – 76.

[63] 单晓光. 新一轮科技革命与中国的知识产权战略［J］. 人民论坛·学术前沿，2019（13）：23 – 31.

[64] 单晓光. 中美贸易战中的知识产权问题分析［J］. 人民论坛·学术前沿，2018（17）：18 – 26.

[65] 宋慧献. "版权产业"实证研究的基础框架：WIPO《版权产业的经济贡献调查指南》解读［J］. 中国版权，2006（3）：34 – 38.

[66] 宋晓明. 新形势下我国的知识产权司法政策［J］. 知识产权，2015（5）：3 – 9.

[67] 孙海荣. 专利战略竞争优势：内生论和外生论视角 [J]. 中国科技论坛, 2017 (1)：94-102.

[68] 王锦生. 辽宁省 R&D 投入与经济增长的灰色关联分析 [J]. 科学管理研究, 2013, 31 (3)：93-96.

[69] 王黎萤, 王佳敏, 虞微佳. 区域专利密集型产业创新效率评价及提升路径研究：以浙江省为例 [J]. 科研管理, 2017, 38 (3)：29-37.

[70] 王永昆. 比较成本论：西方国际贸易理论介评（二）[J]. 国际贸易, 1987 (2)：46-48.

[71] 王子龙, 谭清美, 许箫迪. 高技术产业集聚水平测度方法及实证研究 [J]. 科学学研究, 2006, 24 (5)：706-714.

[72] 魏国平, 黄亦鹏. 中国战略性新兴产业知识产权能力与竞争优势培育 [J]. 南京政治学院学报, 2015, 31 (6)：42-46.

[73] 魏卫, 陈雪钧. 旅游产业经济贡献综合评析：以湖北省为例 [J]. 经济地理, 2006 (2)：331-334.

[74] 温军, 张森. 专利、技术创新与经济增长：一个综述 [J]. 华东经济管理, 2019, 33 (8)：152-160.

[75] 文小勇. 版权经济：版权产业发展的一个解释框架：基于 2014 年广东省版权产业调查统计分析 [J]. 广东社会科学, 2016 (4)：25-36.

[76] 吴汉东. 后 TRIPs 时代知识产权制度的变革与中国的应对方略 [J]. 法商研究, 2005 (5)：3-7.

[77] 吴汉东. 知识产权法的制度创新本质与知识创新目标 [J]. 法学研究, 2014 (3)：95-108.

[78] 吴新娣. 对内蒙古高新技术产业经济效益的分析 [J]. 科学管理研究, 2007, 25 (2)：44-46.

[79] 香江波. 美国版权相关产业经济贡献调研的发展 [J]. 出版发行研究, 2012 (1)：67-71.

[80] 肖冰. 版权产业经济贡献评估体系的比较研究 [J]. 科技与出版, 2015 (2)：111-117.

[81] 徐斌, 李燕芳. 生产要素理论的主要学派与最新发展 [J]. 北京交通大学学报（社会科学版）, 2006, 5 (3)：20-24.

[82] 徐建华, 岳文泽. 近 20 年来中国人口重心与经济重心的演变及其对比分析 [J]. 地理科学, 2001, 21 (5)：385-389.

[83] 徐向龙. 数字化转型与制造企业技术创新 [J]. 工业技术经济, 2022, 41 (6)：18-25.

[84] 徐瑄. 知识产权的正当性：论知识产权法中的对价与衡平 [J]. 中国社会科学,

2003（4）：144－154.

[85] 严成樑，龚六堂. 熊彼特增长理论：一个文献综述［J］. 经济学（季刊），2009，8（3）：1163－1196.

[86] 严成樑，张丽华. 内生的知识产权保护与长期经济增长［J］. 浙江社会科学，2010（6）：18－24.

[87] 晏双生，章仁俊. 企业资源基础理论与企业能力基础理论辨析及其逻辑演进［J］. 科技进步与对策，2005（5）：125－128.

[88] 杨成凤，韩会然，宋金平. 功能疏解视角下北京市产业关联度研究：基于投入产出模型的分析［J］. 经济地理，2017，37（6）：100－106.

[89] 杨延超. 改革开放40年我国专利制度的回顾、反思与展望［J］. 重庆社会科学，2018（4）：32－40.

[90] 叶静怡，李晨乐，雷震，等. 专利申请提前公开制度、专利质量与技术知识传播［J］. 世界经济，2012（8）：115－133.

[91] 于立，王建林. 生产要素理论新论：兼论数据要素的共性和特性［J］. 经济与管理研究，2020，41（4）：62－73.

[92] 于刃刚，戴宏伟. 论生产要素的内涵、组合与收入分配：兼论按要素分配与按劳分配相结合［J］. 河北学刊，1999（5）：27－33.

[93] 俞文华. 韩国在华发明专利申请格局、技术结构与比较优势及政策含义［J］. 中国科技论坛，2007（7）：132－140.

[94] 俞文华. 美国在华技术比较优势演变及其政策含义：基于1985—2003年美国在华职务发明专利申请统计分析［J］. 科学学研究，2008，26（1）：98－104.

[95] 俞文华. 职务发明专利、比较优势和封锁动态：基于国家知识产权战略实施的视角［J］. 科学学研究，2010，28（4）：515－522.

[96] 岳健勇. 中美贸易战：中国的生死之战［J/OL］. 凤凰周刊，2018（15）（2018－07－24）［2024－02－24］. https：//mp. weixin. qq. com/s/An6QV－4ckAXmRBwns6KLxQ.

[97] 詹映，温博. 行业知识产权战略与产业竞争优势的获取：以印度软件产业的崛起为例［J］. 科学学与科学技术管理，2011，32（4）：98－104.

[98] 张继红，吴玉鸣，何建坤. 专利创新与区域经济增长关联机制的空间计量经济分析［J］. 科学学与科学技术管理，2007，28（1）：83－89.

[99] 张可云，杨孟禹. 国外空间计量经济学研究回顾、进展与述评［J］. 产经评论，2016，7（1）：5－21.

[100] 张莉，单晓光. 医药制造业发明专利与产业发展的空间耦合协调研究［J］. 科技进步与对策，2021（15）：66－73.

[101] 张莉. 专利密集型产业的比较优势及地理分布［J］. 管理现代化，2021，41（1）：81－84.

［102］张莉. 专利密集型产业的空间集聚特征及演化趋势［J］. 科技管理研究，2022，42
（4）：97－104.

［103］张琳彦. 产业集聚测度方法研究［J］. 技术经济与管理研究，2015（6）：113－118.

［104］张宁，赵镇岳，李江. 科研人员流动中的性别差异研究［J］. 图书情报知识，2020
（2）：24－31.

［105］张其仔. 比较优势的演化与中国产业升级路径的选择［J］. 中国工业经济，2008
（9）：58－68.

［106］张耀辉. 产业创新：新经济下的产业升级模式［J］. 数量经济技术经济研究，2002
（1）：14－17.

［107］张幼文. 从廉价劳动力优势到稀缺要素优势：论"新开放观"的理论基础［J］. 南
开学报（哲学社会科学版），2005（6）：1－8，61.

［108］赵冰，杨昆，郝丽美. 2012 年中国版权产业经济贡献调研报告［J］. 中国版权，
2015（1）：64－69.

［109］赵璐，赵作权. 中国经济的空间差异识别［J］. 广东社会科学，2014（4）：25－32.

［110］赵璐，赵作权. 中国经济空间转型与新时代全国经济东西向布局［J］. 城市发展研
究，2018，25（7）：18－24.

［111］赵璐，赵作权. 中国制造业的大规模空间聚集与变化：基于两次经济普查数据的实
证研究［J］. 数量经济技术经济研究，2014（10）：110－121.

［112］赵晓雷，严剑峰，张祥建. 中国航天产业后向关联效应及前向关联效应研究：以上
海数据为例［J］. 财经研究，2009，35（1）：74－85.

［113］赵彦云，刘思明. 中国专利对经济增长方式影响的实证研究：1988～2008 年［J］.
数量经济技术经济研究，2011（4）：34－48.

［114］赵玉林，魏芳. 基于熵指数和行业集中度的我国高技术产业集聚度研究［J］. 科学
学与科学技术管理，2008（11）：122－126.

［115］赵周华，王树进. 人口老龄化与居民消费结构变动的灰色关联分析［J］. 统计与决
策，2018（9）：108－111.

［116］郑飞. 产业生命周期、市场集中与经济绩效：基于中国 493 个工业子行业的实证研
究［J］. 经济经纬，2019，36（3）：81－87.

［117］郑国辉. 中国知识产权保护与 TPP 的战略应对［J］. 上海政法学院学报（法治论
丛），2015（3）：59－65.

［118］支燕，白雪洁. 中国汽车产业的协同演进特征及协同度提升策略：基于四时点投入
产出表的实证分析［J］. 中国工业经济，2011（7）：76－85.

［119］中国版权产业经济贡献调研课题组，赵冰，杨昆. 2011 年中国版权产业的经济贡献
［J］. 出版发行研究，2014（7）：14－18.

［120］中国社会科学院工业经济研究所课题组，吕铁. 第三次工业革命与中国制造业的应

对战略 [J]. 学习与探索, 2012 (9): 93 - 98.

[121] 中国新闻出版研究院. 2016 年中国版权产业的经济贡献 [J]. 中国出版, 2018 (9): 21 - 24.

[122] 朱红恒. 熊彼特的创新理论及启示 [J]. 社会科学家, 2005 (1): 59 - 61, 70.

[123] 朱鸿伟. 当代比较优势理论的发展及其启示 [J]. 暨南学报 (哲学社会科学), 2001, 23 (2): 38 - 42.

[124] 朱卫平, 陈林. 产业升级的内涵与模式研究: 以广东产业升级为例 [J]. 经济学家, 2011 (2): 60 - 66.

[125] 庄子银, 贾红静, 李汛. 知识产权保护对企业创新的影响研究: 基于企业异质性视角 [J]. 南开管理评论, 2023, 26 (5): 61 - 71.

四、外文著作类

[1] ARROW K J. Economic welfare and the allocation of resources for invention [M] //National Bureau Committee for Economic Research. The rate and direction of inventive activity: economic and social factors. New Jersey: Princeton University Press, 1962.

[2] ASHWORTH W J. The industrial revolution: the state, knowledge and global trade [M]. London: Bloomsbury Academic, 2017.

[3] BIANCHI P, LABORY S. Industrial policy for the manufacturing revolution: perspectives on digital globalization [M]. Cheltenham: Edward Elgar Publishing, 2018.

[4] BRAUWEILER H, KURCHENKOV, VLADIMIR V, et al. Digitalization and Industry 4.0: economic andsocietal development: an international and interdisciplinary exchange of views and ideas [M]. Wiesbaden: Springer Gabler, 2020.

[5] CHRISTOPHER H, ANSELM K. Intellectual property law and the fourth industrial revolution, intellectual property law and the fourth industrial revolution [M]. Alphen aan den Rijn: Wolters Kluwer, 2020.

[6] GRONAU N. Von industrial internet of things zu industrie 4.0 [M]. Berlin: GITO Gesellschaft für Industrielle Informationstechnik und Organisation, Berlin - Verlag, 2018.

[7] GOLDSTEIN P, STRAUS J. Intellectual property in Asia: laws, economics history and politics MPI studies on intellectual property, competition and tax law: Volume 9 [M]. Berlin: Springer - Verlag, 2009.

[8] HAEDICKE M, TIMMANN H. Patent law: a handbook on European and German patent law [M]. Munchen: Beck Hart Publishing, 2014.

[9] JOHNSON N, MARKEY T B. Economics of the fourth industrial revolution: internet, artificial intelligence and blockchain [M]. London: Routledge, 2021.

[10] MANYIKA J, CHUI M, BUGHIN J, et al. Disruptive technologies: advances that will

transform life, business, and the global economy [M]. San Francisco: McKinsey Global Institute, 2013.

[11] ROSE G, SCHWAB K. The fourth industrial revolution: a Davos reader [M]. New York: Council on Foreign Relations, 2016.

[12] KRAßER R. Patentrecht: Ein lehr – und handbuch zum deutschen patent – und gebrauchs- musterrecht, Europäischen und internationalen patentrecht, völlig neu bearbeitete auflage [M]. München: Verlag C. H. Beck, 2008.

[13] SEITER M, GRÜNERT L, BERLIN S. Betriebswirtschaftliche aspekte von industrie 4. 0 [M]. Wiesbaden: Springer Fachmedien Wiesbaden, 2017.

[14] SHAN X G. Patentrechte und know – how im rechtsverkehr in der Volksrepublik China: wirtschaftliche, technologiepolitische und rechtliche ausgestaltung [M]. Frankfurt: Peter Lang der europaeischen Wissenschaft Verlag, 2001.

[15] SKILTON M, HOVSEPIAN F. The 4th industrial revolution: responding to the impact of arti- ficial intelligence on business [M]. Cham: Springer International Publishing – Verlag, 2018.

五、外文论文类

[1] ADAMS S. Intellectual property rights, political risk and economic growth in developing coun- tries [J]. Journal of Economics and International Finance, 2009, 1 (6): 127 – 134.

[2] ALLRED B B, PARK W G. The influence of patent protection on firm innovation investment in manufacturing industries [J]. Journal of International Management, 2007, 13 (2): 91 – 109.

[3] ANG J S, CHENG Y M, WU C P. Does enforcement of intellectual property rights matter in China?: evidence from financing and investment choices in the high – tech industry [J]. Re- view of Economics and Statistics, 2014, 96 (2): 332 – 348.

[4] ARORA A, CECCAGNOLI M, COHEN W M. R&D and the patent premium [J]. Interna- tional Journal of Industrial Organization, 2008, 26 (5): 1153 – 1179.

[5] ARUNDEL A, KABLA I. What percentage of innovations are patented?: empirical estimates for European firms [J]. Research Policy, 1998, 27 (2): 127 – 141.

[6] BARNEY J. Firm resources and sustained competitive advantage [J]. Journal of Manage- ment, 1991, 17 (1): 99 – 120.

[7] BIELIG A. Intellectual property and economic development in Germany: empirical evidence for 1999—2009 [J]. European Journal of Law and Economics, 2015, 39 (3): 607 – 622.

[8] BOLDRIN M, LEVINE D K. Market size and intellectual property protection [J]. Interna- tional Economic Review, 2009, 50 (3): 855 – 881.

[9] CHEN Y, PUTTITANUN T. Intellectual property rights and innovation in developing Coun- tries [J]. Journal of Development Economics, 2005, 78 (2): 474 – 493.

［10］CHO K, KIM C, SHIN J. Differential effects of intellectual property rights on innovation and economic performance: a cross – industry investigation ［J］. Science and Public Policy, 2015, 42 (6): 827 –840.

［11］CHU A C, COZZI G, GALLI S. Stage – dependent intellectual property rights ［J］. Journal of Development Economics, 2014 (106): 239 –249.

［12］CROSBY M. Patents, innovation and growth ［J］. Economic Record, 2000, 76 (234): 255 –262.

［13］DIXIT A K, GROSSMAN G M. Trade and protection with multistage production ［J］. The Review of Economic Studies, 1982, 49 (4): 583 –594.

［14］ERNST H. Patent applications and subsequent changes of performance: evidence from time – series cross – section analyses on the firm level ［J］. Research Policy, 2001, 30 (1): 143 –157.

［15］ERNST H. Patenting strategies in the German mechanical engineering industry and their relationship to company performance ［J］. Technovation, 1995, 15 (4): 225 –240.

［16］FALVEY R, FOSTER N, GREENAWAY D. Intellectual property rights and economic growth ［J］. Review of Development Economics, 2006, 10 (4): 700 –719.

［17］GANTCHEV D. The WIPO guide on surveying the economic contribution of the copyright industries ［J］. Review of Economic Research on Copyright Issues, 2004, 1 (1): 5 –15.

［18］GINARTE J C, PARK W G. Determinants of patent rights: a cross – national study ［J］. Research Policy, 1997, 26 (3): 283 –301.

［19］GOULD D M, GRUDEN W C. The role of intellectual property rights in economic growth ［J］. Journal of Development Economics, 1996, 48 (2): 323 –350.

［20］HALL B H, HARHOFF D. Recent research on the economics of patents ［J］. Annual Review of Economics, 2012, 4 (1): 541 –565.

［21］HALL B H, JAFFE A, TRAJTENBERG M. Market value and patent citations ［J］. The Rand Journal of Economics, 2005, 36 (1): 16 –38.

［22］HORRI H, IWAISAKO T. Economic growth with imperfect protection of intellectual property rights ［J］. Journal of Economics, 2007, 90 (1): 45 –85.

［23］HU A G Z, PNG I P L. Patent rights and economic growth: Evidence from cross – country panels of manufacturing industries ［J］. Oxford Economic Papers, 2013, 65 (3): 675 –698.

［24］IWASAKO T, FUGATAMI K. Patent policy in an endogenous growth model ［J］. Journal of Economics, 2003, 78 (3): 239 –258.

［25］KANWAR S. Business enterprise R&D, technological change, and intellectual property protection ［J］. Economics Letters, 2007, 96 (1): 120 –126.

［26］KIM T, MASKUS K E, OH K Y. Effects of patents on productivity growth in Korean manufacturing: a panel data analysis [J]. Pacific Economic Review, 2009, 14 (2): 137 – 154.

[27] KIM Y K, LEE K, PARK W G, et al. Appropriate intellectual property protection and economic growth in countries at different levels of development [J]. Research Policy, 2012, 41(2): 358 – 375.

[28] KWAN Y K, LAI L C. Intellectual property rights protection and endogenous economic growth [J]. Journal of Economic Dynamics and Control, 2003, 27 (5): 853 – 873.

[29] LERNER J. The empirical impact of intellectual property rights on innovation: puzzles and clues [J]. American Economic Review: Papers & Proceedings, 2009, 99 (2): 343 – 348.

[30] LOUKIL K. Intellectual property rights, human capital and innovation in emerging and developing Countries [J]. Journal of Social Economics Research, 2020, 7 (1): 35 – 41.

[31] MANSFIELD E. Patents and innovation: an empirical study [J]. Management Science, 1986, 32 (2): 173 – 181.

[32] MASKUS K E, MILANI S, NEUMANN R. The impact of patent protection and financial development on industrial R&D [J]. Research Policy, 2019 (48): 355 – 370.

[33] MRAD F. The effects of intellectual property rights protection in the technology transfer context on economic growth [J]. Journal of Innovation Economics & Management, 2017, 23 (2): 33 – 57.

[34] NEVES P C, AFONSO O, SILVA D, et al. The link between intellectual property rights, innovation, and growth: a meta – analysis [J]. Economic Modelling, 2021 (97): 196 – 209.

[35] PARK W, GINARTE J C. Intellectual property rights and economic growth [J]. Contemporary Economic Policy, 1997, 15 (3): 51 – 61.

[36] PRAHALAD C K, HAMEL G. The core competence of the corporation [J]. Harvard Business Review, 1990 (3): 79 – 91.

[37] PRUDHOMME D. Dynamics of China's provincial – level specialization in strategic emerging industries [J]. Research Policy, 2016, 45 (8): 1586 – 1603.

[38] QIAN Y. Do national patent laws stimulate domestic innovation in a global patenting environment?: a cross – country analysis of pharmaceutical patent protection, 1978—2002 [J]. The Review of Economics and Statistics, 2007, 89 (3): 436 – 453.

[39] ROMER P M. Increasing returns and long – run growth [J]. Journal of Political Economy, 1986, 94 (5): 1002 – 1037.

[40] ROMER P. Endogenous technological change [J]. Journal of Political Economy, 1990, 98 (5): 71 – 102.

[41] ROTHWELL R. Reindustrialization and technology: towards a national policy framework [J]. Science and Public Policy, 1985, 12 (3): 113 – 130.

［42］SCOTCHMER S, GREEN J. Novelty and Disclosure in Patent Law ［J］. The RAND Journal of Economics, 1990, 21 (1): 131 – 146.

［43］SOLOW R M. A contribution to the theory of economic growth ［J］. The Quarterly Journal of Economics, 1956, 70 (1): 65 – 94.

［44］SOLOW R M. Technical change and the aggregate production function ［J］. Review of Economics & Statistics, 1957, 39 (3): 554 – 562.

［45］WITT U. How evolutionary is Schumpeter's theory of economic development? ［J］. Industry & Innovation, 2002, 9 (1 – 2): 7 – 22.

［46］WOO S, JANG P, KIM Y. Effects of intellectual property rights and patented knowledge in innovation and industry value added: a multinational empirical analysis of different industries ［J］. Technovation, 2015 (43): 49 – 63.

［47］YANG C H, HUANG Y J, LIN H Y. Do stronger intellectual property rights induce more innovations?: a cross – country analysis ［J］. Hitotsubashi Journal of Economics, 2014, 55 (2): 167 – 188.

［48］YIN Z, MAO H. China's patent protection and enterprise R&D expenditure ［C］ // SONG L, GARNAUT R, FANG C, et al. China's new sources of economic growth: human capital, innovation and technological change. Canberra: ANU Press, 2017: 245 – 262.

六、国内外报告类

［1］国家知识产权局. 中国区域产业专利密集度统计报告 ［EB/OL］. (2014 – 01 – 08) ［2022 – 11 – 27］. https://www.cnipa.gov.cn/module/download/down.jsp? i_ID = 40225& colID = 88.

［2］国家知识产权局. 专利密集型产业目录 (2016) (试行) ［EB/OL］. (2016 – 10 – 28) ［2022 – 11 – 27］. http://www.cnipa.gov.cn/tjxx/yjcg/201610/P020161028631676213030.pdf.

［3］LEENHEER J, BREMER S, THEEUWES J. The economic contribution of copyright – based industries in the Netherlands ［EB/OL］. (2014 – 05 – 21) ［2021 – 08 – 20］. https://www.wipo.int/export/sites/www/copyright/en/performance/pdf/econ_contribution_of_cr_ind_nl_2014.pdf.

［4］The Finnish Ministry of Education and Culture, The Finnish Copyright Society. Economic contribution of copyright – based industries in Finland 2005 – 2008 ［EB/OL］. (2010 – 12 – 31) ［2021 – 08 – 20］. https://www.wipo.int/export/sites/www/copyright/en/performance/pdf/econ_contribution_cr_fi.pdf.

［5］国家知识产权局. 中国专利密集型产业主要统计数据报告 (2015) ［R/OL］. (2016 – 10 – 28) ［2022 – 11 – 27］. http://www.cnipa.gov.cn/transfer/pub/old/tjxx/yjcg/

201610/P020161028632217319768. pdf.

［6］国家知识产权局. 2017 年我国人工智能领域专利主要统计数据报告［R/OL］.（2018 –
11 – 14）［2020 – 10 – 20］. https：//www. cnipa. gov. cn/module/download/down. jsp? i_ID =
40217&colID = 88.

［7］国家知识产权局战略规划司. 知识产权统计简报：2022 年第 1 期［R/OL］.（2022 –
03 – 14）［2022 – 11 – 21］. https：//www. cnipa. gov. cn/module/download/down. jsp? i_
ID = 174331&colID = 88.

［8］国家统计局. 知识产权（专利）密集型产业统计分类（2019）［R/OL］.（2019 – 04 –
09）［2022 – 11 – 27］. http：//www. stats. gov. cn/xxgk/tjbz/gjtjbz/201904/t20190411_
1758933. html.

［9］国家统计局，国家知识产权局. 2018 年全国专利密集型产业增加值数据公告［EB/OL］.
（2020 – 03 – 13）［2022 – 11 – 27］. http：//www. gov. cn/xinwen/2020 – 03/13/content_
5490747. htm.

［10］国家统计局，国家知识产权局. 2019 年全国专利密集型产业增加值数据公告［EB/
OL］.（2020 – 12 – 31）［2022 – 11 – 27］. http：//www. gov. cn/xinwen/2020 – 12/31/con-
tent_5575773. htm.

［11］国家统计局，国家知识产权局. 2020 年全国专利密集型产业增加值数据公告［EB/
OL］.（2021 – 12 – 30）［2022 – 11 – 27］. http：//www. gov. cn/xinwen/2021 – 12/30/
content_5665342. htm.

［12］国家统计局，国家知识产权局. 2021 年全国专利密集型产业增加值占 GDP 比重为
12. 44%［EB/OL］.（2022 – 12 – 28）［2023 – 01 – 27］. https：//www. cnipa. gov. cn/
art/2023/2/28/art_1413_182372. html.

［13］王亚利. 我省发布知识产权密集型产业统计报告［EB/OL］.（2019 – 11 – 11）［2022 –
11 – 27］. http：//zscqj. jiangsu. gov. cn/art/2019/11/11/art_75877_8807353. html.

［14］江苏省专利信息服务中心.《江苏省知识产权密集型产业统计报告 2017》发布［EB/
OL］.（2017 – 11 – 13）［2022 – 11 – 27］. http：//zscqj. jiangsu. gov. cn/art/2017/11/13/
art_75877_8807484. html.

［15］Department for Culture，Media and Sport. Creative industries mapping documents 2001［R/
OL］.（2001 – 04 – 09）［2022 – 11 – 10］. https：//www. gov. uk/government/publica-
tions/creative – industries – mapping – documents – 2001.

［16］Economics and Statistics Administration，United States Patent and Trademark Office. Intel-
lectual property and the U. S. economy：industries in focus［R/OL］.（2012 – 02 – 24）
［2022 – 11 – 21］. https：//www. uspto. gov/sites/default/files/news/publications/IP_Re-
port_March_2012. pdf.

［17］Economics and Statistics Administration，United States Patent and Trademark Office. Intellectual property and the U. S. economy：2016 update［R/OL］. （2016 – 09 – 26）［2022 – 11 – 21］. https：//www. uspto. gov/sites/default/files/documents/IPandtheUSEconomySept 2016. pdf.

［18］ERNST D. Global production network and industrial upgrading：a knowledge – centered approach［R/OL］. （2001 – 05 – 25）［2022 – 10 – 15］. https：//scholarspace. manoa. hawaii. edu/server/api/core/bitstreams/ab038343 – 2819 – 4017 – b883 – 98fabf15e858/content.

［19］European Investment Bank, European Patent Office. Deep tech innovation in smart connected technologies［R/OL］. （2022 – 04 – 25）［2022 – 11 – 20］. https：//www. eib. org/attachments/publications/eib_epo_deep_tech_smes_en. pdf.

［20］European Patent Office, European Union Intellectual Property Office. IPR – intensive industries and economic performance in the European Union：industry – level analysis report：fourth edition［R/OL］. （2022 – 10 – 22）［2022 – 11 – 11］. https：//euipo. europa. eu/tunnel – web/secure/webdav/guest/document_library/observatory/documents/reports/IPR – intensive_industries_and_economic_in_EU_2022/2022_IPR_Intensive_Industries_FullR_en. pdf.

［21］European Patent Office, European Union Intellectual Property Office. Intellectual property rights intensive industries and economic performance in the European Union：second edition ［R/OL］. （2016 – 10 – 27）［2022 – 11 – 18］. http：//documents. epo. org/projects/babylon/eponet. nsf/0/419858BEA3CFDD08C12580560035B7B0/$File/ipr_intensive_industries_report_en. pdf.

［22］European Patent Office, European Union Intellectual Property Office. Intellectual property rights intensive industries and economic performance in the European Union：third edition ［R/OL］. （2019 – 09 – 27）［2022 – 11 – 18］. http：//documents. epo. org/projects/babylon/eponet. nsf/0/9208BDA62793D113C125847A00500CAA/$File/IPR – intensive_industries_and_economic_performance_in_the_EU_2019_en. pdf.

［23］European Patent Office. Patents for tomorrow's plastics：Global innovation trends in recycling, circular design and alternative sources［R/OL］. （2021 – 11 – 25）［2022 – 11 – 25］. https：//documents. epo. org/projects/babylon/eponet. nsf/0/069F978FE569055EC12 5876F004FFBB1/$File/patents_for_tomorrows_plastics_study_en. pdf.

［24］European Patent Office. Patents and the energy transition：global trends in clean energy technology innovation［R/OL］. （2021 – 04 – 28）［2022 – 11 – 25］. https：//documents. epo. org/projects/babylon/eponet. nsf/0/3A283646135744B9C12586BF00489B38/$FILE/patents_and_the_energy_transition_study_en. pdf.

［25］European Patent Office, United States Patent and Trademark Office. "CPC to IPC"（dynamic) concordance table [R/OL]. [2022 – 12 – 10]. https：//www. cooperativepatent-classification. org/cpcConcordances.

[26] European Patent Office. Methodology for identifying 4IR technologies in patent data [R/OL]. (2020 – 12 – 04) [2020 – 12 – 10]. http：//documents. epo. org/projects/babylon/eponet. nsf/0/06E4D8F7A2D6C2E1C125863900517B88/ $ File/patents_and_the_fourth_industrial_revolution_study_2020_annex_en. pdf.

[27] European Patent Office. Patents and the fourth industrial revolution：the global technology trends enabling the data – driven economy [R/OL]. (2020 – 12 – 08) [2020 – 12 – 10]. http：//documents. epo. org/projects/babylon/eponet. nsf/0/06E4D8F7A2D6C2E1C125863 900517B88/ $ File/patents_and_the_fourth_industrial_revolution_study_2020_en. pdf.

[28] European Patent Office. Patents and the fourth industrial revolution：the inventions behind digital transformation [R/OL]. (2018 – 06 – 26) [2020 – 12 – 10]. http：//documents. epo. org/projects/babylon/eponet. nsf/0/17FDB5538E87B4B9C12581EF0045762F/ $ File/fourth_industrial_revolution_2017__en. pdf.

[29] European Patent Office. Patent Index 2019：digital technologies on the rise [R/OL]. (2020 – 03 – 12) [2022 – 11 – 21]. https：//www. epo. org/about – us/annual – reports – statistics/statistics/2019. html.

[30] European Patent Office. Patent research grants – call for proposals 2019 [EB/OL]. (2019 – 04 – 11) [2022 – 11 – 01]. https：//www. epo. org/news – events/news/2019/201904 10. html.

[31] European Patent Office. Market success for inventions – patent commercialisation scoreboard：European SMEs [R/OL]. (2019 – 11 – 04) [2022 – 11 – 21]. https：//www. iam – media. com/patents/new – report – reveals – why – smes – want – patents – and – the – oppor-tunities – they – bring.

[32] European Patent Office, Office for Harmonization in the Internal Market. Intellectual proper-ty rights intensive industries：contribution to economic performance and employment in the European Union [R/OL]. (2013 – 09 – 27) [2022 – 11 – 25]. http：//documents. epo. org/projects/babylon/eponet. nsf/0/8E1E34349D4546C3C1257BF300343D8B/ $ File/ip_int ensive_industries_en. pdf.

[33] European Union Intellectual Property Office. Intellectual property rights and firm performance in the European Union [R/OL]. (2021 – 02 – 08) [2022 – 11 – 08]. https：//docu-ments. epo. org/projects/babylon/eponet. nsf/0/7120D0280636B3E6C1258673004A8698/ $ File/ipr_performance_study_en. pdf.

[34] HARHOFF D, HEUMANN S, JENTZSCH N, et al. Eckpunkte einer nationalen strategie für künstliche intelligenz [R/OL]. (2018 – 06 – 04) [2022 – 11 – 23]. https：//www.

stiftung – nv. de/sites/default/files/ki_strategie. pdf.

[35] HUMPHREY J, SCHMITZ H. Governance and upgrading: linking industrial cluster and global value chain research [R/OL]. (2017 – 11 – 02) [2022 – 10 – 15]. https://www. marketlinks. org/sites/default/files/media/file/2020 – 10/Governance% 20and% 20Up grading. pdf.

[36] International Trademark Association. The economic contribution of trademark – intensive industries in Indonesia, Malaysia, the Philippines, Singapore, and Thailand [R/OL]. (2017 – 08 – 14) [2022 – 12 – 15]. https://www. inta. org/wp – content/uploads/public – files/perspectives/industry – research/INTA _ ASEAN _ Economic _ Impact _ Study _ 082717. pdf.

[37] JAN C B, BENJAMIN D, THOMAS R. Bertelsmann Stiftung InnovationBSt. World class patents in cutting – edge technologies: the innovation power of East Asia, North America, and Europe [R/OL]. (2020 – 05 – 29) [2022 – 11 – 08]. http://aei. pitt. edu/103238/1/BST_World_class_patents_2020_ENG. pdf.

[38] KHAN B Z. Of time and space: technological spillovers among patents and unpatented innovations during early U. S. industrialization [R/OL]. [2022 – 12 – 18]. http://www. nber. org/papers/w20732.

[39] Office for Harmonization in the Internal Market. Intellectual property rights and firm performance in Europe: an economic analysis [R/OL]. (2015 – 06 – 16) [2022 – 11 – 21]. https://euipo. europa. eu/ohimportal/documents/11370/80606/Intellectual + property + rights + and + firm + performance + in + Europe.

[40] PARK W, TOOLE A, TORRES G, et al. Immunity to the COVID – 19 shock?: the case of US innovation [R/OL] //FINK C, MÉNIÈRE Y, TOOLE A, et al. Resilience and ingenuity: global innovation responses to Covid – 19. Paris: CEPR Press, 2022.

[41] PHAM N D. The importance of IP – intensive manufacturing industries to the U. S. economy [R/OL]. (2021 – 10 – 31) [2022 – 11 – 01]. https://ndpanalytics. com/wp – content/uploads/IP – Intensive – Industries – Report – October – 2021. pdf.

[42] PHAM N D. IP – intensive manufacturing industries: driving U. S. economic growth [R/OL]. (2017 – 09 – 12) [2022 – 11 – 01]. https://ndpanalytics. com/wp – content/uploads/Report. pdf.

[43] PHAM N D. IP – intensive manufacturing industries: driving U. S. economic growth [R/OL]. (2015 – 03 – 31) [2022 – 11 – 01]. https://ndpanalytics. com/wp – content/uploads/Report – 23. pdf.

[44] PHAM N D, PELZMAN J, BADLAM J, et al. The economic benefits of intellectual property rights in the trans – pacific partnership [R/OL]. (2014 – 02 – 12) [2022 – 11 – 01].

https：//ndpanalytics. com/wp – content/uploads/Report – 17. pdf.

[45] PHAM N D. The contribution of private sector colleges and universities to IP – intensive industries in the United States [R/OL]. (2013 – 11 – 19) [2022 – 11 – 01]. https：//ndpanalytics. com/wp – content/uploads/Report – 15. pdf.

[46] PHAM N D. The impact of innovation and the role of intellectual property on U. S. productivity, competitiveness, jobs, wages, and exports [R/OL]. (2010 – 04 – 28) [2022 – 11 – 01]. https：//static1. squarespace. com/static/52850a5ce4b068394a270176/t/52d85e2ce4b01b5207ec865d/1389911596028/NDP_IP_Jobs_Study_Hi_Res. pdf.

[47] PICARD R G, TOIVONEN T E, GRÖNLUND M. The contribution of copyright and related rights to the European economy：based on data from the year 2000 (final report) [R/OL]. (2003 – 10 – 20) [2022 – 11 – 21]. http：//ec. europa. eu/internal_market/copyright/docs/studies/etd2002b53001e34_en. pdf.

[48] SHAPIRO R J, PHAM N D. Economic effects of intellectual property – intensive manufacturing in the United States [R/OL]. (2007 – 07 – 28) [2022 – 11 – 01]. https：//ndpanalytics. com/reports/.

[49] SIWEK S E. Copyright industries in the U. S. economy：the 2002 report [R/OL]. (2002 – 04 – 28) [2022 – 11 – 21]. https：//www. iipa. org/reports/copyright – industries – us – economy/.

[50] SIWEK S E. The economic contribution of copyright – based industries in USA：the 2004 report [R/OL]. (2008 – 03 – 04) [2022 – 11 – 21]. https：//www. wipo. int/export/sites/www/copyright/en/performance/pdf/econ_contribution_cr_us_2004. pdf.

[51] SIWEK S E. Copyright industries in the U. S. economy：the 2003 – 2007 reprot [R/OL]. (2009 – 07 – 15) [2022 – 11 – 10]. https：//iipa. org/files/uploads/2018/01/IIPASiwekReport2003 – 07. pdf.

[52] STONER R, DUTRA J. Copyright industries in the U. S. economy：the 2020 report [R/OL]. (2020 – 12 – 14) [2022 – 11 – 20]. https：//www. iipa. org/files/uploads/2020/12/2020 – IIPA – Report – FINAL – web. pdf.

[53] UK Intellectual Property Office. Use of intellectual property rights across UK industries [R/OL]. (2022 – 06 – 09) [2022 – 11 – 20]. https：//www. gov. uk/government/publications/use – of – intellectual – property – rights – across – uk – industries/use – of – intellectual – property – rights – across – uk – industries.

[54] United States Patent and Trademark Office. Intellectual property and the U. S. economy：third edition [R/OL]. (2022 – 03 – 17) [2022 – 11 – 21]. https：//www. uspto. gov/sites/default/files/documents/uspto – ip – us – economy – third – edition. pdf.

[55] United States Patent and Trademark Office, Office of the Chief Economist. Employment in IP –

intensive industries during the COVID－19 pandemic and beyond［R/OL］. （2023－03－27）［2023－04－21］. https：//www. uspto. gov/ip－policy/economic－research? MURL＝economics.

［56］ World Intellectual Property Organization. 2014 WIPO studies on the economic contribution of the copyright industries：overview［R/OL］. （2014－12－31）［2022－11－20］. https：//www. wipo. int/export/sites/www/copyright/en/performance/pdf/economic_contribution_analysis_2014. pdf.

［57］ World Intellectual Property Organization. Global innovation index 2019［R/OL］. （2019－07－31）［2022－11－21］. https：//www. wipo. int/edocs/pubdocs/en/wipo_pub_gii_2019. pdf.

［58］ World Intellectual Property Organization. Global innovation index 2021［R/OL］. （2021－09－14）［2022－11－21］. https：//www. wipo. int/edocs/pubdocs/en/wipo_pub_gii_2021. pdf.

［59］ World Intellectual Property Organization. Global innovation index 2022［R/OL］. （2022－09－22）［2022－11－28］. https：//www. wipo. int/edocs/pubdocs/en/wipo－pub－2000－2022－section1－en－gii－2022－at－a－glance－global－innovation－index－2022－15th－edition. pdf.

［60］ World Intellectual Property Organization. Guide on surveying the economic contribution of the copyright industries：2015 revised edition［R/OL］. （2015－12－31）［2022－11－21］. https：//www. wipo. int/edocs/pubdocs/en/copyright/893/wipo_pub_893. pdf.

［61］ World Intellectual Property Organization. Intellectual property and frontier technologies［R/OL］. （2022－07－04）［2022－11－21］. https：//www. wipo. int/export/sites/www/about－ip/en/frontier_technologies/pdf/frontier－tech－6th－factsheet. pdf.

［62］ World Intellectual Property Organization. World intellectual property report 2011：the changing face of innovation［R/OL］. （2011－11－22）［2022－11－04］. https：//www. wipo. int/edocs/pubdocs/en/intproperty/944/wipo_pub_944_2011. pdf.

［63］ World Intellectual Property Organization. World intellectual property report 2013：brand－reputation and image in the global marketplace［R/OL］. （2013－11－07）［2022－11－04］. https：//www. wipo. int/edocs/pubdocs/en/intproperty/944/wipo_pub_944_2013. pdf.

［64］ World Intellectual Property Organization. World intellectual property report 2015：breakthrough innovation and economic growth［R/OL］. （2015－11－11）［2022－11－04］. https：//www. wipo. int/edocs/pubdocs/en/wipo_pub_944_2015. pdf.

［65］ World Intellectual Property Organization. World intellectual property report 2017：intangible capital in global value chains［R/OL］. （2017－11－21）［2022－11－21］. https：//www. wipo. int/publications/en/details. jsp? id＝4225.